말콤 펜윅
Malcolm C. Fenwick

Publishing Date: Dec. 12, 2016
Published by The KIATS Press, Seoul, Korea
Publishing Director: Kim Jae-hyun
Author: Malcolm C. Fenwick
English Translators & Editors: John S. Park, Kim Myung-jun, Jera Blomquist
Korean Translator: KIATS Translation Team
Book Design: Park Song-hwa
ISBN: 979-11-6037-046-1 (04230)

Printed and bound in Korea

발행일: 2016년 12월 12일
발행처: 한국고등신학연구원(KIATS)
발행인: 김재현
저자: 말콤 펜윅
영어번역 및 편집: John S. Park, 김명준, Jera Blomquist
한글번역: KIATS 번역팀
한글편집: 강은혜, 류명균, 최선화, 서은혜, 김다미
디자인: 박송화
ISBN: 979-11-6037-046-1 (04230)

* 이 도서의 국립중앙도서관 출판예정도서목록(CIP)은 서지정보유통지원시스템 홈페이지(http://seoji.nl.go.kr)와 국가자료공동목록시스템(http://www.nl.go.kr/kolisnet)에서 이용하실 수 있습니다.(CIP제어번호: CIP2016029032)

선교사 시리즈 006

Missionary Series in Korean Christianity 006

말콤 펜윅
Malcolm C. Fenwick

작품 선집 | Essential Writings

Contents | 차례

[일러두기]

1. 이 책에는 펜윅이 직접 쓴 1차 자료의 한글본과 영어본을 수록하였다. 펜윅의 이해를 돕기 위해 제임스 게일, 리더 영, 엘리자베스 맥컬리 선교사의 관련 2차 자료를 추가하였으며, 일부 원본을 삽입하여 독자가 원문과 현대어를 비교할 수 있도록 하였다.

2. 원문의 언어를 알 수 있도록 목차의 제목 옆에 한글 원문은 (K)를, 영어 원문은 (E)를 표기하였다.

3. 전문 단어나 어려운 용어에 대해서는 원문의 의미를 변화시키지 않는 범위에서 편집자가 최소한의 설명을 더했다.

4. 본문 중 원문에 표기된 괄호는 [ ]로, 독자의 이해를 돕기 위해 추가한 괄호는 ( )로 표기했다.

Section 1

한글본 Korean Version

*《찌그러진 통에 불과할지라도》(*Life in the Cup*)

펜윅이 직접 쓴 *Life in the Cup*은 한국 초기 선교에 관한 내용을 다루고 있는 소설로 총 19장으로 구성되어 있다. 여기에서 소개하는 18장(선교지 분할 문제에 관한 논쟁)과 19장(선교현장의 현실과 필요)은 토착인을 통한 순수한 선교사역의 효과 및 효율성을 강조하는 펜윅의 생각을 알 수 있게 해준다. 이 두 장을 통해서 펜윅이 당시 조선 선교의 현장에서 선교지 분할 문제와 선교 행정에 관해 어떻게 생각하고 있었는지와 더불어 그가 생각하는 효과적인 선교전략이 무엇인지를 알 수 있다. 이 소설의 전체 본문은 펜윅 선집과 함께 한글과 영어로 출간되었다.

*등장인물 소개

존 플라우먼: 허드슨과 마이크가 선교지에서 만난 선교사로 *Life in the Cup*의 저자인 펜윅 자신을 대변하는 인물이다.
존 하퍼: 세인트 폴(성 바울)교회의 목사, 설교에 따분함과 염증을 느끼고 있던 중에 극장에 갔다가 우연히 만난 연설가의 설교를 듣고 예수를 그리스도로 새롭게 영접한다. 이후 곧 뜻이 맞는 사람들이 모여 하퍼 목사를 중심으로 그리스도의 교회를 개척하고 허드슨과 마이크를 선교사로 파송한다.
조지 허드슨: 하퍼의 음악홀 예배를 보도했던 젊은 기자. 그리스도의교회 입당식에서 선교의 필요성을 역설하는 설교에서 자진하여 선교사의 길에 순종하겠노라고 맹세한 후 선교사로 파송된다.

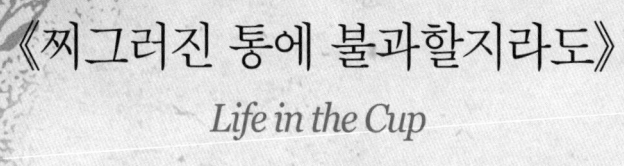

《찌그러진 통에 불과할지라도》

Life in the Cup

제18장: 선교지 분할 문제에 관한 논쟁

제19장: 선교 현장의 현실과 필요

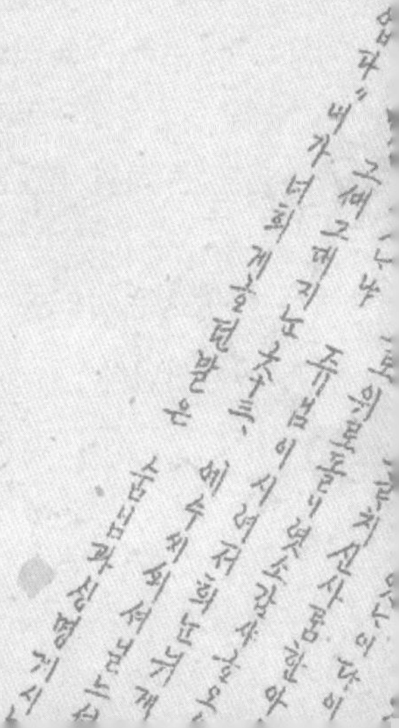

제18장: 선교지 분할 문제에 관한 논쟁

존 플라우먼이 미국에 도착했을 때, 교인들이 운영하고 지원하는 세 가지 해외선교 사역이 진행되고 있었다. 한 친구가 그에게 말했다.

"하나님께서 우리를 사용하시는 방향으로 고개를 돌리기만 하면 돼요."

존 플라우먼이 대답했다.

"아니요. 하나님의 길은 우리의 길과 다릅니다. 저는 너무나 부끄럽고 보잘것없는 느낌입니다. 물론 저도 당신처럼 결과가 주어지기 전에 똑같은 말을 했을 것입니다. 우리는 너무나 가련한 존재들이고 너무나 악해서 하나님은 우리를 통해 하시는 일을 우리에게서 숨기셔야 합니다. 자아가 부풀어오르기 전에 우리를 부끄럽게 하셔야 합니다. 물론 그렇게 하지 않으신다면 우리는 바로 교만해질 것입니다."

"당신 말이 맞습니다. 온전히 맞습니다."

존 하퍼가 덧붙였다.

"저의 경험도 그렇습니다. 하나님께서 우리를 위해 일을 더 많이 하실수록, 저는 그의 거룩한 존전에서 더욱 부끄럽게 느껴집니다."

성전의 일들이 너무나도 복되게 번영하고 있어서, 누구 말마따나 '모두가 편승하고자' 했다. 그것이 성전을 위협하는 위험요소였다.

대형 선교회의 한 간사는 그곳의 상황을 보고서 성공적인 사역을 합병하려는 노력을 했다.

회의가 열렸고, 간사는 존 하퍼와 그의 동료들과 논의를 하기 위해 참석했다. 존 플라우먼은 손님으로 참관했다.

"자, 간사님."

존 하퍼가 물었다.

"제안하시는 게 무엇인지 말씀해주시겠습니까?"

형식적인 칭찬의 말이 끝나고 간사가 말했다.

"선교 현장에 중복되는 것들이 너무나 많습니다. 지금처럼 과열된 경쟁, 여러 지부를 위한 쓸모 없는 지출, 같은 선교지에 선교사를 중복으로 보내는 등 말입니다. 그 대신 저희는 각 선교부에 선교 지역을 배정함으로써 이런 문제들을 피하고자 했습니다. 여러분도 저희와 동참하셨으면 합니다."

"말씀하신 지역 배정을 하려면 어떤 운영 방식이 좋겠습니까?"

피터 구드윈이 물었다.

"제 생각에는 말입니다."

간사가 대답했다.

"그것은 선교사들에게 맡겨도 안전할 것 같습니다."

"어떻게 진행하실 것인지에 대한 생각이 없으신가요?"

피터가 계속 물었다.

"선교사들이 대표 위원회를 선정해서 일부 선교사들로 하여금 다른 선교부를 위해 특정 영토를 비우게 하고, 그 선교지부는 또 앞의 선교지부를 위해 다른 지역을 비워서, 교류를 최대한 균등화하는 것입니다."

"그럼 현지인들은 어떻게 됩니까?"

피터가 물었다.

"오, 그건 문제가 되지 않습니다."

그가 대답했다.

"당신이 말씀하신 사례의 경우 현지인들의 의견도 구했습니까?"

피터가 미심쩍은 듯이 물었다.

"음, 그러지는 않았습니다. 그들은 알고는 있었지만, 사안에 대해 투표를 해달라는 요청은 받지 않았습니다."

간사가 불안하게 대답했다.

"그들은 이런 일에 대해 아무것도 모르기 때문에 선교사들이 그들을 위해 이런 문제를 처리해줘야 합니다."

"당신도 그런 식으로 하시나요, 플라우먼 씨?"

피터가 물었다.

"아니요."

플라우먼이 대답했다.

"우리 현지인들은 우리와 똑같은 발언권을 갖고 있습니다. 하지만 우리는 다수결 투표로 일을 결정하는 법은 없습니다. 하나님의 집행자께서 우리의 모든 행정 회의를 주재하시게 하는 것이 우리의 목표입니다. 그는 우리 사람들을 한 번도 예외

없이 한 생각과 한 마음이 되게 하셨습니다."

간사의 입술이 떨렸다.

"구체적인 사례를 하나 들어주시겠습니까, 플라우먼 씨?"

기업 변호사 롱스트리트의 질문이었다.

"물론입니다."

그가 정중하게 대답했다.

"예를 들어 우리의 교회 집행부는 모든 목사님들이 매년 소집되는 총회에서 총회장의 임명을 받아야 한다고 요구합니다. 후보들의 이름이 제시되었을 때, 교회 전체가 그들을 진심으로 원하고 아무도 반대 의견을 내지 않으면, 총회장은 그들 위에 손을 얹어 그들을 구별합니다. 장로들은 각 교회의 분기별 회의에서 임명되고, 후보들은 총회에 제시됩니다. 교회 전체가 기꺼이 그들을 원하고 반대 의견이 하나도 없을 경우 그들은 안수 받습니다. 지금까지 한 명도 거부당한 적이 없습니다.

성령께서 회의를 주재하시는 방식에 관해서는, 고故 고든의 사역에서 일어난 일이 그분의 방식을 분명하게 보여줍니다. 집사 회의에서 의견이 엇갈리는 일이 있었는데, 결정을 요하는 실제적 문제에 대해 모두가 강한 입장을 견지하고 있었습니다. 고든 박사는 이를 알고 있었고 마음의 부담을 느끼고 있었습니다. 결정의 날이 다가왔고 개회 순서가 진행되었습니다. 침례교 절차상 회의를 주재하는 목사님은 자리를 비우면서 말했습니다. '성령께서 이 회의를 주관하실 것입니다. 여러분은 그분께서 허락하지 않으시거나, 그분을 거스를 만한 말이나 행동은 하지 말아야 할 것입니다.' 그 결과는 매우 복됐습니다. 집사들은 결정을 미뤘지만, 의견의 차이는 이런 형태가 되었습니다.

A 형제가 B 형제에게 말했습니다.

'당신의 길이 최선인 것 같습니다. 당신의 방식대로 합시다.'

'아니요.'

B 형제가 말했습니다.

'생각을 해봤는데 당신의 방식대로 하고 싶습니다.'

얼마 뒤 강한 남성들로 이루어진 이 무리는 모두 서로를 자기 자신보다 낫다고 여기고 있었고, 잠시 뒤 모두가 한 마음 한 생각이 되었습니다.

이 사건은 저에게 깊은 인상을 남겼고, 이러한 방식을 선교 현장에 적용할 때가 왔을 때도 똑같은 복된 결과가 주어졌습니다. 이 작은 자들을 그리스도께 이끌어주신 그분의 은혜를 찬양합니다."

간증이 끝나자 무거운 침묵이 잠시 흘렀다. 참석한 사람들은 충만한 느낌에 말을 잇지 못했다. 헨더슨이 입을 열었다.

"네, 저는 잡화점에서도 이것이 사실임을 발견했습니다. 간사님께 여쭙고 싶습니다. 당신의 선교회를 비롯한 다른 선교회의 선교사님들은 한 지역을 철저하고 신속하게 커버하고 그 지역에 있는 사람들을 전부 찾아가는 일을 어떻게 진행하십니까?"

간사는 어리둥절한 표정으로 대답했다.

"글쎄요, 정확한 절차는 잘 모릅니다. 선교사님들에게 결정권을 남겨줍니다."

"그러한 결정권이 무엇을 포함하고 비용은 어떻게 되는지 말씀해주실 수 없을까요?"

헨더슨이 물었다.

"네, 없습니다. 저희는 통계 수치를 갖고 있지 않거든요."

그가 대답했다.

그는 존 플라우먼을 보며 말했다.

"당신이 말씀해주실 수 있을까요, 플라우먼 씨?"

그는 곧바로 대답했다.

"평균 백 명의 전도사와 목사들을 통해 저희는 천만 명을 찾아갔습니다. 5년 만에 모든 주요 도로, 샛길, 공터를 커버했습니다. 오십 명 인구의 마을에서 말과 글로 복음을 전파하는 데 각각 25센트 정도 소요되었습니다."

"선교의 전반적인 평균 비용이 얼마인지 아십니까?"

그가 물었다.

"네, 30달러입니다."

이번에도 신속하게 대답했다.

"지역이 철저하게 커버됩니까?"

그가 물었다.

"안타깝게도 그렇지 않습니다."

그가 대답했다.

"전통적인 선교를 할 때는 남들이 하듯이 유망한 지역이라면 다른 곳을 제쳐두고 어디든지 갔습니다. 나중에는 지역을 체계적으로 커버했습니다."

"지역을 배분하기 위해 선교회에 합류하자는 이 제안에 대해서는 어떻게 생각하십니까?"

카 장로가 물었다.

"초창기였다면 저는 그것을 원할 뿐만 아니라 그런 결정을 강하게 주장했을 것입니다. 20여 년 뒤 저희 현장에서 그런 시도가 있었습니다. 저에게는 의견을 묻지 않았습니다. 제가 사역을 물려받은 곳에서 480km 떨어진 그곳은 장로교와 감리교로 나뉘어 있었습니다. 2만 5000달러 이상이 지출되었고, 그 지역에 많은 인원이 투입되었기 때문에 저희는 슬펐습니다. 얼마 뒤 저희가 사는 지역도 감리교와 장로교로 분할됐습니다. 이번에도 저희 의견을 구하지 않았습니다. 물어봤더니 저희는 원하는 곳은 어디든 가도 좋다는 것이었습니다. 저희가 할 수 있는 것은 그게 다였습니다. 몇 년 뒤 젊은 선교사들이 그 지역에 도착해서는 저희가 중복 사역을 하고 있다고 몰아붙였습니다. 다른 이들이 그곳을 고려하기 전에 저희가 두 곳 모두 개척했기 때문에 저희는 당연히 기분이 상했습니다."

"당신의 경험과 상관없이, 선교회들 간의 교환이라는 제안을 고려해봤을 때 할 만한 가치가 있다고 생각하십니까?"

카 장로가 물었다.

"그들 중 한 명은 저에게 경계선을 잘 지키지 않았다고 말했습니다만, 제가 아는 한은 그렇지 않았습니다."

그가 대답했다.

"당신이 보시기에, 선교에 대한 당신의 지식에 비춰봤을 때 이 제안을 고려해보는 것이 가치가 있을까요?"

카 장로가 물었다.

"제가 보기에 그건 어리석은 결정입니다. 몇 가지 이유가 있습니다. 첫째, 여러분께 수많은 축복을 가져다 준 방식과 대립됩니다. 둘째, 현재 그들의 방식은 지역을 철저하게 커버하지 않습니다. 셋째, 그들은 임기응변으로 개종하는 방식을 믿고 있고, 3세기 동안 그렇게 해왔습니다. 여러분은 주님 오시기 전까지 최대한 빠르고 철저하게 증거하는 것을 믿습니다. 100년에서 200년 더 기다리기를 원치 않습니다. 넷째, 그들은 선교사 숫자에 비례한 의결권을 주장하고 지역도 그런 방식으로 배분합니다. 그렇게 하면 조지 허드슨과 마이크 오코너는 한 투표의 십 분의 일을 갖게 된다는 뜻입니다. 지역도 작아집니다. 현지 목사들과 전도사들은 아무도 투표하지 못하게 될 겁니다."

"질문 준비 되셨습니까?"

의장이 물었다. 선교회 간사만 빼고 전부 그렇다고 대답했다.

제안은 만장일치로 기각되었다.

하퍼는 간사에게 말했다.

"미안합니다, 간사님. 당신의 제안은 훌륭한 점들이 없지 않습니다만, 상황을 고려할 때 저희가 동참하기는 어려울 것 같습니다."

간사는 일어나서 인사를 하고는 회의실을 나갔다.

존 플라우먼은 발언권을 요청한 뒤 허락을 받고서 말했다.

"여러분, 저는 이 간사와 오랫동안 가깝게 지내왔습니다. 그는 훌륭한 친구이고 신사다운 면모를 가지고 있으며 유쾌한 성향의 사람입니다. 그와 의견을 달리하게 되어 슬픕니다. 하지만 세계의 신속하고 철저한 복음화라는 중대한 문제에 개인적 감정이 결정을 좌우해서는 안 될 것입니다. 주께서 우리의 감정을 소유하시고 그의 성령이 우리의 간증을 통제하시기 전에는, 그분과 협력한다고 자처해서는 안 될 것입니다."

"플라우먼 씨"

이라 워른이 입을 열었다.

"솔직히 말씀 드리면, 당신과 조지 허드슨의 편지에 담긴 간증들을 볼 때, 그리고 우리와 함께 하신 이후로 들려주신 간증들에 비춰볼 때, 구식 훈련을 받은 노인으로서 저는 선교의 전망이 매우 비관적이라는 생각을 떨칠 수가 없습니다. 우리 앞에 엄청난 규모의 현장들이 펼쳐져 있고 수많은 땅이 점유되기를 기다리고 있습니다. 교회는 엘리자베스 여왕 시절부터 선교사역을 해왔습니다. 물론 고도로 조직화된 선교가 이루어진 지는 한 세기도 안 되었겠지만, 백 년은 상당한 시간입니다. 지금까지 이룬 성과들, 그리고 현재 투입된 인원과 자금을 한편에 놓고, 반대 세력을 다른 편에 놓고 봤을 때, 우리는 얻는 것보다 잃는 것이 더 많아 보입니다. 제가 듣기로는 2백만의 아기들이 이교도들에게서 태어날 때 개종되어 세례 받는 사람은 한 명뿐이라고 합니다. 이러한 임무의 절망적인 모습을 떨쳐주신다면 저는 매우 감사하게 생각할 것입니다."

존 플라우먼은 매우 진지한 자세로 대답했다.

"지금까지 소요된 시간과 인원, 자금에 비해 이룬 것이 많지 않다는 점을 고려하면 전부 옳으신 말씀입니다. 워른 씨, 당신의 질문은 상당히 광범위한 질문이며 교리뿐만 아니라 주를 위한 실제적 사업과도 연관되어 있습니다. 여기 계신 분들이 허락하신다면, 최전선에 있는 사람의 관점에서 문제를 논하고 해결책을 제시해보고자 합니다."

모두가 동의했고 피터 구드윈이 그들을 대변했다.

"좋습니다, 저희도 듣고 싶습니다."

플라우먼은 감사를 표한 뒤 말을 이었다.

"교리에서 교회는 콘스탄틴 황제 때부터 주님 오시기 전까지 세상을 개종하려고 노력해왔고, 이는 그들의 선교 방식을 규정했습니다. 이러한 관점을 견지한 교회는 임기응변으로 선교를 하고자 했습니다. 이러한 방식은 아직까지 한 개의 읍이나 시, 도나 나라는커녕 마을 하나도 개종하지 못했습니다. 게다가 초기 기독교인들은 주께서 잃어버린 세계를 위해 이뤄주신 좋은 소식을 '예루살렘에서부터 유대 지방, 사마리아, 그리고 땅 끝까지 이르러 전파하라'행 1:8는 주님의 명령에 순종하지 않았습니다.

초기 기독교인들은 선교의 사명을 서로에게 미루는 성향을 보였을 뿐만 아니라, 뜻을 관철시키시는 하나님과 그분의 예언을 고려하지도 않았습니다. 주님은 예루살렘의 멸망을 구체적으로 선포하셨지만 그들은 그곳에 머물렀고, 명령 받은 대로 한 몸을 이루어 '나아가지' 않았습니다. '예루살렘에서부터'라는 명령은 있었지만, 똑같은 도시를 붙잡고서 반복적으로 전도하라는 명령은 없었습니다. 주님은 예루살렘, 그 다음에 유대 지방, 그 다음에 사마리아, 그 다음에 땅 끝까지 개종하라고 하지 않으셨습니다. 다만 이들 도시에서 이러한 순서대로 '내 증인이 되리라'라고 말씀하셨습니다.

지금과 마찬가지로 그 당시에도 사람들은 살아계신 하나님의 손에 들리는 것이 얼마나 두려운 일인지 깨달았습니다. 끔찍한 핍박이 시작되자 이런 결과가 나타났습니다. 그 흩어진 사람들이 두루 다니며 복음의 말씀을 전했습니다.

하나님은 당신의 뜻을 이루시는 방법이 있으십니다. 여러분! 놀라게 해드리고 싶지는 않지만, 현재 교회 위에 어떤 끔찍한 재난이 닥쳐오고 있다는 두려움에서 저는 한동안 빠져 나오지 못했습니다. 이 사역이 명령 받은 대로, 주께서 마련하신 대로 수행되지 않을 경우 재난은 분명히 닥칠 것입니다. 선교의 내부 사정과 모교회들의 사역 방식을 아는 사람이라면, 우리가 또 다시 예루살렘 근처에 머무르면서 명령 받은 대로 증거하지 못하고 있다는 사실을 누구도 부정하지 못할 것입니다. 다른 동네들에서도 복음을 전파하라고 보내셨기에 한 동네에 머무르기를 거부하신 우리 주님의 모범은 완전히 무시되었습니다.

순종함으로 나아가는 이들조차 예루살렘 근처에 머무르는 옛날 방식을 고수하여 임기응변으로 개종하려 하고 있습니다. 교리를 올바로 알고 있는 이들은 적어도 임기응변으로 개종하려는 옛 방식에서 돌이켰을 거라고 생각하실 겁니다. 교회가 세상을 개종한 이후가 아니라, 세상이 복음화되고 난 이후에 주님께서 돌아오셔서 심판의 역사를 완수하실 거라는 사실을 진리의 영에게서 배운 자들 말입니다. 하지만 이들은 돌이키지 않았습니다. 전반적으로 봤을 때 이들은 증인이 아니라 개종시키는 자들로서 행동하고 있습니다.

가장 낙담되는 것은 이것입니다. 주께서 교리를 바로잡아주셨음에도 불구하고, 모교회와 선교 현장에 있는 사람들이 여전히 개종시키려는 방식을 내려놓지 않았다는 것입니다.

중요한 요소가 하나 있습니다. 주께서 여러분의 교회를 위해, 또 여러분의 교회와 더불어 위대한 일들을 이루실 수 있었던 것은, 여러분께서 여러분의 삶과 행동에서 주님께 자리를 내어드리고 주님의 집행자를 인격적으로 알게 되었다는 크고 중요한 사실 때문입니다. 주님의 사역에서 이것이 곧 위대하고 긍정적인 요소입니다. 그 반대도 똑같이 중요합니다.

여러분은 사탄과 그의 술책에 대해서도 경험적으로 아실 것입니다. 대부분의 교회들은 중보자 성령이든 사탄이든 경험적으로 알지 못합니다. 단지 하나의 영향력으로만 알고 있을 뿐입니다. 한편 성령을 조금 안다는 사람들의 대부분은 갈라디아주의에 빠집니다. 자신들이 곧 사역자이고, 사역이 곧 자신들의 것이라는 겁니다. 교회 안에서 제가 아는 가장 큰 방해 요소는 사람들이 목수의 도구가 되려는 대신 자기가 직접 목수가 되려는 경향입니다. 사탄은 톱에 불과한 사람들에게 자신도 주님의 건물을 지을 수 있다고 설득시킨 것 같습니다. 망치와 송곳들도 스스로 할 수 있다고 생각하게 됐습니다. 너무나 슬픈 사실이라서 차라리 농담이었으면 좋겠습니다.

물론 우리 주님의 집행자[중보자]의 손에 들린 송곳은 나사렛의 목수보다도 '더 위대한' 일들을 하실 수 있습니다. 그렇게 말씀하셨기 때문입니다. 하지만 송곳이 그분을 사용할 수는 없습니다. 그분이 사용하시도록 자신을 내어드려야 합니다. 저의 말이 확실히 전달되었습니까?"

"물론입니다."

구드윈이 말했다.

"죄송합니다만 구드윈 씨, 한 가지만 덧붙이겠습니다. 여러분 안에 거하시는 분께서는 여러분에게 이 진리를 분명하게 하시기 위해 저의 영향력이 아닌 저의 간증을 사용하셨습니다. 그분께서 해석하시고 계시하셨습니다. 저는 단지 예수님 안에 있는 이 위대한 진리를 여러분께 전달하는 그분의 도구였을 뿐입니다."

그와 동시에 그곳에 참석한 사람들의 눈이 밝아졌다. 내주하시는 성령님께서 그들을 위해 하시는 일이 무엇인지 깨달아지자 그들의 눈은 눈물로 가득해졌다. 잠깐의 침묵 뒤에 플라우먼이 말을 이었다.

"성령님과 교회에 주어진 사명의 실제적 측면에 있어서, 보잘것없는 도구로 직접 일하실 수 있는 성령의 능력을 인정하지 못한 것이 선교의 패인입니다. 성공적인 복음 사역자들은 누구나 '큰 죄에 빠진 날 위해'라는 고백이 하나님께 용서를 구하기 위한 조건이라고 말합니다. 하지만 이 고백은 곧 잊힙니다. 도구들은 더 이상 목수에게 이렇게 말하지 않습니다. '저를 있는 그대로 사용해주소서, 토기장이시여. 저는 큰 도구가 아니며, 제 안에 있는 쇠는 형편없이 굽어져서 별 쓸모가 없습니다. 저는 녹슬었고 모양새도 없으며 당신의 손에 들리는 명예를 감당할 자격이 없습니다. 당신의 건물을 지을 자격은 더욱 없습니다. 그러나 하나님의 어린 양이시여, 저에게 명령하셔서 저를 사용해주소서. 당신을 기다리고 기다립니다. 당신께서 저를 명예롭게 하신 것은 영원토록 저에게 충분한 영광이 될 것입니다.'

주께서 우리를 뜨거운 불 속에 집어넣으실 때 크게 기뻐하는 자는 없습니다. 우리로 그가 사용하실 도구를 만들기 위해 우리를 모루 위에 놓고 구부러지고 불균등한 부분들을 두드리실 때 좋아할 사람도 없습니다. 우리를 단련하기 위해 차가운 물 속에 담그실 때 우리는 추워서 떱니다. 우리의 색깔이 변하는 모습을 그분께서 지켜보시는데도 말입니다. 이는 그분의 목적에 알맞게 단련되었다는 뜻입니다. 유쾌함보다는 쓰라림이 더 많지만, '고난'을 '통과'한 이들은 의의 평화로운 열매를 보게 되어 기뻐합니다.

이제 위대한 격려의 말씀입니다. 여러분은 주님의 성령의 역사를 보셨습니다. 그의 선하심에 압도되셨고 여러분과 함께 이룩하신 것들에 놀라워하셨습니다. 여러분은 그의 도구들로서 그분이 여러분을 위해, 그리고 여러분을 통해 이러한 일들을 하시도록 그분께 모든 것을 내어드렸습니다. 세상이 멸시하는 도구들과 세상이 추구하는 지혜 없이도 기적을 행하시는 그분을 보셨습니다. 저는 가능성을 신중하게 계산해봤습니다만, 명령 받은 대로 모든 피조물에게 증거할 때 저희가 이룰 수 있는 것들이 너무나도 기쁩니다. 남아 있는 5억 명에게 다가가는 데는 2억 5000만 달러와 5년의 시간이면 충분합니다. 성령께서 여러분의 사역을 위해 구별하라고 명하신 거듭난 그리스도의 공동 증언자들의 도움만 있다면 말입니다. 이들은 선교 현장에서 개종자들을 활용하여 산업 리더들이 직원들을 부리듯이 선교의 과정을 반복할 것이고 숫자를 점점 더 늘려나갈 것입니다. 하나님의 성령께서 그들의 입술을 통해 모든 피조물에게 증언하게 할 것이고, 모든 곳에서 하나님의 향기가 나게 할 것입니다. 그리하여 하나님을 영화롭게 할 것이고, 창세기 24장과 누가복음 14장의 종은 마태복음 22장의 종을 데리고 내려오시는 주님을 만나러 갈 것입니다.

하나님께서 많은 교회를 세우셔서 안디옥에서 하셨던 것처럼, 또 여러분에게 하셨던 것처럼 여러 명의 조지 허드슨을 보내시기를 원합니다. 현지인 개종자를 활용하는 데 대한 선교사들의 두려움을 없애셔서 신속하고 철저한 복음화를 완수하시기를 바랍니다. 예루살렘과 초기 교회에서 하셨던 것처럼 복음의 전파를 위해 모든 곳에 흩어지는 일이 여러분의 교회에서는 일어나지 않기를 바랍니다."

그가 말을 마치자 하퍼가 말했다.

"나의 장래 일을 나에게 명령하소서. 주께서 그 뜻을 손수 행하시도록 기도합시다."

말로 표현하기에는 너무 거룩한 것들이 있다. 그들은 은밀하게 기도했다. 하나님께서 상 주시기를 기다리자.

제19장: 선교 현장의 현실과 필요

회의실을 나가는 길에 피터 구드윈이 하퍼에게 말했다.

"저기요, 하퍼 목사님! 우리는 저 분의 경험적인 정보를 아직 십 분의 일도 뽑아내지 못했어요. 우리에게 최고의 것을 주고자 하는 저런 분에게서 한 수 배우지 않는 것은 범죄 행위나 다름없을 거예요. 그가 알고 있는 것을 우리는 모르니까요. 그는 조지 허드슨이 올바른 방향으로 출발하도록 도와줬어요. 한번 더 모여서 선교에 대한 그의 지식을 이끌어내면 어떨까요? 그는 정신이 바를 뿐만 아니라 인간적 자상함으로 가득해요. 나약한 구석은 전혀 없고요. 의견이 엇갈릴 경우 서로 어울리기 쉬운 사람은 아닐 것 같습니다. 하지만 구원 받는 사람들은 다 그렇지 않습니까? 하나님도 그렇게 생각하시는 것 같습니다. 그는 자주적 의지와 고집을 가진 사람들을 사용하십니다. 하지만 먼저 그들의 의지와 머리와 마음을 사로잡으시고, 처음부터 끝까지 그들이 어디에 쓸모가 있을지 보십니다. 그러면 뭔가를 행하실 수 있는 도구를 얻게 됩니다. 다시 한번 모이는 것에 대해 어떻게 생각하십니까?"

"좋습니다."

하퍼가 말했다.

“저도 당신과 생각이 같습니다. 그가 알고 있는 것을 우리는 모릅니다. 그가 간증할 수 있는 기회를 주고 성령께서 그의 간증을 통해 우리에게 선교의 지혜를 주시게 한다면 우리는 실수를 많이 줄일 수 있을 것입니다. ‘신속하게’ 완수해야 할 많은 일들이 있습니다. 당신과 마찬가지로 저도 이 일에 동참하고 싶고 큰 실수를 방지하고 싶은 마음이 있습니다.”

“저도 물론입니다.”

피터가 강조하며 대답했다.

“제가 다른 사람들에게 얘기해볼 테니 당신도 그러면 어떨까요? 당신이 헨더슨, 롱스트리트, 워른과 얘기하시고, 저는 카, 심슨, 플라우먼에게 얘기해보겠습니다.”

“좋습니다!”

피터가 열정적으로 말했다.

며칠 뒤 그들은 전부 다시 모였다. 하퍼는 플라우먼에게 선교회들이 어째서 그렇게 성과가 빈약한지, 실수와 방해 요소들을 중점으로 얘기해달라고 부탁했다.

“본국에서는 잘못된 훈련과 관심의 결여, 현장에 적합한 인원을 뽑는 판단 능력이 결여되어 있습니다. 현장에서는 현지인 신자들의 잘못된 훈련과, 은혜, 지성, 기지와 권위를 지닌 엔지니어의 부족 때문입니다.”

그가 대답했다.

“조금 더 자세히 말씀해주실 수 있겠습니까?”

하퍼가 부탁했다.

“기꺼이 그러겠습니다. 목사님은 본국에서의 잘못된 훈련의 좋은 예입니다. 목사님은 다른 경로를 통해 여기까지 오셔야 했습니다."

그가 대답했다.

하퍼는 약간 움찔했지만 사실임을 인정할 수밖에 없었다. 그가 '여기까지 왔다'는 말이 조금이라도 의미가 있다면 말이다.

"선교지에 관해서는 두 사람의 예를 들어 설명해보겠습니다. 그들은 복음을 잘 알았고 매우 유능했지만, 삶을 마감할 시점에는 크게 실패한 상태였습니다. 저는 두 사람을 잘 알았습니다. 둘 다 저의 친구였습니다. 한 명은 엄청난 지성과 학식을 가진, 열심히 일하는 친구였습니다. 그는 책벌레였고 매우 정확한 언어학자였습니다. 이러한 특징들 외에도, 저는 그가 선교지에서 가장 그리스도를 닮은 온유한 영혼이라고 생각했습니다. 완벽한 영어를 구사하는 그는 매우 세련된 설교자였고, 사람들의 일반적인 영어 구사력보다 더 뛰어난 헬라어 및 히브리어 구사력을 가지고 있었습니다. 현지 언어에 능숙했던 그는 선교지에서 현지 언어를 가장 완벽하게 구사한다는 평가를 여러 번 받았습니다. 그는 성경 번역을 하기 위한 아주 드문 능력을 갖고 있었습니다.

성경 번역은 많은 사람이 눈독 들이는 작업입니다. 그는 겸손하고 내성적이었고 자기를 내세우는 성향도 없었습니다. 하지만 아무도 그에게 번역을 요청하지 않았고 그 자신도 나서지 않았습니다. 그는 전도 사역을 맡게 되었는데 매우 성공적이었습니다. 다수의 교회를 세웠을 뿐만 아니라, 그 중 하나는 선교지에서 가장 규모가 컸습니다. 하지만 그는 실행력이 전혀 없었습니다. 사람을 뽑아서 일을 시키는 것을 할 줄을 몰랐습니다.

다른 한 사람은 타고난 사업가였습니다. 그는 앞의 사람처럼 선교회의 일원이었는데, 정해진 학교들과 신학교 코스를 밟았다는 뜻입니다. 그는 사업 능력이 워낙 뛰어나서, 선교를 그만두고 300만 달러 규모의 비즈니스 지점을 관리해주면 2만 5천 달러의 연봉을 주겠다는 제안까지 받을 정도였습니다. 그는 명예롭게도 거절했습니다. 그는 선한 사람이었습니다. 그는 보혈과 성경의 통일성을 강조했습니다. 그는 거듭남을 경험적으로 알고 있었습니다. 하지만 할 줄 모르는 게 하나 있었습니다. 그는 현지 언어를 유창하게 구사했지만, 번역을 할 줄 몰랐습니다. 재능이 없었습니다. 하지만 그는 번역을 선택했고 자기 결정을 책임져야 했습니다.

저는 최근 어느 차분하고 신실하며 우직한 성향의 선교회 선교사와 얘기를 나눴습니다. 저는 앞에서 말한 선교사의 엄청난 작업 능력에 대해 얘기하면서, 그가 선교지에서 누구보다도 열심히 일한다는 잘 알려진 사실을 언급했습니다. 그리고 물었습니다. 하지만 내놓을 수 있는 게 뭐가 있을까요? 그는 즉시 대답했습니다. '다들 그렇게 말합니다. 삼십 년간 열심히 일했는데 내놓을 게 없다고요.' 이렇게 자리가 잘못 배정된 사람들에게 알맞은 자리를 찾아주고, 교회를 위한 그들의 능력과 열심을 보존할 수 있는 건설적인 엔지니어가 선교지에 없다는 사실은 저에게 극히 슬픈 일이고 엄청난 실수로 여겨집니다.

앞의 선교사는 우리의 '공식 인증판'과 같은 성경 번역을 내놓을 수 있었을 것입니다. 그 능력뿐만 아니라 경제적 바탕도 있었고, 위대한 복음화의 사역을 감당할 수 있는 매우 드문 기회를 가지고 있었습니다. 그가 전도 사역에 올바로 배치되기만 했다면, 그는 전례 없이 거대한 규모의 사역을 완수했을 것입니다. 사람을 다루는 능력과 가용 자본, 진정한 복음을 가지고 있었기 때문입니다. 2,000에서 3,000개의 교회를 세웠을 거라고 추정하면 적절할 것입니다."

"그런 실수는 거의 범죄에 가깝군요".

"돈은 또 얼마나 낭비됐는지 생각해보세요. 그 선교지에는 번역가 네 명과 현지인 조수 네 명으로 구성된 단체가 있었습니다. 그들은 형편없는 번역을 하느라 12년을 보냈습니다. 봉급만 따져도 12만 달러가 소요됐습니다. 번역이 끝나자 그들은 번역을 처음부터 다시 시작했습니다. 첫 번째 언급한 선교사는 현지인 조수 두 명만 붙여줬다면 혼자서도 꼼꼼하고 훌륭한 일급 번역을 6년만에 해냈을 것입니다. 교회는 1만 달러만 들이면 되었을 것이고 처음부터 다시 하는 일은 없었을 것입니다.

두 번째 언급한 선교사는 현지인 기독교인들만을 활용해서 백 명으로 이뤄진 선교회가 세운 교회의 숫자보다 1.5배나 더 많은 교회를 세웠을 것입니다. 그리고 그들보다 열 배나 더 많은 지역을 더 철저하고 신속하게 커버했을 것입니다. 그런 낭비는 범죄나 다름없습니다."

"정말 그렇습니다."

피터가 말했다. 모두가 동의했다.

"선교회에서 그러한 실제적인 전도 사역을 한 사람은 아무도 없나요?"

하퍼가 물었다.

"남부 중국에 삼십 년 만에 오십 개의 교회를 세운 사람이 있다고는 들었습니다. 선교회의 방해에도 불구하고 그는 확보할 수 있는 현지인들을 최대한 확보했습니다."

"현지인 기독교인을 대규모로 활용할 것을 주장한 뛰어난 사람이 선교 역사에는 없는 것입니까?"

금융업자인 카 장로가 물었다.

"있습니다. 데이비드 리빙스톤David Livingstone입니다."

플라우먼이 대답했다.

"그는 탐험 작업을 하느라 이것을 대규모로 실행하지는 못했습니다. 하지만 그는 초기부터 이 방식을 주장했고 소규모로 실행하는 데는 성공했습니다."

"과거에는 어떤 사람들이 선교 정책을 세웠습니까?"

카 장로가 물었다.

"캐리Carey와 더프Duff입니다."

플라우먼이 대답했다.

"그들은 선교 위에 최악의 부담을 지웠습니다. 바로 교육주의입니다."

"당신은 교육을 지지하지 않습니까?"

하퍼가 물었다.

"하나님은 학자를 사용하시지만, 학식은 사용하지 않으십니다."

그가 대답했다.

"하나님께서 학자가 필요하셨을 때 바울을 택하고 부르셨다는 사실을 교회는 잊어버렸습니다. 교회 초기의 사역은 대부분

교육 받지 않은 어부들을 통해 하셨습니다."

"그렇다면 학식이라는 것이 필요한 것이고, 따라서 사람들이 훈련 받아야 한다고 말해야 하지 않을까요?"

하퍼가 물었다.

"하나님께서 사람을 택하시고 부르시고 원하는 이들을 보내실 능력을 잃어버리시지 않은 한은 그렇지 않습니다. 사도행전 13장은 여전히 유효합니다."

"플라우먼 씨, 학식에 대해 조금 편견을 가지신 것은 아닙니까?"

"맞습니다."

그가 강조하여 대답했다.

"지식의 열매를 따먹었기 때문에 모든 사람이 곤경에 빠졌습니다. 사탄은 여전히 유혹하고 있고 처벌을 피하고 있습니다. 하지만 우리가 빠져있는 듯 보이는 이 깊은 물은 상상에 불과합니다."

플라우먼이 말했다.

"우리의 발을 적실 만큼 깊지도 않습니다. 문제의 핵심은 인간이 성령의 역할을 빼앗은 데 있습니다. 인간은 성령께 자신들을 위험에서 구원해달라고 요청해놓고는 성령께서 하실 일을 여전히 놓지 않고 있습니다."

"틀림없는 사실입니다."

하퍼가 말했다.

"성령의 뜻과 인간의 뜻의 차이가 성공과 실패를 좌지우지 합니다. 집행자 자리에 누가 앉았느냐에 따라서, 하나님이신지인간인지에 따라서 말입니다. 그러면 성령께서 직접 생산적인 엔지니어 역할을 하시지 않을까요?"

"물론입니다."

플라우먼이 말했다.

"하지만 성령께서는 경주에 부여된 권위를 처음부터 가져가시지는 않을 것입니다. 우리의 의지를 단련시키기 위해서입니다. 사도 바울에게 적합한 일을 베다니의 마리아에게 주시지도 않습니다. 그는 현재 우리가 '자연적'이라 부르는 하나님의 율법과 더불어 일하고 계시는 것입니다. 따라서 마리아는 자기 자리에서 사용되고 바울도 자기 자리에서 사용됩니다. 각각 중보자 성령의 인도하심에 따라 말입니다. 훈련 비용은 베다니에 있는 마리아의 집과 예루살렘에 있는 법학 전문학교에서 지불한 것입니다."

"자, 플라우먼 씨, 그럼 이제 당신께서 내세우신 이 진리들을 실제적으로 적용해봅시다."

미주리 출신의 피터 구드윈이 궁금해서 물었다.

"지구상에서 비복음화된 사람들에게 다가가는 임무를 수행하기 위해 우리 교회가 따라야 할 적절한 방법은 무엇이겠습니까? 당신께서 언급한 실수들도 피하려면 말입니다."

"지금까지 하신 대로 하시면 됩니다."

그가 대답했다.

"조지 허드슨과 마이크 오코너는 선교에 매우 적합한 사람들이고, 성령의 인도하심 아래 좋은 성과를 거두고 있습니다. 여러분의 목사님과 성전 역시 좋은 성과를 거두고 있습니다. 하나님의 선하심 안에서 계속 나아가시라는 것 외에는 제안드릴 게 없습니다."

"감사합니다. 만족스럽습니다."

헨더슨이 말했다.

"하지만 만약 플라우먼 선생님, 조지와 마이크가 있는 곳에 번역가가 필요하다면 어떻습니까?"

"그럴 일은 없습니다, 헨더슨 선생님. 그곳에는 성경이 이미 번역되어 있습니다. 하지만 그렇지 않았다 하더라도, 성령께서 부르신 일을 이루기 위해서 조지와 마이크와 바울과 바나바를 택하신 것처럼 누군가를 택하지 않으실까요?"

"그렇습니다."

헨더슨이 말했다.

"저희 가게에서도 그렇게 하고 계십니다. 그는 저와 저희 직원들보다 사업에 대해 더 많이 알고 계십니다. 저는 감히 그가 채우고 계신 은혜로운 자리를 넘보지 않을 것입니다. 다른 이들도 마찬가지고요."

"복된 그리스도의 마음이 오늘 아침 형제의 간증을 통해 우리 모두를 한 생각, 한 마음으로 만들어주셨다고 확신합니다."

하퍼가 말했다.

"아멘!" 하고 모두 일제히 외쳤다.

"플라우먼 선생, 이 '아멘'을 당신의 감사와 격려로 여기겠습니다. 하나님께서 당신의 용기를 북돋아주시기를…. 저희를 당신의 친구로 여겨주시고, 북부 중국에서 조지와 마이크에게 해주신 것처럼 당신도 이곳을 최대한 편하게 생각해주십시오. 저희는 당신의 훌륭하신 환대를 본받고 능력 닿는 대로 갚아드리겠습니다."

"아멘."

모두가 말했다. 플라우먼 형제는 고개를 숙인 채 손으로 눈을 가리고 있었다.

고개를 들어올린 그는 슬프고 단련된 남자의 모습이었다. 그는 사람들에게 말했다.

"감사합니다. 여러분의 친절함을 기억하겠습니다. 여러분, 짧지만 격렬한 싸움이 될 것입니다. 하지만 큰 상이 기다리고 있습니다. 우리가 뛰고 있는 이 경주에서는 싸움 자체가 가장 고귀하며, 명예가 달린 문제입니다. 우리의 전 재산을 걸 만합니다. 또한 우리가 지고 있는 사랑의 빚은 결코 탕감할 수가 없습니다. 요나단은 자신이 입고 있던 왕자의 두루마리를 벗어 헐벗고 있는 다윗에게 입혀줬습니다. 그는 허리띠와 활도 가져와 언덕에서 온 어린 양치기에게 건네줬습니다. 요나단은 그를 사랑했고 그가 얼마나 위대한지 알았으며 그의 미래가 얼마나 놀라울지 알았기 때문입니다. 그 때에는 이스라엘 온 땅에 철공이 없었습니다. 젊은 용사는 자신이 신뢰하는 칼을 대체할 수 없었습니다. 하지만 그의 마음은 다윗의 마음과 엮여 있었고, 자신의 칼까지 풀어서 젊은 다윗에게 묶어줍니다.

그리고 그들은 평생 우정을 맹세합니다. 요나단은 맹세를 지키기 위해 많은 것을 희생해야 했습니다. 그는 왕관에 대한 권리를 포기하고 아버지를 부인했으며 친구를 몰래 만나야 했습니다. 하지만 그는 한 번도 주춤하지 않았습니다. 요나단의 가장 훌륭한 점은 그가 다윗에 대한 충성으로 집안을 멀리했다는 점이 아니라, 피가 묻은 양치기의 거친 두루마리를 입고서 자랑스럽게 천막으로 돌아왔다는 점입니다. 요나단은 저에게 큰 도움이 되었습니다. 그는 아름다운 영혼입니다. 우직한 남자가 아니라면 버림 받은 다윗을 옆에서 지켜주지 못했을 것입니다. 고작 환난 당한 모든 자와 빚진 모든 자와 마음이 원통한 자와 그를 따르는 자가 다 그에게로 모였고, 그는 그들의 우두머리가 되었는데 그와 함께 한 자가 사백 명 가량이었을 때 말입니다. 하지만 그는 영혼이 너무나 위대하여 자신의 고귀한 행동을 의식하지도 못했던 것 같습니다. 요나단의 수명이 다했을 때 다윗은 그를 기리면서 '그대가 나를 사랑함이 기이하여'라고 말합니다. 이 위대한 야망이 우리의 것이 되기를, 주께서 버림 받으신 이 때에 담대한 애정과 충성으로 다윗 가문의 왕자로부터 이 같은 인정을 받게 되기를 바랍니다. 모든 권세가 우리를 다윗 대하듯이 하더라도 말입니다.

우리가 할 수 있는 것은 너무나 작습니다. 하지만 우리가 요나단이 받은 찬사를 그분의 입술에서 듣게 된다면 얼마나 아름답겠습니까?"

그대가 나를 사랑함이 기이하여!
나 가진 것 전부 벗어서
허리띠와 활
그토록 아끼던 칼까지
전부 그대에게 드립니다

무슨 가치가 있겠습니까,
주 예수여
당신께 무슨 가치가 있어서
당신은 저에게 말씀하십니까
그토록 놀라운 말씀.

멀고 가까운 지역에서 펜윅을 보기 위해 모인 30여명의 성도들

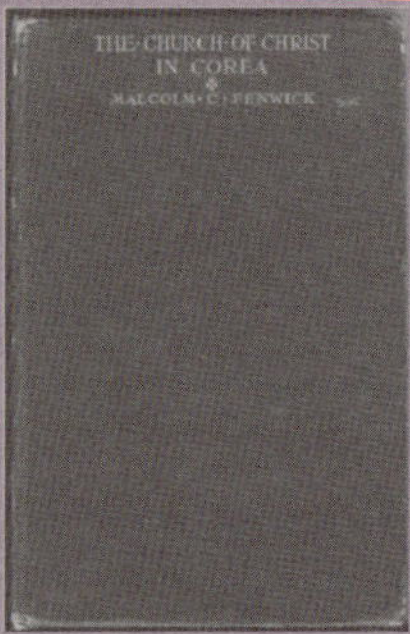

*《한국 그리스도의 교회》(CCC)

이 책은 펜윅의 자서전적 선교기록 가운데 하나로 펜윅의 한국 사역에 관한 기록이다. 당시 펜윅이 깨달은 토착인 사역자를 통한 복음 전도의 효과에 관해 서술하고 있으며, 특히 백인 선교사들이 성공하지 못한 한국 땅에서 토착인 사역자들이 어떻게 복음전도에 성공을 거두고 있는지와 그들의 헌신에 관해 기록하고 있다. 이 책은 1989년 침례신학대학 출판부가 번역·출간하였으나 이번에 새롭게 번역하여 선집에 수록하였다.

《한국 그리스도의 교회》

The Church of Christ in Corea (CCC)

헌정사

우리의 떠나가신 위대한 선교사님들을 기념하며

바나바Barnabas와 바울Paul, 자비에르Xavier와 즈윈레크Zwinlech, 모리슨Morrison과 테일러Taylor, 모펫Moffat과 리빙스턴Livingstone, 캐리William Carey, 저드슨Judson, 더프Duff, 윌리엄스Williams와 패튼Paton, 함Harm 목사님과 아도니람 저드슨 고든Adoniram J. Gordon, 그리고 국내와 해외에서 "먼저 자신을 주께 드리신" 모든 분들께 바칩니다. 그들은 자신의 목숨, 시간, 소유물, 아들과 딸까지도 예수님을 위해서라면 아끼지 않았습니다. 추방 당하신 왕을 하루 빨리 모셔 와서, 속죄 받은 자녀들을 품에 품으시는 기쁨을 알게 해드리기 위해서입니다.

들어가며

펜윅 선생은 〈자전적 선교록〉*autobiographical missionary record*이라는 보기 드문 책을 썼습니다. 영혼을 구하고 기꺼이 희생하고자 하는 그 열정은 서방 세계에 복음을 전파한 첫 사도들의 열심으로 거슬러 올라갑니다. 존 패튼John G. Paton의 유명한 저작과 마찬가지로, 이 책은 현대판 사도행전에 해당됩니다. 여기서 사도들은 바로 한국인들입니다.

펜윅 선생은 수년간 한국에서 말과 행동으로 그리스도를 전파했으나 성과는 미미했습니다. 이후 그는 바울 교회의 기초를 형성하는 것이 무엇인지 발견했습니다. 외국 민족에게 복음을 전하는 가장 좋은 방법은 현지인 회심자를 통해서라는 것입니다.

책은 일차적으로 한국에서 기독교의 전파 과정에 관한 것이지만, 동시에 초기 교회의 선교 방법으로 돌아가자는 호소문이기도 하며, 그러한 방법으로 무엇을 성취할 수 있는지 설득력 있게 보여줍니다. 펜윅 선생의 조언이 보편적으로 수용된다면, 미래 선교 사역에 광범위하고 혁명적인 영향을 줄 것입니다. 또한 개척을 위한 경제적 가능성도 크게 높일 것입니다.

여기에 기록된 사역을 행한 사도들은 전부 한국인들입니다. 백인 선교사들이 실패한 곳에서 현지인 목사들은 무한한 성공을 일구었습니다. 펜윅 선생은 세련된 간결함과 감수성으로 인물들을 묘사하며 그들의 헌신에 대해 얘기합니다. 그의 기록은 기독교적 열정을 깨우는 나팔소리이며, 서구 세계의 냉담함에 대한 도전입니다.

C. W. D

목차

그러나 하나님께서 세상의 미련한 것들을 택하사 지혜 있는 자들을 부끄럽게 하려 하시고 세상의 약한 것들을 택하사 강한 것들을 부끄럽게 하려 하시며 하나님께서 세상의 천한 것들과 멸시 받는 것들과 없는 것들을 택하사 있는 것들을 폐하려 하시나니 고전 1:27-28

1. 양치기는 잃어버린 양을 어떻게 찾게 되었나?

하나님은 증인을 필요로 하신다. 이 땅의 10억 명이나 되는 사람들은 아직 그리스도를 영접하거나 거부할 만한 기회가 없었다. 그리고 이교도 가정에서 태어나는 아이들은 "거듭난" 아이들보다 200배나 더 많다. 1900년 동안 노력을 기울였음에도 불구하고 교회는 하나님을 위한 증인들을 충분히 내보내지 못했고, 모든 잃어버린 영혼들이 증인 두세 명의 증언을 통해 하나님께 영광을 돌리지 못했다. 게다가 한국같이 큰 축복을 받은 나라에서 각 군별로 증인 한 명씩을 내보내지도 못하고 있다. 이것이 내가 이 책을 쓰는 이유이다.

나의 사역에 수많은 결점이 있을 것을 알기 때문에 두려움으로 사명에 다가간다. 그러나 내가 가장 우려하는 점은 이것이 아니다. 오히려 하나님의 무한하게 넘치시는 은혜가 우리 주님이 지금도 걷고 계시는 곳의 교회들에 알려지기를 원하고, 기회가 될 때마다 커다란 못 자국 난 손을 뻗으셔서 멀리 있는 사역들을 가리키기를 바랄 뿐이다.

"실력 없는 직공織工이 도구 탓을 한다"고들 말한다. 이 말이 사실이라면, 우리는 경험과 관찰을 통해 예수님이 탁월한 장인이심을 알 수 있다. 그는 자신의 사역을 이루시기 위해 사용해야 했던 도구들을 탓하신 적이 한 번도 없었다. 주께서 필자처럼 불완전한 증인을, 혹은 이제 얘기하게 될 한국인 전도사들처럼 교육받지 못한 도구들을 사용하고자 하신다는 사실을 교회들이 더욱 온전하게 믿게 된다면, 이 책은 그 목적을 완수하게 될 것이다.

하나님은 어떠한 교단과도 상관없이 나를 사역으로 부르셨다. 여러 지역에서 영혼들이 주께 돌아와 섬기는 사람을 임명할 때가 왔을 때, 우리는 가장 단순한 이름을 선택했다. 한국말로는 "대한기독교회"이며, 영어로 번역하면 "*The Church of Christ in Corea*(CCC)"가 된다. 이 교회에 관한 이야기를 엮은 것이 이 책이고, 때문에 제목도 그와 같다.

십자가에 속한 모든 선교사의 첫 번째 조건은 "거듭남"이므로, 내가 어떻게 죽음에서 생명으로 옮겨 갔는지 여기서 이야기해보고자 한다.

스코틀랜드 퍼스셔Perthshire 핏케언Pitcairn 출신의 나의 조부모가 당시 요크York라고 불렸던 캐나다 토론토에 도착했을 때, 그곳에는 허드슨 베이 가게, 제분소, 대장간, 몇 개의 오두막집이 있었다. 화려한 단풍나무, 너도밤나무, 스트로브잣나무 숲길을 뚫고 요크의 마크험Markham에 도착한 그들은 넓은 부지에 자리잡았다. 아버지는 그곳에서 태어나 한평생을 살았다. 남겨진 과부와 열한 명의 자녀들에게는 풍족한 재산을 물려주었고, 애틋한 추억도 남기고 갔다. 아버지는 내가 다섯 살 때 돌아가셔서 나는 아버지의 보살핌을 알지 못한다. 하지만 오랜 이웃들이나 아버지의 옛 친구들을 만나는 일은 내 인생의 기쁨 중 하나였다. 그들은 만날 때마다 아버지 칭찬을 늘어놓았다. 선교사가 되고 나서 처음으로 마을 교회에서 설교한 날, 애정어린 한 스코틀랜드 여인이 나에게 말했다.

"혹시 아치 펜윅Archie Fenwick의 아들 아니니?"

내가 그렇다고 하자, 그녀는 말했다.

"너도 아버지처럼 훌륭한 사람이 될 거야."

성공해서 이름을 널리 알린 한 신사도 나에게 말했다.

"아버지가 살아 계실 때 나는 젊은 청년이었어. 그분은 청년들이 지나가면 언제나 우리를 불러서 친절한 질문을 하시고 훌륭한 조언을 해주셨단다."

공적인 사업에 관해서는 아버지가 일등이었다. 집에서는 아주 엄격하고 전통적이고 가혹한 유형이었지만, 자녀들은 전부 어른이 되어서 그를 복되다고 말했다.

나는 형제들 중 고향의 아름다운 환경과 유익한 분위기를 마지막까지 누리고 떠났다. 캐나다 태평양 철도가 매니토바Manitoba와 북서부의 비옥한 평원을 뚫고 건설되고 있었고, 철로를 따라 도시들이 솟아나서 토지 붐이 자주 일어났다. 당시 열여덟 살이었던 나는 온타리오의 모범적인 농장에서 충분한 경험을 쌓은 터였다. 매니토바의 열기가 나를 사로잡았고, 어머니가 토론토로 이사할 때 나는 평원으로 떠났다.

어머니와 누나들에 대한 기억은 새로운 지방에 만연한 큰 죄들로부터 나를 지켜주었다. 이때 나를 도와줬던 또 한가지는 바로 스코틀랜드 출신의 도널드 매킨토시Donald M. McIntosh 목사님의 가르침과 모범이었다. 그는 수년간 우리 집에 살았는데, 수 킬로미터 떨어진 곳에 사는 수천 명의 사람에게서도 존경을 받았다. 병들고 고통에 빠진 사람, 절름발이, 눈먼 사람, 학자와 정치인, 살아 있는 사람과 죽어가는 사람 모두가 그의 도움과 조언을 구했다. 그들은 그들이 가장 필요로 하는 것들, 즉 애정과 위로와 치유가 있는 그의 인간적 공감을 언제든 받을 수 있었다.

매킨토시 목사님은 글래스고 대학Glasgow University의 금메달리스트였고, 시인들을 능숙하게 인용했다. 그는 엄청난 두뇌의 소유자였다. 그러나 그의 위대함은 이러한 것들에 있지 않았다. 그는 자신의 학문과 성숙한 지혜, 문학적 능력을 통해 누구보다 먼저 겸손하고 소박하며 어린아이 같은 예수 그리스도의 제자가 되었다. 그는 주님과 너무나 닮아서 지나가는 사람들이 대화를 멈추고 말했다.

"누구의 길에도 지푸라기 하나 놓지 않은 남자가 저기 간다."

그러한 사람과 한지붕 아래 사는 특권은, 구원자 하나님께서 나에게 주신 "수많은 목적" 중 하나라고 생각한다.

나는 내가 집을 떠난 날을 결코 잊지 못할 것이다. 그는 나를 자신의 서재에 데려가, 책꽂이에서 책을 한 권 꺼내서 내 이름을 적었다. 그는 무릎을 꿇고 나를 위해 기도했다. 그의 아름다운 기도는 기억나지 않지만 작별 인사를 하면서 내 어깨에 손을 얹었던 느낌은 아직도 생생하다. 이렇게 그의 작별 인사가 기억나는 것은 내 인생에 큰 영향을 줬기 때문이다.

안식일을 기억하여 거룩하게 지키거라, 말콤. 그러면 너의 인생은 평안할 것이다. 나는 많은 청년의 진로를 봐왔지만, 무너지는 이들은 주로 안식일을 지키지 못해서 그렇단다.

그의 이 한마디가 나를 교회에 정기적으로 출석하게 했다. 나는 주일학교 도서관 사서를 맡았고, 성가대와 여러 위원회에 참여했다. 그의 한마디로 나는 그 지역에서 가장 훌륭한 사람들과 어울리게 되었다.

개척지에서 삼 년을 보낸 뒤, 나는 큰 사고를 당한 어머니를 만나러 갔다. 집을 방문하기 일 년 전, 캐나다의 가장 오래된 가문에 속한 한 친구의 제안으로 나는 성경을 매일 한 장씩 읽게 되었다. 그러나 어머니께 두 번째 작별 인사를 했을 때 비로소 어떤 화살이 나의 영혼을 꿰뚫었다. 그 화살은 나를 위해 상처 입으신 분의 손이 아니면 빼낼 수 없었다. 어머니의 다른 충고들은 참을 수 있었지만, 그녀의 눈물과 애정어린 간청은 참을 수가 없었다.

"오, 아들아, 네가 예수님께 네 마음을 드리기만 한다면 집을 아무리 멀리 떠나가도 괜찮다."

기차에서 나는 그리스도를 만날 때까지 찾겠다고 다짐했다. 이후 2년간 나는 강렬한 신념을 갖고서, 그리스도를 찾기 위해 내가 들어본 모든 방법을 다 동원했다. 홀로 숲 속에서 그를 찾았고, 밤새 기도했으며, 자기 의를 나타내는 다른 노력을 기울였다. 그러나, 나는 결국 절망하면서 포기했다. 나는 구원 받을 자격이 없다고 하나님께 말했다. 내가 출석하던 교회는 성찬예

배를 준비하고 있었다. 나는 그 주일에 교회에 나와 다른 신자들과 함께 "주님의 죽으심을 기념"하자는 제안을 받았다. 하지만 고린도전서 11장 27절이 마음에 걸렸다.

> 그러므로 누구든지 주의 떡이나 잔을 합당하지 않게 먹고 마시는 자는 주의 몸과 피에 대하여 죄를 짓는 것이니라

토론토의 어느 거리에 특정한 장소가 있다. 얼마 전에 나는 그곳을 다시 찾아갔다. 오래전 내가 몸부림치고 있을 때, 나의 왕이시자 구원자이신 분께서는 그곳에서 나를 만나주셨고, 내가 그분의 온화한 얼굴의 빛을 바라보고 있을 때 그는 말씀하셨다.

"너는 자격이 없지만 나는 있다. 내가 죽은 것은 너로 하여금 살게 하려 함이다."

나는 내가 구원받았음을 깨달았다. 나는 '온전히 아름다운' 그분의 얼굴을 보았고, 신령한 목자의 목소리를 들었다. 그분께서 예언하신 것처럼 이후 나는 25년간 그를 따랐다.

> 문지기는 그를 위하여 문을 열고 양은 그의 음성을 듣나니 그가 자기 양의 이름을 각각 불러 인도하여 내느니라요 10:3

'그 은혜의 영광을 찬양하기 위해' 나는 '부족하나마 그를 좇았다.'

2. 하나님은 나를 어떻게 선교사로 교육하고 부르셨나?

1889년 7월, 한국으로 가라는 부르심을 받은 나는, 사랑하는 친구 존 헤론John W. Heron 박사의 아내가 한국에서 감옥에 갇혔다는 소식을 어디선가 들었다. 복음을 전했다는 이유로 교수형에 처해질 거라는 것이었다. 이는 좋은 기삿거리가 되었고, 지역 신문들은 그 소식을 전파했다.

나의 옛집에서 멀지 않은 곳에서 복음을 전하던 한 고령의 목사님은 여느 훌륭한 사람들처럼 큰 근심에 빠졌고, 마음이 동하여 그 일에 대해 기도를 드리기로 했다. 주일 아침 그는 교인들 앞에서 평소처럼 기도를 드리면서, 주님의 종에게 닥칠 재난이 얼마나 끔찍한지에 대해 얘기했다. 그리고는 말했다.

"주여, 한국은 태평양에 있는 섬이잖습니까?"

이 얘기를 하는 것은 독자에게 웃음을 주기 위해서가 아니라, 지적인 사람들조차 잘 알려지지 않은 나라의 위치에 대해서는 매우 터무니없는 생각을 가지고 있다는 점을 말하고 싶어서이다. 다른 사람들과 마찬가지로 나는 한국이라는 이름을 처음 들었을 때 지중해에 있는 섬인 줄 알았다. 지도를 꺼내서 확인해보니 내가 생각했던 섬은 코르시카Corsica였고, 한국은 아시아 끝 쪽 러시아에 붙어 있는 반도였다. 한쪽에는 황해가, 다른 쪽에는 동해가 놓여 있었고, 북위 35도와 43도 사이에 위치해 있었다.

선교에 관한 한 나는 완전히 무지했다. 하나님께서 내가 이 방인들에게 복음 전하기를 원하신다는 막연한 생각만 있었다. 선교사 중 나의 영웅은 데이비드 리빙스턴David Livingstone이었다. 리빙스턴에 관한 사진들도 나에게 큰 인상을 주었다. 선교라는 단어가 언급될 때마다, 내 머릿속에는 검은 얼굴의 침울하고 엄숙한 남자가 한 손에는 성경을 들고 있고 옆에서는 현지인이 그의 머리 위로 특이하게 생긴 우산을 들고 있는 모습이 그려졌다. 그의 주위에는 그가 전하는 복음을 듣기 위해 무리가 모여 있곤 했다.

나는 선교사들이 파송되는 나라들은 전부 더운 줄로 알고 있었다. 그래서 한국에 1년 중에 석 달간은 눈이 1.2m나 쌓여 있을 거라고 상상하지 못했다. 나는 선교사들이 파송되는 나라들은 전부 호랑이가 득실거리는 정글이 있는 줄 알았다. 그 때문에 아무 이유 없이 아프리카와 인도를 혼동했다. 그래서 나는 한국에 호랑이가 있다는 얘기를 들었을 때 놀라지 않았다. 한국으로 가기로 결정하고 나서, 나는 그곳이 모두 구릉지대라는 얘기를 들었고 그것은 사실이었다. 호랑이가 있다는 얘기도 사실이었다.

하지만 이런 재미있는 몇몇 사실들 외에 나는 그 나라 자체에 대해 심하게 무지했다. 선교회들과 편지를 주고받기도 했고, 한국에 가본 적 없는 사람들이 쓴 한국에 관한 책도 두 권

갖고 있었다. 하지만 무슨 이유에선지 그 나라에 대해 적절한 그림을 그릴 수가 없었다. 선교를 수행하는 일에 관해서는 그보다 더 무지했다. 머릿속에서 모든 것이 희미했다.

그 무렵 지인 한 명이 한국으로 가겠다는 결정을 내렸다. 이 장 후반부에서 묘사된 싸움이 끝나고 난 뒤, 나는 그가 설교할 때 우산을 씌워주고 오르간 반주를 해주겠다는 제안을 했다. 나는 선교사라면 오르간[소형 오르간]이 있어야 한다고 생각했기 때문이다. 그런 생각은 어떻게 하게 됐는지 모르겠다. 이 제안에 처음으로 격려의 대답이 돌아왔다. 내가 신학생이 아닌데 괜찮겠느냐는 물음에 그는 다음과 같이 말했다.

> 제가 아는 많은 신학생보다 당신을 택하겠습니다. 당신은 '거듭났기' 때문이고, 당신도 그 사실을 알기 때문입니다.

선교사가 되지 않겠느냐는 또 다른 사람에게 나는 외국어를 공부한 적이 없고 앞으로도 배우지 못할 거라는 핑계를 댔다. 그 친구는 나에게 말했다.

> 이방인들은 전부 죽음을 두려워해요. 당신은 예수님을 위해 가서 죽을 마음이 있습니까? 하나님의 증인으로서 사람을 두려움 없이 평안 속에서 죽게 해주는 복음의 힘을 전할 마음이 있습니까? 그들이 혹시 그리스도를 거부해서 나중에 심판받게 된다면, 하나님은 당신을 증인이라 부르시면서 그들에게 이렇게 말씀하실 겁니다.
> '나는 너희에게 내 종을 보냈고 너희는 그가 승리함으로 죽는

모습을 보았다. 내 성령은 나의 종에게 너희가 필요로 하는 뭔가가 있음을 너희에게 알렸다. 하지만 너희는 그 종의 증언을 거부했고, 종이 죽음을 통해 승리를 준 나의 아들에 관해 증언하는 것을 거부했다. 나도 너희를 거부한다.'

그의 말에 나는 그 정도는 할 수 있겠다고 대답했다.

나는 나이아가라-온-더-레이크Niagara-on-the-Lake에서 성경연구의 저명한 명사들과 여러 해 공부했는데, 컨퍼런스Niagara Bible Conference에 참석하는 사람들은 선생들이 어느 교단에 속해 있는지 알지 못했다. 그래서 선교의 교단적 측면은 나에게 크게 다가오지 않았다. 대신 모든 피조물에게 하나님을 증거하고 주님의 돌아오심을 조금이라도 앞당기는 것이 신자의 역할이라고 나는 늘 생각했다.

하나님께서 나를 어둠에서 불러내셔서 그 아들의 장엄한 빛 속에 놓으셨을 때, 나는 철물 도매업을 하고 있었다. 당시 나는 마흔 명 정도를 관리하는 도매점의 관리자였다. 나중에 나는 해안 지역에 있는 출장소와 판매장을 관리하는 자리로 승진했다. 동시에 나는 저녁에 성경을 공부했고, 기회가 있을 때마다 '평신도 설교'라고 불리는 자리에서 복음을 전했다.

나이아가라 사경회에서 이방인에게 나아가라는 부르심을 받았을 때, 나는 이미 언급한 대로 핑계를 대기 시작했다.

"주님, 저는 한낱 사업가잖습니까?"

"가라!"

그가 말씀하셨다.

"하지만 저는 적절한 교육도 받지 못했습니다. 저는 목사가 아닙니다. 신학교를 다닌 적도 없습니다. 주님."

"가라!"

그가 또 말씀하셨다.

"하지만 가고 싶지 않습니다."

내가 대답했다.

"가고자 하는 마음을 먹게 해도 되겠느냐?"

그가 말씀하셨다.

"아니요. 가고자 하는 마음을 먹기 싫습니다."

내가 대답했다.

사흘째 되던 날 나는 말했다.

"주님, 가고 싶은 마음도 없고 그런 마음을 먹기도 싫습니다. 하지만 저에게 마음을 먹고자 하는 의지를 주신다면, 그 정도는 해볼 수 있습니다."

그날 저녁 나는 인도 선교사 와일더 형제Brother Wilder의 이야기를 들었다. 사막에서 갈증으로 죽어가는, 물을 달라고 외치는 사람에 관한 얘기였다. 내가 만약 곱게 빚은 유리 주전자에 물을 담아 곱게 빚은 유리잔에 물을 부어 그에게 건넨다면, 그는 기뻐하면서 물을 마시고 살아날 것이라고 했다. 하지만 낡고 녹슬고 찌그러진 깡통에 물을 담아서 건네줘도 그는 기뻐하면서 마시고 살아날 것이라고 했다. 그가 필요한 것은 물이었다. 이 간단한 예화가 나로 하여금 마음을 먹게 했다. 이 간단한 예화가 나의 교육적, 신학적 핑계들을 무산시켰다. 나는 적어도 찌그러지고 녹슨 깡통이 되어 생명수를 담을 수는 있었다.

하지만 나를 붙잡는 한 가지가 아직도 남아 있었다. 많지는 않았고, 딱 한 가지였다. 하나님은 와일더를 통해 이를 위한 이야기도 들려주셨다. 그는 말했다.

> 한 남자가 노 젓는 배에 올라타서 노를 젓기 시작했습니다. 한동안 노를 저었는데 계속 해변에 머물러 있는 것이었습니다. 그는 일어서서 배의 뒤쪽으로 갔습니다. 배가 아직 해변에 묶여 있었고, 그래서 노를 저어도 소용이 없었던 것이었습니다. 그는 칼을 꺼내어 밧줄을 끊었습니다. 그리고 노를 젓자마자 배가 출발했습니다.

정확히 내 이야기였다. 그렇게 밧줄은 끊어졌다.

누가복음 5장의 '선장'이 배에 올라타 넉 달 뒤 나를 한국에 안전하게 내려줬다. 대부분의 선장은 작별 인사를 하면서 승객들에게 행운을 빌어줬을 것이다. 하지만 그분은 아니다.

그는 말씀하셨다.

"너와 함께 할 것이고 결코 떠나지 않을 것이다. 너의 목자가 되어 저 언덕을 넘고 골짜기를 통과하도록 너를 인도할 것이다."

그리하여 주님과 나는 함께 갔고, 우리는 복된 시간을 가졌다. 물론 내가 할 수 있는 일은 별로 없었다. 나는 항상 그분을 앞서가려고 했고, 다른 여러 무지한 양들처럼 어리석은 짓을 하려고 했다. 하지만 나를 발견할 때까지 나를 찾으시는 그 분은 기뻐하시며 나를 당신의 강한 어깨에 올려주셨다. 그분은 나를 절대 떠나지 않으셨고, 항상 나를 보살펴 주신다.

그분이 나를 가르쳐주셨다. 그분이 나를 땅 가까이에 두시고 농업과 원예업과 상업을 가르쳐주셨다. 나를 동서쪽으로 보내셔서 개척지 생활을 배우게 하셨고, 법률 사무소로 보내셔서 법적 절차를 배우게 하셨으며, 회사로 보내셔서 실용적 회계와 은행 업무를 배우게 하셨다.

이 모든 것은 내가 하나님의 가족이 되기 전, 주 예수님의 제자가 되기 전, 그리스도의 지체가 되기 전에 일어났다. 그런 후에 나는 사람을 관리하고 업무를 체계화하는 일을 맡았다. 이 마지막 두 가지가 실용적 측면에서 나에게 가장 많은 것을 가르쳐주었다. 이것은 해외 선교에서 경제적 성과를 내는데 도움이 된 요소들이다.

3. 내륙으로 들어가다

> 한글은 가장 기발한 문자체계다. 구조가 가장 단순하며, 가장 일관되며, 가장 폭넓은 음성표기 범위를 가지고 있다. 한글은 오백 년 전에 발명되었다. -호머 헐버트Homer B. Hulbert

한국의 언덕들은 내 앞에 놓인 선교 사역의 언덕을 상징했다. 첫 번째로 다가오는 언덕은 바로 언어였다. 다행히도 이 언덕은 너무나 커서, 그 뒤에 놓인 보다 무서운 언덕들을 시야에서 가려주었다. 한국 생활을 시작하고 첫 열 달 동안 나는 교과서와 입문서들을 정독하면서 언어를 파악하려고 노력했지만 헛수고였다. 기억력은 비교적 좋은 편이기 때문에, 나는 두 페이지 분량의 의미 없는 전문용어들을 여러 방식으로 반복할 수 있을 때까지 암기했다. 하지만 다음 날 아침만 되면 기억이 나지 않았다.

옛날 방식의 공부법으로 언어의 실제적 활용법을 배우는 데 실패한 나는, 모든 관습, 교과서, 영어 구사자들과 그들의 조언들을 멀리했다. 대신 한국인들 하고만 어울리기 위해 나는 몇 명의 한국인 친구와 함께 서울에서 260km쯤 떨어진 소래를 향해 출발했다. 듬직한 한국 조랑말을 타고 소래로 향하는 길에 우리는 수도 서울의 거리를 통과했고, 기이한 광경을 많이 보았다. 궁궐 입구를 지키는 돌로 된 호랑이를 지나자 외부 성벽 위에 지어진 망루 주위에 흥미로운 사람들과 물건들이 많이 있었다. 궁궐의 대문 바깥에는 관리들의 나귀를 맡은 마부들이 서서 기다리고 있었다. 다섯 명의 남자들이 성벽을 새로 짓기 위해 삽 하나로 점토를 만들면서 서로 협동하고 있었다. 곱게 차려입은 소년들은 할아버지를 만나러 가고 있었고, 평범한 옷차림의 한 소년은 과도한 식사량이 어떠한 영향을 끼치는지 보여주고 있었다.

도시 처녀들은 등을 돌리거나 외출용 덮개를 여몄기 때문에 얼굴이 보이지 않았고, 일부는 문을 닫은 가마를 타고 다녔다. 다른 여자들은 양동이를 들고 지나갔는데, 자신들의 아름다움을 의식하지 못했다. 도시 청년들은 나무 밑에서 빈둥거리거나 껑충거리는 말을 타고 다녔다. 그렇게 이른 시기(1890년)에도 록펠러John D. Rockefeller(1893-1937)는 이 은둔의 나라에 이미 석유 시장을 확보해 놓았다. 남자 물장수들은 통으로 기름을 날라 이익을 남겼다.

나무꾼들이 황소 등에 소나무 가지를 싣고서 길게 줄지어 도시로 들어왔고, 조랑말을 끄는 이들도 있었다. 가난해서 가축이 없는 이들은 등에 커다란 보따리를 지고 다녔다.

성문을 지나 평지로 나가자, 또 다른 광경이 펼쳐 졌다. 밝고 젊은 시골 청년들은 시골 옷차림을 하고 있었고, 시골 처녀들은 1910년 미국 처녀들이 쓰고 다니던 모자보다 더 커다란 모자를 쓰고서 자신들의 아름다움을 감췄다. 시골 양반들은 집

현관에 만족스럽다는 듯이 앉아 그들이 아끼는 긴 담뱃대를 물고 있었다. 들판의 일꾼들은 든든하고 멋진 친구들이었는데, 일을 멈추고 우리를 쳐다보았다. 농부들은 밭을 훌륭하게 갈았다. 다른 이들은 무리 지어 쌀을 수확하면서 동양의 기이한 노래를 합창했다.

노동 공동체는 한국에 많은 것을 기여했다. 그것은 노동자들이 현금을 덜 필요로 하도록 했으며, 노동자들을 임금보다 더 높은 위치에 올려두었다. 남자들과 때로는 여자들도 무리를 지어 잡초를 제거하며, 쌀과 여타 작물도 무리 지어 심는다. 그들은 노래를 부르며 흥겹게 일한다. 한국인들은 가장 부지런한 노동자들이다. 무리 지어 일하는 그들의 관습은 개척시대에 미국의 농경 지역에서 성행했던 노동의 교환과 유사한데, 벌목 노동자를 예로 들 수 있다.

그리고 수없이 다양한 사냥감들이 여행자의 엽총 주위로 겁없이 몰려들었다. 당시 한국은 사냥꾼의 낙원이라고 할 수도 없었다. 사냥할 필요가 없었기 때문이다. 나는 다섯 종류의 오리가 18km에 걸쳐 물 위를 새까맣게 덮고 있는 모습도 보았고, 논에서 날아오르는 야생 거위떼가 하늘을 어둡게 만드는 광경도 보았다. 몽골 꿩, 아시아 백조, 야생 칠면조, 붉은 사슴과 수사슴은 어딜 가나 있었다. 야생 수퇘지, 흑곰, 표범과 호랑이 같은 보다 큰 사냥감은 구릉지대에 많이 있었다. 가을철에 한국이 선사하는 기후만큼 훌륭한 기후는 어디서도 상상할 수 없을 것이다. 소래까지 가는 내내 이어지는 시골 풍경은 특히 흥미로웠고, 덕분에 우리는 엿새 만에 260km를 이동하며, 아주 편안하게 여행했다.

마을에 있는 숙소는 너무 작았고, 최대 2㎡에 불과했다. 그래서 우리는 집을 짓기로 했다. 하지만 이듬해 봄까지는 집을 지을 수 없었기에 우리는 좁은 숙소에서 지내야 했다.

우리를 대접한 안 선생과 서 선생 두 분은 서로 친분이 있었다. 하지만 그들은 양반이었기 때문에 그곳의 관습에 따라 서로의 부인들에게 말을 하는 법이 없었다. 두 부인도 서로 친한 친구였고 오랫동안 서로의 집을 방문해왔지만 말이다. 서양인 선생은 아직 한국의 관습에 대해 매우 무지했다. 그래서 안 선생과 서 선생에게 그들의 부인들을 데려와 선교사를 만나 인사시키자는 제안을 했다. 그들이 자신들의 말대로 정말 기독교인이라면 그래야 한다는 것이었다. 그들은 큰 반대 없이 그러기로 했고, 그날 저녁 쉰 살 정도 되는 두 여자는 백인 남자와 처음으로 얘기했다. 자기 집 식구가 아닌 한국인 양반과도 처음으로 대화를 나누었다.

토론토와 디트로이트Detroit에 있는 나의 친구들이 소포를 보내왔다. 그래서 나는 축하 자리를 마련하기로 했다. 한국 여인들이 나의 정성 들인 식사 대접을 어떻게 생각했는지는 기억이 나지 않는다. 하지만 그들이 과일 케이크를 얼마나 맛있게 먹었는지는 잊어버리지 못할 것이다. 그 케이크는 내가 맛본 것 중에서도 맛이 가장 풍부했다. 그들이 집에 갈 때 케이크를 가지고 갈 정도로 그렇게 온전히 즐기는 모습에 나는 다소 당황했다. 몇 년 뒤 알게된 사실이지만, 그들의 풍습에 따르면 잔치가 끝나고 남은 음식을 가지고 갔던 그들의 행동은 나에 대한 찬사였다.

마을에는 체계화된 노동이 없었다. 그래서 나는 소년들을 모아서 반을 만들었다. 나를 대접한 안 선생은 마을에서 글을 읽을 줄 아는 유일한 여성이었기에, 그녀가 여자들과 소년들을 가르치기로 약속했을 때 나는 자랑스러웠다. 나는 한국어로 노래하고 싶었고 사람들이 따라부르게 하고 싶었다. 그런데 찬송가가 번역되기 전에는 불가능했다. 나는 어휘가 부족했기 때문에 번역을 꺼렸다. 하지만 모국에서 한 친구가 했던 지혜로운 말들이 생각났다.

"자네가 두려워하는 게 있나? 그것이 자네를 두려워하게 만들게."

그래서 나는 단순한 찬송가인 "예수 사랑하심을"과 "하나님 아버지 주신 책은"을 큰 어려움 없이 번역했다.

하지만 오그덴William A. Ogden(1841-1897)의 "보고 생명을 얻으라"의 번역을 시도했을 때 비로소 한국어가 표현하는 한국적 관습과의 진정한 싸움이 시작되었다. 우선 "생명이 너에게 주어진다"라는 문장이 문제였다. 한국어에는 종이 주인에게 뭔가를 주거나 신하가 왕에게 뭔가를 헌납한다는 뜻의 단어 외에는 "주다"라는 뜻을 가진 단어가 없었다.

"그 단어는 안 돼요."

서너 명의 한국인 친구들이 일제히 말했다.

"왜 안 되죠?"

내가 물었다.

"아니, 크고 거룩하신 하나님을 몸종의 위치로 낮추고, 우리 같은 땅의 지렁이들을 높은 곳에 올려놓잖아요."

"하지만 그게 복음의 진리 아닙니까?"

"아니요, 아니요, 그럴 수는 없어요."

"아, 친구들이여."

내가 말했다.

"성경을 몰라서 실수하시는군요."

하지만 생명의 말씀을 배우지 못한 가여운 동방의 자녀들이 계속 물고 늘어졌다.

"하지만 '드리는' 것은 종만 할 수 있는 거예요. 신하가 왕에게 하거나."

"이제 여러분의 관습을 대충 알겠어요."

내가 대답했다.

"하지만 하나님은 우리에게 말씀하셨어요. '이는 내 생각이 너희의 생각과 다르며 내 길은 너희의 길과 다름이니라.' 만약 그분의 말씀이 우리에게 영생을 주시는 종의 위치로 자신을 낮추신다면, 우리는 그분의 놀라운 은혜를 겸손하고 감사하게 받는 것 외에는 할 게 없습니다. 여러분의 관습을 따라야 하겠습니까, 아니면 우주의 왕께서 가르치신 바를 따라야 하겠습니까?"

그들은 꿈쩍도 하지 않고 고집을 부리며 대답했다.

"하나님이 종의 위치를 취하신다는 말은 해서는 안 됩니다. 믿기 어렵습니다."

나는 한문 성경을 꺼내 빌립보서 2장을 펼쳤고, 그들에게 5절 후반부와 6절에서 11절을 읽어보라고 했다.

그는 근본 하나님의 본체시나 하나님과 동등됨을 취할 것으로 여기지 아니하시고 오히려 자기를 비워 종의 형체를 가지사 사람들과 같이 되셨고 사람의 모양으로 나타나사 자기를 낮추시고 죽기까지 복종하셨으니 곧 십자가에 죽으심이라

예전에 로마서 6장 23절, "하나님의 은사는 그리스도 예수 우리 주 안에 있는 영생이니라"를 알려주었기에 나는 그들이 성경의 경탄스러운 진리들을 깨달았기를 바랐다. 하지만 그들은 스스로 고백하는 신자였음에도 불구하고, 단지 종교적인 사람들이었던 것으로 드러났다. 그리스도의 영광의 복음의 빛이 그들에게 비출까 봐 사탄이 그들의 마음을 어둡게 했던 것이다. 그들에게는 관습이 복음보다 더 중요했고, 그들은 여전히 육에 속해 있었다.

마침내 나는 입을 열었다.

"여러분, 성경은 하나님의 아들이 종의 형상을 입고 오늘 두 손을 뻗고 서 계신다고 선포합니다. 종이 주인에게 하는 것처럼 여러분에게 영생을 값없이 '드리고' 있습니다. 여러분은 그의 사랑을 이해하지 못할 수도 있고, 선물을 거부할 수도 있습니다. 하지만 여러분의 말처럼 우리가 땅의 지렁이임에도 불구하고 영광의 주님께서 우리를 기다리고 계신다는 위대한 사실을 부인하지는 말아주십시오. 그의 이름과 찬송가의 가사로써 저는 다시 한 번 여러분께 선포합니다."

"생명이 너희에게 '드려'졌도다! 할렐루야! 하나님이 너희에게 '드리'신다."

이 계기로 나는 한국어 어휘에 위와 같은 기쁜 히브리어 감탄사를 추가할 수 있는 특권을 얻었다. "할렐루야"는 그들에게 그리스도가 알려지기 전까지는 사용할 일이 없었다.

내가 소래에서 언어를 공부한 방법은, 한국인들에게 한문 성경을 주고 나는 영어 성경을 보는 것에서 시작했다. 장수를 따져봄으로써 나는 성경의 책들을 구별할 수 있었고, 선생님에게 각 책의 이름을 나의 영어 성경에 한글로 적어달라고 했다. 이로써 나는 그다음 장과 절이 한국어로 뭔지 배웠다. 숫자는 이미 배워놓은 터였다.

나는 영어-한문 사전을 꺼내 들고서, "속죄"에 해당하는 단어를 찾았다. 나는 한국인들에게 레위기 17장 11절을 펴서 속죄라는 주제를 같이 공부하자고 했다. 그들의 놀라운 인내심과 커다란 사전, 그리고 내 편에서 약간의 끈기가 더해져 다음 구절에 속죄의 위대한 비밀이 담겨 있다는 사실을 그들에게 이해시킬 수 있었다.

> 육체의 생명은 피에 있음이라 내가 이 피를 너희에게 주어 제단에 뿌려 너희의 생명을 위하여 속죄하게 하였나니

나중에 알게 된 것은, 한국인들이 미국인이나 영국인들보다 희생의 의미를 더 잘 이해한다는 점이었다. 이것은 물론 나에게 도움이 되었다. 이런 방식으로 우리는 하나님께서 속죄에 대해 뭐라고 하셨는지 구절들을 하나씩 찾아 나갔다. 이 주제가 끝나면 또 다른 주제를 시작했다.

두 달 뒤에 서울로 돌아갔을 때, 나는 생각을 한국어로 하는 상태에 이르러 있었다. 어느 정도였는가 하면, 며칠 동안 친구와 영어로 얘기할 때 한국어 단어를 먼저 생각한 뒤에 거기에 해당하는 영어 단어를 떠올려야 했다. 영어를 구사하는 사람으로서 한국어만 하는 한국인들 사이에서 밤낮으로 지낸 지 불과 두 달 만에, 언어의 척추라 할 수 있는 관용어들이 머릿속에 박혔다. 심리적 위로나 친교 생활을 잠깐 포기했다는 점 외에는, 내가 들인 비용이나 노력은 거의 없었다. 지금도 계속되고 있는 공부의 균형은 이제 내 어휘에 단어들을 추가하는 것뿐이다.

서울로 돌아오고 나서 며칠 뒤, 나는 최초이자 최고령인 한국인 기독교인을 만나 얘기했다. 나는 그에게 내가 번역한 "보고 생명을 얻으라"를 보여주었고, 그의 의견을 물었다. 그는 한 절 한 절 읽으면서 "좋소"라고 대답하다가, 소래의 남성들처럼 "드리다"가 나오는 대목에서 멈췄다. 그들처럼 그 남자도 적절치 않다고 말하면서, 이 표현은 하나님을 종의 미천한 위치에 두는 끔찍한 일이라고 했다. 소래에서 있었던 똑같은 토론이 길게 이어졌고, 나는 그에게 빌립보서 2장 6절에서 11절을 잊어버린 게 아니냐며 그에게 읽어보라고 권했다. 그는 읽어보고는 구절의 놀라운 진리를 한참 동안 생각해보더니, "고맙습니다, 목자여"라고 조용히 말했다. 백인 남자와 황색인 남자는 그리스도 안에서 만나 우리 하나님의 놀라운 은혜와 내려오심에 관해 얘기했고, 즐거운 친교의 순간들이 이어졌다.

대화를 하고 있는데, 나를 대접하신 분의 선생님이자 선교사이기도 한 젊은 청년이 들어왔다. 한국에서는 눈에 보이는 글들은 전부 공동의 소유이기에 그 역시 찬송가를 읽기 시작했다. "드리다"라는 단어를 읽기 전까지는 아무 말이 없었다. 그는 다른 이들이 그랬듯이 매우 흥분하더니 화를 냈다. 나는 한국인 형제가 대답할 수 있게 가만히 앉아 있었다. 성경이 아직 빌립보서 2장에 펼쳐져 있었기 때문에 고령의 형제는 그에게 성경을 내밀면서 말했다.

"이것 봤어?"

청년은 조용히 읽더니 조용히 물러났다. 그는 문을 열다가 뒤를 돌아보면서 커다란 눈물을 흘렸다. 그리고 말했다.

"처음 봤어요."

찬송가와 관련된 이러한 경험들은 내가 길고 가파르고 힘든 "관습"의 언덕을 오르기 시작했음을 알려주었다.

4. 무지한 서양인이 한국인에 대해 연구하고 자신들이 동양에 대해 무엇인가를 정말로 안다고 생각한다

한국에는 풍속, 예, 법 이렇게 세 가지가 있다. 그 중에 제일은 법이다. 세 가지 다 사람들의 일반적인 혹은 구체적인 용무들과 연관되어 있고, 세 낱말을 구분 없이 사용할 때도 많다. 영어 구사자들은 이 낱말들을 "관습"이라는 한 단어로 묶는 경우가 종종 있다. 하지만 내 생각에 이것은 부주의로 인한 실수다. 세 단어는 분명하게 구분될 수 있기 때문이다.

"풍속"은 말 그대로 일상의 평범한 일들과 관련된 그 나라의 관습이다. 풍속은 고색창연한 옛날을 가리키며, 따라서 동방 사람들에게는 신성하다. 예컨대 한국에서는 밥을 먹거나 애도할 때는 노란색 옷을 입는 것이 관습이다.

"예"는 서양의 범주로 보면 헌법과 규약에 속할 것이다. 독특하게 다른 점은, 동양에서는 예가 불문율이라는 것이다. 하지만 오히려 그렇기 때문에 지켜야 한다. 쓰여지지 않았기 때문에 "군자의 말씀"에 속한다. 예는 널리 인정되고 자발적으로 지켜지는, 특정하게 고정된 형식이다. 남자든 여자든 아이든 예에서 벗어나는 경우는 거의 없다.

"법"은 크고 작은 법적 절차 및 거래와 관련된다. 짐을 들어주는 일꾼에게 지불하는 삯부터 범죄자의 삶과 죽음까지 결정한다. "법"은 한국어에서 가장 강한 단어다. 나라의 "법"이라거나 집안의 "법"이라고 말하면 모든 논란이 종식된다. "무슨 그런 법이 있어요?" 혹은 "누가 그런 법이 있답디까!" 같은 감탄사는 한 사람이 다른 사람에게 할 수 있는 가장 통렬한 말이다.

한국은 계약과 협정의 나라가 아니다. 토지소유 증서나 현금어음, 혼인증서 외에는, 글로 된 협정서가 거의 없다. "법"과 관련된 모든 일에 대해서는 "말이 곧 계약이다"라는 표현이 효과를 발휘하는 나라다. 이 표현은 또한 비즈니스와 관련되는데, "예"와 관련해 사용할 때는 에티켓을 말한다. 한국어에는 "비즈니스"에 해당하는 낱말이 없다. 따라서 모든 비즈니스 거래는 이러한 불문법에 따라 이루어진다. 증서는 판매자를 제약하기 위한 것이 아니라, 그가 정직하다는 사실을 구매자에게 알리는 보증서다. 현금어음은 그것을 받는 사람이 현금이 생기기 전에 합의를 봄으로써 "체면"을 차릴 수 있게 해주기 위해 존재한다. 또 혼인증서는 아내의 혜택을 위해서거나 신부의 아버지가 의심을 받아서가 아니라, 신랑이 세상 사람들에게 자신이 못난 사람이 아님을 보여주기 위해 있다. "체면"을 차리게 해주는 것이다. 결혼증서는 신부의 부모와 중매쟁이가 발행한다.

한국에서는 2년 전에야 성문법이 생겼다.

풍속과 예에서처럼 '체면'이 법을 지배한다. '체면'은 황금률의 정반대이다. 데이비드 해럼David Harum(Edward N. Westcott가 쓴 소설의 제목이자 주인공)의 말을 빌자면, 체면은 "남이 나에게 하는 것처럼 남을 대하고, 먼저 그렇게 하라"는 것이다.

'체면'은 동양 윤리의 처음과 끝이다. '체면'에다가 하라키리 腹切り(할복)를 하는 사무라이의 관습을 더하면 일본의 철학이 나온다. 누군가가 중요한 일을 진행하다가 실패할 경우 그는 '체면' 혹은 소위 일본식 명예를 잃은 것이고, 자살함으로써 그 명예를 되찾을 수 있다. 이것이 일본이 자랑하는 용기이다.

우리가 생각하는 방식에 따르면 전혀 용기가 아니지만, 이것은 그들에게 종교나 다름없고, 그 핵심은 '체면'이다. 내가 쓰고 있는 얘기들을 보면 독자는 관습의 언덕이 얼마나 가파르고 높은지 알 것이다.

사람들의 글을 통해 설명되지 않았기에 서구의 백인에게는 특별히 더 파악하기가 어렵다. 우리는 주로 뜻하는 바 그대로 말하고, 공손하지만 직접적으로 자신을 표현하는 사람을 높이 산다. 동양인들은 '체면'을 잃을까 봐 늘 두려워서 빙빙 돌려 말하고 뜻하는 바를 말하지 않는다. 그들은 극도의 공손함으로 상대방의 '체면'을 잃게 하고 자신의 '체면'을 지키는 사람을 높이 산다. 유학자들은 선생들의 '체면'의 기술을 큰 존경심과 기쁨을 가지고 우러러본다.

한번은 공자와 한 고위 관료 사이에서 누가 먼저 연락을 해서 상대방의 '체면'을 세워주는지가 중대한 외교적 사안이 된 적이 있다고 한다. 결국은 관료가 위대한 현자의 '체면'을 세워줬다. 관료는 매우 공손한 환대와 대접을 받았다. 관료가 공자의 집을 나서는 길에, 평소 같으면 주인이 대문까지 나와 좀 더 멀리까지 배웅을 했을 것이다. 하지만 공자는 관료가 '체면'

을 잃게 만들고자 했다. 그래서 마당에서 인사를 하고는 재빨리 현악기를 주워들고 연주하기 시작했다. 영리한 방식으로 관료에 대한 자신의 경멸을 보여주면서 그의 '체면'을 깔끔하게 구기는 것이었다. 서양인은 공자의 행동을 쉽게 오해했을 것이다. 오히려 길을 나서는 손님을 즐겁게 해주려는 공자의 노력으로 생각했을 것이다.

이듬해 봄 나는 서울을 떠나 소래로 돌아갔다. 손에는 여름을 위한 용품들과 디트로이트에 사는 남자 형제가 보내준 씨앗, 서울에 사는 미국인들의 정원에서 잘라온 꺾꽂이 순, 그리고 몇 종류의 과일과 꽃이 들려 있었다. 소래의 선택된 주택 부지 인근에 곧 풍성한 채소밭이 생겼다. 우리의 작은 집이 지어지고 나서, 우리는 열댓 개의 우마차를 구해서 18km 떨어진 평원에서 흙을 옮겨 왔다. 그리고는 문 앞에 있는 바위 위에 1m 정도의 깊이로 쌓아 올렸다. 그 주변을 돌담으로 에워싸자 꽃 정원을 위한 이상적인 장소가 마련되었다. 우리는 곧바로 씨를 뿌렸고, 꽃은 놀라울 정도로 잘 자라 우리를 기쁘게 했다.

하지만 영혼의 정원은 그렇지 못했다.

안 선생을 제외하면 그곳은 영적 삶이 전무해 보였다. 주일에 교회에 나오는 사람들이 몇 있기는 했지만, 다른 나라들에서 본 것처럼 교회 출석은 그들의 체험의 처음이자 마지막이 되어버렸다. 사탄은 사람들을 종교적으로 만듦으로써 많은 이들을 속이고 파멸로 이끈다.

아들이 있는 자에게는 생명이 있고 하나님의 아들이 없는 자에게는 생명이 없느니라요일 5:12

기독교는 종교가 아니다. 기독교는 인격[그리스도]이며, 그는 모든 것의 모든 것이시다.

나는 외로움 때문에 인근에 있는 아름다운 나무숲을 찾곤 했다. 그것은 마귀들에게 제사 지내고 그들을 숭배하기 위한, 모든 마을에 딸린 나무숲이었다. 그곳에서 나는 주님께 나의 모든 슬픔들을 아뢰었다. 이 사랑스런 장소가 마귀에게서 취하여져 주님께 드려지게 해달라고 간구했다.

채소밭을 만들 때, 서양인 선생이 외투를 벗고 일하는 모습은 사람들을 충격에 빠뜨렸다. 동양 사상에 따르면, 선생 혹은 양반은 절대 손으로 일을 해선 안 된다. 서양의 계층들은 그들의 배타적 사상들을 이교도들에게서 빌려온 게 아닌가 생각하게 만든다. 그 마을의 오십 명이 넘는 사람들 중에서 일하는 사람은 세 명뿐이었다. 그것은 두 명의 한국인과 나였다. 토양은 좋았지만 작은 돌이 섞여 있었고, 가뭄에도 견딜 만한 뿌리 덮개를 만들 수 있을 만큼 깊이 파인 적이 없었다. 그래서 우리는 35cm 깊이로 팠고 돌은 전부 내다버렸다. 그리고는 알맞은 비료를 주었다.

이후 가을에 나는 한국의 보수주의를 처음으로 경험했다. 나의 한국 지인들은 내 정원에서 훌륭하게 자라는 여러 종의 채소들을 보고 놀라워했다. 그것은 서양에서 가장 우수한 종자들이었다. 나는 그들을 위해 씨앗을 주문해주겠다고 했지만 안타깝게도 그들은 마음속으로 우리의 채소들이 그들의 것보다 열등하다고 생각하고 있었다. 내가 다시 한 번 권하자 그들은 내가 씨앗을 사서 그들에게 준다고 해도 정원에 뿌릴 자리는 없을 거라고 대답했다.

고마워할 줄 모르고 둔하고 어리석은 사람들이라고 말할지 모른다. 그렇지 않다. 사실 서양인인 내가 바보였다. 나중에 알게 된 것은, 그들이 서양의 씨앗으로 대체하기를 거부한 콩이 '대두' 품종이었다. 지금은 미국에서도 유명하지만 당시에는 서양에 알려지지 않았던 이 콩을 전문가들은 지구상에서 가장 풍부한 곡물이라고 말한다. 자주개자리(콩과의 여러해살이풀, 원산지는 지중해 연안)보다 건초를 더 풍부하게 만든다는 점은 말할 것도 없다.

한국인들은 서양에 있는 우리가 모든 것을 알고 있지 않다는 것을 여러 방식으로 가르쳐줬다. 동양인들은 대개 하는 일마다 상황에 맞는 실용적 이유가 있으며, 항상 경제적이다. 이 사실은 러일전쟁 때 잘 나타났다. 일본군이 한 순간에 마굿간을 세우는 것을 본 서양의 기자들은 놀라서 눈이 휘둥그레졌다. 그들은 다리를 짓는 동시에 건넜다. 그들의 질긴 볏짚 새끼가 비결이었다[서양에서는 아무 쓸모도 없다고 여길 것이다]. 나는 계층을 불문하고 볏짚으로 새끼를 꼬지 못하는 한국인을 아직 만나보지 못했다. 성인 남자든 소년이든 새끼를 꼬지 못하는 것은 이 나라에서 가장 큰 망신이다. 이번에도 관습이었다.

일본에서도 마찬가지다. 우리처럼 못과 볼트를 사용하는 대신 모든 것을 새끼로 묶는 일본인 병사들의 지식과 응용력은 군대를 간편화했다. 논이나 볏짚 더미는 새끼를 위한 재료를 제공했고, 나무숲이나 통나무 더미는 막대가 되었으며, 동양 어디서든 볼 수 있는 갈대 돗자리는 군인들의 막사와 헛간의 지붕이 되었다. 이러한 구조물이 재빨리 여러 개 만들어지면, 우리의 미숙한 신문 기자들이 말하는, 붓질 몇 번 만에 완성되는 놀라운 그림이 나온다.

소래를 두 번째로 떠났을 때 우리는 한국의 동해안에 있는 원산에 사역지를 세우기로 했다. 그곳은 아직 개신교 선교가 이뤄지지 않았다. 원산에서의 사역과 본국 방문으로 육 년의 세월이 지난 뒤에야 나는 한국에서 나의 첫 사역지를 다시 볼 수 있었다.

그 사이 노바스코티아Nova Scotia의 맥켄지William J. McKenzie 선생이 소래에 가 일 년간 집에서 묵었다. 그는 정원이 매우 유용하고 아늑하다고 느꼈을 것이다. 중국의 의화단과 유사한 동학군은 한국인들로 이뤄진 이상한 무리였는데, 이들은 청일전쟁으로 생긴 기회를 이용해 소래 지역의 주민들을 괴롭히고 있었다.

이러한 상황은 하나님이 주신 기회였다. 맥켄지 선생은 주민들의 마음을 얻었고, 사람들은 자신들의 물건을 맡아달라고 그에게 가져와 집 주위에 쌓았다. 맥켄지 선생은 그 위에 영국 국기와 자신이 만든 또 다른 국기[하얀 바탕에 빨간 십자가]를 세워놨다. 그때 이후로 이 국기는 한국에서 기독교 교회의 국기로 알려졌다. 동학군이 맥켄지 선생을 죽이고 그를 보호하는 마을 주민들을 학살할 거라는 소문이 여러 번 전해졌다. 하지만 그는 용기와 지혜를 발휘해 그들의 진영을 방문했고, 무법

자들과의 조용하고 온화한 대화를 통해 자신과 자신의 선교에 대한 그들의 원한을 녹여버렸다. 이리하여 선교사에게 맡겨진 물품들은 보존되었다. 맥켄지 선생은 감사하는 소래 주민들로부터 모든 것을 구할 수 있었다. 이후 맥켄지 선생은 한국의 치명적인 열병에 걸렸는데, 가장 가까이 있는 백인은 260km 떨어진 서울에 있었다. 그리고 결국 승리의 상이 그에게 주어졌다.

그는 자신이 약간의 제초 작업만 할 뿐이라고 말하곤 했다. 다른 사람들이 먼저 와서 씨앗을 심었고, 자신은 밭을 가꾸기만 한다는 것이었다. 사람들에 따르면 그의 초인적인 몸은 쉬는 법이 없었다고 한다. 그는 마을에서 마을로 다니며 모두에게 잘해주었다. 그가 죽자 멀리 있는 사람들까지 그를 애도했고, 최고의 명예를 돌리며 그를 장사 지냈다.

고귀한 자여!

그는 기도가 응답되고 헌신이 보상 받는 날까지 살지 못했지만, 남아있는 우리는 그의 희생에 대한 하나님의 풍성하신 응답을 보았다.

5. 두 가지 유형

그럼 조상들과 함께 지옥에 가겠소.
하나님이 이 죄인에게 자비를 베푸셨군요.

맥켄지William J. McKenzie 선생이 세상을 뜬 다음해 봄, 나는 미국에서 원산으로 돌아왔다. 당시는 러일전쟁이 벌어지고 있었고, 일본군 초병들이 원산 주둔지를 지키고 있었다. 나는 집으로 가려면 그곳을 지나가야 했다. 내가 타고 간 증기선은 군을 위한 탄약을 가득 싣고 있어서 상륙장에서 18km 떨어진 곳에서 멈췄다.

오전 세 시에 나는 우편선에서 내렸고, 우체국 직원과의 친분 덕분에 총에 맞지 않고 시내로 들어갈 수 있었다. 보초들을 지나 정착촌으로 들어가는 것은 더 어려웠다. 하지만 일본어로 내가 원산 주민이라고 설명하자, 그들은 "정지!"라고 말하면서 나한테 재빨리 들이댄 총구를 내려놓으며 지나가게 해주었다.

칠흑 같은 어둠이었다. 집을 떠나기 전에 심었던 나무들이 얼마나 자랐는지 보기 위해 나는 더듬거리며 과수원을 걸었다. 그리고는 친구 선교사 집으로 갔다. 나는 그를 한국어로 불렀지만 러시아인으로 오해받았다. 한국어로 아무리 설득을 해봐도 테니슨 코트Tennyson overcoat를 입고 있는 키 큰 사내를 들여다 줄 리가 없었다. 하지만 내가 영어로 "이봐, 어서 문을 열어주게"라고 말하자, 삼십 초 만에 나는 가족의 품에 안길 수 있었다. 나의 어린 친구들은 요람과 어린이 침대에서 나를 내다봤고, 아직 만나보지 못했던 작은 천사는 자랑스러운 표정의 어머니의 손에 이끌리어 나에게 안겼다.

나는 당연히 소래 마을이 그리웠지만, 겨울이 지나기 전에 오는 것은 불가능했다. 원산에는 주로 성탄절쯤에 눈이 오기 때문에 눈이 오기 전에 산 반대편으로 넘어가야 했다. 그러지 않으면 눈신을 신어야만 넘어갈 수 있다. 한국인들은 지름 30cm쯤 되는 둥근 눈신을 신는데, 그것은 1.5cm 굵기의 휘어진 나무로 만들어졌고 사슴 가죽끈이 달렸다. 깊은 눈을 뚫고 가파른 산길을 오르는 고생을 피하려면, 원산의 성탄절 저녁식사 초대를 거절하는 덜 힘든 일을 선택해야만 했다.

12월 25일 나는 언덕 지대에서 나의 충실한 '소년'[동양에서는 개인 수행원을 그렇게 불렀다]과 함께 빠르게 쏟아지는 눈발의 환영을 받았다. 조금 외로울 거라고 예상되었다. 하지만 예수님의 이름이 한 번도 전파되지 않은 산마을에 도착했고 곧 남성이 살아계신 하나님을 섬기고 하늘에서 내려오실 그의 아들을 기다리기 위해 우상을 버리자, 우리는 천사들도 질투할 만한 성탄절 축제를 구원받은 이들과 함께 보냈다.

북서쪽으로 길게 돌아 황해 해변으로 내려간 우리는 소래에서 100km 떨어진 지점에서 멈춰야만 했다. 내 조랑말의 뒷다리가 흔들리기 시작했고 결국에는 한 발짝도 나아가지 못하게 되었기 때문이다. 말에게 잡곡 지푸라기를 너무 많이 주면 치명적이다. 소에게는 좋지만 말이다. 말이 힘이 빠져 마을에 도움을 청하자, 한국에서는 늘 그렇듯 낯선 이에게 준비된 환대가 주어졌다. 한국인들의 핏줄에 흐르는 아랍 사람의 피가 떠올랐다. 가장 좋은 집이 우리를 위해 마련되었고, 힘 빠진 말들을 위한 편안한 말구유도 제공되었다. 그곳에서는 보기 드문 말구유였다.

시간이 사흘간 지체된 것은 마을 사람들에게 구원하시는 사랑에 관한 이야기를 하기에 아주 좋은 기회를 제공해 주었다. 사흘째 되던 날 우리를 대접해준 분이 말했다.

"그러니까 사람에게 주어진 구원 받는 이름은 그것이 유일하다는 겁니까?"

나는 "하나님께서 그렇게 선포하십니다"라고 대답하고는 사도행전 4장 12절을 보여주었다.

"그러면 당신이 가르치는 이 예수에 관해 들어본 적이 없는 사람들은 어떻게 됩니까?"

하나님 도와주소서! 나는 인용할 수밖에 없었다.

"세상을 심판하시는 이가 정의를 행하실 것이 아니니이까."

"하지만 하나님에 대해 한 번도 들어본 적이 없는 사람에 대해서는 뭐라고 하십니까?"

나는 로마서 2장을 인용했고, 그가 계속 질문하자 나는 사도행전 4장 12절을 인용했다. 그리고는 그들이 악한지 악하지 않은지는 그들이 알아서 결정하라고 했다.

그러자 그가 고함쳤다.

“내 조상들은 예수를 믿지 않고 죽었어요. 그를 들어보지도 못했어요. 그들이 지옥에 갔다면 나도 같이 가겠습니다.”

내 감정이 어땠을지는 독자의 상상에 맡긴다.

내 조랑말은 곧 다시 걸을 수 있게 되었다. 하루 동안 걷자 우리와 소래 사이에는 분수령만 하나 남게 되었다. 분수령을 건널 경우 16km의 여정이 될 것이고, 돌아서 해변으로 갈 경우 거리는 48km였다.

“아무도 눈을 뚫고 갈 수는 없어요.”

마을 주민들이 말했다.

“하지만 저는 캐나다 사람이라서 눈에 익숙해요.”

내가 대답했다.

“못합니다.”

그들의 완고한 대답이었다.

깊은 눈 속을 뚫고 조금 올라가자 나무꾼의 흔적이 보였다. 썰매를 이용해 겨울 연료를 언덕 밑으로 내려보내는 길이었다. 이것은 아메리칸 인디언들의 끌개와 별반 다르지 않았다. 꼭대기에 이르자 바위와 소나무, 눈과 산골짝의 급류가 어우러져 보기 드문 아름다운 장면을 연출했고, 그곳에서 우리는 외국 손가방을 들고 있는 소년을 만났다. 누구의 것인지 궁금해서 물어보자, 내가 아는 관리의 아들 것으로 드러났다.

관리가 곧 올라오자 우리는 소래 주민들이 모두 잘 지내고 있고, 뒤에 안 선생과 서 선생이 따라오고 있다는 것을 알게 되었다. 나는 큰 바위 위에 올라 나의 두 친구가 산등성이를 막 넘어오는 모습을 보았다. 나는 외쳤다.

“거기 누구요?”

그들은 나를 보자 무턱대고 눈 속을 비집고 내려오더니 나를 껴안았다. 그들의 밝은 얼굴이 이야기를 대신했다.

서 선생의 첫마디는 “당신이 오고 나서부터 하나님은 이 죄인에게 자비를 베푸셨어요” 였다. 그는 가슴을 치며 “저의 죄를 용서해주셨어요. 저 죄인도요”라며 안 선생을 가리켰다. “그의 죄도 용서해주셨고 마을 전체가 그리스도께 나왔어요”라고 그가 말했다.

안 선생은 관청에 가야 했다. 그래서 나와 함께 돌아가는 서 선생에게 나를 데리고 안 선생 부인을 보러 가겠다는 약속을 받아냈다.

“왜냐하면 말이죠, 그녀는 선생을 다시 보내달라고 아버지께 육 년 동안 간절히 기도했단 말입니다.”

그가 말했다.

그녀의 집에 도착하자 서 선생은 그녀를 불렀다. 그녀는 무기력한 모습으로 마당에 나왔다. 그녀는 지팡이를 크게 의지하는 불구의 몸이었다. 그녀는 나를 보더니 앞으로 나와 내 손을 잡고서 하늘을 보며 말했다.

“이제 당신의 종이 평안 속에 떠나게 해주소서. 나의 기도를 들으시고 선생님을 돌려보내 주셨으니 말입니다.”

나는 이 장면을 종종 떠올렸다. 그리고 나는 이것이 주님 왕관의 보석을 얻기위해 내가 들인 희생에 대한 충분한 보상이었다고 늘 확신했다.

아랫마을로 들어서자 내가 기도를 드리곤 했던 나무숲이 보였다. 거기서 나는 마귀를 숭상하는 그곳이 마귀들이 싫어하는 그분을 예배하기 위한 장소가 되게 해달라고 기도했었다. 나는 그곳의 늠름한 나무들 앞에서 구원받은 마을 주민들이 세운 타일로 된 아름다운 교회를 보았다. 그날 저녁 기도 모임에서 나는 삼백 명의 형제자매들을 기도와 찬양으로 인도하는 말할 수 없는 기쁨을 누렸다.

2주간의 성경공부가 뒤따랐다. 아침과 오후 성경공부는 남성들로 이뤄졌고, 저녁 성경공부는 안 선생의 집에서 여성들로 이뤄졌다. 이들 여성을 그리스도께 나아오게 하는 데는 안 선생이 큰 역할을 했다.

열 이틀째 되는 날 나는 옛 친구 한 명을 불러서 말했다.

"하나님께서 우리의 모임에 역사하고 계시지 않는다는 것을 깨달았습니까?"

내가 보기에는 지금까지 조금의 열정도 보이지가 않았다. 이유는 하나밖에 없다. 악한 죄인이 아무리 많아도 성령의 역사를 막을 수는 없다. 하지만 두 명의 신자들이 서로를 미워하면 그분의 역사는 멈춘다.

"말해봐요, 신자 중에 누가 서로를 미워합니까?"

그는 무너져내려 울었다. 그리고는 그와 다른 두 명이 서로를 미워한다는 안타까운 얘기를 털어놓았다. 이런 얘기는 항상 안타깝다. 하나님께 용서를 구하고 그들에게 용서를 구하겠느냐고 문자, 그는 그러겠다고 대답했다. 우리는 무릎을 꿇고 기도했고 그는 용서를 구했다. 그리고 형제들과도 화해했다. 둘 중 한 명은 내 조랑말에 말굽을 달고 있었다. 나의 친구가 그에게 도구를 건네고 말의 발을 잡아주면서 그를 돕는 모습은 보기에 좋았다. 기회가 되었을 때 그는 두 형제를 사랑하지 않은 데 대한 자신의 잘못을 당사자들에게 고백했다. 그 다음 날 주일 큰 반향이 일었다. 회복된 형제가 그들 앞에서 고백하자 삼백 명의 제자들이 무너져내려 주님 앞에서 눈물 흘렸다.

며칠 뒤 형제 선교사인 아펜젤러A. P. Appenzeller 목사에게 이 얘기를 하자 그는 크게 마음 아파하면서 말했다.

"형제, 한국인 한 명이 죄에 대해 그렇게 우는 모습을 볼 수 있다면, 저는 1,000km라도 걷겠어요. 저는 그런 사람을 아직 한 명도 보지 못했습니다."

사람들은 내게 남아서 자기들의 목사가 되어달라고 졸랐다. 봉급을 주고 더 큰 집을 지어주고 종을 붙여줄 테니 나와 함께 잃어버린 자들의 구원을 위해 일하자는 것이었다. 하지만 내가 자리를 비운 사이 또 다른 선교 단체가 이 일을 책임지게 되었다. 당시 내 마음속에 하나님께서 열어주신 문을 열고 들어가려는 마음보다는 일이 복잡해지지 않을까 하는 두려움이 더 컸다는 사실은 나로 하여금 오랫동안 후회하게 만들었다.

14년 뒤 이 글을 쓰는 지금, 나는 내가 당시 관습을 따르는 대신 하나님의 부르심에 순종했다면, 주님께서 준비하신 이 사람들을 통해 강력한 은혜의 역사가 시작되었을 거라고 확신한다. 평화는 때로 너무 큰 비용을 요구한다.

떠날 시간이 되자 사람들은 나를 혼자 가게 두지 않고, 그들 중에서 가장 훌륭한 청년을 준비시켜 나와 동행하면서 사역을 위해 훈련받게 했다. 그들은 소책자 출판을 위한 넉넉한 여비를 챙겨주었고, 내가 가는 길을 16km 동안 함께 걸었다.

돌아오는 두 주일에는 수도에 있는 형제 선교사들에게 결코 실망시키지 않으시는 사랑에 관해 이야기했고, 오래된 반가운 지인들과 시간을 보냈다.

6. 사람들을 이해하는 엄청난 과업

한국에 가게 된 서구의 학생들은 한국인들이 누구인지, 그들의 기원이 무엇인지 알고자 한다. 하지만 우리는 알지 못한다. 그들이 몽골에 기원을 두고 있고 아랍인의 피가 약간 섞였다는 일부 증거들은 있지만, 확실한 증거는 못 된다. 아랍인들은 7세기와 9세기 사이에 한국에서 무역을 했고, 그들의 관습 일부를 남겨놓고 간 듯하다. 아랍인들이 행하는 매사냥, 새를 훈련하고 선택하는 방법이 한국것과 똑같다. 한국인들의 놀라운 손님대접은 이스마엘의 아들들의 그것과 비슷하다.

한국인들의 외모는 중국인들과 구별되며 일본인들과는 확연히 다르다. 그들은 일본인들보다 체구가 훨씬 더 크고, 신체적으로 더 발달하였으며, 지적으로 더 우수하고, 일본인들이 농후하게 가진 말레이Malay 사람의 잔인함을 찾아볼 수 없다. 한국인들은 기민하며, 무엇을 가르치든 배울 수 있는 지적 능력을 갖추고 있다. 그들은 기발하고 부지런하며, 고생과 어려움을 거의 초인적으로 견디는 능력이 있다. 그들은 야생 동물들에 맞먹는 활기를 가지고 있다.[야생 동물은 환경에 가장 적합하므로 살아남은 것이다]

한국인들은 그들의 자녀가 천연두에 걸리기 전까지는 자녀수에 포함하지 않는다. 그들의 윤리관은 대체로 공자에 바탕을 두고 있다. 사실을 공정하게 말하자면, 그리스도를 제외하면 중국과 한국의 문명은 인류 전체의 평화와 행복을 위해 서양 문명보다 훨씬 더 많은 일을 했다. 느린 수작업은 빨리 부자가 되는 기계보다 인류를 위해 더 많이 이바지했다. 내 생각에는 동양이 서양의 문명을 가지는 것은 별로 바람직하지 않다.

야만인의 손에 들린 활과 화살은 "문명화"된, "최첨단"의 자동발사 소총보다 해를 덜 끼칠 것이다. 로저스John Rodgers 제독이 1872년 한국에서 발견한 목제후장식 대포는 우리의 전장식 대포나 철제 기관포보다 효과적이지 못했으며, 그로인해 한국인들은 그들의 요새에서 내몰리게 되었다. 오래된 진걸총jingal을 가진 동양의 졸리고 둔한 남자는, 개틀링 기관총gatling gun을 가진 정신 멀쩡한 미국인이나 크루프 총Krupp을 가진 독일인들 만큼 하나님 형상대로 지어진 인간을 더 많이 죽이지는 못할 것이다. 하지만 "계몽된" 동양인에게 어떤 이점이 있을지는 의심스럽다. 소위 "진보"는 기계를 통해 흥미롭고 독특한 방식으로 "다이아몬드 성냥"을 만들지는 모르지만, 현대 성냥 공장들의 유황불이 들판에서 피우던 불을 앞서가는 것인지 물어볼 필요가 있다. 옛날에는 원시인들이 막대기를 깎아 약간의 유황에 담가 불을 붙였다. 부싯돌을 비비거나 막대기를 비비는 것도 나름의 장점이 있었다. 적어도 그때는 자본과 노동 간에 다툼이 없었고, 성실하고 우직한 노동은 항상 행복을 가져다주는데 공헌했다.

하지만 동양인의 자연적 능력을 연구하는 게 어려운 것이 아니다. 그들의 사고방식에 관한 실제적 지식을 얻는 것이 어렵다. 막강한 황색인을 감히 가르치려 드는 서구의 야만인에 대한 그의 생각을 올바로 알아내는 것 말이다. 그는 온갖 공손한 대접을 다 하고, 미소를 지으며 묵례까지 하지만, 마음속으로는 백인에 대한 역겨움과 경멸, 증오를 가지고 있다.

그는 마음속으로 생각한다.

"백인은 무례하고 거만하다. 그는 자신을 삼갈 줄을 모른다. 그는 비누 냄새가 난다."

동양인과 비교할 때 이런 말들은 전부 서양인에게 해당한다. 서양인은 너무 서둘러서 예의를 차리려고 한다. 동양인들은 여유를 가진다. 동양인들의 평생의 연구는, 다른 사람을 만나거나 상대할 때 어떻게 자신을 삼갈까 하는 것이다. 이는 야벳 Japheth(노아의 셋째 아들, 유럽인의 조상)의 아들들에게는 거의 해당하지 않는다. 동양인들은 백인들의 비누 냄새가 그들에게 불쾌하다고 말한다. 그들의 복장은 양식이 있고, 그림 같은 멋이 있으며, 예술적이고 경제적이고 편안하다. 우리의 복장은 전혀 그렇지 못하다. 착용자가 빠르게 움직이게 해준다는 한 가지 장점은 있다. 이는 끝없이 서두르는 사람들에게는 적합하다.

이 장은 단지 서양인이 올라야 할 또 하나의 거대한 언덕을 가리킬 뿐이다. 동양에서 이루고자 하는 바를 이루려면 말이다. "언어"의 언덕보다 훨씬 더 크고 "관습"의 언덕보다 더 가파르고 오르기 힘든 이 언덕의 어려움을 나는 감히 분석했다고 말하지 않는다. 동양에서 성공하고자 하는 서양인 앞에 놓인 이 언덕을 오르는 데 등산용 지팡이만으로는 안 된다는 사실을 나타내기만 해도, 이 장은 책 전체에서 나름의 몫을 해낸 것이다. 언덕 너머에는 강과 호수와 바다와 대양이 놓여 있고, 그곳은 헤엄치기에 좋다.

7. 설교의 어리석음

물론 선교사는 그리스도 예수 안에서 거듭난 사람일 거라고 당연히 여겨진다. 구원에 대한 지혜와 성경에 대한 적절한 실제적 지식, 영혼에 대한 열정도 있을 거라고 여겨진다. 그가 언어, 관습, 사람의 세 언덕을 넘고 나면, 일반적으로 사역을 위한 준비가 되었다고 간주된다. 그는 마침내 복음 설교라는 시냇물에 당도한 것이다. 세 언덕을 넘기 전에는 영혼을 얻을 수 없다는 말을 하려는 게 아니다. 주님은 내가 '언어의 언덕'을 넘기 훨씬 전에 나의 첫 물고기를 잡도록 해주셨다. 하지만 선교사가 언어, 관습, 사람들에 대한 실제적 지식을 얻고 나면, 설교할 자격을 갖췄다는 뜻이다. 성공적인 설교자들은 메시지를 전하기 위한 분위기의 조성이 필요함을 발견했다.

윌버 채프만John W. Chapman(1859-1918)박사에 따르면 알렉산더Charles M. Alexander(1867-1920, 채프만과 동행한 복음성가 가수) 선생이 복음성가를 통해 이러한 분위기를 만들어준다고 한다. 사람들은 성가를 부르며 메시지를 듣고자 하는 마음이 생긴다. 그럼 우리 앞에 앉아 있는 무리들은 어떻게 해야 할까? 우리 모두에게 있는 인종적 반감은 동양인들에게 가장 뿌리 깊이 박혀 있다. 이미 언급한 것들 외에도, 그들의 족보의 낡고 오래됨, 그들 나라

바깥에 있는 것들에 대한 무지, 메시지의 기이함과 타인종에 대한 자연적 반감이 전부 어우러져 백인 선생에게 불리하게 작용한다.

물론 우리가 설교하는 그분께서는 모든 장애물을 극복하실 수 있다. 고넬료가 어찌할 바를 몰랐을 때 우리 주님은 천국에서부터 메신저를 보내셔서 "구원을 주는 말씀"을 듣는 방법을 알려주셨다. 하나님의 능력은 그때도 모자람이 없었고 지금도 마찬가지다. 필요하다면 이런 방법을 또 사용하실 것이다. 하지만 고넬료가 은혜를 입은 이후로 그렇게 하신 기록이 우리에게는 없기 때문에, 지금은 어떻게 일하시는지 우리는 알아봐야 한다.

바울은 하나님이 오늘날 사용하시는 방법에 대해 말한다.

"하나님께서 전도의 미련한 것으로 믿는 자들을 구원하시기를 기뻐하셨도다."고전 1:21

그리하여 우리는 첫 번째 강에 도착했다. 어떻게 건널 것인가? 현대식 나룻배도 없고, 철로 된 캔틸레버식 다리cantilever bridge도 없다. 우리는 "전도의 미련함"으로 건너야 한다. 강을 건너기 위해 내가 얼마나 열심히 노력했는지 잊지 못할 것이다. 주일이면 주일마다, 달이면 달마다 나는 그리스도 안에서 주어진 하나님의 사랑과 예수님께서 내 영혼에 주신 평화에 대해 눈물을 흘리며 증언했다. 그의 귀한 피로 내 죄를 씻고 나자, 그분께서 직접 찾아오셔서 나와 함께 하셨고 나의 작은 일들까지 전부 맡아주셨다고 말이다.

사람들은 나를 보고 비웃었다. 서양인인 나에게는 모든 것이 충분하지만, 자신들은 한국인이라는 것이었다. 예수님께서 그들에게도 똑같이 해주실 거라고 나는 호소했지만 헛수고였다. 그들이 원치 않는 것이 바로 그런 것이었다. 그들은 나처럼 되느니 차라리 가장 천한 한국인이 되기를 원했다. 내가 얘기하는 예수로 인해 그들이 그들 앞에 서 있는 하얀 야만인처럼 되는 것이라면, 예수와는 전혀 상종하지 않는 것이 그들에겐 최선이었다.

그래서 내가 전부터 알던 한국인 신자를 만났을 때의 기쁨은 결코 잊지 못할 것이다.

"김 선생님."

나는 간절히 말했다.

"내일 저희 집에 오셔서 위대하신 주님께서 선생님을 위해 하신 일들을 사람들에게 얘기해주세요. 저는 예수님께서 저를 위해 하신 일들을 그들에게 얘기하고 또 얘기했지만, 그들은 웃기만 했습니다. 선생님이 오셔서 하나님의 일들을 얘기해주세요."

김 선생은 그러기로 약속했고 다음날 찾아왔다. 부탁을 하자 그는 중국어 신약성경을 펼치더니 그 위에 사랑스럽게 손을 얹고서 말했다.

"형제님들, 이 책은 하나님의 말씀입니다. 믿으세요. 사람의 말과는 다릅니다. 이 책은 하나님의 성령께서 쓰셨습니다. 여러분은 아마도 제가 이 신령한 책을 처음 읽었을 때와 같을 것입니다. 저의 선생님인 프랭클린 올린저Franklin Ohlinger 목사는 제가 이 책을 이성으로는 이해하지 못할 거라고 했습니다. 성경을 쓰신 성령께서 저에게 가르쳐주셔야 이해할 수 있고, 제가 예수님의 이름으로 하나님께 구하면 가르쳐주실 거라고 했습니다. 그래서 저는 기도와 성경 읽기를 시작했습니다. 누가 저에게 죄인이라고 했다면 저는 그 사람과 싸웠을 것입니다. 정말입니다. 저는 술 취하지도 않았고, 도둑질하지도 않았고, 간음하지도 않았습니다. 하지만 성경을 조금 읽고 나니까, 알 수 없는 이상한 불안과 불행의 느낌이 들기 시작했습니다. 기도와 성경 읽기를 좀 더 열심히 해야겠다는 생각이 들었습니다. 그렇게 했는데 불안함이 더 커졌습니다. 저는 제 자신이 큰 죄인이라고 믿게 되었고 매우 불행해졌습니다. 어느 날 기도하는 중에 마음의 무거움이 전부 사라지고 저는 행복해졌습니다. 하나님 아들 덕분이 저의 모든 죄가 용서되었다는 만족감이 생겼습니다."

나의 간증과는 다르게 그의 간증은 사람들을 사로잡았다. 서부 지방에서 도시 출신의 남자가 전하는 메시지는 밑바닥을 친 가련한 사람을 붙잡지 못한 반면, 구원받은 추방자들과 주정뱅이들의 메시지는 그들을 사로잡는다. "테디 머서"Teddy Mercer가 "규칙대로 행해서"played the game 많은 불행한 이들이 그를 믿은 것처럼, 한국의 죄인들은 그날 김 선생의 이야기에 귀 기울였다. 그 역시 자신들과 같은 죄인이었고, 하나님께서 그를 구원하여 위로하시고 행복을 주셨기 때문이다.

왜 그런지 모르겠지만, 당시 나는 현지인 기독교인들이 내 대신 설교하게 해야겠다는 생각을 못했다. 나는 강물 속에서 물 흐름에 맞서 반대편으로 건너려고 안간힘을 쓰고 있었다.

한 동작이 실패하면 다른 동작을 시도했고, 나는 결국 헤엄치려는 다른 사람들처럼 지치고 낙심했다.

벌써 19년 전의 일이다. 지금 알고 있는 것을 그때 알았다면, 나는 필요하다면 신발도 외투도 없이 갔을 것이다. 그 사람에게 한 달에 5달러의 작은 보수를 지불해서 그가 "전도의 미련한 것"에 평생을 바칠 수 있게 하기 위해서 말이다. 하지만 나는 눈이 너무나 멀었었고, 황색인에 대한 백인의 효율성에 너무나 도취되어 있어서, 그런 경험을 하고서도 내 교만한 마음은 낮아지지 못했다. 나는 계속해서 헤엄치려고 했다.

1893년에 나는 본국으로 돌아갔고, 하나님은 그곳에서 3년간 기다리게 하셨다. 그때 나는 다른 선교사들처럼 여러 명의 백인 선교사를 한국으로 데리고 간다는 대중적인 아이디어에 매료되었다. 나는 현지인 신자를 설교자로서 고용하지 못하게 하는 조항을 '원칙 및 수행'에 추가하자고 주장했다. 잘못된 교리가 설교될 것을 우려했던 것이다.

본국에 있는 동안 영적으로 큰 축복을 받았고, 돌아가서 다시 한 번 시도해보고 싶었다. 얼마 뒤 나는 승낙을 받았다. 도착하고 하루 이틀 뒤에 드린 예배에서 일곱 명이 그리스도를 믿는다고 고백했다. 당시 나는 그들이 구원받은 거라고 생각했다. 지금은 그것이 착각이었다는 것을 알게 되었다. 그들 중 한 명도 믿음을 지속하지 못했고, 예수 그리스도의 군사로서 살아가지 못했다. 얼마 뒤 무리가 모이기 시작했고, 나는 설교하고 또 호소했다. 상당수가 고백을 했다. 하지만 목욕하고 난 암퇘

지들처럼 그들은 또 흙탕물에 들어가 뒹굴었다.

수년간 마음이 무너지는 이런 식의 사역을 하고 나자, 무슨 방법을 강구해야겠다는 생각이 들기 시작했다. 그 무렵 내가 미국에서 방문했던 선교사들 중 일부가 한국에서 사역하다가 불만족을 느끼고 귀국하는 일이 있었다. 선교 책임자는 그들이 소유한 자산을 나에게 넘겼다. 그러는 중에 청결치 못한 노란 상복을 입은 작은 체구의 남자가 그리스도께 돌아왔고 훌륭한 간증을 했다. 나는 그에게 그곳의 사역을 맡기기로 했다. 그곳은 내가 사는 데서 480km 떨어진 곳(강경)이었는데, 그렇게 먼 곳까지 한국인을 보내서 사역을 맡게 하는 것은 상당한 크기의 호수를 헤엄쳐서 건너려는 것처럼 느껴졌다. 나는 예수님께서 자기 양떼의 선한 목자라는 사실을 깨닫지 못했다. 양떼가 부하 목자에게서 480km 떨어져 있더라도 말이다.

8. 현지의 아들들이 사역을 위해 파송되다

그 남자를 우리의 직접적인 감독에서 멀리 벗어난 지역으로 보내는 데 대해 우리는 상당한 불안을 가지고 있었다. 그가 우리에게서 배운 것이 많지 않고 "믿음"의 기초를 다지지 않았다는 사실로 인해 어려움은 가중되었다. 그런데 그는 아버지와 형들에게서 멀어지는 시험을 견뎌냈다. 그리스도를 섬긴다는 사실을 알게 되자 아버지와 형들은 그를 집에서 쫓아냈다. 그의 어머니와 아내는 충실하게 남아 있었다. 나는 그의 구원자가 자신들의 구원자가 되고 그의 하나님이 자신들의 하나님이 되기를 바란다는 내용의 편지를 보았다.

신 선생(신명균)이라 불린 이 남자는 한국의 노란 상복을 입고서 주일예배에 나왔다. 그는 조상에 대해 마땅히 행해야 하는 삼 년간의 애도를 마친 터였는데, 묘지에서 마지막 제사를 지내고 집으로 돌아가는 길이었다. 옷감이 거칠고 누더기가 될수록 애도를 잘한 것이었다. 신 선생은 자신의 임무를 훌륭하게 해낸 듯했다. 우리와 함께 무릎을 꿇고 "사망에서 생명으로 옮겨"지는 그의 모습은 참으로 가련해 보였다. 그는 마귀를 숭배하는 노란색 옷을 버리고 그리스도의 의를 나타내는 깨끗한 백색 옷을 입었다. 온전한 삶의 실로 짠 백색 옷을 입고서 그는 낮아진

몸으로 타락한 인간의 원수들을 하나 하나 정복해 갔다.

"이방인들이 제사로 드리는 것은 하나님이 아닌 마귀에게 드려진다."

놀라운 구원자! 마귀에게 제사 드리는 사람, 그의 죄악된 세력의 불결한 옷을 입고 있던 자를 피로 씻기시고, 십자가로 끊어내시며, 말씀으로 정결케 하시는 경이로운 은혜. 하나님은 그에게 자신의 영광과 아름다움을 보여주심으로써 죄로부터 건지시고 사랑과 감사를 사모하게 하신다. 그리고 돌아온 탕자로 하여금 자신의 몸을 기쁨과 두려움으로 하나님께 산 제사로 드리게 하신다. 신 선생은 어린아이와 같은 순수함으로써 이를 행했다. 그리스도를 발견하고 열흘 정도 뒤, 그는 무릎을 꿇고 주님께 자기 삶을 운영할 능력이 자신에게는 없으니 그에게 드릴 것이며, 자신 대신 운영해달라고 기도했다.

독자는 이렇게 놀라운 은혜의 체험을 한 사람을 집에서 멀리 보내는 일에 대해 내가 왜 그렇게 두려워했는지 의아할 것이다. 이 이상의 핑계는 대지 않겠다. 그것은 안디옥으로 돌아가라는 긴 외침이었다. 성령께서는 금식 기도하는 교회에게 말씀하셨다.

> 내가 불러 시키는 일을 위하여 바나바와 사울을 따로 세우라
> 행 13:2

하지만 나는 순종할 줄을 몰랐다.

장인이 도구를 사용하는 것처럼 하나님께서 사람을 사용하신다는 단순한 사실, 그리고 하나님께서 그 사람을 특정한 사역을 위해 준비하셨다는 사실을 나는 이해하지 못했다. 기초를 세우기 위해 보내는 사람에 대해 우리는 두려워하는 경향이 있는 것 같다. 예루살렘의 사도들은 바울을 환영하는 데 대해 매우 조심스러웠고, 하나님은 위로의 아들을 보내셔야 했다. 그렇게 했을 때만 그들은 하나님께서 가르치시고 이방인의 사도로서 부르신 바울에게 친교의 오른손을 내밀 수 있었다.

게다가 나는 그들과 마찬가지로 율법을 형식적으로 가르치는 레위 지파의 영향력 아래 여전히 놓여 있었다. 나는 은혜를 비형식적으로 가르치는 평화의 왕 멜기세덱의 성직에 대해서는 크게 무지했다. 하나님께서 부르신 사람을 활용하여 그에게 하나님의 인을 치는 존 웨슬리John Wesley(영국의 종교 개혁자이자 감리교의 창시자)의 방법도 전통에 가려진 내 눈으로 보기에는 너무 멀어 보였다. 내가 동시대인인 해들리S. H. Hadley 같은 이들을 기억하지 못한 것도 이상하다.

하지만 이 사람이 아니면 아무도 없었다. 하나님은 내켜 하지 않는, 의심하는 동의를 나에게서 끌어내셔서 그가 부르신 일을 위해 신 선생을 "따로 세우"게 하셨다.

9. 또 하나의 어려운 교훈

신 선생은 훌륭하게 일했고 감독을 거의 필요로 하지 않았다. 물론 내가 신자로서 경험이 더 많고, 성경의 내용을 더 잘 알고, 사람들을 다루는 경험이 더 많았기 때문에 내가 해주는 조언은 그에게 도움이 되었다. 게다가 그도 끊임없이 조언을 구했다. 그에 관해 조금이라도 어려운 점이 있었다면, 그가 리더로서 책임을 너무 많이 지려고 한다는 점이 아니라, 오히려 처음부터 리더 역할을 하게 하는 데 있었다.

눈이 여전히 가려져 있어서 보지 못했던 나는, 사역을 위해 촉망 받는 젊은이들을 가르치고 훈련해야 한다는 전통적인 생각이 떠올랐다. 아내와 나는 당시 경솔하고 세상적인 삶을 살고 있던 세 명의 청년들과 함께 성경학교를 시작하기로 했다. 사역을 위해 청년들을 훈련하기 위해서였다. 우리가 현명했더라면 우리의 난처한 상황, 즉 사역을 위한 건물이나 돈이 없었다는 사실이 사역을 주춤거리는 원인이 되었을 것이다.

하지만 우리의 열정은 너무나 강했고, 전통적으로도 그렇게 하는 것이 맞았다. 그래서 우리는 보조교사 한 명과 네 명의 소년들로 학교를 시작했다. 그들을 쓸모없는 사람들로 만들지 않기 위해, 그리고 손으로 일하는 학자는 불명예스럽다는 한국의 전통적 사고방식이 그들의 머릿속에 자리잡지 않게 하기 위해, 우리는 그들로 하여금 반나절은 우리의 작은 농장에서 일하게 했고 나머지 반나절은 공부하게 했다.

또 하나의 안전장치는 그들에게 특정 사항에 대해 필요 이상의 교육을 하지 않음으로써 "큰 머리"를 주지 않는 것이었다. 우리는 그들의 공부를 일차적으로 성경과 "세 개의 R"Reading, Writing, Arithmetic(읽기, 쓰기, 셈)로 한정하기로 했고, 이를 서양의 방식이 아닌 동양의 방식으로 하기로 했다. 우리의 성경 교육은 그들이 성경의 일부분을 여러 번 읽게 하는 것이었다. 적어도 그들이 내용의 핵심을 자유롭게 파악할 수 있을 정도로 말이다. 소년들은 각자의 능력과 기억력에 따라 스무 번, 스물다섯 번, 혹은 서른 번씩 읽어야 했다. 이런 방식으로 우리는 그들에게 모세오경을 숙달시켰다. 그리고 그리스도를 예표하는 것이 무엇인지 그 영적인 의미는 그들에게 말해주지 않았다. 우리는 그들에게 그리스도를 예표하는 뜻에 대해 하나님께 나아가 기도하라고 말했다. 다음의 약속에 기대서 말이다.

> 너희는 주께 받은 바 기름 부음이 너희 안에 거하나니 아무도 너희를 가르칠 필요가 없고 오직 그의 기름 부음이 모든 것을 너희에게 가르치며 또 참되고 거짓이 없으니 너희를 가르치신 그대로 주 안에 거하라요일 2:27

우리는 우리의 사랑하는 친구 고故 고든Adoniram J. Gordon(미국 침례교 목사)의 말을 그들에게 해주었다.

"성경의 원형들은 유클리드Euclid(기원전 300년경의 알렉산드리아의 기하학자)의 명제 만큼이나 분명하게 증명될 수 있습니다. 그렇기 때문에 고등 비평가들은 감히 그것을 건드리지 않았습니다."

우리는 그들에게 성경 해석이 2 곱하기 2는 4라는 사실만큼 분명하지 않으면 성령께서 주신 해석이 아님을 확신해도 된다고 말했다. 시험 날에는, 모든 학생들이 그렇듯이 결과가 다양했다. "유월절"(출애굽기 18장)에 관한 시험이 특별히 흥미로워서 기억 난다. 첫 번째 소년은 똑바르고 남자다운 방식으로 정확한 해석을 써냈다. 그는 교사에게 복음을 전해보라는 문제를 받았다. 마치 교사가 복음에 대해 전혀 모르고, 하나님께서 사람의 죄를 정말로 용서해주시는지 알고 싶어 하는 탐구자인 것처럼 말이다.

두 번째 소년은 그런 대로 괜찮았고, 세 번째 소년은 완전히 틀렸다. 아직 복음을 전혀 모른다는 게 분명했다. 그는 이렇게 말했다.

"죄 용서를 받고 싶다면, 내가 해야 할 일은 나의 모든 사악함을 그치고 예수를 믿는 것이다. 그러면 조금씩 신자가 될 것이다."

교사는 첫 번째 소년에게 이 대답이 맞느냐고 물었다.

"아니오."

그가 말했다.

"전부 거짓입니다."

교사는 그에게 설명을 해보라고 했다.

"이게 맞습니다."

그가 말했다.

“그날 밤 이집트에는 장자들 중에 의인이라 불리는 사람들이 분명 많았을 것입니다. 그리고 이스라엘에는 첫째 아들들 중에 악인들이 분명 많이 있었을 것입니다. 그날 밤 구원받은 사람들은 이른바 의인들의 의로움, 이른바 악인들의 악함과 아무런 상관이 없습니다. 중요한 것은 오직 하나뿐이었습니다. 문에 피가 발라져 있느냐 없느냐였습니다. 하나님이 명령하신 대로 말입니다. 피가 없을 경우 ‘선한’ 사람들은 멸망했습니다. 반면 피가 있을 경우 그 나라의 최악의 악인도 안전했습니다. 믿음의 확신 가운데 자신들을 지켜주는 피 아래서 침착하게 기다린 사람들도 있었을 것이고, 두려움으로 떠는 이들도 있었을 것입니다. 그러나 둘 다 안전했습니다.”

우리는 이 청년에게 복음을 전할 준비가 된 것 같다고 말했다. 그리고 우리는 사 년간의 과정 중에 복음을 전하게 하기 위해 그를 지속적으로 보냈다. 다른 이들도 각자의 분량대로 인근 지역으로 보내져 하나님께 배운 바를 전했다.

그 무렵 우리는 캐나다장로교 해외선교사역의 국장을 맡은 옛 친구 맥케이Robert P. MacKay 박사의 방문을 받아 큰 기쁨과 도움을 얻었다. 그는 소년들의 발전과 우리가 채택한 훈련 방식을 보고 크게 기뻐했다. 함흥에 있는 우리의 친구 던칸 맥래Duncan M. McRae 목사도 소년들과 몇 차례 만나보고 일상생활에 관해 그들에게 제공되는 강의들을 들어보고는 우리가 추구하는 방법에 대해 크게 기뻐했다. 그는 다른 이들과 마찬가지로 칭찬의 말로 우리를 격려했다.

우리는 우리가 올바른 길로 가고 있다고 믿었다. 소년들을 보호하고 그들이 은혜의 새 언약을 가르치는 사역자들로 성장할 수 있도록 최선의 기회를 제공하고 있다고 믿었다. 가끔씩 그들이 독선적이라거나 교회에서 믿음 생활을 더 오래 한 사람들보다 더 많이 아는 척한다는 불평이 멀리서 들려왔지만, 우리는 이것이 질투 때문이라고 생각했다.

결과는 이랬다. 뛰어난 보조교사는 자기 민족 사이에서 쉽게 지도자가 될 수 있을 정도의 지식을 쌓았다. 그는 세상으로 나아가 지식을 이용해 돈을 벌었다. 첫 번째와 두 번째 소년들은 사 년간의 훈련 뒤에, 이레째를 지키라는 명령에 순종하지 않으면 길을 잃을 것이라는 제칠일 안식일교 선교사에게 설득을 당했다. 그들은 선교사에게 설득을 당해 넉넉한 봉급을 받았고, 더 많이 주겠다는 약속까지 받아냈다. 어린 소년은 우리가 영어를 가르쳐주지 않는다며 도망 갔고, 네 번째 소년은 일찍부터 싫증을 내며 비뚤어졌다.

도시의 믿지 않는 한국인들까지 우리에게 사 년간 무상 교육을 받고서 쓸모있는 나이가 되자 떠나버린 소년들을 비난했다. 한국인들은 다른 한국인이 외국인과 함께 있을 때는 그에 대해 잘 얘기하지 않는다. 하지만 젊은이들이 우리를 떠나자, 그들이 백인과 가깝게 지낸 결과로 동족에 대해 영향력을 발휘하기에는 부적합해졌다는 사실이 쉽게 드러났나.

또 하나의 어려운 교훈이었다. 우리는 베개를 끊임없이 눈물로 적셔야 했고, 여러 명의 데마Demas(바울이 옥에 갇히자 신앙을 버리고 고향으로 돌아간 제자)가 우리를 저버려 우리의 마음을 무너지게 했다. 그제야 비로소 우리는 이곳에서도 타국에서 온 외국인이 사역을 위한 최선의 도구가 아니라는 사실을 깨달았다. 다음 장은 우리가 그토록 절망적으로 실패한 일에서 신 목사가 얼마나 눈부시게 성공했는지 보여준다.

10. 내가 절망적으로 실패한 곳에서 현지인 목사가 눈부신 성공을 거두다

신 선생은 우리 집에서 480km 떨어진 곳에 있는 새 지역에 부임하자마자 귀신들렸던 한 청년과 관계를 맺었다. 청년은 하나님 은혜로 신 선생을 통해 귀신에게 놓임을 받았다. 그의 부모는 넉넉하고 명망있는 집안 출신의 점잖은 사람들이었는데, 거듭남을 통해 하나님의 가족이 되었고 열네 살짜리 아들을 신 선생에게 제자로 받아달라고 부탁한 터였다.

한국에서는 이러한 부탁이 있고 난 뒤부터는, 제자를 "사람 만드는" 모든 일에 관해서는 선생이 부모보다 우위에 있게 된다.

신 선생의 가족은 예수로 인해 분리되었다. 아버지와 아들, 형제와 형제, 남편과 아내가 갈라지게 되었다. 아내는 친정집으로 갔고, 양반집 출신인 신 선생과 그의 노모는 1.8㎡ 크기의 작은 집에 살게 되었다. 그는 자신의 어린 제자 판순이도 이 집으로 데리고 들어갔다. 나중에 그의 가족은 사역지의 중심으로 이사 갔는데, 이번에도 작은 초가집이었다. 그들의 1.8㎡ 크기의 집은 흙으로 된 벽과 초가 지붕으로 지어져 있었고, 너비 1m의 툇마루가 딸려 있었다. 한쪽 끝에는 몇 개의 작대기를 세워놓고 초가를 얹어 부엌으로 사용했다. 친정집에서 돌아온 신 선생의 아내와 아이들, 그리고 어머니가 그런 척박함 속에서 사는 것을 지켜보는 일은 고통스러웠다. 나는 신 선생과 그의 노모의 관계에서 본 애정보다 더 큰 애정은 여태까지 보지 못했다. 그래서 나는 집을 고치라고 50달러를 보내주었다.

내가 다음에 방문했을 때, 그는 여전히 비참하게 살고 있었다. 나는 그에게 어떻게 된 거냐고 물었지만 그는 내 질문을 피했다. 다른 이들에게 물어봤더니, 작은 체구의 신실한 그 남자가 인근 마을에 설교자들을 보내는 데 돈을 전부 썼다고 했다. 집을 고치는 데 쓰라고 준 돈인데 왜 그렇게 했느냐고 내가 묻자 그가 말했다.

"오, 저한테 쓸 수는 없었어요, 목사님. 주위에 수많은 사람들이 그리스도를 모르고 죽어가는데 말입니다."

나는 우리 조사들과 신 선생의 학생들에게 더 구체적으로 캐물었다. 이 신실한 남자와 그의 가족, 학생들까지[많은 학생들이 신 선생의 주위로 몰려들었다] 죽어가는 이들에게 십자가의 메신저를 보내기 위해 묽은 죽을 먹으며 지냈다는 것이다.

이러한 헌신으로 그들은 사람을 차별하지 않으시는 분께 반드시 상급을 받을 것이다. 신 선생은 곧 열두 개의 교회를 개척했고, 작은 나귀를 타고 교회들을 정기적으로 방문했다. 그의 학생들은 동양에서 하는 방식대로 그의 곁에서 뛰면서 따라다녔다.

이런 식으로 학생들은 신체적, 영적, 실제적 교육을 한꺼번에 받았다. 이것은 서양의 방식이 아니라 동양의 방식이었다. 이는 동양인에게 훨씬 더 좋은 방식인데, 익어가는 과일에서 아름다운 꽃, 즉 공손함을 분리하지 않기 때문이다. 곧 핍박과 고통스런 압력이 닥치자, 신 선생은 학생들을 모아 원수들과 평화를 맺을 때까지 "끝까지 기도"했다. 이러한 한 번의 사건은 학생들에게 평생의 교훈이 될 것이었다. 그리고 유혹자 마귀는 이러한 경우 백인에 대한 두려움 때문이라고 꾀지도 못한다. 주위에 백인은 없었고 하나님이 모든 영광을 받으셨다.

신 선생과 그의 가족이 보다 편안한 새 건물로 이주하고 나서부터 우리의 기분이 한결 나아졌다. 내가 지은 그 집은 120달러가 소요되었다. 그 작은 체구의 남자가 어떻게 자신의 사역을 다 해내는지 나에게는 수수께끼였다. 학생들은 시험을 볼 때마다 놀라운 발전을 했다. 신 선생이 백인 남자 다섯 명의 몫을 한다는 얘기가 자주 나왔다. 그럼에도 모든 것이 번영했다. 그의 교회들은 존경과 예의바름의 본보기였다. 그들은 모두 동양의 공손한 이치에 따라 훈련되었고, 자신들을 훈련시켜 준 작은 체구의 고상한 동족을 이용하는 일은 있을 수 없었다.

사역지를 방문할 때마다 이러한 실물 교육을 목격하게 되자, 나의 교만한 마음은 동양 문명에 선한 것이 조금은 있을 수도 있겠다는 생각을 하게 되었고, 급기야는 방법에 있어서도 동양이 서양보다 성경에 더 가깝다는 생각을 하게 되었다.

우리가 들어간 몇 개의 지역을 최대한 철저하게 전도하는 간단한 방법은, 성경공부방Bible Room을 열어서 그곳에 성경과 쪽복음을 놓고, 경험이 조금 있는 사람에게 그곳을 맡기는 것이었다. 그 사람은 해당 지역의 리더 역할도 했다. 그에게는 현장의 필요와 재정 상태에 따라 일반적으로 열 명에서 스무 명의 전도자가 주어진다.

지금까지 우리는 각 지역마다 한 사람씩을 배정하지 못했다. 각 전도자는 보따리에 성경을 한가득 받는다. 이것은 한 달 만에 판매할 수 있는 양이다. 그리고는 자기 지역으로 나가 모든 시내와 마을을 방문하면서 한 가정도, 한 사람도 놓치지 않기 위해 최대한 멀리까지 간다. 전도자는 그들에게 복음을 온전하게 전하고, 복음을 받아들이라고 간절하게, 때로는 눈물 섞인 호소를 한다. 그들이 1센트짜리 복음서를 사지 않을 경우, 그는 요한복음 3장이 적힌 전도지를 주거나 몇 개의 제목으로 분류된 성경구절 모음집을 주고 떠난다. 그는 자신이 맡은 지역에서 이러한 과정을 최대한 빨리 반복해 실행한다.

이러한 작업이 예수의 정신으로 철저하게, 신실하게, 반복적으로 이루어지고 나면, 우리는 그 지역이 복음화되었다고 간주한다. 우리는 물론 복음 전파하기를 그치지 않을 것이고 예수님이 돌아오실 때까지 그 사람들을 포기할 마음이 없지만, 그들은 이미 우리 주님께서 그들에게 허락하신 복음의 기회를 가지고 있었다. 우리는 사랑 안에서 그들에게 예수님에 대해, 정결케 하시는 그의 피에 대해, 죄에서 끊어주시는 그의 십자가에 대해 얘기한 것이다. 그렇게 위대한 구원을 거부할 경우 있을 결과에 대해 우리는 신실하게 선포하였고, 이러한 임무를 하지 못하는 청지기 위에 드리워지는 피의 죄책감에서 우리는 자유로워진 것이다.겔 33장

서른 한 개의 교회가 세워지자, 우리는 사역을 하나의 통합된 전체로 조직화하고 모든 사람에게 각자의 임무를 줘야 할 필요성에 당면했다. 조직화의 문제는 계속해서 지연되어왔지

만, 우리는 사도들의 명령을 더 이상 보류할 수 없게 되었다.

> 형제들아 너희 가운데서 성령과 지혜가 충만하여 칭찬 받는 사람 일곱을 택하라 우리가 이 일을 그들에게 맡기고행 6:3

하나님께 기도로 의지하고 바울의 목회서신을 참조하면서 우리는 추가적인 교훈을 얻었다. 바울이 감독으로 임명한 디모데에게 쓴 내용이었다.

> 이것을 네게 쓰는 것은 만일 내가 지체하면 너로 하여금 하나님의 집에서 어떻게 행하여야 할지를 알게 하려 함이니 이 집은 살아 계신 하나님의 교회요 진리의 기둥과 터니라딤전 3:14-15

또한 그가 감독으로 임명한 디도에게 사도 바울은 이렇게 썼다.

> 내가 너를 그레데에 남겨 둔 이유는 남은 일을 정리하고 내가 명한 대로 각 성에 장로들을 세우게 하려 함이니딛 1:5

우리는 조사들을 불러 모은 뒤, "하나님의 감동으로 된 것으로 교훈"하기 위해 성경에서 명시하는 것과 최대한 유사한 조직을 만들었다. 교회들이 전부 모였고, 모든 사람이 반대의 목소리 없이 동의하자, 우리는 우리의 상황에 따라 모든 교회에서 10명당 우두머리, 50명당 우두머리, 100명당 우두머리가 필요하다고 결론지었다. 이에 따라 조사assistants 위에는 집사deacons를 두었고 이들에게 교회 재정과 영적인 감독을 담당하게 했다. 목사Pastors는 집사 위에 두었고 조사를 붙여주었다. 조사들은 목사들의 감독에 따라 자신이 맡은 교회를 방문하기로 했다. 목사들 위에는 감목, 또는 감독 목사가 세워졌는데, 영어로는 '비숍'bishop이라는 형식적인 이름 대신 '디렉터'director라 불렀다.

목사들은 세 달마다 자신들의 여러 구역에서 회의를 주최했는데, 이는 성경 컨퍼런스이자 동시에 비즈니스 회의이다. 여기서 교회들은 떡을 떼기도 하며, 각 교회에서 우두머리와 집사로 뽑은 사람들을 연례회의에 보고하기도 한다. 연례회의는 디렉터인 감목이 주재하며, 목사와 부목사의 임명 또한 감목이 맡는다. 실제로 감목, 목사, 교인들은 모두 임명에 동의했으며, 성령께서 교회를 감독하는 능력을 잃어버리지 않으셨다는 것을 믿는다. 또한 하나님의 은혜로, 대한기독교회는 성령의 목소리를 들을 수 있었다.

> 내가 불러 시키는 일을 위하여 '갑'과 '을'을 따로 세우라 하시니행 13:2

첫 연례회의에서, 성경의 요구조건을 충족하고 자기 사역으로 능력을 충분히 입증한 신 선생은, 하나님의 이름을 위해 이방인들 중에서 불러모인 사람들 중에서 첫 목사로 임명되었다.

> 하나님이 처음으로 이방인 중에서 자기 이름을 위할 백성을 취하시려고 그들을 돌보신 것을 시므온이 말하였으니행 15:14

11. 손 목사

신 목사가 훈련시킨 사람들과 내가 가르친 사람들 사이에는 차이가 있다. 그것은 그의 학생들은 전부 성적이 좋았지만 내 학생들은 성적이 좋지 않았다는 것이다. 신 목사가 내 학생이지 않았느냐고 물을 수도 있다. 그러나 그것은 단 몇 주 동안이었다. 그가 백인과 너무 가까워져서 망가지기 전에 하나님의 은혜로 우리는 서로 떨어지게 되었다. 그가 먼 거리에서 나의 훈련과 감독을 받은 것은 사실이다. 하지만 그는 스스로 "자립할" 기회가 없었다. 그는 외로웠기 때문에 기꺼이 감목을 만나 그의 조언을 구했다. 잘하지 못하는 일을 가장 잘할 수 있는 방법은 일단 그것을 시작해서 잘할 수 있을 때까지 꾸준히 하는 것이다. 이것이 자연 세계에 통하는 좋은 규칙이라면, 영적인 영역에서는 어떻겠는가? 영적 영역에서는 우리의 스승께서 우리와 함께 하셔서 우리를 진리로 인도하신다.

신 목사가 졸업시킨 학생들 중에서 두 명은 목사가 되었고, 두 명은 비서secretaries가 되었다. 이들은 모두 실제적이고 부지런하며, 영적인 삶을 살고 성경을 잘 안다. 그들은 건전한 마음을 가진 헌신적인 기독교인들이다. 그들을 인도하고 가르치고 주님의 일들이 그들을 통해 이뤄지는 것을 지켜보는 일은 큰 기쁨이다. 무엇보다 "구주 예수 그리스도의 은혜와 그를 아는 지식에서 자라가"벧후 3:18는 것이 기뻤다. "영생은 곧 유일하신 참 하나님과 그가 보내신 자 예수 그리스도를 아는 것"요 17:3이기 때문이다.

전문 학술지의 편집자들에 따르면, 누군가가 이룩한 업적 한 가지는 여러 권의 이론보다 가치있다고 한다. 나는 이 장과 다음 장에서 하나님께서 손 선생(손필환)과 장 선생(장석천) 두 사람을 통해 무슨 일을 하셨는지 얘기하고자 한다. 손 선생을 통해서는 신 목사가 자신의 선지자 학교 바깥에 있는 사람들을 다루는 방법을 보여줄 것이다. 장 목사를 통해서는 신 목사가 학교 내에서 그들을 어떻게 다루는지 보여줄 것이다.

자랑스럽게 나는 5년 전 손 선생에게 세례를 베풀었다. 그의 외모는 특별히 매력적이지 않았다. 하지만 그의 몸가짐은 점잖고 공손했다. 시험 시간에 그의 답변은 아주 간결하고 정확하며 영적이었다. 그래서 나는 그에게 매력을 느꼈고, 미래에 그가 쓰임 받게 될 거라는 것을 알아보았다. 1년 뒤 같은 지역에서 성경 컨퍼런스에 참가하던 중, 나는 신 목사에게 글을 작성할 사람을 구해달라고 요청했다. 그는 아름다운 글씨체를 갖고 있는 손 선생을 불렀다. 그가 글을 쓰고 있을 때 나는 한문으로 된 그의 신약성경을 집어들었다. 그것은 중국인들을 위해 중국에서 번역되고 인쇄된 성경이었다. 성경책은 엄지로 하도 많이 넘겨서 거의 닳아 있었다. 책 전체에 손때가 많이 묻어 있었다.

"이거 읽을 줄 아십니까?"

내가 물었다.

"조금요."

그가 말했다.

나는 그에게 성경을 건네면서 한 부분을 읽어달라고 부탁했다. 그는 조금의 망설임도 없이, 내가 영어를 읽듯이 술술 읽었다. 한국에서는 한문을 모르면 학자로 인정을 해주지 않는다. 나는 손 선생이 교육을 잘 받은 데다가 다른 흥미로운 자질들도 보여서 기뻤다. 교회들이 전도사들을 파송하기 시작할 때 손 선생도 선택 받았다. 그는 "형제들에게 칭찬 받는 자"행 16:2라는 사실을 잘 보여주었다. 우리 전도사들은 모두 성경책을 들고 다니면서 판매했고, 전도도 했다. 손 선생은 성경 판매자로서는 빛을 발하지 못했지만 영혼을 구하고 교회를 세우는 일에서는 빛이 났다. 손 선생과 그의 동료는 짧은 시간 안에 8개의 교회를 세웠다.

내가 그에게 다시 주목하게 된 것은 약 2년 전 연례회의에서였다. 우리는 회의 중에 사람들에게 간증할 기회를 준다. 사람들이 그들의 간증으로 도움을 받기도 하고, 우리도 형제들이 은혜와 그리스도를 아는 지식에서 얼마만큼 자라고 있는지 보기 위해서다. 20명 정도가 간증을 하고 나자 손 선생이 일어서더니 조용히 말했다.

"저는 저의 구원이 저에게 달려있지 않다는 사실이 너무 기쁩니다. 제가 사랑하는 목자께서 저를 그의 강한 어깨 위에 둘러메셨습니다."

그의 짧고 단순한 간증이었다.

지금까지 살면서 내가 누린 특권 중 하나는, 크고 작은 집회에서 교회의 위대한 설교자들의 설교를 들었던 것이다. 성령님의 기름부으심이 압도적으로 느껴졌던 자리들이었다. 나는 강하고 냉철한 말씀을 주신 선생님들과 머리가 희끗한 십자가의 선배들이 복음을 설교하면서 주님 앞에서 우는 모습을 보았다. 그곳에서 성령님은 하나님의 인자한 낯빛을 우리에게 비춰주셨고, 임마누엘의 피흘리는 다섯 군데의 상처를 우리에게 보여주셨다. 하나님께서는 우리 중에 임재하셨고 그분의 옷이 스치는 소리를 듣게 해주셨다.

손 선생이 간증하자, 묘사가 불가능하지만 하나님의 자녀라면 누구나 경험으로 아는 이 위대한 기름부으심이 그의 간증과 함께 했다. 몇 개월 뒤 또 한 번의 컨퍼런스가 있었고, 손 선생은 이번에도 간증을 했다. 30초 정도 이어진 분명하고 간명하며 성경적인 그의 간증은 회의장 전체에 전기가 흐르게 했다.

손 선생은 부목사로 임명되었다. 직분을 잘 수행할 경우 부목사직은 담임목사직으로 이어지는 직책이다. 손 선생은 가르침이 필요한 해변의 아주 흥미로운 교회로 보내졌는데, 보름만에 이렇게 보고했다.

> 사랑하시는 우리 주님의 무한한 은혜로 저처럼 보잘것없는 도구가 사람들에게 하나님의 복된 복음을 전하게 되었습니다. 8명이 복음을 전하겠다고 주님께 헌신했습니다.

그는 다시 남쪽으로 160km 떨어진 곳으로 보내졌다. 그곳은 꾸준한 사역이 이뤄지지 않은 곳이었다. 그곳에 임명될 때 그는 이들 8명 중 한 명을 데리고 가도 좋겠느냐고 허락을 구했다.

"그는 신실한 마음으로 복음을 전하고 싶어 합니다."

그가 썼다. 우리는 허락해주고 싶었지만 당시는 그러기가 어려웠다. 손 선생은 자비를 들여서 그 형제를 데리고 갔다. 5달러의 작은 월급을 그와 함께 나눴던 것이다. 그들은 각자 성경책을 한 꾸러미 들고 갔다. 6주 뒤 또 한 통의 아름다운 편지가 도착했다. 두 사람이 각각 하나님의 전도사가 되어 교회를 세웠다는 기쁜 소식이었다. 그때 우리는 또 다른 일군의 교회들을 돌볼 목사가 필요했기 때문에 손 선생을 제안했다. 그들은 제안을 기쁘게 받아들였고, 반대하는 목소리가 없었기에 우리는 성령께서 우리에게 이렇게 말씀하신다고 믿었다.

"내가 불러 시키는 일을 위하여 손 선생을 따로 세우라."

우리는 그렇게 했다.

해당 지역을 맡기 전 손 선생은 우리 집에서 며칠간 머물렀다. 하루는 내가 요한일서 2장 27절에 나오는 신자의 내주하시는 스승에 대해 "작은 데이비"에게 설명해주고 있을 때 손 선생도 옆에 있었다. 그는 고개를 들고서 귀를 기울였다. 내가 얘기를 끝내자 그가 말했다.

"저는 그것을 믿습니다. 5년 전 저에게 세례를 주신 것 기억하십니까?"

"네."

내가 말했다.

"그로부터 1년 뒤 저는 신 목사님께 찾아가 성경을 배우고 싶다고 가르쳐달라고 부탁 드렸습니다. 신 목사님은 이렇게 대답하셨습니다.

"사람의 가르침은 매우 형편없습니다. 형제가 필요한 것은 성령의 가르침입니다. 그분의 가르침은 말할 수 없이 사랑스럽습니다. 게다가 아시다시피 저는 교회를 방문하느라 바빠서 그럴 시간이 없습니다. 하지만 성령님은 밤낮으로 우리와 함께 계시고 하나님의 자녀에게 성경을 가르쳐주시기를 즐거워하십니다. 하늘 아버지께 성령을 통하여 성경을 가르쳐달라고 예수님의 이름으로 기도하십시오. 그러면 가르쳐주실 겁니다."

"신 목사님께서 하신 말씀은 사실이었습니다. 성령님의 가르침은 정말로 말할 수 없이 사랑스럽습니다."

나는 손 선생의 유익한 삶이 어디서부터 비롯되는지 그 힘의 비결을 알게 되었다. 그 전까지도 나는 신 목사에 대해 매우 좋게 생각했었다. 하지만 그가 손 선생에게 그렇게 듬직하고 아름다운 대답을 할 만큼의 성화된 감각이 있다는 사실은 어느 때보다 자랑스럽게 느껴졌다.

12. 장 목사

판순이는 대한기독교회에서 결혼식을 올리게 된 첫 청년이었다. 집사의 아들인 그는 다른 집사의 딸과 약혼했고, 곧 고향에서 결혼할 예정이었다. 그 마을에서 기독교식 결혼식은 처음이었기 때문에 마을 주민 전체가 참석했다. 그렇게 질서정연한 무리는 처음이었다. 젊은 여자가 집과 부모를 떠나 신랑의 집과 부모 밑으로 들어갈 때, 그녀는 일반적으로 그 가족의 노예나 다름없게 된다. 이러한 상황을 고려할 때, 신랑의 아버지와 어머니에게서 그녀를 노예가 아니라 딸로서 대할 것이라는 약속을 받아내는 것은 현명한 일이었다. 결혼식을 도운 M. E. 선교회의 맥길William B. McGill 목사는 나중에 말했다.

"그녀를 대신해 약속을 받아냈을 때 고마워하는 그녀의 표정을 봤어야 합니다."

한국의 관습에 따라 판순이는 그날 이름을 석천이로 바꾸고 남자 어른이 되었다. 그때부터 그는 정석천 선생이라 불렸다.

앞선 장에서 그가 신 선생과 5년간 공부했다는 점을 기술했다. 그는 휴식과 공부를 위해 우리 집에 정기적으로 찾아왔다. 그는 자신을 괴롭히는 성경 관련 질문들을 항상 여러 개 가지고 있는 흥미로운 학생이었다. 그는 이제 신약성경에 대한 실제적 지식을 얻었고, 모든 장의 핵심 구절을 말할 수 있었으며, 복음서와 사도행전의 주요 구절들을 외웠고, 구절을 말하면 신약성경 어디에 있는지 찾아낼 수 있었다. 그래서 그가 방문할 때마다 나는 그를 "걸어다니는 색인"으로 활용했다.

한 번은 그가 캐나다장로교 선교회에 소속된 어느 형제가 맡은 부흥회에 함께 가게 해달라고 졸랐다. 그는 내 친구의 따뜻한 환영을 받았다. 그 형제가 맡은 남성들 중에 일부는 신학교를 다니기 위해 떠났다가 처음의 열정은 식어버리고 다소 성급한 상태가 되어 돌아왔다. 상의를 하고 기도를 드린 뒤, 우리는 말씀을 전하는 일 외에는 하지 않기로 했다. 그것이 하나님과 인간과의 관계를 화해시키는 가장 효과적인 방법이었다. 그런데 나흘 정도 뒤에 변화가 보였다. 사람들은 자기 죄를 공개적으로 고백하기를 원했다. 이러한 고백은 당시 한국에서 흔하게 이루어지고 있었다. 하지만 우리는 이를 견제하여, 잘못된 것을 바로잡고자 하는 그들의 바람만 공개하기로 했다. 우리는 그들에게 하나님께만 개인적으로 죄를 고백하라고 했고, 예수님께서 명령하신 대로 형제를 사랑하지 못했을 경우 그에게 용서를 구하라고 했다.

그들은 그렇게 했다. 집으로 찾아온 그들은 형제들에게 찾아가는 것이 얼마나 어려웠는지, 하지만 그를 만나 용서를 구하는 일이 얼마나 쉽고 기쁜 일이었는지 얘기했다. 그들 중 몇 명은 형제의 집으로 가는 길에 반대로 자신을 찾아오고 있던 형제를 만났다고 얘기했다. 그들은 서로 간에 생긴 일에 대해 자기가 먼저 책임을 지겠다고 나섰다.

그렇게 하나님과 인간에 대해 화해를 맺고 난 뒤, 우리는 그 도시에 지역별로 두 사람씩 내보냈다. 도시의 모든 남자와 여자, 그리고 아이들이 예수 그리스도를 자신의 구원자로 영접하도록 그들에게 말과 문자로 된 초대장을 보내기 위해서였다. 그들은 큰 성공을 거두었고, 첫날 밤에는 교회뿐만 아니라 교회 앞의 큰 마당까지 복음을 듣고자 하는 비신자들로 가득 찼다. 근래 들어 사람들이 서로에 대해 질투하고 있었기 때문에, 새로운 사람이 설교하게 하는 것이 좋을 것 같았다. 그래서 장 선생에게 부탁했다. 볼과 턱에 세 개의 보조개가 난 공손한 태도의 장 선생은 항상 웃는 얼굴을 하고 있는 청년이었는데, 북부의 다소 거친 사람들을 상대하기에는 충분히 강하지 못할까 봐 나는 우려했었다. 하지만 동양에서는 모든 것이 서양의 개념들과 반대로 이뤄진다. 그는 그 자리에 알맞은 전형적인 "우레의 아들"이었던 것이다. 약 여드레 뒤에 도시 전체가 복음화되었고 많은 사람이 주님께 돌아왔다. 우리는 작별 인사를 하고 남쪽으로 이동했다.

장 선생은 여섯 군데에서 일련의 집회를 열었다. 그리고 매번 같은 결과가 있었다. 그가 방문하는 곳마다 사탄은 신자들로 하여금 서로 사랑하라는 예수님의 새 계명을 어기고 서로 미워하라는 사탄의 옛 명령을 따르게 함으로써 하나님의 역사하심을 그치게 한 상태였다. 그로 인해 성령께서 슬퍼하셨고, 하나님을 위한 모든 사역이 가로막혔다.

성경책을 펼쳐서 하나님의 말씀이 사람들의 마음에 역사하게 만드는 장 선생의 단순한 방법이 매번 같은 결과를 낳았다는 사실은 매우 흥미롭다. 사람들은 서로 사랑하지 않은 죄를 용서해달라고 하나님께 부르짖게 되었다. 그들이 읽은 메시지는 그때마다 달랐는데, 야고보서와 베드로서에서 발췌한 본문이었다.

> 주의 강림이 가까우니라약 5:8

> 너희가 어떠한 사람이 되어야 마땅하냐 거룩한 행실과 경건함으로벧후 3:11

지역을 불문하고 사람들은 골방에 들어가 하나님께 자기 죄를 고백했고, 잘못한 사람을 찾아가 용서를 구했으며, 그렇게 하는 도중에 성령께서는 그들의 영혼을 빛과 기쁨으로 채우셔서 그리스도와 그의 백성과의 친교를 즉시 회복시켜주셨다. 그런 다음 장 선생은 그들을 둘씩 짝지어 시내와 인근 마을들로 보냈고, 거기서 그들은 회복된 사랑의 희락에 힘입어 수고하고 무거운 짐 진 자들에게 "오라"고 복음을 전했다.

사람들은 수십 명 단위로 집회에 모여들었다. 교회와 교회 마당에는 기존 신자들을 몰아낼 정도로 많은 수백 명의 사람들이 자리를 차지했는데, 신자들은 관대하고 진심어린 공손함으로 그들을 환영했고 기꺼이 자리를 내주었다.

여섯 개의 지점들을 전도하고 난 뒤, 장 선생은 일곱 번째이자 마지막 집회를 열기 전에 며칠 간 아버지 집에서 휴식을 취했다. 그때 비단옷을 입고 스스로를 양반이라 부르는 두 명의 한국인이 아버지의 마당에 들어섰고, 네 명의 포졸들이 뒤따라 들어왔다. 양반이었던 장 선생은 보조개가 보이게 웃으면서 그들을 환영하러 나갔다.

"이 서양 귀족은 누구냐?"

양반이 말했다. 그리고는 포졸들에게 지시했다.

"덮쳐라! 때려라! 옷을 벗겨라! 서양의 예수 교리를 들고 온 이게 무슨 귀족이냐?"

포졸들은 그를 덮쳐서 때리고 옷을 벗겼으며, 얼음이 얇게 언 또랑으로 끌고 가 그를 던져 넣었다. 겨울의 찬 바람이 그의 뼛속까지 파고들었다. 그 이후로 그는 편한 날이 없었다. 걷지도 못했다. 멍들고 무력해진 그를 친구들이 집으로 데리고 갔다.

그는 사도 바울이 다른 무엇보다 귀하게 여겼던 것들로 덮여 있었다. 갈라디아인들에게 자신의 사도직을 변론하고 율법이 섞이지 않은 은혜의 복음에 대해 호소할 때, 바울은 마지막 호소문을 써내려 갔다.

> 이 후로는 누구든지 나를 괴롭게 하지 말라 내가 내 몸에 예수의 흔적을 지니고 있노라갈 6:17

이틀 뒤, 온몸에 상처와 멍으로 덮인 장 선생은 사람들의 반류에도 불구하고 마지막 집회에 나갔다. 사탄이 먼저 자신의 사절단을 보내놓은 터였다. 그들은 나흘간 설교자와 그의 메시지에 저항했다. 하지만 곧 변화가 일어났다. 이 사악한 신성 모독자들이 그리스도께 나아온 것이다. 일련의 집회 중에서 그 집회가 가장 위대했다. 그것은 교회가 하나님과 인간에 대해 화해를 맺고 잃어버린 영혼들을 찾아나선 덕분이었다. 수 킬로미터 근방에서 사람들이 하나님의 메신저에게 복음을 듣기 위해 찾아왔고, 수많은 남녀가 주께 돌아왔다.

그로부터 얼마 뒤 나의 사랑하는 친구 채프만John W. Chapman이 한국을 방문했다. 나는 말할 수 없이 외로운 상태였다. 그것은 선교사들만 아는 그런 외로움이었다. 그는 나를 격려해주었고, 서양 땅에 우리 사역의 성공에 많은 신경을 써주는 한 명의 친구가 있음을 느끼게 해주었다. 채프먼과 알렉산더Charles Alexander 일행은 나에게 좋은 소식 그 자체였고, 그들을 알게 된 선교사들은 모두가 나와 같은 기분이었을 거라 믿는다.

전킨기념병원Junkin Memorial Hospital의 귀한 외과의사 찰스 어빈Charles H. Irvin 박사는 장 선생의 상태에 대해 듣고는, 그를 입원시켜 어느정도 회복될 때까지 친형제처럼 돌보았다.

이후 그는 새로운 선교지를 개척하기 위해 도움이 필요한 현장으로 보내졌고 12 명의 전도사들이 그에게 주어졌다. 훌륭한 기관인 미국성서공회는 방 하나가 가득 찰 정도의 성경을 지원했다.

한국에서의 수많은 사역은 그들이 아니었다면 불가능했을 것이다. 전도사들은 1909년 11월 4일 인근의 군들로 보내졌다. 각 군에 한 명씩 파송되었는데, 이미 언급한 바대로 군 하나는 평균적으로 미국 혹은 캐나다의 한 지역구county만큼 컸고 인구수는 더 많았다. 1910년 2월 28일 모든 보고서가 제출되었다.

우리의 사역은 크게 성장하여 넉 달이라는 짧은 기간 동안 36개의 교회를 주께 드렸다.

13. 어느 나라에서든 순수한 마음을 가진 신자는 하나님의 알맞은 도구이다

선교를 배우는 학생들에게 아마도 더 흥미로운 이야기는 한국의 국경 지방, 즉 북쪽의 "땅끝"에서 이루어진 사역의 성과들일 것이다. 그곳은 두만강만 건너면 거대한 중국 땅이 시작되며, 육지로 둘러싸인 러시아가 바다로 나아가려고 국경선을 밀고 나가는 곳도 이곳이다. 이곳의 제반 상황과 하나님께서 그러한 상황을 극복하시기 위해 사용하신 도구들을 고려할 때 이곳의 사역은 더욱 흥미롭다. 어느 나라에서든 순수한 마음을 가진 신자가 그곳에서 하나님의 가장 효율적이고 경제적인 증인이라는 사실, 그리고 비용이 많이 드는 외국인 선교사는 많이 필요하지 않다는 사실을 이만큼 강력하게 뒷받침하는 사례를 나는 개인적으로 알지 못한다.

한해 전 4월에 원산을 떠난 나는 한국 북단에 있는 항구로 가기 위해 배를 탔다. 그곳에서 우리 교회의 첫 집사가 된 분이 가게 문을 닫고 나와 함께 했다. 나는 인력거에 성경이 담긴 박스를 싣고서 국경 지방으로 향했다. 사흘째 되던 날 우리는 두만강변에서 가장 큰 도시의 거리에서 말씀을 전하고 있었다. 나는 거리로 나와 예의바르고 조용한 한 무리의 사람들에게 용서를 구했다.

25년 동안 단 800km 떨어진 한국에 살면서 그들을 위해 이 땅에 오셔서 죽으신 하나님의 아들에 대해 얘기하러 오지 못했기 때문이다. 우리는 한 달에 2.50달러를 주고 어느 상인의 창고를 빌려서, 복음의 훌륭한 개척자인 미국성서공회를 위해 이 국경 도시에 성경 보관실을 만들었다. 아침에 일어나 숙소를 내다볼 때마다 강 건너에 중국의 옛 언덕들이 보이는 경험은 사뭇 신기했다.

계속 길을 가려면 세 가지 방법이 있었다. 작고 약한 조랑말을 타거나, 크고 튼튼한 황소 수레를 타거나, 아니면 걷는 것이었다. 나는 첫 번째 방법을 선택했는데 결국은 세 번째 방법으로 가게 되었다. 만주의 풍부한 토양에는 엄청난 양의 부식토가 함유되어 있어서 그 색깔은 내 모자만큼이나 검었다. 토양에서는 찬 기운이 뿜어져 나왔다. 반죽판에 빵 반죽을 할 때 느껴지는 정도의 수분이었다. 조랑말은 나를 태우지 않았는데도 거의 쓰러질 뻔했다. 그래서 나는 고무 부츠를 신고서 양쪽 발에 까만 진흙을 5kg씩 달고 터덜터덜 걸었다. 눈이 녹아 생긴 실개천이 15-20cm 넓이의 도랑이 되었다. 도랑은 근사한 충적토를 가르며 2m 깊이로 놓여있었다. 토양이 너무나 풍부했기에 자연적 비료는 쓸모가 없어서 버려졌다. 나는 이곳에서 얻은 옥수수 빗자루를 집에 들고 갔는데, 비료 없이 자랐는데도 수염뿌리가 50cm나 되었다. 그곳에서 맛본 감자는 너무나 맛이 풍부하고 부드러워서, 눈을 감으면 다정하신 어머니가 크림을 넣고 감자를 으깨는 모습을 떠올릴 수 있었다. 이렇게 거대한 곡물들이 비료 없이 재배되어서 얘기하기가 무서울 정도다.

100-200명의 한국인들이 만주의 이곳으로 이주하였고, 같은 수의 사람들이 국경을 넘어 러시아로 들어갔다. 한국에서 북진하여 이 지역의 심장부를 곧바로 뚫고 들어간 우리는 남쪽으로 향하여 두만강을 다시 건넜다. 그곳은 성경 보관실이 있는 곳에서 48km 떨어진 곳이었고, 강어귀에 그만큼 더 가까웠다. 거센 눈보라로 인해 국경에서 며칠이 지연됐지만, 우리는 한국인들을 두려움에 떨게 하는 호랑이들이 사는 언덕들을 향해 다시 출발했다.

어려움이 있었지만 우리는 우리의 마부들로 하여금 산을 넘게 했다. 햇빛이 뜨겁고 강렬하게 내리쬐었다. 우리는 정오가 되기 전에 꾸불꾸불한 언덕길을 따라 두만강의 한 지류를 스물두 번 건넜다. 그때 녹아내리는 눈으로 인해 물이 크게 불어나 물러나지도 나아가지도 못하는 상황이 되었다. 그런데 거대한 몸집의 산악민이 우리를 그의 집으로 초대했고, 국경에 사는 사람들 특유의 공손함으로 우리를 대접했다. 그의 약탈용 몽둥이는 손을 많이 타서 매우 잘 다듬어져 있었는데, 쉬려고 눕기 전에 나는 몽둥이를 조금 주의깊게 쳐다봤다. 아침에 우리는 물이 불어난 지류를 건널 수 있었다. 우리를 대접해준 데 대해 보상하려 하자, 주인은 진정한 국경지대의 방식대로 나의 보답을 거부했다. 나는 최대한 공손하게 무엇이라도 받으라고 제안했다. 그는 180cm의 거구를 일으키더니 말했다.

"친구, 북쪽에서는 그렇게 하지 않습니다. 우리는 신사예요."

어딜 가나 똑같았다. 그들은 백인을 한 번도 본 적이 없었지만 그들의 친절한 관대함은 누구도 능가할 수 없었다. 나는 예전부터 국경 지역의 개척자들을 좋아해온 터였고, 가식 없는 호의를 베푸는 이 멋진 한국인들에게 나는 깊이 감동하였다.

북쪽의 깊은 눈을 뚫고 분수령의 꼭대기에 도달하자, 자연이 주는 기이한 놀라움이 우리를 맞았다. 길에 파인 작은 웅덩이 안에 몇 마리의 어린 황소 개구리들이 미국 남부의 늪에서처럼 즐겁게 노래하고 있었다. 하지만 우리는 호랑이를 찾고 있었다. 한국에는 이런 말이 있다.

"일 년 중에 여섯 달은 사람이 호랑이를 사냥하고, 나머지 여섯 달은 호랑이가 사람을 사냥한다."

한 번은 친구 중에 하나가 북쪽 지방에 있을 때, 앞에 놓여있는 수풀 속에서 움직임을 감지했다. 알고 보니 호랑이의 꼬리였다. 호랑이는 새가 사정권 안에 놓여있을 때 고양이가 하는 것처럼 꼬리를 앞뒤로 꼬고 있었다. 나뭇잎 속으로 호랑이의 윤곽을 따라가 보니, 거대한 짐승은 언덕 꼭대기에 있는 무엇인가를 빤히 쳐다보고 있었다. 무거운 호랑이 사냥총으로 호랑이의 귀 뒤에 총알을 쏜 뒤, 그는 무엇이 호랑이의 주의를 끌었는지 보러 갔다. 경사진 언덕 아래로 수십 미터 거리에 한국인 한 명이 연료를 위해 나뭇잎을 긁어모으고 있었다. 호랑이는 훌륭한 가죽을 갖고 있었고, 끝에서 끝까지 4m나 되었다고 한다. 하지만 이것은 여담이다.

우리가 서 있는 높은 지대에서 동쪽으로 쭉 뻗어나간 곳에 나의 나라가 있었다. 나는 저 멀리 바다 건너 나의 사랑하는 이들이 살고 있는 땅, 내 어머니의 갓 만들어진 무덤이 있는 땅을 떠올렸다. 1889년 내가 처음 한국으로 떠날 때 어머니는 예순여섯의 나이에도 불구하고 나와 함께 가고 싶어 하셨다. 1899년 그녀의 건강이 나빠지고 있다는 소식이 들려 왔다. 나는 다음 증기선을 타고 그녀의 곁으로 갔다. 어머니는 회복했지만, 마지막 작별인사를 할 수밖에 없었다. 우리 둘 다 마지막이라는 것을 알았다. 나는 성경책을 들고 기도하려 했지만 포기하고 말았다! 어머니는 얼마나 용감하셨는지! 그때의 작별은 이 책에서 이미 언급한 그 전의 작별과 얼마나 달랐는지.

"괜찮다 아들…."

그녀가 이제는 말했다.

"예수님은 곧 돌아오실 것이고 그때 만나면 영원히 헤어지지 않을 거야."

복된 희망! 내 슬픔 속에서도 빛난다! 하지만 이별은 여전히 이별이다. 기차역으로, 도시 밖으로, 다시 한국으로 돌아가는 길에 견디기 힘든 그 아릿함이 아직도 느껴진다.

우리는 해변으로 내려가 북서쪽으로 방향을 튼 뒤 두만강을 또 다시 건넜다. 이번에는 강어귀에서 160km 더 가까운 곳이었다. 그곳은 넓고 깊은 강이었는데 우리는 그쪽으로 중국에 들어갔다. 중국식 마차를 소유한 한국인을 고용해 우리는 시베리아와 중국을 가르는 국경선을 넘었다. 러시아인들은 국경이 어딘지 보여주기 위해 거대한 흙더미를 쌓아놓았다. 고된 하루의 여행으로 우리는 그날 밤 아름다운 포셋Possett만에 도착했다. 그곳에서 한 부유한 한국인 신사가 우리를 성대하게 대접해주었고, 거기서 우리는 증기선을 타고 블라디보스토크로 갔다. 거기서 또 한 명의 한국인 신사가 우리를 대접했고, 우리는 곧 배를 타고 원산, 즉 우리집으로 출발했다.

한국의 산악 지방에 있을 때 우리는 결혼식이 진행 중인 한 마을을 지났다. 환갑을 맞은 노인이 있는 마을도 지났다. 관습대로 노인을 위해 성대한 잔치가 열렸고, 이웃들이 멀리서 찾아와 참석했다. 노인은 내 손을 잡더니 잔치의 상석에 앉히고는 자기가 사는 골짜기에 찾아온 최초의 백인 남자에게 최고의 좋은 것들로 베풀기 시작했다.

김 전도사도 그곳에 있었는데, 사람들은 결혼식에서 그가 갖고 있는 책들을 다 사버렸고, 그가 떠나려고 하자 감동적인 성경의 옛 이야기들을 한 번만 더 해달라고 조르기 시작했다. 김 전도사는 조랑말에 실은 책들을 전부 풀어서 책이 동날 때까지 팔았다. 성경 보관실을 책임진 집사는 사람들이 책을 사러 올 때까지 며칠을 기다렸지만 아무도 오지 않았다. 그는 덧문을 열고서 손수건으로 성경 몇 권을 묶고는 마을을 다니면서 성경책을 팔았고 말씀을 전하기 시작했다.

집사는 능숙한 모자 제작자를 찾아갔는데, 그는 한때 돈을 많이 벌었던 부자였다. 하지만 중국인들이 영국 아편을 국경 너머로 가져와 젊은 한국인들에게 사용하는 법을 가르쳤다. 모자 제작자는 중국인에게 이렇게 이용당한 사람들 중 한 명이었다. 그는 자신에게 어떤 해가 가해지는지 처음에는 알지 못했다. 아편을 피우면 사람이 어떻게 되는지 독자들은 아는지 모르겠다. 대부분의 사람들은 술이 사람을 어떻게 만드는지 알 것이고, 도박에 대해서도 알 것이다.

채프먼 박사가 호주에 있을 때, 한 젊은 남자가 그의 호텔방을 찾아왔다. 그는 외모가 출중한 친구였다.

"선생님."

그가 말했다.

"저는 사랑하는 아내와 두 명의 예쁜 자녀가 있습니다. 그런데 저는 도박꾼입니다."

그는 오른손을 들어 보이며 말했다.

"도박을 멈출 수만 있다면 잘라버리고 싶습니다."

그는 왼손을 들어 보였다.

"그만둘 수 있다면 이쪽 손도 잘라버리고 싶습니다. 하나님은 제가 그러지 못한다는 걸 아십니다. 노력하고 또 노력했지만 실패했습니다."

도박은 사람을 그렇게 만든다. 채프먼 박사는 그날 그 남자에게 구원자 예수님을 전했다. 술 취함과 도박이 사람을 어떻게 끌어내리고 치명적으로 붙잡는지 알 것이다.

거기다 열 배, 열다섯 배, 스무 배로 곱하면 아편 피우는 것이 사람에게 어떤 영향을 주는지 대략 짐작될 것이다. 아편을 한동안 사용하고 나면 활력은 우둔함으로, 우둔함은 탐욕으로 변한다. 아편에 한 번 중독되고 나면 거짓말을 하고, 물건을 저당 잡히고, 도둑질하고 살인해서라도 아편을 구한다. 머지않아 소화기관은 음식을 거부하게 되고, 자연의 저장소인 살에서 영양을 공급받아 연명하게 된다. 하지만 살도 곧 없어진다. 피부는 말라서 갈라지고 뼈에 바짝 달라붙는다. 야윈 얼굴은 연탄재 색깔이 되고, 곧 죽음에 이른다.

이 가련한 모자 제작자가 그랬다. 집사가 그에게 위대한 이야기를 해주었고, 그는 예수님의 비할 데 없는 이름에 대해 처음으로 들었다. 그리고는 말했다.

"저한테 얘기해도 소용 없어요. 저는 죄인이에요. 저는 하나님의 율법을 어겼을 뿐만 아니라 나라의 법도 어겼어요. 저는 제 가족에게 망신이고 우리 마을에도 망신이고 우리 나라에도 망신입니다. 제 가족은 굶고 있고 저는 죽어가고 있어요."

"그렇게 말하지 마세요."

집사가 말했다.

"당신을 위한 구원자가 있습니다. 그가 당신을 묶고 있는 쇠사슬을 끊고 당신을 해방시켜주실 겁니다. 그가 당신의 모든 탐욕을 없애주실 겁니다. 그는 자신의 보혈로써 당신의 죄를 깨끗하게 씻어주실 것이고 당신을 자유롭게 행복한 사람으로 만들어주실 겁니다. 당신이 그를 구원자이자 주님으로 영접한다면 말입니다. 보세요, 하나님의 말씀입니다."

집사는 성경을 펼쳐서 사랑과 은혜와 권능에 관한 놀라운 이야기를 풀어놓았다. 그는 절망에 빠진 남자에게 복음서를 주고는 떠났다. 하지만 집사는 닷새 동안 하루도 빠짐없이 그를 찾아갔다. 닷새째 되던 날, 속박에 묶여 있던 아편쟁이는 이렇게 말했다.

"네, 그렇게 하겠습니다. 예수님을 저의 구원자로 영접하겠습니다."

그는 어린아이와 같은 단순한 믿음으로 덧붙였다.

"그는 저를 위해 죽으실 만큼 저를 사랑했습니다. 그가 저의 구원자가 되실 겁니다. 그가 저를 회복하실 것이고 저는 기꺼이 그의 노예가 되겠습니다."

눈이 반짝하는 바로 그 순간, 주체할 수 없는 아편에 대한 욕구가 완전히 사라졌다. 그토록 좋아하던 것을 이제 그는 완전히 싫어하게 되었다.

열흘이 지나자, 그는 갓난 아기와 같이 다시 살이 붙었다. 그는 힘을 되찾았고 능숙한 손으로 다시 일할 수 있게 되었다. 구원받은 이 남자는 불타는 횃불처럼 동네를 다녔다. 그의 얼굴은 천국의 빛으로 빛났고 목소리에는 새로운 울림이 있었다. 그는 자신을 해방시킨 위대한 구원자에 대해 사람들에게 얘기했다. 그가 증거한 덕분에 오늘날 그곳에 멋진 교회가 세워져 있다. 교회의 성도들은 하루의 일과가 아무리 고되도 매일밤 성경책 주위에 모여 늦은 시간까지 생명을 주시는 말씀을 들여다본다. 독자는 그 아편쟁이가 끝까지 버텼는지, 아니면 단지 일시적인 것이었는지 물어볼 수도 있다.

또 다른 이야기를 최대한 간략하게 함으로써 그 질문에 설득력 있고 만족스럽게 대답해보겠다. 한국에서는 고향을 떠나 여행하다가 낯선 사람들 사이에서 병에 걸려 오는 사람이 있으면, 집안 사람들은 죽음을 두려워하고 미신을 신봉하기 때문에 그 가련한 사람을 거리로 내몬다. 마을 사람들은 그 사내가 근처에서 죽으면 자신들에게 불운이 닥칠까 봐 불안해 한다. 그들은 제비를 뽑아서 당첨되는 사람이 사내를 옆 마을에 내려놓고 재빨리 도망 친다. 만약 누가 본다면 마을 간에 분쟁이 생기기 때문이다. 병든 사내가 발각되면 두 번째 마을도 똑같이 한다. 그런 식으로 마을에서 마을로, 음식이나 마실 물도 없이 들려 다니다가 결국 죽게 된다. 이런 장면을 나는 실제로 목격했고 다른 이들도 보았다. 마을 외곽에 차가운 시체로 변해 있는 희생자를 언젠가 본 적이 있다. 그것은 이교도의 윤리에 대한 제물이었고, 1903년 세계박람회의 종교의회에서 배교자들이 예수 그리스도와 동등한 위치에 놓으려고 했던 바로 그 윤리였다.

한때 아편쟁이였던 사람이 "거듭남"을 통해 하나님의 가족에 입양되고 나자, 마을 사람들은 그에게 마귀들이 쫓아와 그의 가족을 죽일 거라고 말했다. 그런데 마치 그들에게 "내가 뭐라고 했어"라고 말하게 해주려는 듯이 그의 할머니가 얼마 뒤 죽어 버렸다. 마을 사람들은 그에게 성대한 마귀 장례식을 열어서 마귀들을 달래라고 강요했다. 그는 거부했지만 마을 사람들은 포기하지 않았다. 그때 사자굴에서 다니엘을 구원하신 팔레스타인의 목자께서 그가 곤란한 처지에 있는 것을 아시고, 그를 구하기 위해 굳건한 믿음의 사람 김 전도사를 즉각 보내셨다. 우리 그리스도께서는 한국에서든 미국에서든 모든 긴급 상황에 얼마나 충분히 준비되어 계시는가! 가련한 그는 김 선생의 위로와 격려를 받았다.

그의 할머니를 위해서는 지역 최초의 기독교식 장례식이 서행되었다. 마을 사람들은 크게 놀라 말썽을 일으켰다. 마귀에 대한 그들의 두려움을 확인이라도 하려는 듯이, 남자의 아이 두 명이 심한 열병을 앓더니 죽었다.

“마귀들이 당신의 온 가족을 죽일 거라고 하지 않았습니까? 이제 마귀의 장례식을 치루세요.”

그들이 우겼다.

“그러지 않겠습니다.”

아직 그리스도 안에서 아기에 불과한 그가 말했다.

“예수 장례식을 할 겁니다.”

“하지만 당신의 아이들이 죽었잖습니까.”

“오.”

그가 대답했다.

“죽기 전에 예수님에 대해 듣고 죽어서 너무 기쁩니다. 구원자를 모르고 죽었다면 아주 무서운 일이 되었을 것입니다. 하지만 이제 괜찮습니다. 그들은 하나님께 갔습니다.”

이때도 김 선생이 그를 위로했다. 그로부터 얼마 뒤 주일예배를 드리는 중에 포졸 두 명이 찾아와 집회의 책임자가 누군지 물었다.

“접니다.”

김 선생이 말했다.

“당신은 마을을 떠나야 합니다.”

그들이 말했다.

“그럴 수 없습니다.”

김 선생이 말했다.

“나의 주께서 저를 이곳에 보내셨고 저는 감히 떠날 수 없습니다. 저를 쫓아낼 권한이 있으시다면 그렇게 하십시오. 저는 떠날 수 없습니다.”

그러자 포졸들은 그를 덮쳐서 때렸고 옷을 찢었으며 모자를 부수고 그의 책을 갈기갈기 찢었다. 그리고는 떠났다. 형제들 몇 명은 김 전도사의 고난에 대해 편지를 썼다. 이때 기록된 같은 편지 묶음에 김 선생의 편지도 들어 있었는데, 그는 어려움에 대해서 언급하지 않았다. 그는 이렇게만 말했다.

"잘 지내고 있습니다. 전도사를 더 보내주십시오."

그 지역 전도사들의 리더였던 그가 병에 걸리고 말았다. 아무것도 효과가 없었고 그는 상태가 점점 더 악화되었다. 그는 쉰 살의 고결한 친구였고, 많은 것을 희생한 사람이었다. 쇠약한 중에도 그는 자신이 가진 책들의 목록을 만들었고, 장부를 정리했으며, 나에게 아름다운 편지 한 통을 썼다. 자기가 죽어가고 있고, 하나님을 뵐 면목이 없는 종이라는 것이었다. 그는 하나님께 용서를 구했다면서 나에게도 용서를 구했다. 하지만 용서할 게 없었다. 나는 그 만큼 신실한 사람을 알지 못했고 게다가 그는 유능하기까지 했다. 한때 마귀를 숭배하고 나그네를 거리에서 죽게 내쫓고 자기 삶을 망치고 가족들을 굶긴 구원받은 아편쟁이는, 성경 보관실을 찾아가 죽어가는 노인에게 말했다.

"여기는 편하지가 않아요. 우리집으로 갑시다."

그는 노인을 집으로 데려가 최고의 것들로 대접했고, 자기 어머니처럼 보살폈다. 노인은 결국 하늘나라로 갔다. 그는 노인에게 성대한 "예수 장례식"을 베풀어주었다. 그가 그리스도를 영접하고 나서 치른 네 번째 예수 장례식이었다. 구원받은 아편쟁이가 끝까지 버텼는가에 대한 질문에 이제 충분히 답이 된 것 같다.

나는 원산에 도착해 남부 지역에서 성경 컨퍼런스를 주최했다. 그곳에서 며칠 동안 축복을 받은 뒤, 50명의 전도사들이 부름을 받아 파송되었다. 그들 중 9명은 두만강 유역으로 보내졌다. 그들은 기꺼이 편안한 집과 사랑하는 가족, 고향 마을을 떠났다. 한국인들이 그렇게 하는 것이 백인 선교사가 본국을 떠나는 것보다 훨씬 더 어려웠다. 그들은 적합한 복장도 없었고, 침대가 딸린 객차도 없었으며, 여비를 위한 자금도 없었다. 그들은 갈아입을 옷만 보따리에 싸서 메고는, 1200km의 고된 여행을 시작했다. 그들은 나룻배를 안전하게 타기 위해 며칠을 기다려야 했고, 일정이 지연되어 여비가 부족해졌을 때는 굶어야 했다. 그럼에도 그들은 두만강에 도착할 때까지 터벅터벅 걸었다. 긴 여행을 마치기까지 한 명당 5달러가 들었다. 조지 풀먼George Pullman(미국의 사업가, 침대가 있는 풀먼식 객차의 개발자)은 이 사실에 크게 놀라워하지 않았다. 백인 선교사 9명이 뉴욕이나 런던에서 두만강까지 가려면 3000달러가 들었을 것이다. 그들은 몇 년간은 도움보다는 오히려 방해가 될 것이고, 기껏해야 몇 명만이 쓸 만한 종이 될 것이다. 일부는 죽고 일부는 쓰러지고, 또 다른 이들은 선교와 맞지 않는 것으로 판명날 것이기 때문이다.

게다가 현지인 선교사들은 세 개의 거대한 산인 언어, 관습, 그리고 제일 중요한 사람을 넘는 데 조금의 비용도 본교회에 요구하지 않았다. 9명의 백인 선교사에게 기초적인 선교 주제들을 똑같이 교육시키려면 4만5000달러 이상이 들었을 것이다.

캐리William Carrey(인도에서 활동한 영국 침례교 선교사) 같은 위대한 선교사도 한 명을 회심시키는 데 15년이 걸렸다. 이제 다음의 사실들에 주목해보라. 내륙 지방의 산들을 매일같이 넘을 때마다 나는 만나는 사람들에게 예수에 대해 들어본 적이 있느냐고 물었다. 그들의 대답은 하나같이 "아니오. 누굽니까?"였다.

"뭐라고요?"

나는 말했다.

"세례 교인이 15만 명에 달하는 한국의 예수 그리스도의 교회를 모르신단 말입니까?"

"모릅니다."

그들이 말했다.

"들어본 적도 없어요."

그곳은 대부분이 이교도들의 땅이었다.

이들 헌신적인 전도사들은 하나님께 사용되어 열 달 만에 그 지역에 10개의 훌륭한 교회를 세웠다. 한 교회당 평균 신자수는 45명이었다.

14. 하나님의 가르침을 받고서 우리는 기도했고, 하나님은 가르치신 종들을 파송하셨다

오랜 시간의 인내하심 끝에 하나님은 선교 사역이 하나님의 것이고 일하는 분도 하나님이심을 우리에게 가르쳐주셨다. 그의 자녀인 우리는 하나님의 뜻에 따라 사용될 수도 있고 안 될 수도 있는 톱과 망치, 쟁기, 황소 모는 막대기, 숫양의 뿔, 목자의 돌팔매, 턱뼈에 불과했다. 하나님은 추수의 주인이 하나님이시고 추수한 곡식도 하나님의 것임을 무한하신 사랑으로써 가르쳐주셨다. 현장을 위해 사람을 준비시키고 교육하시며 임명하시는 분도 하나님이셨다. 이런 것들을 배우고 나서야 우리는 순종하고 기도하기 시작했다.

> 그러므로 추수하는 주인에게 청하여 추수할 일꾼들을 보내어 주소서 하라 하시니라마 9:38

우리는 추수를 기다리는 들판의 곡식을 위해 100명의 일꾼을 보내달라고 하나님께 구했다. 그러자 언제나 관대하신 주님은 135명을 보내주셨다. 우리는 특정한 국적의 일꾼들을 요구하지 않았는데, 하나님은 세상 사람들이 가난하고 쓸모없고 무기력한 인간들이라 여기는 한국인들을 보내셨다.

인간이 자랑하는 성취들이 하나님에게는 얼마나 보잘것없는지 보여주기라도 하시려는 듯이, 사용하시는 도구가 하나님의 가족이 되어 성경을 들고 다니기만 한다면 어떤 종류의 도구라도 상관없다는 점을 보여주시려는 듯이, 하나님은 사람들이 무시하는 민족을 보내셨다. 일꾼들의 대다수에게는 한 달에 필요한 5달러의 금액을 하나님께서 지원해주셨다. 나머지 일꾼들에게는 성경책을 주어 대리로 판매하게 하였다. 18개월 전 기도하기 시작했을 때 우리에게는 41개의 교회가 있었고, 이제는 교회가 162개로 늘었다. 교회의 수는 하나님께서 주신 일꾼의 수와 정확히 비례하게 늘었다. 이들 일꾼의 일당은 미국 돈으로 16.50센트였다. 백인 선교사였다면 하루에 5달러 이상이 들었을 것이다. 불멸하는 영혼의 가치는 돈으로 따질 수 없고, 하나님께는 당신의 사역을 위해 하루에 5달러든 16.50센트든 아무 문제가 되지 않는다. 그리고 하나님은 사람을 차별하지 않으신다. 그래서 우리는 어째서 135명 중에 백인은 한 명도 없었는지 궁금했다. 기도할 때 우리는 일꾼의 종류나 피부색, 교육적 배경이나 다른 경력에 대해 특정하지 않았다. 우리는 하나님께서 장 목사와 손 목사를 크게 쓰셔서 사람들을 일으키셨다고 믿는다. 하나님의 놀라운 역사가 우리 눈앞에서 펼쳐질 때, 우리는 하나님의 놀라운 은혜와 선하심을 사모하면서 홀린 것처럼 앉아서 바라보기만 했다.

다른 이들은 다른 방식으로 인도를 받았다. 이 작은 책은 그 나름의 방식으로 하나님이 우리를 어떻게 인도하셨는지 얘기한다. 우리는 가련하고 더듬거리는 혀로 하나님을 찬양한다. 머지않아 우리가 사랑하는 하나님을 그 온전한 영광과 아름다움 속에서 보기 원한다. 그날에 우리는 조금의 흠도 없이 그분처럼 될 거라고 믿는다. 하나님께서 어려운 일을 이루셨기 때문이다.

> 평강의 하나님이 친히 너희로 온전히 거룩하게 하시고 또 너희 온 영과 혼과 몸이 우리 주 예수 그리스도 강림하실 때에 흠없게 보전되기를 원하노라 너희를 부르시는 이는 미쁘시니 그가 또한 이루시리라살전 5:23-24

> 이는 곧 물로 씻어 말씀으로 깨끗하게 하사 거룩하게 하시고 자기 앞에 영광스러운 교회로 세우사 티나 주름잡힌 것이나 이런 것들이 없이 거룩하고 흠이 없게 하려 하심이니라엡 5:26-27

아내와 나는 외로운 적도 있었다. 하지만 우리는 예수님이 돌아오실 때 받게 될 은혜를 기다리고 있다. "모든 성도 중에 지극히 작은 자보다 더 작은 나에게 이 은혜를 주신 것은 측량할 수 없는 그리스도의 풍성함을 이방인에게 전하게 하시고"엡 3:8라고 말하며 그때 하나님께 감사드릴 수 있으면 좋겠다.

신명균 목사와 그의 가족

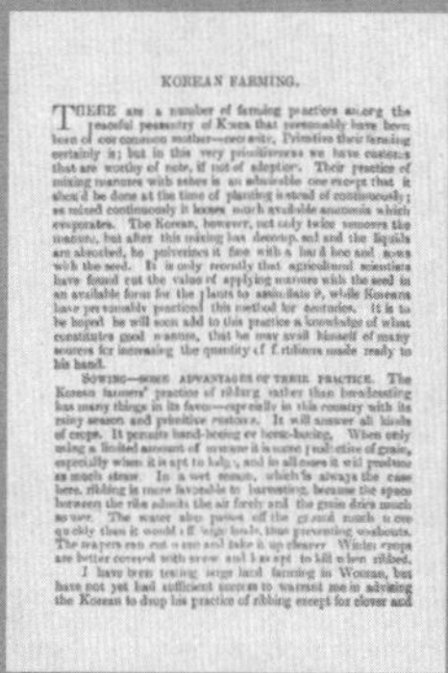

KOREAN FARMING.

THERE are a number of farming practices among the peaceful peasantry of Korea that presumably have been born of our common mother—necessity. Primitive their farming certainly is; but in this very primitiveness we have customs that are worthy of note, if not of adoption. Their practice of mixing manures with ashes is an admirable one except that it should be done at the time of planting instead of continuously; as mixed continuously it loses much available ammonia which evaporates. The Korean, however, not only twice removes the manure, but after this mixing has decomposed and the liquids are absorbed, he pulverizes it fine with a hand hoe and sows with the seed. It is only recently that agricultural scientists have found out the value of applying manure with the seed in an available form for the plants to assimilate it, while Koreans have presumably practiced this method for centuries. It is to be hoped he will soon add to this practice a knowledge of what constitutes good manure, that he may avail himself of many sources for increasing the quantity of fertilizers made ready to his hand.

SOWING—SOME ADVANTAGES OF THEIR PRACTICE. The Korean farmers' practice of ribbing rather than broadcasting has many things in its favor—especially in this country with its rainy season and primitive customs. It will answer all kinds of crops. It permits hand-hoeing or horse-hoeing. When only using a limited amount of manure it is more productive of grain, especially when it is apt to lodge, and in all cases it will produce as much straw. In a wet season, which is always the case here, ribbing is more favorable to harvesting, because the space between the ribs admits the air freely and the grain dries much sooner. The water also passes off the ground much more quickly than it would off large beds, thus preventing washouts. The reapers can cut more and take it up cleaner. Winter crops are better covered with snow and less apt to kill when ribbed.

I have been testing large land farming in Wonsan, but have not yet had sufficient success to warrant me in advising the Korean to drop his practice of ribbing except for clover and

*한국의 농사법

한국의 농업을 소개, 분석하고, 서구적인 방법들을 적용해서 한국의 농사법 가운데 개선해야 할 내용을 설명하고 있다. 〈코리안 리포지터리〉(*The Korean Repository*) 1898년 판에 수록된 글을 번역해 수록하였다.

한국의 농사법

Korean Farming

가난이라는 우리의 공통된 어머니를 가진 온순한 한국의 농부들 사이에는 다양한 농사 기술이 있어왔다. 그들의 농사법이 분명히 원시적인 것이긴 하지만 그러한 원시적인 방법 가운데서도 비록 우리가 채택할 만한 것은 되지 못하더라도 명기할 만한 가치를 지닌 관습은 있는 것이다.

그들이 인분을 재와 함께 섞어 사용하는 기술은, 그것을 일년내내 묵혀두기보다는 농사지을 시기에만 했었더라면 매우 바람직한 것이 아닐 수 없다. 그런 것들을 일년내내 지속적으로 섞은 채로 묵혀두면 유익한 암모니아가 증발해 버려서 많은 손실을 입게 된다.

그러나 한국 사람들은 연간 두 번 정도 인분을 옮겨서 재와 섞어버린 다음 이 혼합물을 썩히면서 건조시킨 후에, 그것을 호미로 잘 부수어 씨앗과 함께 심는다. 농업과학자들이 최근에야 비로소 식물이 영양분을 흡수할 수 있도록 씨앗을 거름과 함께 심는 것이 유익하다는 것을 발견했던 것이다.

하지만 한국인들은 이 방법을 적어도 지난 한 세기 전부터 사용해 왔다. 그들에게는 단지 이러한 방법으로 사용하고 있는 거름의 성분 구성이 무엇인가에 대한 지식을 필요로 할 뿐인 것이다. 그들은 자신이 손수 비료의 질을 증진시킬 수 있는 더 나은 방법을 알기를 원하고 있었다.

씨뿌리기-그들의 기술의 몇 가지 장점들

한국 농부들의 이랑경작법은 평평한 땅에 씨를 흩뿌리는 방법보다 여러 가지 점에서 장점을 갖고 있는데, 이는 특히 이 나라의 우기雨期와 원시적인 경작법에서 그러했다. 이들의 이랑경작법은 모든 농사에 적용되고 있다. 이랑경작법을 위해서는 호미 또는 말이끄는 쟁기가 도구로 사용되었다. 이들 이랑경작법은 제한된 양의 거름을 사용하고도 다른 방법에 비해 많은 양의 농작물을 수확할 수 있게 했는데, 특별히 바람에 의해 농작물이 쓰러질 것 같을 때에 그러했다. 이곳의 우기에 이랑경작법은 더욱 효과적이라고 할 수 있겠는데, 이는 이랑 사이의 공간으로 공기가 소통되고 이로서 농작물이 곧바로 건조될 수 있기 때문이다. 또한 평평한 땅보다는 이랑을 통하여 물기가 훨씬 빠르게 배수되기 때문이다. 그렇게 함으로써 농작물의 유실을 막아주고, 농부들은 훨씬 더 많은 수확을 할 수가 있다. 이랑이 있음으로 겨울에는 농작물들이 눈에 잘 덮여져 쉽게 죽지 않게 되기도 했다.

나는 원산에서 시험적으로 큰 땅을 경작해 왔다. 나는 단지 클로버나 키가 너무 커서 제대로 서 있을 수 없는 약한 밀 같은 것을 재배하는 것을 제외하고는 한국 사람들에게 이랑경작법을 포기하게끔 충고할 만한 어떠한 성공적인 예도 경험하지 못했다. 그러나 나는 진심으로 그들에게 말이 끄는 쟁기와 경운기cultivators야말로 이랑경작법에 매우 적합한 도구임을 추천할 수는 있겠다. 이 도구들 중 하나만 가지고서도 아마 여섯 사람 또는 그 이상의 몫의 일을 해낼 수 있으리라고 보기 때문이다. 만약에 이들 기계가 한국의 어느 항구에 도착되어 있다면 그 값은 아마도 은화 23달러에 해당될 것이다. 1에이커(약 1224평)의 땅을 갈아엎는 데는 은화 1달러 60센트가 든다. 훌륭한 한국인 농부라면 한 계절에 기장millet을 수확하기 위해 여섯 번 정도 이랑을 매게 되는데 이를 돈으로 환산한다면 약 9달러 60센트에 해당한다.

원산에서 보통 수준의 농부는 매년 기장 2에이커, 감자 1에이커, 콩, 참외, 그리고 무와 당근 각각 1에이커와 그 외에 자신의 논을 경작한다고 말한다. 위의 계산법으로 기장, 콩, 감자, 그리고 무를 경작하는 것을 계산해 보고자 한다. 총 5에이커에 이르는 땅의 잡초를 제거하는데 재래식 방법을 사용할 경우 한 마리의 소와 거기에 따른 인부 한 사람을 계산하면, 인부를 16달러로 환산할 때 모두 56달러의 비용이 든다고 할 수 있다. 나는 이와 같은 효율적인 도구들에 대해서 보다 이 나라 사람들에게 시간의 가치에 대해서 가르칠 수 있다면 더 좋은 것이 없을 것이라고 생각한다.

한국 농부들은 보편적으로 서구의 농부들이 잘 알고 있지 못하는 한 가지 사실을 잘 알고서 실천하고 있었다. 그것은 잡초를 제거하면서 땅을 긁어주는 것이다. 한국 농부들은 "만일 호미로 땅을 간지러주면, 웃으면서 추수하게 될 것"이라는 것을 알고 있었던 것이다.

식물성 음식은 천년이 넘도록 지력이 소모되지 않은 이들 땅 속에 잠재해 있었던 것이다. 그러나 죄는 이들 식량을 땅 속에 가두어둔 상태이며 영원한 말씀은 아직 그것을 깨뜨리지 못하고 있다. “땅은 저주 받았다. 그들은 땅으로 돌아갈 때까지는 빵을 먹기 위해서 얼굴에 땀을 흘려라 하리라.” 과학은 우리에게 어떻게 경작하고 무엇을 경작해야 할지를 말해주고 있다. 그러나 가시와 엉겅퀴가 계속 자라나고 있는 동안 흙은 인고의 손에 의해 구원받을 때까지 그 풍부한 식물성 음식을 휴면상태로 묶어놓고 있는 것이다.

다가오고 있는 구원자와 함께 도래하게 될 좋은 때가 있을 것이며, 그 때에는 사막조차도 푸른 샤론평야같이 꽃피게 될 것이다. 한국의 농부들은 최고의 손 호미로 그의 토양을 간지럽혀주고 있는데 터무니 없는 소작료, 작은 농지, 병든 종자, 부패한 정부, 매우 제한된 그들의 매매수단 등으로 지금은 무기력하지만 장차 놀라울 만한 수확으로 웃을 날이 오고 말 것이다. 무기력한 이 땅에서, 억압받는 한국 농부의 근면성에 대해 간증한다는 것은 정말 기쁨이 아닐 수 없다.

농작물의 윤작법

원산에 있는 내 소유의 땅에는 샘플이 될만한 좋은 토양이 있었다. 그 진흙에는 규산염이 부족하지는 않았지만 암모니아, 인산염, 그리고 가성 칼륨이 모자라서 계속해서 보충되어야만 했다. 이것들을 농작물에 주었을 때는 풍성한 수확을 거둘 수 있었지만 그렇지 못할 때에는 저조한 수확을 거둘 수밖에 없었다. 나는 이런 현상이 이 땅 전역에 똑같이 해당하는 것이라고 추정했다. 과학자들은 토양의 주요 구성요소가 진흙, 석회, 모래, 물, 그리고 공기이며, 농작물에 필요한 이런 것들을 토양은 충분히 포함하고 있다고 과장되게 주장하여왔다.

그러나 농작물이 이에 적응하기는 하나 "땅을 긁어주는" 과정이 없이는 거의 아무런 영양분도 식물이 흡수하지 못한다. 규사, 석회 모래의 양에 따라 다양한 종류의 토양이 주어진다. 중간 정도의 함량이야말로 말할 것도 없이 가장 좋은 흙이라고 할 수 있겠다.

그러나 접착력이 과도하더라도 안전한 토양이 있다. 부숴지기 쉬운 토양에는 목초류가 번성한다. 그러나 밑은 거의 경작할 수가 없다. 그리고 진흙과 토탄土炭이 있는 흙에서는 다른 곡물보다도 귀리가 더 잘 자란다. 이 두 종류의 흙에서는 목초가 잘 자라지 않는다. 빵을 주식으로 하는 나라에서는 밀이 적합한데 이는 풍부한 흙과 기름진 점토에서 잘 자란다. 그리고 부숴지기 쉬운 종류의 땅에서는 무와 보리 등이 적합하다. 나는 한국인들이 각기 다른 곡물을 다른 토양에 심는, 일종의 윤작법the system rotation하에 농사를 짓는 것을 관찰할 수 있었고 때로는 이 문제에 대해서 토론하는 것을 경청하는 가운데 이들이 매우 지혜롭다는 사실을 발견했다. 혹 감자나 근채류를 심었어야 할 버슬버슬한 땅에 밀을 심는 것을 보는 경우도 있지만 그렇게 하는 것이 그들에게 지혜가 없어서가 아니라 다른 환경적 압력 때문이라고 생각한다.

곡물의 종류

네 가지 종류의 변종이 있는 기장이라는 식물은 가난한 사람들의 곡물이다. 그것을 식량으로서 결코 쌀보다 좋은 것이 아니었지만 그럼에도 불구하고 훌륭한 음식으로서 대부분의 한국 농부들이 이 농작물을 경작하고 있었다. 가장 많이 경작되는 두 종류의 밀짚은 겨울철에 가축들의 사료로 사용되기도 했다. 같은 종류의 건초가 서구에서도 클로버를 제외하고는 단백질이 풍부하다는 것을 분석 결과가 보여주고 있다. 짚은 한국 농부들에게 매우 가치있는 것으로 구하기도 힘들고 다른 농작물에 비해 상당히 비싼 것이다. 한국인들은 술을 많이 마시기 때문에 밀을 많이 재배하였다. 술을 만들기 위한 밀은 즉석 구매가 가능했다. 주요 식량으로 사용되기는 하지만 보리는 적게 재배되었고 값도 덜 나갔다.

보리는 밀의 2/3가격으로 팔렸다. 메주콩의 경작은 일본시장으로 인해 증가하고 있다. 메주콩의 가격은 밀 가격에 상응하고 있었다. 이 콩으로는 장류를 만드는 공장과 가축의 사료로도 사용되었다. 좋은 향과 매우 영양가 있는 다른 콩들은 식량을 위해 조금밖에는 재배하지 않았다. 물론 쌀은 가장 상급의 곡물이다. 쌀은 시장을 점유하고 같은 양의 밀보다 두세 배 정도 높은 가격으로 팔렸다. 목화는 맨체스터 셔츠감의 도입으로 거의 재배되지 않고 있었다. 메밀은 한국의 고유한 식사인 국수[베르미첼리 같은 것]로 인해 상당한 지역에서 경작되고 있었다. 참깨는 스페인 사람이 올리브 기름을 조미료로 사용하는 것보다 더 많이 상류층에 의해서 사용되는 기름제조를 위해 재배되었다. 그 외에도 주요한 농작물로 양배추, 무, 감자, 오이, 참외 등이 있다.

다른 곡물들의 도입

한국에서의 옥수수 수확은 그렇게 많지 않았다. 현재 옥수수의 경작을 증대시키려는 노력의 성과는 아직 확실하지 않다. 옥수수는 현지 기후에서 발육이 시원치 않으며 잘 경작한다 해도 낟알이 굵지 않다. 서구로부터 가져온 큰 알의 옥수수일지라도 여기서는 좋은 작황이 아니다. 목초 저장법[사일로 등에 넣어서 만드는]은 미국에서 유용한 것이지만 한국인들은 당장에 사일로를 세울 수도 없을 뿐만 아니라 그 가치를 이해하지도 못하고 있다. 가축사료로 마르고 우거진 옥수수대를 먹이는 것이 상당히 가치 있는 일이지만 이들에게 이것은 아직 입증되지 못하고 있다. 아래의 표는 목초 저장에 관한 최소 비용에 대한 내용을 보여준다.

옥수수 사일리지〔저장목초〕- 1.7
빨간 클로버 사일리지 - 4.2
사야Soya 콩 사일리지 - 4.1
동부 사일리지 - 2.7
야생 동부 사일리지 - 5.9

한국에서는, 붉은 클로버가 아니라면 어떤 것도 기장 사일리지와 같을 것이라 생각하지 않고 있다. 단백질에 관한 비율을 보여줄 수 있는 자료를 갖고 있었으면 하고 생각하기도 했었다. 좋은 환경 하에서 우량 낱알을 가진 옥수수를 생산하고자 했던 여러 가지 노력들이 여기에서는 별로 성과를 보지 못했기 때문에 옥수수 경작 실태와 시장상황을 둘러본 뒤에도 나는 옥수수의 경작에 대해서 농민들에게 할 말이 없었다.

최근 농업 관련 보고서에 돼지가 다른 것에 비해 보다 잘 먹는 메밀의 뛰어난 향에 관해 발표되었다. 그러나, 여기에서 말하고 있는 돼지는 "야생돼지"razor backs에 해당되는 것이었다. 이 사실의 뒷받침으로 나는 한국산 검은 돼지에게 그 메밀을 시험삼아 더 먹여보도록 추천해 보았다. 돼지들이 먹이를 먹을 때, 먼저 먹으려는 싸움은 정말 가관이 아니었다. 제일 강한 놈이 먼저 먹이를 차지하는 것은 당연했다. 한국 사람이 서양 돼지는 맛이 없다고 말할 때, 나는 좀 언짢은 기분이었고 오히려 나는 더러운 검은 돼지를 경멸하기까지 했었다.

그러나 지금 나는 그 사실을 잘 이해하고 있다. 그러나 현재의 가난을 극복하기 위해서는 뭔가 다른 방법이 있어야 했는데 적어도 8개월이면 300파운드의 고기를 제공할 수 있는 다른 품종의 도입이 있어야만 할 것 같다.

많은 가금家禽을 키우고 있는 한 노인은 "비밀"이라고 하면서 나에게 말하기를 닭에게 알을 낳게 하는데 메밀만큼 좋은 것은 없다고 했다. 나는 이 곡물을 원산의 가금 사육자에게 추천했다. 그는 이 충고를 실천했고 봄에 나에게 말하기를 이전에는 그렇게 많은 계란을 얻은 적이 없었다고 말했다. 그리고 그는 육질과 계란의 맛도 훨씬 더 좋아졌다고 말했다. 이러한 결과는 아마도 메밀 겨에서 발견되는 많은 비율의 질소 때문에 생긴 것으로 보인다.

이곳에는 이미 메밀 시장이 형성되어 있었다. 메밀은 잘 자라는 식물로서 특별히 비료를 주지 않아도 잘 자라기 때문에 가난한 사람들에게 선호되는 곡물이다. 만일 풀만 제거해 주고 흙을 작게 부숴만 준다면 질소질을 가장 많이 필요로 하는 클로버에게도 적합한 비옥한 땅을 만들 수 있을 것 같았다. 또한 메밀은 풍부한 꿀을 생산해 내기도 했다.

나의 경험으로, 근채류根菜類 중에서는 재배하기 쉽고 생산물을 저장하기 편리한 이유로 파스닙[미나리과科의 식물로 뿌리를 식용으로 씀]을 추천하고 싶다. 재배에 있어서도, 그리고 동물 사료로도 다른 근채류보다는 파스닙이 월등한 것으로 고려되기 때문에, 단지 그것을 재배하기 위해서는 1년이 소요된다는 것을 제외한다면, 이 나라에 바람직한 농작물이 될 것으로 여겨진다. 내 견해로는 스웨덴 무는 밀, 귀리, 또는 보리를 재배한 후 우기雨期에 심으면 잘 자랄 것으로 생각되며 이는 한국인들이 가축사료로 사용하기에 매우 적합할 것으로 보인다.

그러나 이는 나의 생각뿐이지 사실로 검증된 것은 아니다. 아마도 한국인이 가축을 먹이기 위해 무를 재배하기까지는 상당히 오랜 시간이 지나서야 가능할 것으로 보인다. 그리고 농부가 이렇게 하기 위해서는 보다 적은 비용으로 가축을 먹이기 위해 잎을 팔거나 아니면 가축을 줄이는 수밖에 없다고 말해야 할 것이다. 비결은 사야Saya 콩을 영양가 있는 밀짚과 함께 끓여 여물을 만드는 데 있다. 충분하지 않게 끓이는 것은 사료와 연료를 낭비하는 게 될 것이다. 사탕무우는 낟알이나 향에 있어서 그렇게 좋은 것이 못되었다. 그러나 한국인은 이 서양인 충고자가 그들에게 시장에 내다 팔기 위해 소를 살찌우는 법을 가르치는 것에 대해서 매우 신중하게 접근하게 될 것이다.

몇 가지 제안들

나는 한국인에게 거룩한 능력divine power을 배경으로 하는 복음이 아닌 어떤 것을 가르치려는 시도도 결코 감사해야 할 일이 아니라고 종종 말했었다. 서양 사람들의 권고를 받아들임으로 인해 체면을 손상하는 때가 수 년 내에 올 것이고, 막연한 가르침이 장애가 된다는 것을 입증할 때가 곧 오게 될 것이다. 그러나 그들의 이러한 성격에도 불구하고, 자신들의 복지에 대해 관심을 갖고 있지 않는 이 사람들에게 희망적으로 개방성의 여지를 남겨놓고 있다. 내가 지금 말하고 있는 것은 어떤 실례實例를 통하여 가르칠 수 있는 가능성에 관한 것이다. 실례를 통해서 가르치는 것은 그들의 "체면을 세워 줄" 뿐 아니라 세상이 다 그런 지식에 의존적인 것처럼 감각적으로도 많은 장점을 준다. 실례를 통해서 서구인들의 지식에 대한 충분한 관심을 갖게 한 다음 이론수업을 진행하면 되는 것이다. 한국 정부가 그들의 자원을 자국의 발전을 위하여 가장 잘 사용할 수 있는 산업분야가 어느 것인지에 대해서 자문해 온다면, 나는 주저함 없이 완전히 서구 교사들이 고용된, 그리고 한국인들에 대해 깊은 연민을 가진 한국 경험을 가진 능력있는 외국인 감독자가 있는 농과대학과 시험농장Experimental Farm Station을 추천할 것이다. 그러한 감독자가 없이는 시험농장이 고도의 농사법을 농민들이 숙달하도록 하고 농민들 복지에 대한 무관심이 무익한 정부관리들에 의해 모든 노력을 약탈당한다는 것을 입증하고자 막대한 에너지를 사용하더라고 아무런 열매를 거두지 못하고 말 것이다.

The Korean Repository, 1898

펜윅과 교인들

*한국의 청동

이 글은 <코리아 리뷰>(*Korea Review*)에 기고한 자신의 글에 관해 편역이 정정을 요구하면서 기재한 글로, 한국의 청동의 우수성과 특징에 대해 자세하게 설명하고 있다.

한국의 청동

Korean Bronze

편집장님께,

가을호에 실린, 이른바 "놋그릇"Brass ware에 관한 글에서 제가 한 가지를 정정할 수 있도록 허락해 주십시오.

[385 쪽] 한국에서 주조된 노란 금속 식기는 매우 우수한 질의 청동제품들입니다. 놋쇠는 구리와 아연, 또는 구리와 납의 합금인 반면, 청동은 주석이 풍성한 비율로 함유되어 있습니다. 청동상에서 미국 정부의 표준은 구리 90%, 주석 17%, 아연 3%입니다.

청동의 자연 색깔은 오렌지 빛에 가까운데, 그것의 아름다운 녹색빛은 화학작용으로 이루어진 결과입니다. 놋쇠의 자연 색깔은 레몬 빛에 가깝습니다.

한국에서 가장 소중히 여겨지는 색깔은 보다 흰색에 가까운 것입니다. 구성 성분에서 주석이 보다 많은 비율을 차지하기 때문이지요.

한국 청동식기들이 질적으로 우수하다는 진술을 입증하는 데에는 구리의 수출을 들기만 하면 됩니다. 일본인들은 상당량의 한국구리를 수출하고, 그 값으로 다량의 금과 은을 사들입니다.

펜윅 M. C. Fenwick

The Korea Review 5, 1905. 10

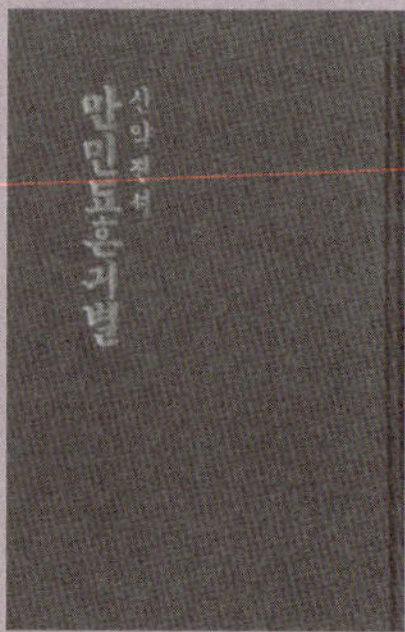

*만민됴흔긔별

펜윅이 펴낸 12쪽 분량의 전도용 소책자로 순한글 세로쓰기로 되어 있다. 제목 그대로 '만민에게 좋은 소식(복음)'을 전하기 위해 발간하였으며, 처음부터 끝까지 성경 구절들이 주제에 맞추어 배열되어 있다. 원문 이미지와 함께 원본에 해당하는 글을 추가하여 독자들이 읽기 쉽도록 하였으며, 성경은 개역개정본을 사용하였다.

만민됴흔긔별

ㅣ로가복음二〇十、十一
ㅐ요한복음三〇十六
ㅁ디모데전一〇十五
ㅅᄉᆞ도행젼十〇四十三
ㅇᄉᆞ도행젼四〇十二

만민됴흔긔별

이글은사ᄅᆞᆷ글안이라지극히놉ᄒᆞ신 하ᄂᆞ님의묵시로ᄒᆞ신말ᄉᆞᆷ이라

하ᄂᆞ님의ᄒᆞ신말ᄉᆞᆷ

ㅣ여호와님ᄭᅴ셔말ᄉᆞᆷᄒᆞ샤ᄃᆡ내가너희게아름답고크게즐거온긔별을보ᄒᆞᄂᆞ니여러ᄇᆡᆨ셩의게관계잇슴은너희게 구쥬님ᄭᅴ셔나셧시니곳쥬긔독이시라 ㅐ하ᄂᆞ님ᄭᅴ셔셰샹을이쳐럼ᄉᆞ랑ᄒᆞ샤 외아ᄃᆞᆯ을주셧심은누구던지 아ᄃᆞᆯ을밋ᄂᆞᆫ사ᄅᆞᆷ은멸망ᄒᆞ지안케ᄒᆞ시고영ᄉᆡᆼ을엇게ᄒᆞ시리라ㅁ진실노감샤ᄒᆞᆯ말ᄉᆞᆷ이잇스니ㅅ 긔독예수씨셔셰샹에강림ᄒᆞ심은죄인들을구원ᄒᆞ랴ᄒᆞ심이니라모ᄃᆞᆫ션지ᄶᅧ셔 예수씨ᄶᅧ증거ᄒᆞᆷ온 그ㅣ일홈으로누구던지밋ᄂᆞᆫ사ᄅᆞᆷ은죄샤ᄒᆞᆷ을밧으리라ᄒᆞ셧더라ㅇ이밧게다ᄅᆞᆫ구원ᄒᆞ신 이ㅣ업스니또ᄒᆞᆫ다ᄅᆞᆫ쟈로구원ᄒᆞᆯ이업ᄂᆞᆫ지라사ᄅᆞᆷ즁에우리맛당히넉넉구원ᄒᆞᆷ을밧을일홈으로텬하안간에한아

일

한글(개역개정)

만민좋은기별

이 글은 사람 글 아니라 지극히 높으신 하나님의 묵시로 하신 말씀이라

하나님의 하신 말씀

천사가 이르되 무서워하지 말라 보라 내가 온 백성에게 미칠 큰 기쁨의 좋은 소식을 너희에게 전하노라 오늘 다윗의 동네에 너희를 위하여 구주가 나셨으니 곧 그리스도 주시니라눅 2:10-11

하나님이 세상을 이처럼 사랑하사 독생자를 주셨으니 이는 그를 믿는 자마다 멸망하지 않고 영생을 얻게 하려 하심이라요 3:16

미쁘다 모든 사람이 받을 만한 이 말이여 그리스도 예수께서 죄인을 구원하시려고 세상에 임하셨다 하였도다 죄인 중에 내가 괴수니라딤전 1:15

그에 대하여 모든 선지자도 증언하되 그를 믿는 사람들이 다 그의 이름을 힘입어 죄 사함을 받는다 하였느니라행 10:43

다른 이로써는 구원을 받을 수 없나니 천하 사람 중에 구원을 받을 만한 다른 이름을 우리에게 주신 일이 없음이라 하였더라행 4:12

이

[i] 마태복음十一〇二十八ー三十

[ii] 요한복음七〇三十七、八

[iii] 요한복음六〇三十七

[x] 요한一서一〇八、十

도주심이업슴이니라

예수씌셔만민의게ᄒᆞ신말ᄉᆞᆷ

[i]곤ᄒᆞ게무거온짐진사ᄅᆞᆷ들다내게로오ᄂᆞ라내기너희를평안ᄒᆞ게ᄒᆞ리니내가온유ᄒᆞ고내ᄆᆞ옴이겸손ᄒᆞᆫ고로내멍에를지고내게ᄇᆡ혼즉너희ᄂᆞᆫᄆᆞ옴을위ᄒᆞ야평안ᄒᆞᆷ을엇을거슨내멍에가쉽고내메기가가부미니라[ii]ᄆᆞᄌᆞ막큰쟌치ᄒᆞ신날에　예수씨셔서셔크게말ᄉᆞᆷᄒᆞ샤ᄃᆡ아모사ᄅᆞᆷ이나목마르면내게나아와마시라성경에[iii]긔록ᄒᆞ신ᄃᆡ로나를밋ᄂᆞᆫ사ᄅᆞᆷ으로서셩명물강들흘니리라ᄒᆞ셧ᄂᆞ니라내게오ᄂᆞᆫ사ᄅᆞᆷ을내가ᄇᆞ리지안이ᄒᆞ리라

각각사ᄅᆞᆷ구쥬님잇서야쓸거슨모든사ᄅᆞᆷ죄별ᄒᆞᆷ이니라

[x]우리가죄업다고ᄒᆞ면이ᄂᆞᆫᄌᆞ긔들속이고참리치가우리에잇지못ᄒᆞᆷ이라또ᄒᆞᆫ죄범ᄒᆞ지안이ᄒᆞᆫ다고ᄒᆞ면이ᄂᆞᆫ　하ᄂᆞ님을거줏시라ᄒᆞ고　그

한글(개역개정)

예수 기독께서 만민에게 하신 말씀

수고하고 무거운 짐 진 자들아 다 내게로 오라 내가 너희를 쉬게 하리라 나는 마음이 온유하고 겸손하니 나의 멍에를 메고 내게 배우라 그리하면 너희 마음이 쉼을 얻으리니 이는 내 멍에는 쉽고 내 짐은 가벼움이라 하시니라 마 11:28-30

명절 끝날 곧 큰 날에 예수께서 서서 외쳐 이르시되 누구든지 목마르거든 내게로 와서 마시라 나를 믿는 자는 성경에 이름과 같이 그 배에서 생수의 강이 흘러나오리라 하시니 요 7:37-38

아버지께서 내게 주시는 자는 다 내게로 올 것이요 내게 오는 자는 내가 결코 내쫓지 아니하리라 요 6:37

각각 사람 구주님 있어야 쓸 것은 모든 사람 죄 범함이니라

만일 우리가 죄가 없다고 말하면 스스로 속이고 또 진리가 우리 속에 있지 아니할 것이요 만일 우리가 범죄하지 아니하였다 하면 하나님을 거짓말하는 이로 만드는 것이니 또한 그의 말씀이 우리 속에 있지 아니하니라 요일 1:8,10

가랍대三〇二十二 따마三〇二十三 라마三〇十 라마八〇七、八 라마五〇十二 라마七〇二十四、五 라마六〇二十三 데마뎨전一〇十五

ㅣ도가우리에잇지못ᄒᆞᆷ이라 하ᄂᆞ님말ᄉᆞᆷ긔록ᄒᆞ신ᄃᆡ로사ᄅᆞᆷ다죄아
리둘너노흐심은 예수긔독의게신허락을밋음으로밋ᄂᆞᆫ사ᄅᆞᆷ의게주
시도록ᄒᆞ심일너라만민이죄에범ᄒᆞ엿서 하ᄂᆞ님의영광을엇지못ᄒᆞ
니라셩경에긔록ᄒᆞ시기를올흔사ᄅᆞᆷ한아이라도업ᄂᆞ니라졍욕ᄆᆞᄋᆞᆷ은
하ᄂᆞ님과더브러원슈됨은 하ᄂᆞ님의법을슌종치안이ᄒᆞ고또ᄒᆞᆫᄎᆞᆷ
ᄒᆞᆯ슈업슴이니라그런고로졍욕에잇ᄂᆞᆫ사ᄅᆞᆷ은 하ᄂᆞ님을깃브게못ᄒᆞ
리라한사ᄅᆞᆷ으로죄가셰샹에드러왓고죽ᄂᆞᆫ거시또죄로드러오니이러
ᄒᆞᆷ으로만민이죽을사ᄅᆞᆷ됨은모든사ᄅᆞᆷ죄범ᄒᆞᆫ연고라 예수씨ᄉᆞ도
보라셰서말ᄉᆞᆷᄒᆞ시기를나ᄂᆞᆫ괴로온사ᄅᆞᆷ이로다누구나를이죽을몸으
로셔구원ᄒᆞ시겟ᄂᆞ냐 하ᄂᆞ님께감샤ᄒᆞ외다 예수긔독우리 쥬님
으로밧으리로다죄갑슨죽ᄂᆞᆫ거시라오직 하ᄂᆞ님의거져주신거슨
예수긔독우리 쥬님으로영싱이시니라진실ᄒᆞ시고넉넉드를말ᄉᆞᆷ잇
ᄉᆞ니 긔독에수씨셰셔죄인들을구원ᄒᆞ시랴셰샹에강림ᄒᆞ셧ᄂᆞ니그
즁에셔나ᄂᆞᆫ큰죄인이로다

삼

한글(개역개정)

그러나 성경이 모든 것을 죄 아래에 가두었으니 이는 예수 그리스도를 믿음으로 말미암는 약속을 믿는 자들에게 주려 함이라갈 3:22

모든 사람이 죄를 범하였으매 하나님의 영광에 이르지 못하더니롬 3:23

기록된 바 의인은 없나니 하나도 없으며롬 3:10

육신의 생각은 하나님과 원수가 되나니 이는 하나님의 법에 굴복하지 아니할 뿐 아니라 할 수도 없음이라 육신에 있는 자들은 하나님을 기쁘시게 할 수 없느니라롬 8:7-8

그러므로 한 사람으로 말미암아 죄가 세상에 들어오고 죄로 말미암아 사망이 들어왔나니 이와 같이 모든 사람이 죄를 지었으므로 사망이 모든 사람에게 이르렀느니라롬 5:12

오호라 나는 곤고한 사람이로다 이 사망의 몸에서 누가 나를 건져내랴 우리 주 예수 그리스도로 말미암아 하나님께 감사하리로다 그런즉 내 자신이 마음으로는 하나님의 법을 육신으로는 죄의 법을 섬기노라롬 7:24-25

죄의 삯은 사망이요 하나님의 은사는 그리스도 예수 우리 주 안에 있는 영생이니라롬 6:23

미쁘다 모든 사람이 받을 만한 이 말이여 그리스도 예수께서 죄인을 구원하시려고 세상에 임하셨다 하였도다 죄인 중에 내가 괴수니라딤전 1:15

사

만민이다죄범ᄒᆞᆯ지라도하ᄂᆞ님ᄭᅴ셔ᄉᆞ랑ᄒᆞ시니라

하ᄂᆞ님ᄭᅴ셔저희게ᄉᆞ랑ᄒᆞ심을증거ᄒᆞ심은우리ᄂᆞᆫ엿때죄인되엿슬때
에 긔독ᄭᅴ셔저희를되신ᄒᆞ야죽으심을담당ᄒᆞ셧ᄂᆞ니라친구를위ᄒᆞ
야누구싱명을ᄇᆞ리면이에셔더큰ᄉᆞ랑ᄒᆞᆫ신일이업ᄂᆞ니라우리죄를위
ᄒᆞ야헌ᄃᆡ를밧으시고우리악ᄒᆞᆷ을위ᄒᆞ야침을담당ᄒᆞ시며우리평안ᄒᆞᆷ
을엇은고난 그ㅣ에잇셧ᄂᆞ니라진실노우리슬픔을담당ᄒᆞ시고우리
근심을업어가셧ᄂᆞ니라 하ᄂᆞ님ᄭᅴ셔세상을이쳐럼ᄉᆞ랑ᄒᆞ샤 외아
들을주셧ᄂᆞ니라

멸망ᄒᆞᆷ을면ᄒᆞᆯ슈잇슴

우리가죄를고ᄒᆞ면 하ᄂᆞ님ᄭᅴ셔진실ᄒᆞ샤공번되시니우리죄를면ᄒᆞ
시고모든공번되지안이ᄒᆞᄂᆞᆫ일노셔ᄭᅢᆺ긋ᄒᆞ게ᄒᆞ시리라 긔독ᄭᅴ셔한
번죄를위ᄒᆞ야공번되지안이ᄒᆞᄂᆞᆫ사ᄅᆞᆷ되신으로공번되신 이ㅣᄭᅴ셔

따마五〇八
요한복음十五〇十三
이사야五十三〇五
이사야五十三〇四
요한복음三〇十六
요한一서一〇九
쎄파전三〇十八

한글(개역개정)

만민이 다 죄를 범할지라도 하나님께서 사랑하시니라

우리가 아직 죄인 되었을 때에 그리스도께서 우리를 위하여 죽으심으로 하나님께서 우리에 대한 자기의 사랑을 확증하셨느니라롬 5:8

사람이 친구를 위하여 자기 목숨을 버리면 이보다 더 큰 사랑이 없나니요 15:13

그가 찔림은 우리의 허물 때문이요 그가 상함은 우리의 죄악 때문이라 그가 징계를 받으므로 우리는 평화를 누리고 그가 채찍에 맞으므로 우리는 나음을 받았도다사 53:5

그는 실로 우리의 질고를 지고 우리의 슬픔을 당하였거늘 우리는 생각하기를 그는 징벌을 받아 하나님께 맞으며 고난을 당한다 하였노라사 53:4

하나님이 세상을 이처럼 사랑하사 독생자를 주셨으니 이는 그를 믿는 자마다 멸망하지 않고 영생을 얻게 하려 하심이라요 3:16

멸망함을 면할 수 있음

만일 우리가 우리 죄를 자백하면 그는 미쁘시고 의로우사 우리 죄를 사하시며 우리를 모든 불의에서 깨끗하게 하실 것이요 요일 1:9

ㅣ 이미十〇九
ㅓ 이가四〇五
ㅁ 요한복음五〇二十四
ㅈ 요한복음一〇十一、二
ㅎ 요한복음三〇三十六
ㅅ 요한三〇十八 시편九〇十七

고난밧으셧심은우리를 하느님께인도ᄒᆞ실도록도라가심을닙으셧
느니라 예ㅣ수씨를 쥬로네가입으로고ᄒᆞ고네ᄆᆞ옴에 하느님께셔
죽은사ᄅᆞᆷ가온ᄃᆡ셔다시살게ᄒᆞ신쥴밋으면네가구원홈을밧으리라일ㅓ
ᄒᆞ지안코다만악ᄒᆞᆫ사ᄅᆞᆷ을올케ᄒᆞ시는 이ㅣ를밋기만ᄒᆞ면그밋음이
공번되신일ᄃᆡ신으로보시리라ㅁ진실노진실노내가너회게닐으느니내
말을듯고나보ᄂᆡ신 이ㅣ를밋는사ᄅᆞᆷ은영싱잇고죄뎡ᄒᆞᆫᄃᆡ또니르지
못ᄒᆞ고오직죽는ᄃᆡ셔나와사는ᄃᆡ로드러갓느니라 ㅈ예수긔독께셔
ᄌᆞ긔ᄯᅡ에오셧시나 ᄌᆞ긔ᄇᆡᆨ셩영졉지안이ᄒᆞ되몃치던지영졉ᄒᆞ는사
ᄅᆞᆷ의게 하느님의ᄌᆞ식들될권능을주샤곳 그ㅣ일홈을밋는사ᄅᆞᆷ의
게주셧느니라

졍훌이 보면망ᄒᆞ리라

ㅎ하느님의 아ᄃᆞᆯ을밋는사ᄅᆞᆷ은영싱잇고 아ᄃᆞᆯ께항복지안는사ᄅᆞᆷ은
ㅅ싱명을보지못ᄒᆞ고오직 하느님의노ᄒᆞ심이그ㅅ사ᄅᆞᆷ을기ᄃᆞ리시리라
밋지안는사ᄅᆞᆷ은벌셔죄뎡ᄒᆞ는ᄃᆡ니르럿느니라악ᄒᆞᆫ사ᄅᆞᆷ과 하느님

오

한글(개역개정)

그리스도께서도 단번에 죄를 위하여 죽으사 의인으로서 불의한 자를 대신하셨으니 이는 우리를 하나님 앞으로 인도하려 하심이라 육체로는 죽임을 당하시고 영으로는 살리심을 받으셨으니 벧전 3:18

네가 만일 네 입으로 예수를 주로 시인하며 또 하나님께서 그를 죽은 자 가운데서 살리신 것을 네 마음에 믿으면 구원을 받으리라 롬 10:9

일을 아니할지라도 경건하지 아니한 자를 의롭다 하시는 이를 믿는 자에게는 그의 믿음을 의로 여기시나니 롬 4:5

내가 진실로 진실로 너희에게 이르노니 내 말을 듣고 또 나 보내신 이를 믿는 자는 영생을 얻었고 심판에 이르지 아니하나니 사망에서 생명으로 옮겼느니라 요 5:24

자기 땅에 오매 자기 백성이 영접하지 아니하였으나 영접하는 자 곧 그 이름을 믿는 자들에게는 하나님의 자녀가 되는 권세를 주셨으니 요 1:11-12

경홀히 보면 망하리라

아들을 믿는 자에게는 영생이 있고 아들에게 순종하지 아니하는 자는 영생을 보지 못하고 도리어 하나님의 진노가 그 위에 머물러 있느니라 요 3:36

그를 믿는 자는 심판을 받지 아니하는 것이요 믿지 아니하는 자는 하나님의 독생자의 이름을 믿지 아니하므로 벌써 심판을 받은 것이니라 요 3:18

이[I]셔겔 十八〇三十
토[II]가 十三〇三
마태[III] 十六〇二十五、六
피득후[X] 三〇九
뎝살라니가후[S] 一〇七ー十

을니져ᄇᆞ린나라들다디오에던지시리라 회[I]ᄀᆡᄒᆞ야너희모든죄악으로
셔떠나죄악이너희멸망ᄒᆞᆷ으로되지안케ᄒᆞ여라 너[II]희가회ᄀᆡᄒᆞ지안이
ᄒᆞ면그와ᄀᆞᆺ치다망ᄒᆞ리라 누[III]구던지ᄌᆞ긔셩명구ᄒᆞ고져ᄒᆞ면니져ᄇᆞ릴
거시라누구던지나를위ᄒᆞ야셩명을일허ᄇᆞ리면구ᄒᆞᆯ거시라누구온셰
샹얻어도제령혼을니져ᄇᆞ리면무슴유익ᄒᆞᆷ이잇ᄂᆞ냐가량무슴거ᄉᆞ로
사ᄅᆞᆷ이제령혼과밧고아ᄒᆞ겟ᄂᆞ냐 쥬[X]님ᄭᅦ셔뎌희의게넓게용납ᄒᆞ심
은한사ᄅᆞᆷ이라도멸망ᄒᆞᆷ을원치안이ᄒᆞ시고오직다회ᄀᆡᄒᆞ도록원ᄒᆞ시
니라

쥬예수긔독ᄭᅦ셔이셰샹에다시오시리라

너[S]희고난밧은사ᄅᆞᆷ이우리와ᄀᆞᆺ치고난버셔날거슨 쥬예수씨셰셔권
능잇ᄂᆞᆫ텬ᄉᆞ들과 환ᄒᆞ신불노 하ᄂᆞ님을알기슬흔쟈와우리 쥬예수
씨의복음을좃기슬흔사ᄅᆞᆷ의게앙심주실져에하ᄂᆞᆯ에셔나타나실때
쥬님ᄭᅦ셔셩도로영화를밧게ᄒᆞ시고모든밋ᄂᆞᆫ사ᄅᆞᆷ으로긔이히녁이심
을닙으시라강림ᄒᆞ실날에뎌희고난주ᄂᆞᆫ사ᄅᆞᆷ은진실노 쥬님낫과영

륙

한글(개역개정)

악인들이 스올로 돌아감이여 하나님을 잊어버린 모든 이방 나라들이 그리하리로다시 9:17

주 여호와의 말씀이니라 이스라엘 족속아 내가 너희 각 사람이 행한 대로 심판할지라 너희는 돌이켜 회개하고 모든 죄에서 떠날지어다 그리한즉 그것이 너희에게 죄악의 걸림돌이 되지 아니하리라겔 18:30

너희에게 이르노니 아니라 너희도 만일 회개하지 아니하면 다 이와 같이 망하리라눅 13:3

누구든지 제 목숨을 구원하고자 하면 잃을 것이요 누구든지 나를 위하여 제 목숨을 잃으면 찾으리라 사람이 만일 온 천하를 얻고도 제 목숨을 잃으면 무엇이 유익하리요 사람이 무엇을 주고 제 목숨과 바꾸겠느냐마 16:25-26

주의 약속은 어떤 이들이 더디다고 생각하는 것 같이 더딘 것이 아니라 오직 주께서는 너희를 대하여 오래 참으사 아무도 멸망하지 아니하고 다 회개하기에 이르기를 원하시느니라벧후 3:9

주 예수 기독께서 이 세상에 다시 오시리라

환난을 받는 너희에게는 우리와 함께 안식으로 갚으시는 것이 하나님의 공의시니 주 예수께서 자기의 능력의 천사들과 함께 하늘로부터 불꽃 가운데에 나타나실 때에 하나님을 모르는 자들과 우리 주 예수의 복음에 복종하지 않는 자들에게 형벌을 내리시리니 이런 자들은 주의 얼굴과 그의 힘의 영광을 떠나 영원한 멸망의 형벌을 받으리로다 그 날에 그가 강림하사 그의 성도들에게서 영광을 받으시고 모든 믿는 자들에게서 놀랍게 여김을 얻으시리니 이는(우리의 증거가 너희에게 믿어졌음이라)살후 1:7-10

뎨살후三〇十

가 데二十四〇四十
四 마태二十四〇三十
六 목시二十二〇十二

요일五〇二十五 二十九

화로온권능으로셔길게망홈을갑흐리라 쥬님날은도젹밤에올모양과
깃치오실지라그때에큰소릭로하놀들업시ᄒᆞ시고잇는거시몹시더워
셔녹이고ᄯᅡ와ᄯᅡ에잇는거슬불노붓칠거신딕이모든거시녹을거시니
우리는엇더ᄒᆞᆫ거륵ᄒᆞ시고 하ᄂᆞ님의ᄯᅳᆺ딕로될사름홀는지헤쳐볼거
시라 하ᄂᆞ님의날언제오실는지급히될도록힘ᄒᆞ여야맛당홀사름이
라그날에하놀들불붓치심으로녹을거시와잇는거슬아죠더운불노녹
으려니와우리가 쥬님허락ᄒᆞ신딕로공번되시고올흔일계신새하놀
새ᄯᅡ보기를ᄇᆞ라ᄂᆞ니라"그런고로너희가미리예비홀거슨싱각지안이
홀때인즈가오리라그"날에나그시나언제오실는지아모사름이나하놀
에잇는텬ᄉᆞ들이나모르되내 아바지ᄭᅴ셔홀노아시ᄂᆞ니라불지어다나
는속히올지라내샹급가지고잇는거슨각각사름힝위딕로갑홀거시라
올흔사름과올치안이ᄒᆞᆫ사름다부활홈이잇
슴
진실노진실노내가너희게닐ᄋᆞ노니때가쟝ᄎᆞ니르겟고지금도잇ᄂᆞ니

칠

한글(개역개정)

그러나 주의 날이 도둑 같이 오리니 그 날에는 하늘이 큰 소리로 떠나가고 물질이 뜨거운 불에 풀어지고 땅과 그 중에 있는 모든 일이 드러나리로다 이 모든 것이 이렇게 풀어지리니 너희가 어떠한 사람이 되어야 마땅하냐 거룩한 행실과 경건함으로 하나님의 날이 임하기를 바라보고 간절히 사모하라 그 날에 하늘이 불에 타서 풀어지고 물질이 뜨거운 불에 녹아지려니와 우리는 그의 약속대로 의가 있는 곳인 새 하늘과 새 땅을 바라보도다벧후 3:10-13

이러므로 너희도 준비하고 있으라 생각하지 않은 때에 인자가 오리라마 24:44

그러나 그 날과 그 때는 아무도 모르나니 하늘의 천사들도, 아들도 모르고 오직 아버지만 아시느니라마 24:36

보라 내가 속히 오리니 내가 줄 상이 내게 있어 각 사람에게 그가 행한 대로 갚아 주리라계 22:12

죽은쟈가 하ᄂᆞ님의아ᄃᆞᆯ목소리를듯고또ᄒᆞᆫ듯ᄂᆞᆫ쟈ᄂᆞᆫ살니라 아바
지ᄭᅦ서스ᄉᆞ로싱명계신것ᄀᆞᆺ치아ᄃᆞᆯ의게싱명스ᄉᆞ로잇도록 그ㅣ와
ᄀᆞᆺ치주셧고또ᄒᆞᆫ심판ᄒᆞᆯ권능주셧ᄉᆞᆷ은인ᄌᆞ가되ᄂᆞᆫ연고라이러ᄒᆞᆷ으로
긔이히녁이지마라때가쟝ᄎᆞ니르고지금도잇ᄂᆞ니무덤에잇ᄂᆞᆫ쟈를다
그ㅣ목소리를듯고나올지라올흔일ᄒᆡᆼᄒᆞ던사ᄅᆞᆷ은싱명부활에니르겟
고그른일[I]ᄒᆡᆼᄒᆞ던사ᄅᆞᆷ은심판부활에니러나리라나를보내신 아바지
의ᄯᅳᆺ은 아바지ᄭᅦ서날ᄃᆞ려주시던무리를내가[II]한아도니져ᄇᆞ리지안
코오직ᄆᆞᄌᆞ막날에내가다시살게ᄒᆞ시ᄂᆞᆫᄯᅳᆺ이라내가(약빅이)내 쥬
님ᄭᅦ서계시ᄂᆞᆫ줄안다또 구쥬님ᄭᅦ서ᄯᅡ에셧실줄아노라ᄯᅡ[III]몬지에자
ᄂᆞᆫ여러사ᄅᆞᆷ을ᄭᅢ울지라이ᄂᆞᆫ영싱에ᄭᅢ우고더ᄂᆞᆫ붓그러옴과길게업수
히녁인것에ᄭᅢ우리라ᄯᅳᆺ[X]밧게눈감작일식에ᄆᆞᄌᆞ막라발불때인지라라
발이불고죽ᄂᆞᆫ쟈들부활ᄒᆞᆷ을밧고또ᄒᆞᆫ우리ᄂᆞᆫ밧고아ᄒᆞᆷ을닙으리라

예수씨ᄭᅴ셔 임의부활ᄒᆞ심

이제 긔독ᄭᅴ서죽은쟈가온듸셔다시살믈밧으시니라내가너희게밧

[I] 요한六〇三十九
[II] 약빅긔十九〇二十五
[III] 단이리十二〇二
[X] 가림다젼十五〇五十二
가림ᄂᆞ젼十五〇二十
가ᄅᆞ다젼十五〇

한글(개역개정)

옳은 사람과 옳지 않은 사람 다 부활함이 있음

진실로 진실로 너희에게 이르노니 죽은 자들이 하나님의 아들의 음성을 들을 때가 오나니 곧 이 때라 듣는 자는 살아나리라 아버지께서 자기 속에 생명이 있음 같이 아들에게도 생명을 주어 그 속에 있게 하셨고 또 인자됨으로 말미암아 심판하는 권한을 주셨느니라 이를 놀랍게 여기지 말라 무덤 속에 있는 자가 다 그의 음성을 들을 때가 오나니 선한 일을 행한 자는 생명의 부활로, 악한 일을 행한 자는 심판의 부활로 나오리라요 5:25-29

나를 보내신 이의 뜻은 내게 주신 자 중에 내가 하나도 잃어버리지 아니하고 마지막 날에 다시 살리는 이것이니라요 6:39

내가 알기에는 나의 대속자가 살아 계시니 마침내 그가 땅 위에 서실 것이라욥 19:25

땅의 티끌 가운데에서 자는 자 중에서 많은 사람이 깨어나 영생을 받는 자도 있겠고 수치를 당하여서 영원히 부끄러움을 당할 자도 있을 것이며단 12:2

나팔 소리가 나매 죽은 자들이 썩지 아니할 것으로 다시 살아나고 우리도 변화되리라고전 15:52

온거슬맛하ᄒᆞ니첫지는 긔독ᄭᅦ셔엇더케우리죄를위ᄒᆞ야셩경말ᄉᆞᆷ
ᄃᆡ로도라가신후에장ᄉᆞᄒᆞ심을밧고삼일날에셩경말ᄉᆞᆷᄃᆡ로부활ᄒᆞ심
을밧으셧는지라안식일지나미칠일첫날ᄉᆡ벽이거의될젹에말대랍마
리아와다른마리아ᄭᅦ셔무덤에니르셧시니라불지어다큰디동잇슴은
쥬님의텬ᄉᆞᄭᅦ셔하ᄂᆞᆯ에셔나려와셔문압헤잇는돌을굴니고안젓슴
이니낫ᄎᆞᆫ번ᄀᆡ와ᄀᆞᆺ고의복은눈과ᄀᆞᆺ치흰ᄃᆡ무덤직히는쟈들무셔워ᄒᆞᆷ
으로ᄯᅥᆯ어죽은사ᄅᆞᆷ과ᄀᆞᆺ치되엿는지라텬ᄉᆞᄭᅦ셔녀인의게말ᄉᆞᆷᄒᆞ시기
를두려워말지어다십ᄌᆞ로도라가시던 예수씨를차ᄌᆞ시는줄내가아
ᄂᆞ니다여긔계시지안이ᄒᆞ심은말ᄉᆞᆷᄒᆞ시던ᄃᆡ로부활ᄒᆞ신연고로 쥬
님너신곳을와보시고급히가셔데ᄌᆞ들의게닐느시기를 쥬님ᄭᅦ셔죽
은사ᄅᆞᆷ가온ᄃᆡ셔부활ᄒᆞ시고ᄯᅩᄒᆞᆫ불지어다너희몬져가리리에가시는
ᄃᆡ거긔셔너희가스ᄉᆞ로뵈겟다고ᄒᆞ시오불지어다내가대부인을알게
ᄒᆞ엿ᄂᆞ니다ᄒᆞ시더라

한글(개역개정)

예수께서 이미 부활하심

그러나 이제 그리스도께서 죽은 자 가운데서 다시 살아나사 잠자는 자들의 첫 열매가 되셨도다 고전 15:20

내가 받은 것을 먼저 너희에게 전하였노니 이는 성경대로 그리스도께서 우리 죄를 위하여 죽으시고 장사 지낸 바 되셨다가 성경대로 사흘 만에 다시 살아나사 고전 15:3-4

안식일이 다 지나고 안식 후 첫날이 되려는 새벽에 막달라 마리아와 다른 마리아가 무덤을 보려고 갔더니 큰 지진이 나며 주의 천사가 하늘로부터 내려와 돌을 굴려 내고 그 위에 앉았는데 그 형상이 번개 같고 그 옷은 눈 같이 희거늘 지키던 자들이 그를 무서워하여 떨며 죽은 사람과 같이 되었더라 천사가 여자들에게 말하여 이르되 너희는 무서워하지 말라 십자가에 못 박히신 예수를 너희가 찾는 줄을 내가 아노라 그가 여기 계시지 않고 그가 말씀 하시던 대로 살아나셨느니라 와서 그가 누우셨던 곳을 보라 또 빨리 가서 그의 제자들에게 이르되 그가 죽은 자 가운데서 살아나셨고 너희보다 먼저 갈릴리로 가시나니 거기서 너희가 뵈오리라 하라 보라 내가 너희에게 일렀느니라 하거늘 마 28:1-7

ㅣ가린다젼十五○五十一、二

‖뎨살마니가젼四○十四ㅣ十七

긔독씌셔 쳐음자ᄂᆞᆫ쟈열미되시고 후에강림ᄒᆞᆫ
실ᄯᅢ 긔독인들부활ᄒᆞᆷ이잇슴

볼지어다내가너희게뎝ᄒᆞ시고이샹ᄒᆞ시ᄂᆞᆫ리치를보게ᄒᆞᄂᆞ니우리가
다자지안코오직다밧고아ᄒᆞᆷ을닙겟스니ᄯᅳᆺ밧게눈갑작일시에모조막
라밝불으실ᄯᅢ인지라" 라말이불고죽ᄂᆞᆫ쟈들부활ᄒᆞᆷ을밧고또우리ᄂᆞᆫ빗
고아ᄒᆞᆷ을닙으리라형뎨들아우리가 예수씨께서도라가시고다시사
신줄밋으면이와ᄀᆞᆺ치 예수씨안에자ᄂᆞᆫ사ᄅᆞᆷ또 하ᄂᆞ님께서 예수
씨와ᄀᆞᆺ치다리고오실거슨우리가 쥬님말ᄉᆞᆷ으로너희게말ᄒᆞ노니
쥬님강림ᄒᆞ실ᄯᅢᄭᆞ지우리엿ᄯᅢ살고남ᄂᆞᆫ사ᄅᆞᆷ들자ᄂᆞᆫ사ᄅᆞᆷ을막지못ᄒᆞᆯ
거슨 쥬님께셔크게ᄒᆞ신말ᄉᆞᆷ파 하ᄂᆞ님의라발노하ᄂᆞᆯ에셔강림ᄒᆞ
샤 긔독안에죽ᄂᆞᆫ사ᄅᆞᆷ들몬저다시살고후에우리살고남ᄂᆞᆫ사ᄅᆞᆷ들뎌
와ᄀᆞᆺ치구름가운데다려가심을밧고 쥬님을공즁에맛나셔그ᄯᅢ브터
길게ᄭᆞ지우리가 쥬님파ᄀᆞᆺ치잇스리라

한글(개역개정)

기독께서 처음 자는 자의 열매 되시고 후에 강림하실 때 기독인들 부활함이 있음

보라 내가 너희에게 비밀을 말하노니 우리가 다 잠 잘 것이 아니요 마지막 나팔에 순식간에 홀연히 다 변화되리니 나팔 소리가 나매 죽은 자들이 썩지 아니할 것으로 다시 살아나고 우리도 변화되리라고전 15:51-52

우리가 예수께서 죽으셨다가 다시 살아나심을 믿을진대 이와 같이 예수 안에서 자는 자들도 하나님이 그와 함께 데리고 오시리라 우리가 주의 말씀으로 너희에게 이것을 말하노니 주께서 강림하실 때까지 우리 살아 남아 있는 자도 자는 자보다 결코 앞서지 못하리라 주께서 호령과 천사장의 소리와 하나님의 나팔 소리로 친히 하늘로부터 강림하시리니 그리스도 안에서 죽은 자들이 먼저 일어나고 그 후에 우리 살아 남은 자들도 그들과 함께 구름 속으로 끌어 올려 공중에서 주를 영접하게 하시리니 그리하여 우리가 항상 주와 함께 있으리라살전 4:14-17

밋는사ᄅᆞᆷ들부활ᄒᆞᆫ후에밋지안이ᄒᆞ는사ᄅᆞᆷ들은부활ᄒᆞᆷ이잇슴

내가보니룡샹들잇스니안ᄌᆞᆫ쟈들의게심판ᄒᆞᆯ권세주심이잇ᄂᆞᆫ지라또내가보니 예수씨의증거늘위ᄒᆞᆷ과 하ᄂᆞ님도를위ᄒᆞᆷ과그즘ᄉᆡᆼ을례비ᄒᆞ지안코또그우샹졀ᄒᆞ지도안코그표골에와손에던지밧지안이ᄒᆞᄂᆞᆫ목버힌사ᄅᆞᆷ의령혼들보니이ᄂᆞᆫ 긔독과ᄀᆞᆺ치쳔년동안살고ᄀᆞᆺ치또다ᄉᆞ리셧ᄂᆞ니라오직남ᄂᆞᆫ죽ᄂᆞᆫ사ᄅᆞᆷ들은쳔년못치기젼에다시살지못ᄒᆞ엿ᄂᆞ니라이ᄂᆞᆫ쳣지부활이라내가큰흰룡샹과안즌신 이ㅣ를보니

그ㅣ낫압헤셔ᄯᅡ와하ᄂᆞᆯ이도망ᄒᆞ고류ᄒᆞᆯ곳이업셧ᄂᆞᆫ지라또죽은쟈들젹으나크거나 。하ᄂᆞ님압헤셧슴을보니ᄎᆡᆨ들여신지라또다른ᄎᆡᆨ한아ᄒᆞᆯ여ᄂᆞᆫᄃᆡ이ᄂᆞᆫᄉᆡᆼ명ᄎᆡᆨ이니죽ᄂᆞᆫ쟈들을ᄎᆡᆨ들에긔록ᄒᆞᆷ으로ᄒᆡᆼ위ᄃᆡ로심판ᄒᆞ셧ᄂᆞ니라바다또뎌긔잇ᄂᆞᆫ죽ᄂᆞᆫ쟈들을올녀드리고죽ᄂᆞᆫ것과디옥이또ᄒᆞᆫ거긔잇ᄂᆞᆫ죽ᄂᆞᆫ쟈늘을드리ᄂᆞ니각각사ᄅᆞᆷ제ᄒᆡᆼ위ᄃᆡ로심판을밧앗ᄂᆞ니라죽ᄂᆞᆫ것과디옥을불웅덩에던젓ᄂᆞᆫ지라이ᄂᆞᆫ둘지죽ᄂᆞᆫ거시

간민교훈긔셥 십일

한글(개역개정)

믿는 사람들 부활한 후에 믿지 아니하는 사람들은 부활함이 있음

또 내가 보좌들을 보니 거기에 앉은 자들이 있어 심판하는 권세를 받았더라 또 내가 보니 예수를 증언함과 하나님의 말씀 때문에 목 베임을 당한 자들의 영혼들과 또 짐승과 그의 우상에게 경배하지 아니하고 그들의 이마와 손에 그의 표를 받지 아니한 자들이 살아서 그리스도와 더불어 천 년 동안 왕 노릇 하니 (그 나머지 죽은 자들은 그 천 년이 차기까지 살지 못하더라) 이는 첫째 부활이라 또 내가 크고 흰 보좌와 그 위에 앉으신 이를 보니 땅과 하늘이 그 앞에서 피하여 간 데 없더라 또 내가 보니 죽은 자들이 큰 자나 작은 자나 그 보좌 앞에 서 있는데 책들이 펴 있고 또 다른 책이 펴졌으니 곧 생명책이라 죽은 자들이 자기 행위를 따라 책들에 기록된 대로 심판을 받으니 바다가 그 가운데에서 죽은 자들을 내주고 또 사망과 음부도 그 가운데에서 죽은 자들을 내주매 각 사람이 자기의 행위대로 심판을 받고 사망과 음부도 불못에 던져지니 이것은 둘째 사망 곧 불못이라 누구든지 생명책에 기록되지 못한 자는 불못에 던져지더라계 20: 4-5, 11-15

*달 편지

달 편지는 교단의 행정 지시와 광보를 전달하고, 은혜의 말씀을 서로 나누는 신앙 공동체를 만들기 위해 각 개교회로 매달 발송한 월보이다. 초대감목인 펙윅을 비롯해 역대 감독이 필자로 참여했으며, 순 한글로만 쓴 것이 특징이다. 현재 달 편지는 일부만 남아있으며, 정확한 편찬 연도와 횟수는 알 수 없다. 아래의 달 편지는 펜윅이 작성한 연대 미상의 편지로 예수의 행적을 중심으로 사복음서를 강해한 것이다.
원문 이미지와 함께 원본에 해당하는 글을 추가, 편집하여 독자들이 읽기 쉽도록 하였으며, 해독이 불가능한 부분은 원문 그대로 남겨 놓았다. 또한 중간에 원문 이미지와 문자의 차이로 인해 페이지가 변경되어 부득이하게 원문 이미지를 중복하여 삽입한 페이지가 있음을 미리 밝힌다.

달 편지

한가지일ᄯᅩ잇셔요 예수씨씌셔 유대북간셔나라ᄯᅳᆺᄉᆞ지가사죄도ᄒᆞ신뎌
낫ᄂᆞᆫ야로살렴올나가실도록ᄀᆞᆺ게ᄒᆞ셧소ᄯᅦᄌᆞ들믜힐나고ᄒᆞ오되ᄀᆞᆺ게
ᄒᆞ샤문답ᄒᆞ시고피득증참ᄒᆞ신다음에요한ᄎᆞᆼ파비식ᄒᆞ온모양으로고
ᄒᆞ오나이다누구인지무르신ᄃᆡ피득ᄃᆡ답ᄒᆞ오기를지극히놉ᄒᆞ신
하나님아ᄃᆞᆯ미샤야로밋ᄉᆞ옵나이다 예수씨말ᄉᆞᆷᄒᆞ시기를이ᄂᆞᆫ졍욕으
로난것안이라우ᄃᆡ 아바씌셔열어뵈이심이라ᄒᆞ시고은그ᄯᅢ브ᄐᆞ북간셔
야로살렴올나가시랴ᄂᆞᆺᄀᆞᆺ게ᄒᆞ셧고그ᄯᅢ브ᄐᆞ곳그복대지리치ᄅᆞᆫ
하나님씌셔ᄀᆞᆺ게ᄒᆞ심을낫으온후브ᄐᆞ브리ᄂᆞᆫ규치셧ᄂᆞ이다곳야로살렴
올나가셔인ᄌᆞᄂᆞᆫ고난과압졔、곳죽임을보겟다고ᄒᆞ시ᄂᆞᆫᄃᆡ뎨ᄌᆞ들은알아드ᄯᅩ
런ᄉᆞᆷ넛가결단코안이라무ᄉᆞᆷ일ᄒᆞ얏나뇨시비ᄒᆞ얏소무ᄉᆞᆷ시비뇨
예수씨나라에누구큰직분받을ᄂᆞᆫ지시비ᄒᆞ얏ᄂᆞ이다이사ᄅᆞᆷ들우에셔나
심을샹게못받앗소다면 숨범씌셔규치신사ᄅᆞᆷ한아잇소가량뻿사네
마리아 숨님씌셔신ᄀᆞᆺᄒᆞ심으로위로도ᄅᆞ니셧소감사ᄒᆞ오오한ᄎᆞᆼ규치
실뎍에ᄂᆞᆫ너희ᄯᅩ도라가겟ᄂᆞ냐 쥬님이시여져희ᄂᆞᆫ뉘게갈가 쥬님
씌싱명말ᄉᆞᆷ계신ᄃᆡ、그ᄯᅢ그대지ᄂᆞᆫᄎᆞᆺ十三、 예수씨씌셔닐ᄋᆞ셧소"너희
ᄂᆞᆫ내살은리업다" 내가너희게ᄒᆞᆫ편말은 숨님과싱명겨시ᄂᆞ니라구

예수씨께서 유대 복간셔 나라 끝까지 가서 전도하신데 낫한 야로살렘예루살렘 올라 가시도록 제자들 굳게 하셨소. 제자들 매일 낙오하오되 굳게하사 문답하시고 피득베드로 증참證參하신 다음에 요한 6장과 비슷한 모양으로 고하옵나이다.

예수씨께서 제자들에게 자신이 누구인지 물으신대 피득 대답하기를 "지극히 높으신 하나님 아들 미샤야메시아로 믿사옵나이다" 하였고, 예수씨 말씀 하시기를 "이는 정욕으로 난 것 아니라. 우리 아바께서 열어 보이심이라" 하셨오. 그때부터 복간셔 야로살렘예루살렘 올라가시랴, 낫굿게 하셨고 하나님께 깨닫게 하심을 받은 후부터 그 복음 대지 이치를 밝히 가르치셨나이다. 곧 야로살렘예루살렘에 올라가서 인자는 고난과 압제, 곧 죽임을 보겠다고 하시는데, 제자들 알아들었습니까? 결단코 아니라. 무슨 일 하였느뇨? 시비하였소. 무슨 시비뇨? 예수씨 나라에서 누가 큰 직분 받을는지 시비하였나이다. 이 사람들 위에서 나심을 아직 못 받았소. 다만 숨님성령께서 가르치신 사람 하나 있소. 가령 벳아니베다니 마리아나사로와 마르다의 형제 마리아는 숨님성령께서 인도하심으로 위로 들리었소. 감사하오.

예수씨께서 요한복음 6장에서 가르치실 적에 "너희도 돌아가겠느냐?" 물으시되, 제자들 "주님이시여, 저희는 뉘게 갈까? 주님께 생명말씀 계신데"라고 하였소. 그때 예수씨께서 이르셨소. "너희에게 내 살은 리利없다. 내가 너희게 하던 말은 숨님성령과 생명 계시느니라."

것젹으신말솜이오그것큰신말솜이올시다 가량이러케말지으면그보다ᄯᅥ리
게될가"너희ᄂᆞᆫ내육신살먹어도소용업다내 가너희게ᄒᆞ던말은 숨님
파싱명게사나너희ᄂᆞᆫ내말을먹으면살겟다"ᄒᆞ면엇던소발만ᄒᆞ나적으
나샹관업시 숨님쐬셔열어뵈이시면넉넉ᄒᆞ오그라셔 예수씨쐬셔
말솜길게ᄒᆞ시던지절으게ᄒᆞ시던지싱명씨게시오쇼보라씨ᄂᆞᆫ씨색리
오고아파타ᄂᆞᆫ물주오되 하나님쐬셔열ᄆᆡ나시게ᄒᆞ시오쇼흔피복쳔셔
一〇二三、 숨님쐬셔사ᄅᆞᆷ을우에셔나시게ᄒᆞ시며그싱명씨로나시게ᄒᆞ시오
무ᄉᆞᆷ씨ᄂᆞ뇨 하나님말솜씨로、쳔알이나빅알이나쳔알이나샹관업소만
흔샹관은 하나님말솜게신지안게신지그것ᄲᅮᆫ즁국목ᄉᆞ들셩경번역
ᄒᆞ오미여러셜명잇셔야되다오그것헛즁참、그것 하나님을밋ᄉᆞ오ᄂᆞᆫ
일이뇨사ᄅᆞᆷ을밋ᄂᆞᆫ일이뇨사ᄅᆞᆷ을밋ᄂᆞᆫ일이오북샹ᄒᆞ시ᄂᆞᆫ 숨님
쐬셔홀노셜명못ᄒᆞ시겟소우리놉흔사ᄅᆞᆷ곳대학교신학구、졸업쟝
밧은사ᄅᆞᆷ이러잘지셜명치안이ᄒᆞ면ᄯᅡ른사ᄅᆞᆷ알아듯지못ᄒᆞ겟다오
아ᄂᆞᆫ바ᄂᆞᆫ교만케ᄒᆞ고ᄉᆞ랑ᄒᆞ심은셰우신다ᄒᆞ셧소 예수씨쐬셔그ᄯᅢ그
방에드러가실젹에ᄂᆞᆫ 숨님쐬셔 예수씨증참열어뵈이실젹에마ᄃᆡ

그것이 적으신 말씀이뇨? 크신 말씀이올시다.

가령 이렇게 말 지으면 그보다 밝게 될까? "너희는 내 육신 살 먹어도 소용없다. 내가 너희에게 하던 말은 숨님성령과 생명 계시니 너희는 내 말을 먹으면 살겠다" 하면 어떻소? 말 많으나 적으나 상관없이 숨님성령께서 열어 보이시면 넉넉하오. 그래서 예수씨께서 말씀 길게 하시든지 적게 하시든지 생명씨 계시오. 또 보라씨바울는 씨 뿌리고 아파라아볼로는 물 주오되 하나님께서 열매 나시게 하시오.

또한 피득전서베드로전서 1장 23절에 보면 숨님성령께서 사람을 위에서 나시게 하시매 그 생명씨로 나시게 하시오. 무슨 씨뇨? 하나님 말씀씨로, 한 알이나 백알이나 천알이나 상관없소마는 상관은 하나님 말씀 계신지 안 계신지 그것뿐이오.

중국 목사들은 성경 번역하오매 여러 설명 있어야 된다고 하오. 그것은 헛 증참이오. 그것이 하나님을 믿는 일이뇨, 사람을 믿는 일이뇨? 사람을 믿는 일이오.

불쌍히 여기시는 숨님성령께서 홀로 설명 못하시겠소. 우리 높은 사람, 곧 대학교 신학교 졸업장 받은 사람이 이리 잘 설명치 아니하면 다른 사람 알아듣지 못하겠다오. 아는 바는 교만케 하고 사랑하심은 세우신다 하셨소.

예수씨께서 그때 그 방에 들어가실 적에는 숨님성령께서 예수 증참 열어보이실 적에 마리아는 어려운 사람이라도 돈 아까워서 무슨 일 못할까 생각하였습니까?

ᄉᆞ 아노어려온사ᄅᆞᆷ이라도 돈앗가워셔 부ᄌᆞ원못ᄒᆞᆯ가 싱각ᄒᆞ얏슴닛가 인ᄉᆡᆨ업시
ᄉᆞ랑ᄒᆞ옵으로 톄귀ᄒᆞᆫ 향긔로옴ᄯᅩ톄 읜귀ᄒᆞᆫ 옥돌노만든병 한아삿소 ᄉᆞ랑
ᄒᆞ심은 벳아니 마리아를 갈셰 윤모양안이 뇨조미만 코깃브오 예수씨의셔 폐둑
파ᄒᆞᆷ쇠 단이시미 돈잇셧슴닛가 업스셧습니다 폐둑ᄯᅩ업소 그밥에 마ᄒᆞᆫ 집에
드려가실ᄯᅢ 유대ᄂᆞᆫ 돈주머니 잇소 거긔ᄯᅳᆺ잇습니다 ᄆᆞᄎᆞᆷ막에 유대와 비슷ᄒᆞᆫ 사
ᄅᆞᆷ 돈잇겟고 예수씨와 폐둑ᄀᆞᆺᄒᆞᆫ 사ᄅᆞᆷ은 돈업겟소 그것다ᄂᆞᆫ 말가 온데잇스(면)
ᄯᅳᆺ업소 만은고것 하ᄂᆞ님 말ᄉᆞᆷ가온데잇셔 너머깁허 만히나온후다 도샹게난
은ᄯᅳᆺ만소 ᄯᅩ벳아니 마리아 향긔롬사은후에 돈업셧겟소 너머ᄉᆞ랑ᄒᆞ오니 이ᄆᆡ
다쐿소 예수씨와 소옹잇ᄂᆞᆫ 톄ᄉᆞᆯ 그ᄯᅢ 돈업스되 그십ᄌᆞ로 못박아 죽이라
소뢰ᄒᆞ야ᄅᆞᆫ(말ᄒᆞ기) 갑소 쇠셔ᄂᆞᆫ 이ᄯᅩ 사ᄅᆞᆷ노 하주시면 회ᄉᆞᆯ 와친구 만히 옴ᄂᆞᆫ시다 ᄒᆞᆫ
편대졔ᄉᆞ쟝들과 시ᄒᆡ난 사ᄅᆞᆷ들 돈만소 확실ᄒᆞᆫ 증참은 대졔ᄉᆞ장콘 부쟈되
얏소 ᄯᅩ 예수씨의셔 마다 집에 류ᄒᆞ시ᄂᆞᆫ지 날마다 에로살렘 셩뎐에 드러가
샤젼도ᄒᆞ시고 ᄯᅩ잔치모ᄌᆞ막날에 크신음셩으로 아모사ᄅᆞᆷ이나 목ᄆᆞ르면 나(내게)아
와마시라 그ᄯᅢ 쟤직으로 도적놈들 ᄯᅳᆺ치시미 말ᄉᆞᆷᄒᆞ샤 ᄯᅥ 괴롭게 ᄒᆞ시기를
아바지 ᄯᅵᆨ은 긔도당으로 ᄒᆞ시되 너희ᄂᆞᆫ 도적놈굴노 되게 ᄒᆞ니라 ᄒᆞ시고 ᄯᅳᆺ치
셧소 그영광삽혜 포망ᄒᆞ얏소 그것두려옴 그ᄯᅢ 그사ᄅᆞᆷ들 지혜 갓갑소 하ᄂᆞ님
두려옴은 지혜 시작이오 혹 그두려옴 ᄋᆞᆫ사ᄅᆞᆷ즁에셔 오십날 잔치ᄯᅢ 빅그ᄀᆞ
명우에셔 나심을 밧으온 사ᄅᆞᆷ즁에 잇셧슴ᄌᆞ홀오 모르겟소 이후에 이오리다

인색함 없이 사랑함으로 제일 귀한 향기로운, 또 제일 귀한 옥돌로 만든 병 하나 샀소. 사랑하심은 벳아니[베다니] 마리아를 잘 세운 모양 아니뇨? 재미 많고 기쁘오.

예수씨께서 피득[베드로]과 함께 다니시매 돈 있었습니까? 없으셨습니다. 피득도 없소. 그 밤에 마태 집에 들어가실 때 유대는 돈 주머니 있소. 거기 뜻 있습니다. 마지막에 유대와 비슷한 사람 돈 있겠고, 예수씨와 피득 같은 사람은 돈 없겠소. **다른 말** 가운데 있으면 뜻 없소만은, 하나님 말씀 가운데 있으면 너무 깊어 많이 나온 후에도 아직 남은 뜻 많소.

또 벳아니[베다니] 마리아 향 기름 사온 후에 돈 없었소. 너무 사랑하오니 아마 다 썼소. 예수씨와 소용 있는 제자들 그때 돈 없으되 십자가에 못 박아 죽이라 소리 질러 말하기를 감사[총독]께서는 이 사람 놓아 주시면 해살[헤롯]왕 친구 아니올시다 하던 대제사장들과 시키는 사람들은 돈 많소. 확실한 증참은 대제사장 큰 부자되었소. 또 예수씨께서 마태 집에 유하시는데 날마다 야로살램[예루살렘] 성전에 들어가서 전도하시고 또 잔치 마지막 날에 크신 음성으로 "아무 사람이나 목 마르면 내게 나아와 마시라"고 하시고, 그 때 채찍으로 도적 놈들 쫓으시며 말씀하시되 "아버지 댁은 기도당이라 하시되 너희는 도적놈 굴을 만든다"고 하시고 쫓으셨소. 그 영광 앞에 두려워하며 도망한 사람들은 지혜와 가깝소. 하나님을 두려워하는 것은 지혜의 시작이오. 혹 그 두려운 사람 중에서 오십 날[오순절] 잔치 때 1백 2십명 위에서 나심을 받으온 사람 중에 있었음 즉 하오. 모르겠소. 이 후에 이오리다.

다만ᄂᆞᆷ분회장들, 다ᄉᆞ리ᄂᆞᆫ사ᄅᆞᆷ들ᄉᆞ술로부쟈될것ᄉᆡᆼ안이오셩뎐안에돈만히
잇ᄂᆞᆫ고잇소 예수씨ᄭᅴ셔채직으로ᄶᅩᆺ차보내실ᄯᅢ에 아바지ᄃᆡᆨ이라고ᄂᆞᆫ
이ᄀᆞ기안이ᄒᆞᆯ셧심니ᄭᅡ 가독셩ᄌᆞᄂᆞᆫ장ᄉᆞ인안이심니ᄭᅡ 아바지ᄃᆡᆨ에계시면젹볼
이나존ᄯᅳ시면도젹되시겟슴(심)니ᄭᅡ안이올시다 예수씨ᄭᅴ셔비샤ᄒᆞ신쥬로
사ᄒᆞᆫ고 그장ᄉᆞ븐ᄒᆞ야 아바지게 압흔소리ᄒᆞ오며 세게아모ᄯᅢ나 간쳐안
안이ᄒᆞ시고다만 이아바지졀불헷친동싱올젹에 ᄯᅳᆺ밧게간쳐ᄒᆞ얏습니
ᄭᅡ 아바지ᄂᆞᆫ말ᄉᆞᆷᄒᆞ되아ᄃᆞᆯ아너잇ᄂᆞᆫ것다네것이오동싱것안이라ᄒᆞ셧소우
리장ᄉᆞ인들아바지ᄃᆡᆨ에잇ᄂᆞᆫ물건쓰면도젹안이오그러ᄒᆞ신즉우리ᄂᆞᆫ부쟈
요걱졍업소그ᄯᅢ 예수씨ᄭᅴ셔 아바지장ᄉᆞ인되시고그ᄃᆡᆨ은 아바지ᄃᆡᆨ되
신데 그만ᄒᆞᆫ돈가져가시되도젹질업시다만아ᄃᆞᆯ치셧소그돈은데졔ᄉᆞ장돈이
뇨 하나님돈이올시다 몃칠후에마귀거즛ᄉᆡᆨ뎌편파ᄒᆞᆯ다그돈만히셧소그
대졔ᄉᆞ장은 하나님올밋으오ᄂᆞᆫ고마온사ᄅᆞᆷ이노마카살인쟈동모되얏소암
만ᄒᆞ야도라마 감ᄉᆞ만못ᄒᆞᆯ오감ᄉᆞᄂᆞᆫ노하주라ᄒᆞ되듯지안코작고소리ᄒᆞ기를
비사ᄅᆞᆷ은노ᄒᆞ면 히살친구안이라ᄒᆞ얏소 이셕렬나라취음셰우실ᄯᅢᄂᆞᆫ 아빅랍
함, 그와ᄀᆞᆺᄒᆞᆫ사ᄅᆞᆷ이노ᄒᆞᆫ번ᄅᆞᆫ리ᄒᆞ랴나간ᄯᅢ 하나님ᄭᅴ셔보호ᄒᆞ심으로이겨
고져물만히엇어오ᄂᆞᆫ데신ᄭᅴ다도맛기ᄂᆞᆫ허ᄒᆞ얏소그러면대졔ᄉᆞᄂᆞᆫ파ᄀᆞᆺᄒᆞᆫ모
양안이다미우달나요그러나 이셕렬나라셰우시며고마오나모ᄌᆞ막에고맙지안
코교회ᄉᆞᆫ쳐음셰우시며고마오나모ᄌᆞ막에고맙지안소노아살ᄯᅢ 곳ᄀᆞᆺ즈손셈ᄌᆞᆺ
손(희빅리)여쥬님ᄭᅴᄂᆞᆫ복ᄒᆞ오ᄂᆞᆫ사ᄅᆞᆷ그ᄯᅢ브터시작ᄒᆞ얏소그ᄯᅢ얼마나고마

다만 높은 회장들, 다스리는 사람들 스스로 부자된 것 아니오. 성전 안에 돈 많이 있는 표 있소.

예수씨께서 채찍으로 쫓아 보내실 때 내 아버지 댁이라고 이르시지 아니하셨습니까? 독생자는 장자 아니십니까?

아버지 댁에 계시매 재물이나 돈 쓰면 도적 되시겠습니까? 아니올시다. 예수씨께서 비사比辭(비유로 쓰는 말)로 하신 말씀 중 누가복음 15장에서 그 장자가 분하야 아버지께 아픈 소리 하오되 "내게 아무때나 잔치 아니 하시고 아버지 재물을 헤친 동생이 올적에 뜻밖에 잔치 하였습니까?" 아버지는 말씀하되 "아들아 내게 있는 것 다 네 것이요 동생 것 아니라" 하셨소. 우리 장자들이 아버지 댁에 있는 물건을 써도 도적 아니오. 그리하신 즉 우리는 부자요, 걱정없소. 그 때 예수씨께서 아버지의 장자 되시고, 그 댁은 아버지 댁 되신데, 그 많은 돈 가져 가시되 도적질 없이 다만 안 닻치셨소. 그 돈은 대제사장 돈이뇨? 하나님 돈이올시다.

며칠 후에 마귀 거짓뿌리 전파하려 그 돈 많이 썼소. 그 대제사장은 하나님을 믿는 고마운 사람이뇨? 마귀 살인자 동무 되었소. 암만 하여도 라마로마 감사총독만 못하오. 감사는 놓아 주라 하되 듣지 않고 자꾸 소리하기를 이 사람을 놓으면 해살헤롯 친구 아니라 하였소.

이색렬이스라엘나라 처음 세울실 때는 아백랍함아브라함, 그와 같은 사람이뇨. 한 번 난리로 나간 때에 하나님께서 보호하심으로 이기고 재물 많이 얻어오는데 실 한오라기라도 받기를 싫어 하였소. 그러면 대제사들과 같은 모양 아니라 매우 달라요. 그래서 이색렬이스라엘 나라 세우시매 고마우나 마지막에 고맙지 않고 교회도 처음 세우시매 고마우나 마지막에 고맙지 않소. 노아 살 때, 곧 그 자손 셈 자손[히브리] 여워님여호와께 순복 하오는 사람 그 때부터 시작하였소.

오나홍슈로샹ᄒᆞ실셰 고맙습닛가 고맙지안습니다 고마옴을모양에셔면샹ᄒᆞ셧겟
습닛가 소데마당가온데 열고마온사ᄅᆞᆷ잇스면망ᄒᆞ지안이ᄒᆞ시겟다고ᄒᆞ셧소그것
하나님은혜, 거거고마온사ᄅᆞᆷ몃치나잇셧십습닛가 롯한아ᄲᅮᆫ, 셜들은아바지ᄭᅴ라
교회에단이ᄂᆞᆫ식구와ᄀᆞᆺ소그런사ᄅᆞᆷ들노 하나님ᄭᅴ셔아비라함한의게허락ᄒᆞᆫ이ᄒᆞ
시되살게ᄒᆞ셧소지금셜명ᄒᆞ오ᄂᆞᆫ대 저ᄂᆞᆫ나종에대제ᄉᆞ들과제ᄉᆞ들교회ᄉᆞ러온사ᄅᆞᆷ
들돈만히잇되진실ᄒᆞᆫ데ᄌᆞᄂᆞᆫ돈업겟소마귀ᄭᅴ셔 ᄌᆞᆺ샤려거짓파ᄒᆞᄂᆞᆫ데돈만히잇스되복
음젼도ᄒᆞᆯ오ᄂᆞᆫ데돈업마업겟소ᄇᆞᆯ셔그러케ᄒᆞ오희마다하교셰ᄋᆞᆯ도록ᄉᆞ뷔만원밧
으되젼도ᄒᆞ오다말ᄒᆞ면그일노나ᄂᆞᆫ샹관업고모르겟다고ᄒᆞ오만은아ᄂᆞᆫ바혈미먹을도록
돈만히내ᄂᆞᆫ것은그것 ᄉᆞᆷ님ᄭᅴ셔쳔면ᄒᆞ신일이노틀닌신쳔면ᄒᆞᄂᆞᆫ일이올시다그리
ᄒᆞ신즉이여러가지리치보니진실ᄒᆞᆫ온사ᄅᆞᆷ아마졈ᄋᆞ어렵겟고ᄯᅩ들ᄂᆞᆫ사ᄅᆞᆷ은졈ᄋᆞ풍
셩ᄒᆞᆫ것특별히무合ᄒᆞᆸ합당ᄒᆞᆸ닛가 래오되기야 교회돈만하고흠과합당ᄒᆞᆸᄂᆞ다
그교회ᄌᆞ거를칭찬ᄒᆞᆫ기를우리ᄂᆞᆫ풍셩ᄒᆞ니 우리ᄂᆞᆫ다른소용업ᄂᆞᆫ것이ᄇᆞ다고ᄒᆞ오
다만(참)진실ᄒᆞᆫ사ᄅᆞᆷ들돈을로부족ᄒᆞ되특별히허락ᄒᆞ셧십은 하나님ᄭᅴ셔아
들을너희게주셧샤니아들과흠ᄭᅴ모든소용잇ᄂᆞᆫ것을주실 아바지로되시지안
이ᄒᆞ시노괴로옥ᄒᆞ신되로 하나님아시ᄂᆞᆫ소용은사ᄅᆞᆷ원ᄒᆞ온바안이라져희소용
은곳 하나님ᄭᅴ셔아시ᄂᆞᆫ소용이오비립비四○十九, 大ᄌᆞ것돈으로ᄒᆞᄂᆞᆫ말안이오.고
것우리소용이오괴로옥ᄒᆞ신되로님을것먹을것잇스면넉넉ᄒᆞ오다만비립비四○十
九말ᄉᆞᆷ으로불샹ᄒᆞᆫ일만소져희소용쳣재ᄂᆞᆫ 하나님복음도, 둘재ᄂᆞᆫ 하나님은혜
ᄯᅩ 예수씨ᄭᅴ셔셜명ᄒᆞ신되로디희ᄂᆞᆫ츔셰보다귀ᄒᆞ니 각졍마라 하나님ᄭᅴ셔공셕
를멕이시ᄂᆞᆫ데너희를멕이시겟샤니 각졍마라ᄒᆞ셧ᄉᆞ이다비사한아ᄒᆞᆸ시다 예수!
시ᄭᅴ셔다시나려나시게ᄒᆞ심을밧으온후四十일동안에때ᄌᆞᆫ을은죠곰ᄀᆞᆷ답답ᄒᆞ

그 때 얼마나 고마우나 홍수로 상하실 때 고맙습니까? 고맙지 않습니다. 고마운 모양이면 상하게 하셨겠습니까? 소다마소돔 가운데 열 고마운 사람 있으면 망하지 아니하시겠다고 하셨소. 그것은 하나님의 은혜요. 그런데 거기 고마운 사람 몇이나 있었습니까? 룻 하나 뿐, 딸들은 아버지 따라 교회에 다니는 식구와 같소. 그런 사람들도 하나님께서 아백랍한아브라함에게 허락 아니하시되 살게 하셨소.

대제사장들과 제사장들 돈 많되 진실한 제자는 돈 없겠소. 마귀 거짓 뿌리 전파하는데 돈 많이 있으되 복음 전도하는데 돈 얼마 없겠소. 지금도 그렇게 하오. 해마다 학교 세우도록 수 백 만원 받으되 전도하라 말하면 그 일에 나는 상관 없고 모르겠다고 하오. 많이 알도록 하는 지식의 열매를 먹도록 돈 많이 내는 것은 숨님성령께서 권면하신 일이뇨? 틀린 신이 권면하는 일이올시다. 그리하신즉 이 여러 가지 이치를 보니 진실하온 사람은 아마 점점 어렵겠고 또 틀린 사람은 점점 풍성한 것, 특별히 무슨 말씀과 합당합니까? 라오디게아 교회 돈 많다고 함과 합당하옵니다. 그 교회 자기를 칭찬하기를 우리는 풍성하니 우리는 다른 소용 없다고 하오. 다만 진실한 사람들은 돈으로 부족하되 특별히 허락하셨음은 하나님께서 아들을 너희게 주셨으니 아들과 함께 모든 소용 있는 것을 주실 아버지로 되시지 아니하시뇨. 기록하신 대로 하나님을 아는 소용은 사람이 원하는 바 아니라. 저희 소용은 곧 하나님께서 아시는 소용이오. 그것은 돈으로 하는 말 아니오. 그것은 우리 소용이오. 기록하신 대로 입을 것과 먹을 것 있으면 넉넉하오. 다만 빌립보서 4장 19절 말씀으로 불쌍한 일 많소.

저희 소용 첫째는 하나님 복음이요, 둘째는 하나님 은혜라. 예수씨께서 설명하신 대로 "너희는 참새보다 귀하니 걱정마라. 하나님께서 참새를 먹이시는데 너희를 먹이시겠으니 걱정마라 하셨나이다"마 10:31라는 말씀과 비슷합니다.

야 견될수업ᄉᆞ니 피득말ᄒᆞ기ᄅᆞᆯ 나ᄂᆞᆫ 히 엽ᄒᆞ라 간다오 동모들ᄒᆞᆷᄭᅴ 가것다오 밤즁
에 부스런히ᄒᆞ되 잡아도 못잡앗소 아참에 서벽 동로올적에 ᄂᆞᆫ물가에 예수ᄭᅴ셔 셧
십을보오니 발ᄉᆞᆷᄒᆞ시뇌기를 ᄌᆞ식들아 무엇잇ᄂᆞ냐 아모것업슴니다 ᄇᆡ을 흔편에 고물
던지면 엇겟다 그ᄃᆡ로ᄒᆞ오미 큰싱션(빅五十三)마리 잡앗소 피득은 옷벗고 물엿ᄒᆞᆫᄃᆡ ᄯᅳ러가다
가 말ᄒᆞ옵기를 쥬님이시라 글ᄊᆡ다 ᄅᆞᆫ사ᄅᆞᆷ 그쳐럼ᄒᆞᆯ가 쥬님ᄭᅴ셔 넉ᄉᆞ ᄒᆞ시오
삶은 고물이라도 ᄭᅥᆺ쎠셔지ᄉᆞ 안에 ᄒᆞ얏소 고기ᄂᆞᆫ 다진친 모양으로 평안히 왓소 어덕에
오ᄂᆞ오미 첫재 무엇보앗ᄂᆞ뇨 숫불과 싱션 보앗소 그것(빅五十三) 즁에서 예비ᄒᆞ얏슴닛
가 안이오 누구에 비ᄒᆞ얏슴닛가 쥬님ᄭᅴ셔 미리 예비ᄒᆞ시고 와먹어라ᄒᆞ신ᄃᆡ 그러면 누
구셥ᄭᅦ 셧ᄉᆞᆸ니 쥬님ᄭᅴ셔 셤기셧ᄂᆞ이다 그날브터 ᄌᆡ회 소용을 예비ᄒᆞ시고 ᄯᅩ 셤기신
샹뎐님이시오 이 졍셩스러온 사ᄅᆞᆷ들은 밧고 아ᄒᆞ오 그젼에 뎨ᄌᆞ들은 예수씨와 갓
이 올ᄯᅢ 률법 아래 셤기오 그다시니 러나시게ᄒᆞ심을 밧은 신후에 긔독씨셔 스ᄉᆞ로 뎨ᄌᆞ
들 셤기셧소 가량 그젼에 샐매러애 셔에 젼도ᄒᆞ신ᄯᅢ 뎨ᄌᆞ들 무엇ᄒᆞ엿ᄂᆞ뇨 음식사다
셩에 드러갓슴너다 그것 뎨ᄌᆞ들이 셤기옴이오 그것 예수씨 육신몸과 영광몸 분간이오
그것 률법과 은혜 분자이오 그러ᄒᆞ신즉 률법으로 예수씨를 셤기온일은 ᄯᅳᆨ을ᄒᆞᄂᆞ 복
음ᄃᆡ로 긔독씨셔 지뎨들을 셤기셧ᄂᆞ이다 이ᄂᆞᆫ 졍셩스러온것과 복음과 분간ᄒᆞ올시
다 ᄎᆔ음브터 모ᄭᆞᆺ다 ᄉᆞ지지 ᄃᆡ힙 위ᄂᆞᆫ 소용업ᄂᆞᆫ것ᄲᅮᆫ안이오 훼방올시다 이졔 복음ᄃᆡ로 우리
ᄯᅴ신힘ᄒᆞ시ᄂᆞᆫ 이ᅳ 씨셔 ᄭᅳᆺ 긔독씨셔 ᄉᆞᆷ넘을로 모든일 힘ᄒᆞ시ᄂᆞ이다 "세가지 본일 잇ᄉᆞᆸ네
두번 난ᄌᆞ의게" (찬미四十장보시오) 이 세가지 본일밧게 우리ᄂᆞᆫ 업ᄂᆞᆫ것ᄲᅮᆫ안이오 못ᄒᆞᆯ 일이오

(一) 세가지 본일 잇ᄉᆞᆸ네
두번 난ᄌᆞ의게
셩경보고 ᄉᆞᆷᄭᅴ ᄉᆞᆫ복
마귀를 ᄯᅥ러ᄂᆞᆷ

(二) 사시ᄂᆞᆫ 셩경을 보면
혼넉 박사올일
우에셔 오신 마나를
몸ᄃᆡ로 거두옴

(三) 아참 일즉이 니러나
거두고 거두고
거둔ᄃᆡ로 그날 쓰면
잘ᄂᆞᆨ이 실ᄉᆞᆷ넘

예수씨께서 다시 일어나심부활을 받은 후 사십일 동안에 제자들은 점점 답답하여 견딜 수 없으니 피득베드로이 "나는 해업海業(바닷일)하러 간다"고 말하자 동무들도 함께 갔소. 밤중에 부지런히 하되 하나도 못 잡았소. 새벽에 돌아올 적에 물가에 예수씨 서심을 보오니 말씀하시기를, "자식들아 무엇 있느냐?" 하니 제자들이 아무것도 없다고 하자, 다시 "배 오른 편에 그물 던지면 얻겠다"고 이르셨소. 그대로 하오매 큰 생선 153개 잡았소.

피득베드로은 옷 벗고 물 옅은데 들어가다가 "주님이시라" 말하였소. 글쎄 다른 사람이 그처럼 할까. 주님께서는 넉넉하시오. 낡은 그물이라도 찢어지지 아니하였소. 고기는 다 진陣친 모양으로 평안히 왔소. 언덕에 올라오매 첫째 무엇 보았느뇨? 숯불과 생선 보았소. 그것 153개 중에서 예비하였습니까? 아니오. 누가 예비하였습니까. 주님께서 미리 예비하시고 와 먹으라 하셨습니다. 그러면 누가 섬기셨느뇨? 주님께서 섬기셨나이다.

그날부터 저희 소용을 예비하시고 또 섬기신 상전주님이시오. 이 정성鼎盛(한창 나이라서 혈기가 왕성함)스러운 사람들은 받고아하오. 그 전에 제자들은 예수씨와 다닐 때에 율법 아래 섬기오고, 다시 일어나시게 하심을 받으신 후에 기독그리스도께서 스스로 제자들을 섬기셨소.

가령 그 전에 살마리아성사마리아성에 전도하실 때 제자들 무엇하였느뇨? 음식 사러 성에 들어갔습니다. 그것은 제자들이 섬기옴이오. 그것은 예수 육신 몸과 영광 몸 분간이오. 그것은 율법과 은혜 분간이오. 그리하신즉 율법으로 예수씨를 섬기는 일은 꼭 옳으나 복음대로 기독그리스도께서 지체들을 섬기셨나이다. 이는 정성스러운 것과 복음과 분간올시다.

야견뎔수업스니피득말ᄒᆞ기를나는히업ᄒᆞ랴간다오동모들홈쇠가겟다오밤즁
에부스런히ᄒᆞ되ᄒᆞᆫ아도못잡앗소아참에시벽도로올젹에ᄂᆞᆫ물가에 예수씌셔
십을보오나발ᄉᆞᆷᄒᆞ시기를조식들아무엇잇ᄂᆞ냐아모것업습니다ᄇᆡ올흔편에그믈
던지면엇겟다그ᄃᆡ로ᄒᆞ오미큰싱션(빅五十三마리)잡앗소피득은옷벗고물엿혼져ᄂᆞ려가다
가말ᄒᆞ오기를 쥬님이시라글셰다른사ᄅᆞᆷ그쳐검ᄒᆞᆯ가 쥬님씌셔너ᄉᆞᆫ시오
ᄉᆞ긔은그믈이라ᄒᆞ도ᄯᅢᄯᅥ지ᄉᆞ안미ᄒᆞ얏소고기ᄂᆞᆫ다진친모양으로평안히왓소어ᄯᅥᆨ에
와ᄯᅡ오미첫ᄌᆡ무엇보앗ᄂᆞ뇨숫불과싱션보앗소그것(빅五十三마리)즁에셔예비ᄒᆞ얏습닛가
가아ᄂᆞᆫ이오누구예비ᄒᆞ얏습닛가 쥬님씌셔미리예비ᄒᆞ시고와먹어라ᄒᆞ신ᄃᆡ그러면누
구셥ᄒᆞ게ᄒᆞ셧ᄂᆞ뇨 쥬님씌셔셤기셧ᄂᆞ이다그날브터져희소용을예비ᄒᆞ시고ᄯᅩ셤기신
상뎨님이시오이졍셩스러온사ᄅᆞᆷ들은밧고아ᄒᆞ오그젼에뎨ᄌᆞ들은 예수씌와갓
이ᄒᆞᆫ올ᄯᅢ률법아러셤기오고다시니러나시게ᄒᆞ심을밧으신후에 긔독씌셔스ᄉᆞ로뎨ᄌᆞ
들을셤기셧소가량그젼에샐매리애셔에젼도ᄒᆞ신ᄯᅢ뎨ᄌᆞ들무엇ᄒᆞ엿ᄂᆞ뇨음식사다
셩에드러갓습니다그것뎨ᄌᆞ들이셤기옴이오그것 예수씌육신몸과영광몸분간이오
그것률법과은혜분간이오그리ᄒᆞ신즉률법으로 예수씌를셤기온일은ᄯᅳᆺ을ᄒᆞ나복
음ᄃᆡ로 긔독씌셔지뎨들을셤기셧ᄂᆞ이다이ᄂᆞᆫ졍셩스러온것과복음과분간ᄒᆞ옵시
기쉬음보려못ᄒᆞᆫ셔지지혜힘워ᄂᆞᆫ소용업ᄂᆞᆫ것ᄲᅮᆫ안이오훼방올시다이졔복음ᄃᆡ로우ᄃᆡ
ᄯᅥ신일ᄒᆞ시ᄂᆞᆫ 이一씌셔끗 긔독씌셔 ᄉᆞᆷ님을(모든일ᄒᆞ시나이다)세가지본일잇습네
두번난ᄌᆞ의게"(찬미四十장보시오)이세가지본일밧게우리ᄂᆞᆫ업ᄂᆞᆫ것ᄲᅮᆫ안이오못ᄒᆞ올일이오

(一) 세가지본일잇습네
두번난ᄌᆞ의게
셩경보고숨쉬ᄂᆞᆫ복
마귀를ᄯᅥ려홈

(二) 사시ᄂᆞᆫ셩경을보면
혼덕덕사올일
우에셔오신마ᄂᆡ를
몸ᄯᅢ로거두옴

(三) 아참일즉이니러나
거두고거두고
거둔ᄃᆡ로그날쓰면
잘나이실숨님

처음부터 마지막까지 지체행위는 소용없을 뿐 아니라 훼방올시다. 이제 복음대로 우리 대신 행하시는 이께서 곧 기독그리스도께서 숨님성령으로 모든 일 행하시나이다.

"세 가지 볼 일 있으니 두 번 난 자에게"[찬미 40장을 보시오]

우리는 이 세가지 볼 일 밖게 없을 뿐 아니라 다른 일은 못하올 일이오.

1. 세 가지 볼 일 있으니
   두번 난 자에게
   성경보고 숨님성령께 순복
   마귀를 대적함
2. 사시는 성경을 보면
   혼 넉넉 살 일
   위에서 오신 만나를
   맘대로 거두옴
3. 아침 일찍 일어나
   거두고 거두고
   거둔대로 그날 쓰면
   잘 이기실 숨님성령

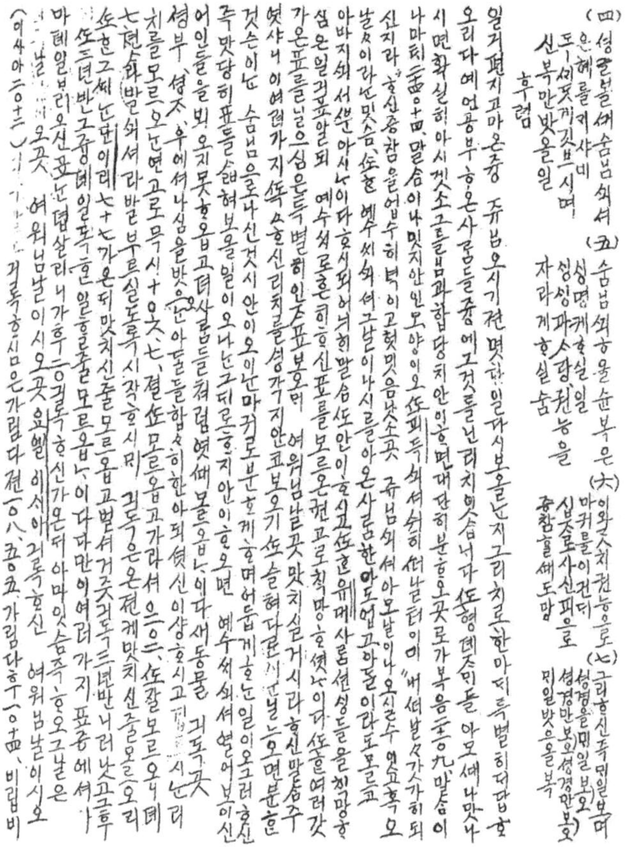
(四) 셩교회쇠 숨님쇠서
은혜를거사미
도ㅣ셰ᄀᆞᆺ게깃브시며
신복만밧올일
후렴

(五) 숨님쇠ᄒᆞ올 슌복은
싱명케ᄒᆞ실일
싱싱파ᄉᆞ랑권능을
자라게ᄒᆞ실숨

(六) 이와ᄀᆞ치권능으로
마귀를이긔며
십ᄌᆞ로사신피으로
승참ᄒᆞᆯ세도맘

(七) 그리ᄒᆞ신즉 미일보며
셩경을미일보오
셩경만보오셩경만보오
미일밧으올복

일거편지고마온중 쥬님오시기젼 몃ᄒᆡ일다시보올는지 그리ᄒᆞᆫ치로한마듸특별히더ᄃᆡᆸᄒᆞ
오리다 예언공부ᄒᆞ온사ᄅᆞᆷ들즁에 그것를넌리치엿습니다 또형뎨ᄌᆞ미들 아모새나맛나
시면확실히아시겟소 그들님과합당치안이ᄒᆞ면대단히분ᄒᆞ오 곳로가복음(二十一章九) 말숨이
나마틔(二十四章十四) 말숨이나 밋지안인모양이오 또피득쇠서 ᄉᆞ히 ᄲᅥ날던이미 "ᄲᅥ셔밧ᄉᆞ가ᄉᆞ가히되
신지라" ᄒᆞ신즁참은업ᄉᆞ히벽이고 헛밋음냣소곳 쥬님쇠서아모날이나오실ᄂᆞᆫ수 엿ᄌᆞ혹오
날ᄉᆞ이라ᄂᆞᆫ밋숨, 또ᄒᆞᆫ 예수씨쇠서그날이나시를아온사ᄅᆞᆷ한아도업고아ᄃᆞᆯ이라도모르고
아바지쇠서ᄲᅮᆫ아시ᄂᆞ니다ᄒᆞ시되어ᄂᆡ히말숨또안이ᄒᆞ시고 또ᄒᆞᆫ유메사ᄅᆞᆷ션싱들을칙망ᄒᆞ
심은일긔표알되 예수셰로ᄒᆞᆫ히ᄒᆞ신표를보르온권고로칙망ᄒᆞ셧ᄂᆞ이다 또ᄒᆞᆫ여러갓
가온표를닐으심은두별히인ᄌᆞ표보오며 여워님날곳맛치실거시라ᄒᆞ신말숨주
엇샤ᄂᆡ이여권가지 또ᄒᆞᆫ신리ᄎᆡ를싱각기지안코보오기 또슬혀다ᄒᆞ시ᄂᆞᆫ날ᄂᆞ오면분ᄒᆞᆫ
것슨이ᄂᆞ 숨님으로나신것시안이오이ᄂᆞᆫ마귀로분ᄒᆞ계ᄒᆞ며어ᄃᆞᆸ게ᄒᆞᄂᆞᆫ일이오그려ᄒᆞ신
즉맛당히표들슬혀보올일이오나ᄂᆞᆫ그되로ᄒᆞ지안이ᄒᆞ오면 예수씨쇠서엿어보이신
어인들을뵈오지못ᄒᆞᆸ고뎌사ᄅᆞᆷ들은쳐럼엿ᄯᅢ몰르옵ᄂᆞ이다 새동물 긔독곳
셩부, 셩ᄌᆞ, 우에셔나심을밧으ᄂᆞᆫ 아ᄃᆞᆯ들합ᄉᆞᆨ히한아되셧신이샹ᄒᆞ시고 [illegible] 시ᄂᆞᆫ더
치를모르오ᄂᆞᆫ연고로 묵시十九章七, 결ᄭᅩᆺ모르옵고가라셔 은으,三, 또잘모르오ᄂᆡ뎨
七章 슈라발쇠셔 라발부르실도록시작ᄒᆞ시며 긔독은온젼케맛치신줄모르오리
또ᄒᆞᆫ그쇄ᄂᆞᆫ뎐이러七十七가온되맛치신줄모르옵고벌셔거즛긔독三년반니러낫고그후
또三년반그즁뎨일독ᄒᆞᆫ 일ᄒᆞᆯ줄모르옵ᄂᆞ이다다만이여러가지표즁에셔ᄒᆞᆫ가
마뎨일보리오신표ᄂᆞᆫ뎝살리니가후二〇 긔독ᄒᆞ신가온되아마잇숨즉ᄒᆞ오그날은
[illegible] 날 [illegible] 오곳 여워님날이시오곳 요엘에셔 긔록ᄒᆞ신 여워님날이시오
(이사아二〇十二) [illegible] 긔록ᄒᆞ시믄가림다젼一〇八, 三〇五, 가림다후一〇十四, 비립비

4. 성경 볼 때 숨님성령께서 은혜를 주시네
도 깨닫게 기쁘시며 신복新福만 받을 일
5. 숨님성령께 하올 순복은 생명케 하실 일
생생과 사랑, 권능을 자라게 하실 숨성령
6. 이와 같이 권능으로 마귀를 이긴데
십자가로 사신 피로써 증참할 때 도망
7. 그리하신 즉 매일 보며 성경을 매일 보오
성경만 보오 성경만 보오 매일 받으올 복

일기 편지 고마온 중 주님 오시기 전 몇 천일 다시 보올는지 그 이치로 한마디 특별히 대답하오리다.

예언 공부한 사람들 중에 틀린 이치 있습니다. 또 형제 자매들 아무 때 만나시면 확실히 아시겠소. 그 틀림과 합당치 아니하면 대단히 분하오. 곧 로가복음누가복음 21장 9절 말씀이나 마태복음 24장 14절 말씀이나 믿지 않은 모양이오. 또 피득베드로이 그리스도께서 쉬히 떠날 터이매 "내 떠날 날 가까히 되신지라" 하신 증참을 업수히 여기고 헛 믿음 났소. 곧 주님께서 아무날이나 오실 수 있고 혹 오늘 날이라고 믿음. 또한 예수씨께서 "그 날이나 시를 아는 사람 하나도 없고 아들이라도 모르고 아버지만 아시나이다" 하시되 어느 해 말씀도 아니하시고 또 유대 선생들을 책망하심은 일기日氣(날씨) 표標(증거가 될만한 것) 알되 예수씨로 흔히 하신 표를 모른 이유로 책망하셨나이다. 또한 여러 가까운 표를 이르심은 특별히 인자 표 보오매 여워님여호와 날 곧 마치실 것이라 하신 말씀 주었으니 이 여러 가지 똑똑하신 이치를 생각지 않고, 보기도 싫어 다른 이는 이르오면 분한 것은 이는 숨님성령으로 나신 것이 아니오.

(四) 셩골볼쌔 숨님ᄭᅴ셔 은혜를 ᄭᅵ사미 도으시옷게 깃브시며 신복만 밧올일 후렴

(五) 숨님ᄭᅴ ᄒᆞ올 슌복은 셩명게 ᄒᆞ실일 싱싱파 ᄉᆞ랑, 권능을 자라게 ᄒᆞ실 숨

(六) 이와ᄀᆞᆺ치 권능으로 마귀를 이긘ᄃᆡ 십ᄌᆞ로 사신 피으로 즁참ᄒᆞᆯ쌔도 많

(七) 그리ᄒᆞ신 ᄌᆞ녀일보며 셩경을 믹일보오) 셩경만 보오 셩경만 보오) 믹일 밧으올 복

일긔편지 고마온중 쥬님 오시기 젼 몃ᄂᆞᆯ 일다시 보올는지 그리치로 한마듸 특별히 ᄃᆡ답ᄒᆞ오리다 예언공부ᄒᆞ온 사ᄅᆞᆷ들 즁에 그것들 ᄭᅦ치지 못ᄒᆞᆫ니다 ᄯᅩ 형뎨ᄌᆞ민들 아모ᄯᅢ나 맛나시면 확실히 아시겟소 그들님과 합당치 안이ᄒᆞ면 대단히 분ᄒᆞ오 곳 로가복음 二十一ᄌᆞᆼ 九, 말솜이나 마틔 二十四, 말솜이나 밋지 안인 모양이오 ᄯᅩ 피득ᄭᅴ셔 쉬히 ᄡᅥ 놀터이미 "버셔 벌ᄉᆞ가ᄉᆞ가히 되신지라" ᄒᆞ신 죵참을 업수히 녁이고 헛밋음 낫소 곳 쥬님ᄭᅴ셔 아모날이나 오실수 잇소 혹 오날ᄂᆞᆯ이라는 밋슴, ᄯᅩᄒᆞᆫ 예수씨ᄭᅴ셔 그날이 나시를 아온 사ᄅᆞᆷ 한아도 업고 하ᄂᆞᆯ이라도 모르고 아바지ᄭᅴ서ᄲᅮᆫ 아시ᄂᆞ이다 ᄒᆞ시되 어ᄂᆡ 한 말슴 ᄯᅩ 안이ᄒᆞ시고 ᄯᅩᄒᆞᆫ 유대사ᄅᆞᆷ 션ᄉᆡᆼ들을 칙망ᄒᆞ심은 일긔표 알되 예수씨로 ᄒᆞ신 표를 보르온 권고로 칙망ᄒᆞ셧ᄂᆞ이다 ᄯᅩᄒᆞᆫ 여러 가가온 표를 니르으심은 특별히 인ᄌᆞ표 보오며 여워님날 곳 맛치실 거시라 ᄒᆞ신 말슴 주엇샤ᄂᆡ 이 여러 가지 ᄯᅩᆨ ᄉᆞᄒᆞ신 리치를 ᄉᆡᆼ각지 안코 보오기 ᄯᅩ 슬혀다 ᄒᆞ시니 날는 오면 분ᄒᆞᆫ 것슨 이뇨 숨님으로 나신 것시 안이오 이는 마귀로 분ᄒᆞ게 ᄒᆞ며 어둡게 ᄒᆞ는 일이오 그러ᄒᆞ신죡 맛당히 표들 ᄉᆞᆲ혀 보올 일이오나 는 그되로 ᄒᆞ지 안이ᄒᆞ오면 예수씨ᄭᅴ셔 열어 보이신 어인들을 뵈오지 못ᄒᆞ옵고 뎌 사ᄅᆞᆷ들 쳐럼 엿ᄶᅢ 몰ᄂᆞ옵ᄂᆞ이다 새동물 긔독 곳 셩부, 셩ᄌᆞ, 우에셔 나심을 밧으오는 아ᄃᆞᆯ들 합ᄉᆞᆨ히 한아되셧신 이상ᄒᆞ시고 [illegible] 시는ᄃᆡ 치를 모르오는 연고로 묵시 十오ᄌᆞᆼ 七, 졀 ᄯᅩ 모르옵고 가라셔 으二, ᄯᅩ 잘 모르옵ᄂᆡ 뎨 七 쳔ᄉᆞ라 발ᄭᅴ셔 라발 부르실 도록 시작ᄒᆞ시미 긔독은 젼케 맛치신 줄 모르오리 ᄯᅩᄒᆞᆫ 그ᄯᅢ는 단이리 七十七 가온듸 맛치신 줄 모르옵고 벌셔 거즛 긔독 三년반 니러 낫고 그 후 ᄯᅩ 三년반 그중 ᄯᅢ 일곱ᄒᆞᆫ 일 ᄒᆞᆯ 줄 모르옵ᄂᆞ, 이다 다만 이 여러 가지 표 중에셔 ᄒᆞ 마뎨알 부리오신 표는 뎝살리니 가후 二ᄋᆞ 긔록ᄒᆞ신 가온듸 아마 잇슴즉ᄒᆞ오 그날은 [illegible] 날 [illegible] 오 곳 여워님날이시오 곳 요엘 히시아 긔록ᄒᆞ신 여워님날이시오 (이사아 二0十三) [illegible] 긔록ᄒᆞ심은 가람다 젼 一0八, 二ᄌᆞᆼ 五, 가람다 후 一0十四, 비립비

이는 마귀로 분하게 하며 어둡게 하는 일이오. 그러하신 즉 마땅히 표를 살펴 볼 일이오. 그대로 하지 아니하오면 예수씨께서 열어 보이신 어인御印(임금의 도장)들을 뵈옵지 못하옵고 저 사람들처럼 여태 모르옵나이다. 새동물중생자 기독그리스도, 곧 성부, 성자, 위에서 나심을 받은 아들들 합합히 하나되셨신 이상하시고, 접하시는 이치를 모르오는 연고로 요한계시록 10장 6-7절도 모르옵고 가라사갈라디아서 2장 2절도 잘 모르오니 제 일곱천사께서 나팔을 불려고 시작하시매 기독은 온전케 마치신 줄 모르오리. 또한 그 때는 다니엘 7장 7절 가운데 마치신 줄 모르옵고 벌써 거짓 기독그리스도 3년반 일어났고 그 후에 또 3년 반 그 중 제일 독한 일할 줄 모르옵나이다. 다만 이 여러 가지 표 중에서 아마 제일 밝은신 표는 데살리니가후데살로니가후서 2장 기록하신 가운데 아마 있음즉 하오. 그날은 여워님여호와 날이시오. 곧 여워님여호와 날 이시오. 곧 요엘과 이사야가 기록하신 여워님 날 이시오.사 2:12, 고전 1:8, 5:5, 고후 1:14, 빌 1:6-10, 2:16

一六八十、二〇十六、우리본번역이편지세울번역이편지 "쥬의날" 좀부죡ᄒᆞ오
여워븜날이셔아二〇十二、곳셜명ᄒᆞ신날이올시다 여워븜날이니르시기젼에들
님몬져되고밋히심업시ᄒᆞ실터요다만 여워븜날은단이리七十七웅ᄒᆞ신후곳
예수씨말솜족시 마태二十四장二十九、또로맛치시리다다만신부맛치신일그압셔
三년반올시다 그것 괴독날이오 여워븜날안이시오를븜무엇신지특별히
말솜ᄒᆞ오기어렵고밋히심무엇신지어지ᄒᆞ올말또못ᄒᆞ오밋으옴은틀븜은셩
뎐에거즛괴독우샹셰우ᄂᆞᆫ것그것만 "조막" 큰압제시작ᄒᆞ실ᄯᅢ 곳신부다리시고
신랑씌가신다음에 ᄯᅩᄒᆞᆫ밋ᄉᆞ옵기ᄂᆞᆫ뫼히심은 숨븜씌셔로ᄒᆞ신말솜을로밋
으온기다나려오시며괴도셜명ᄒᆞ오기쉽소만은지금쓰ᄂᆞᆫ것슨그갑ᄯᅢ산연셜맛
치신족쇽뎌ᄂᆞᆫ(천九빅十三년더롬시작ᄒᆞ시며ᄯᅩᄒᆞᆫ 예수씌셔십ᄌᆞ로도라
가신ᄯᅢ후三년반잡수셧심족ᄒᆞ오그리ᄒᆞ신모양과ᄀᆞᆺ슬면七라벌부르실도
록시작ᄒᆞ실ᄯᅢ가남은지가二十八년녀름ᄉᆞᆺ지十五년이나ᄯᅩ그역젹나한날々
은三년반졔ᄒᆞ면十二년반남으신지밋ᄉᆞ옵니다ᄒᆞ오되족속뎌얼마나
되던지누구ᄯᅩᆨ々히 말못ᄒᆞ옵고ᄯᅩ 하나븜씌셔무엇시던지뎝ᄒᆞ시면
사름차즈올원소용ᄯᅩ업고미련ᄒᆞ외다그러셔여러가지말솜을ᄉᆞᆷ혀보오고
틀니지안코싱々ᄒᆞ올사름과ᄀᆞᆺᄒᆞ면맛당히쳣재ᄂᆞᆫ표들조심ᄒᆞ야ᄯᅩᆨ々
히보올것시、둘재ᄂᆞᆫ어늬날、어늬시 신랑님씌셔오실ᄂᆞᆫ지조심ᄒᆞ
야말못ᄒᆞ올일이올시다
안부편지를것비밧아보고답장ᄯᅥ신이우에몃마듸더지로드리ᄂᆞ이다

편위익 봉

우리 본 번역이든지 새번역이든지 "주의 날" 좀 부족하오. 여워님(여호와) 날 이사야 2장 12절, 곧 설명하신 날이올시다. 여워님 날이 이르시기 전에 들림 먼저 되고 막히심 없이 하실 터요. 다만 여워님 날은 다니엘 7장 7절 응하신 후, 곧 예수 말씀 즉시 마태 24장 29절 대로 마치시리다. 다만 신부 마치신 일 그 앞서 3년 반 올시다. 그것 그리스도 날이오. 여워님 날 아니시오. 틀린 것이 무엇인지 특별히 말씀하오기 어렵고 막히신 무엇인지 억지 할 말 또 못하오. 믿음이 틀린 것은 성전에 거짓 기독그리스도 우상 세우는 것 그것 마지막 큰 압제 시작하실 때, 곧 신부 데리고 신랑께 가신 다음에 또한 믿으옵기는 막히심은 숨님성령께서로 하신 말씀으로 믿은 기타 내려 오시매 기도 설명 하오기 쉽소만은 지금 쓰는 것은 그 감람산 연설 마치신 족속대는 1천 9백 13년 더름 시작 하시며 또한 예수씨예수께서 십자로 돌아가신 때 33년 반 잡수셨심즉 하오. 그리하신 모양과 같으면 7나발 부르시도록 시작하실 때가 남은 지가 28년 여름까지 15년이나 또 그 역적 나타날 날은 3년 반 제하면 11년 반 남으신 거 믿으옵니다 하오되 족속대 얼마나 되든지 누구 똑똑히 말 못하옵고 또 하나님께서 무엇이든지 덮으시면 사람 찾을 일 소용 또 없고 미련하외다. 그래서 여러 가지 말씀을 살펴 보고 틀리지 않고 생생할 사람과 같으면 마땅히 첫째는 표들 조심하여 똑똑히 보올 것이, 둘째는 어느날, 어느 시 신랑님께서 오실는지 조심하여 말 못할 일이 올시다.

안부 편지를 기쁘게 받아보고 답장 대신 이 위에 몇 마디 이치로 드리나이다.

편위익 봉

*사경공부

사경공부는 세로쓰기 형식의 260쪽 책자로 1909년경 펜윅의 사경회 내용을 필사한 것이다. 내용은 창조에서부터 율법과 은혜, 예수 그리스도와 구원, 교회와 성령에 이르기까지 다양하다. 이 책에는 사경공부 중 기독교의 핵심 주제인 예수의 죽음과 부활, 성령의 열매, 그리스도와 교회와 관련된 내용을 선별하여 실었으며, 김용복 교수의 선 연구인《복음과 은혜》(침례신학대학교출판부, 2011)를 인용하였다.

사경공부

성신님의 열매 42가지(원문 1-2)

1. 하나님 앞에 가게 하신다엡 2:18
2. 위로하신다행 9:31
3. 아버지와 친하게 하신다고후 13:3
4. 천당과 영화를 약조하신다고후 1:22; 갈 4:6
5. 그리스도의 편지고후 3:4; 렘 1:13
6. 처음 열매롬 8:23; 약 1:18
7. 성신님의 친함빌 2:1
8. 복음을 우리에게 오게 하신다살전 1:5
9. 우리의 약함을 도와주신다롬 8:26
10. 소용 있을 때롬 8:26
11. 즐거워하신다살전 1:6
12. 아름다운 것을 지키게 하신다딤후 1:14
13. 의의 생명롬 8:10
14. 성신님 안에 생명갈 5:22
15. 사랑하신다갈 1:8
16. 깊이 위하신다갈 6:17
17. 오며 가며 속량하신다고후 3:17
18. 자유하게 하신다롬 8:2

19. 성신 맘 롬 8:6: 이는 생명과 평안
20. 몸 행실 죽게 하신다 롬 8:13
21. 명하신 대로 하게 하신다 딤전 1:20
22. 성신님과 동무 되게 하신다 히 6:4
23. 바람: 소망이 가득하게 하시는 권능을 주신다 롬 15:13
24. 기도하게 하신다 유 1:20; 엡 6:18
25. 영혼을 새롭게 지으신다 요 3:3
26. 영생을 거두신다 갈 6:8
27. 거룩하게 갈라놓으신다 벧전 1:2
28. 힘을 주신다 엡 3:16
29. 소용이 있으시다 빌 1:19
30. 검 엡 6:17
31. 한 맘 엡 4:3
32. 의의 소망을 기다리게 하신다 갈 5:5
33. 항상 함께 계신다 마 28:19-20; 요 14:16
34. 가르치신다 요 14:26; 갈 4:6; 고전 2:13
35. 감화를 주신다 요 4:23-24; 빌 3:3
36. 주님께 고백하게 하신다 고전 12:3
37. 예수씨를 증거하신다 요 15:26
38. 미래의 일을 알게 하신다 요 16:13
39. 지적이시다 고전 2:10-11
40. 교통하신다 고후 13:13
41. 진리에 순종하게 하신다 벧전 1:22
42. 능력을 주신다 행 1:8

예수씨는 생명이십니다(원문 82-83)

레위기 17장 11절에서 볼 때 육신의 생명은 피에 있으니 피를 단에 드린 것은 우리의 영혼을 대속하여 돌려주신 것입니다. 창세기 4장 3-7절에서 시험의 핵심은 피입니다. 가인과 아벨의 제사함에 분간이 있습니까? 가인의 제사는 땅에서 난 것으로 드렸고, 아벨은 양으로 제사를 드렸습니다. 상제께서 생명을 기뻐하시는 고로 생명이 있느냐 없느냐 하는 것을 분간한 것입니다. 또 분간은 형은 욕을 좇았고, 아우는 상제의 욕을 좇았습니다. 다만 가인은 생명이 없는 것을 드렸기에 상제께서 열납하지 아니하셨습니다. 지금 보건대 예수씨께서는 생명이신 고로 그의 이름을 의지하여 구하지 아니하면 상제의 허락을 받지 못합니다. 특히 어린양의 피를 드린 것은 예수씨를 가리킨 표입니다. 우리의 조상이 선악과를 먹은 고로 죽음에 이르렀습니다. 한 사람으로 말미암아 세상에 멸망함이 왔으니 이것을 인하여 죄의 가지가 되었습니다. 대개 죄는 욕심이요 욕심은 죽는 것입니다.

그런 고로 각각 죄값으로 멸망할 것을 감사하신 상제께서 독생자 예수씨를 세상에 탄생시켜 세상 죄인의 죄를 대속하사 상제께 자기 몸으로 제사하시고 죄속함을 주셨습니다. 우리도 살아있는 몸을 드려 그리스도의 종이 됩시다. 예수씨께서는 생명이십니다. 무릇 누구든지 믿기만 하면 예수씨께 속한 고로 영원히 죽지 아니할 것입니다. 또한 아들이 있는 사람은 생명이 있고 아들이 없는 사람은 생명이 없습니다. 우리로 하여금 예수씨께서 그리스도시며 상제의 아들이심을 전하게 하려는 것입니다.

상제께서 어찌하여 우리 죄를 대신하셨습니까? 구주께서 우리에게 허락하신 것은 오직 우리 죄인을 오래 참으시고 한 사람도 멸망함을 원하지 아니하시고 항상 회개하기를 오래 기다리시는 것입니다. 가인은 하나님 앞에 제사드릴 때 생명이 없어서 죄입니까? 아닙니다. 하나님 마음대로 하지 않고 욕심대로 좇았기 때문에 옳지 못한 것입니다. 그러나 상제께서는 죄값으로 죽을 것을 죽지 않게 하셨습니다. 그 악함을 생각지 아니하시고 겸손한 마음으로 기도하셨습니다.

그리스도는 신자의 양식입니다(원문 168-175)

부활하신 그리스도께서 우리 믿는 자들을 어떻게 먹이셨는지, 어떻게 섬기셨는지 공부합시다. 그리스도의 몸이 상하심으로 죄 사함을 받고, 부활하신 그리스도께서 계심으로 우리도 살고 죽을 일이 없습니다.

예수씨께서 우리 죄를 사하실 적에 무엇이 있습니까? 생명이 있습니다. 생명은 무엇입니까? 생명은 그리스도요, 생명이 그리스도면 그리스도는 무엇입니까? 내게 생명입니다.

부활은 무엇입니까? 부활도 그리스도입니다. 부활이 그리스도와 같으면 그리스도는 무엇입니까? 그리스도는 나의 부활입니다.

복음은 무엇입니까? 복음은 예수씨입니다. 복음이 예수씨와 같으면 예수씨는 무엇입니까? 예수씨는 나의 복음입니다.

그리스도는 우리 신자에게 양식입니다. 예수씨께서 돌아가심으로 우리 죄를 속하셨습니다. 그리스도께서 계신 것은 새로운 행실을 가능하게 하는 권세입니다. 우리 신자는 그리스도의 피와 살을 먹고 사는 것입니다.요 6:54

번제를 향기로움으로 상제께 드릴 때 나의 행함이 향기가 되겠습니까? 아닙니다. 그리스도의 행실은 온통 향기로운 번제입니다. 대개 내 행실은 상제께 냄새일 뿐입니다. 그런즉 향기란 나의 무엇입니까? 그것도 예수씨시니 이 모든 조건은 다 예수 그리스도이십니다. 적게 믿는 자에게는 적게 계시고 많이 믿는 자에게는 온통 계시는 것이 아니라 각 신도에게 그리스도께서는 온통 계십니다.

부활하시고, 음식도 되시고, 지혜도 되시고, 의도 되시고, 우리를 상제께 가까이 가도록 하시고, 죄사함도 되십니다. 이는 기록한 대로 자랑하는 자는 자기로 자랑할 것 없이 오직 그리스도만 자랑하게 하기 위함입니다.고전 1:30-31

예수교 가운데 자유하다는 말이 많습니다. 그런데 이 말씀을 지금까지 깨닫지 못한 고로 말하기를 "내가 이것을 하겠다. 저것을 하겠다." 합니다. 이왕에는 이러한 사람이라고도 하며, 지금은 좀 낫다고도 하고, 어떤 사람은 벌써 온전하였다고까지 하니 참 불쌍합니다. 너희들은 그리하지 말기 바랍니다. 우리 주님 그리스도께서 이런 일을 하시겠다, 저런 일을 하시겠다고 하십시오. 거룩하다는 소리하든지 온전하다는 소리하든지 스스로 하지 마십시오. 너희가 할 말은 상제 앞으로 내 향기로움이 그리스도뿐이라 하고, 내 거룩한 것은 상제의 아들 예수씨입니다. 이와 같은 것으로 다 말할 수 있는데, 조심하여 스스로 자유하다는 소리는 한 마디라도 하지 마십시오. 이는 상제 앞에서 냄새일 뿐입니다. 번제는 상제 앞으로 향기가 되는데, 이는 그리스도의 표가 됩니다.

신자에게는 그리스도 밖에 번제로 가르칠 뜻이 한 마디도 없습니다. 번제나 다른 제사나 제사할 때 떼어 제사하지 못하고 온통 제사할 수밖에 없습니다. 이와 같이 그리스도께서도 세상에 다니실 때 떼어 다니시지 아니하시고, 돌아가실 때 떼어 돌아가시지 아니하시고, 부활하실 때 떼어 부활하지 아니하셨습니다. 그러므로 나는 한 피와 한 성姓과 한 집안이 되었습니다. 이와 같이 죽임을 받고 같이 부활도 받고 모든 것을 같이 하였습니다.

우리 신자는 벌써 상제가 봉하신 자입니다벧전 1:2; 롬 8:8, 30; 살후 2:13. 우리를 언제 나게 하시는지 아시는 상제께서 어느 때에 다시 나게 하실 지도 아셨습니다. 제자는 산 예수씨를 섬겼고요 11:21, 부활하신 그리스도께서는 제자를 섬기셨습니다요 21:12. 그렇기 때문에 누구 곡간에 쌀이 가득하면 그 쌀은 다 그 사람의 쌀이 아닙니까? 그러하나 거기 두기만 하면 그 사람에게 무슨 유익함이 있겠습니까? 먹는 대로 기운 있게 사는 것입니다. 이와 같이 믿는 사람은 성신님의 성전입니다. 곳간은 신자요 쌀은 그리스도시요, 그리스도를 먹을 때 힘이 생깁니다. 그러하니 크게 믿는 사람은 그리스도를 많이 먹음으로 크며, 약한 사람은 그리스도를 덜 먹으니 그러합니다.

다만 한 가지 뜻을 잊어버리지 마십시오. 각각 중생한 자는 상제께로 두 번 나서 상제의 아들이 되니 이는 그리스도인입니다. 그러한 사람은 처음부터 마지막까지 곡간에 쌀이 가득합니다. 쌀은 그리스도이십니다. 상제께서 그리스도를 떼어 믿는 자에게 한 조각이나 주실 법이 도무지 없습니다. 그리스도를 주시는 상제십니다. 우리 조상은 아담이요, 둘째 조상은 예수 그리스도이십니다. 육신으로 난 것으로 아브라함의 자손이 되고 상제께로 재차 나심으로 상제의 자식이 되었습니다. 이러하니 우리 둔하고 미련하고 버러지만 못한 놈이라도 예수 그리스도의 일가가 되었습니다. 한 피와 한 집이 되었습니다. 이 크신 은혜를 우리 신자는 상제 앞으로 그리스도와 같이 중생함이 되었습니다.

또 비유컨대 누구든지 중생함으로 인사할 때 "그가 뉘 댁이십니까?" 하고 물어 보면, 신자는 대답하기를 김서방이라고 하거나 이서방이라고 대답하면 아담 자손이요, 상제의 자손으로 대답하면 그리스도인이라 말할 수밖에 없습니다. 대한의 풍속은 겸손한 모양으로 "뉘 댁입니까?" 물어볼 때 대답하기를 "나는 박서방입니다"라고 하지만 중생으로 인사하면 그렇지 못할 것은 신자의 댁은 제일 높으신 댁이오니 곧 "내 댁은 그리스도입니다"라고 말할 것입니다.

그리스도의 부활하심이 우리 신자에게 무슨 유익함이 있는지 대답할 것입니다. 그리스도의 부활이 유익함은 우리 신자가 벌써 그리스도와 같이 십자가로 죽음을 받았고, 그 죽을 몸을 그리스도께서 장사되고 부활한 대로 우리도 장사하고 부활하는 데 있습니다. 그것은 왜 그런가 하니 그리스도는 머리요 교회는 몸이니, 신자는 그리스도와 한 인간이요 한 몸인 고로 그리스도께서 부활하셨으니 우리도 부활한 것입니다. 그리스도께서 부활하지 않으셨으면 그리스도의 몸처럼 우리도 살지 못할 것입니다. 그러나 그리스도께서 사심으로 그리스도의 몸처럼 우리도 다시 사니 유익합니다. 뿐만 아니라 다시 사신 그리스도께서 새 생명의 행실을 행하게 하심은 우리를 섬기신 연고로 그런 것입니다. 그러니 예수씨께서 십자가로 돌아가신 것은 나를 죄 값에서 벗어나게 하신 것이요, 부활하신 것은 죄를 다스릴 권세를 주신 것입니다. 부활하신 그리스도께서 나를 섬기심으로 죄의 권세를 끊어주시고 새 생명의 행실을 하게 하셨습니다. 제일 아름답고 감사하신 구주입니다.

우리를 어떻게 해야 먹일지 생각해야 합니다. 너희 대답은 성경말씀을 많이 공부함으로 예수씨를 많이 먹을 수 있다고 합니다. 그러나 이 대답은 무서운 것입니다. 왜 그런가 하니, 고린도후서 3장 6절에서처럼 글은 죽은 것이요 성신님은 생명의 주가 되기 때문입니다.

예수씨께서 십자가로 돌아가시기 전에 제자가 예수씨를 섬기었고, 그 죽으신 시체까지 제자가 섬기었습니다. 예수씨께서 십자가로 돌아가신 후 부활하신 그리스도께서 우리 믿는 제자를 섬기십니다. 우리 믿는 제자들이 그리스도를 먹고 사는 것은 어떻게 먹는 것입니까? 다른 게 아니라 가령 비유하면 그리스도께서 생선을 예비하시고요 21:12, 제자들을 청하여 이르시되 "와서 먹어라" 하시니 어떤 제자는 생각하기를 제자가 모든 음식을 예비하여 주님을 잡수시게 할 것인데 제자가 어찌 먹을 수 있습니까 하고 먹지 않고, 어떤 제자는 말하기를 주님께서 저를 위하여 이처럼 먹어라 하시니 너무 감사합니다 하고 많이 먹습니다. 그러면 이 두 제자 중에 어떤 제자가 배부르겠습니까? 둘째 제자입니다. 이와같이 우리 신자도 예수씨께서 모든 음식을 예비하시고 와서 먹어라 하실 때 가서 먹어야 많이 먹을 수 있습니다. 예수씨께서 이르시되 "누구든지 내게로 나아오라" 하신 말씀을 성경에서 찾아 볼 수 있습니다마 21:28; 요 1:27; 21:12; 눅 14:17; 마 22:4; 요 6:45, 34, 35, 47, 51; 빌 4:19; 딤전 6:6, 8; 히 13:5; 막 11:24. 있는 것을 족한 줄로 알아야 합니다. 왜 그렇습니까? 내가 아무 때나 너를 홀로 두지 않겠다고 하신 말씀밖에 더욱 기쁜 말씀이 어디 있습니까?

그리스도의 몸된 교회(원문 179-180, 207-211)

성경말씀과 같이 그리스도는 머리요 교회는 몸입니다. 만일 교회 중에 한 사람이 그리스도께 붙이지 아니하려고 떨어져 어디 가면 그 중 누가 먼저 섭섭하겠습니까? 머리되신 그리스도께서 먼저 아시고 섭섭하실 것입니다. 그 후 그리스도의 몸된 교회가 섭섭합니다. 가령 비유컨대 일백 지체 중에 손가락 하나가 상하면 어디가 먼저 아픈 것을 압니까? 머리가 먼저 알고 아픈 후에 모든 지체가 아픕니다. 그 상함으로 손가락 하나만 일하지 못하겠습니까? 온 지체가 일하지 못합니다. 또 교회 중에 누가 예수씨 이름으로 어디 가서 전도하다가 남에게 핍박을 당하면 그리스도께서는 먼저 아시고 생각하기를 내 이름으로 군축窘逐을 당한다고 매우 불안해하시고 그 후 교회가 불안합니다.

또한 우리 신자 중에 누가 믿고 죄 속함을 받은 후에는 고생이 없고 할 일도 없이 평안히 천당에 가는 줄 알고 가만히 평상에 누어서 불쌍한 노인과 부모 없는 아이와 무자한 외로운 과부를 보아도 상관없어 하면 이 세상 사람이라도 어떻게 하겠습니까? 아마 게으른 놈이라 욕하고 "너는 무슨 쓸 때 있느냐?" 할 것입니다. 또 믿는 자가 이와 같이 믿는 사람을 보면 어떻게 하겠습니까? 그 사람이 듣게는 말하지 아니하나 마음에 생각하기를 아무 소용도 없다고 업신여길 것입니다. 이 세상의 무엇으로 비유하든지 매우 부족합니다. 왜냐하면 그리스도께서는 은혜가 있고 세상은 은혜가 없기 때문입니다. 이 여러 가지 말씀을 보니 그리스도께서 어떻게 먹일 수 있는지, 섬길 수 있는지 한 마디로 말하라 하면 이렇게 대답합니다. 상제께서 당초에 사람을 지으실 때 하겠다, 아니하겠다 하는 뜻을 맡겨 주셨습니다. 우리가 그 뜻을 쓰고 그리스도께 가서 그리스도의 뜻에 붙이면 그때부터 그리스도의 뜻과 우리의 뜻이 합하여 그리스도의 뜻, 곧 저희 중에 들어오고 그리스도의 힘도 들어와 이끌고 어디든지 다니게 하십니다. 이것이 참 그리스도께서 먹이시고 섬기시는 일입니다.

기독교회는 어떤 것입니까? 그리스도의 몸입니다. 기독교회에 그리스도는 무엇입니까? 머리입니다. 그런즉 그리스도께서는 상제 앞에 무엇입니까? 새 피조물이 되십니다[고후 5:17]. 그런 고로 아무 사람이나 그리스도 안에 있으면 새 피조물이 됩니다. "이전 것은 다 지나가고 볼지어다. 새로 되었도다" 하였습니다. 그러면 이 새 피조물은 그리스도께서 홀로 이루셨습니까? 아닙니다. 그리스도께서는 머리되시고 교회는 몸이 되었습니다. 그러니까 그리스도와 교회가 합하여 온전한 새 피조물이 됩니다.

또 생각할 것은 이 세상을 지으실 때 무엇을 먼저 지으시며 며칠 동안 지으셨으며 며칠 만에 쉬셨습니까? 하늘과 땅과 바다와 그중에 있는 만물을 다 지으시고 마지막에 아담을 만드시고 제7일에 쉬셨습니다. 그러면 아담을 만물 아래 두셨습니까? 아닙니다. 만물 위에 황제로 삼으시니 머리되고 만물은 지체되어 첫째 피조물을 이루었습니다. 그러면 우리 새 피조물은 언제 지으셨습니까? 예수씨께서 십자가로 돌아가시고 제3일에 다시 살아나실 때 지으셨습니다. 가령 처음 피조물을 지으시고 쉬셨으면 마땅히 둘째 새 피조물을 지으실 때도 안식하실 날은 있을 것이 아닙니까? 그러니까 예수씨께서 부활하실 때가 곧 새 피조물을 지으시는 날입니다. 이 날은 즉 주일입니다. 7일 중 첫날입니다. 이 이치를 오늘 가르치는 것은 다름이 아니라 오늘날 신자 중에 율법과 은혜를 흔히 섞음으로 아담 자손이 마땅히 지킬 율법일을 지키고 가르치는 자가 있는 고로 마땅히 이 이치를 알아야 쓰겠다는 것입니다.

그러면 그리스도께서 다시 사실 때 새 피조물을 온전히 이루셨습니까? 아닙니다. 머리뿐입니다. 그러면 어찌하여 머리만 지으시고 쉴 수 있습니까? 가령 비유하면 처음 상제께서 아담을 지으시고 만물의 머리를 삼으셨으니 만물은 그 아래에 있습니다. 어떤 만물이 할 말이 있으면 아담에게 할 것이 아닙니까? 또한 지금으로 말하면 갑오년 일청日淸전쟁 때 청국군사가 용하게 싸움하기는 하나 병정도 많지 못하여 패하였습니다. 그 대장이 황제에게 자기가 잘못함으로 패하였다고 하자 황제는 그 대장만 죽이고 병정들은 죽이지 아니하였습니다. 또한 함경도에 무슨 일이 있으면 관찰사가 담당할 것이 아닙니까? 또한 누가 대한민국에 무슨 일이 있으면 대한민국의 황제와 할 것이 아닙니까? 그러면 이 모든 일을 보면 이 세상을 다스리는 것도 머리가 주장하는 것은 확실한 이치입니다.

이와 같이 그리스도께서 부활하신 날은 새 피조물의 머리를 지으신 날이니 안식하신 날이요 이 새 피조물을 지으시고 안식하신 주일날은 이후 새 피조물을 온전히 이루시는 날부터 천년 동안 날마다 안식할 것입니다. 이 안식일은 천년 안식일의 그림자가 됩니다. 이로써 베드로가 말하기를 상제 앞에 "천년이 하루 같고 하루가 천년 같다" 하였습니다.

그러면 상제 말씀은 무엇이 됩니까? 은혜가 됩니다. 아담 자손은 정욕에 있고 우리 그리스도인들은 그리스도 안에 있습니다. 아담 자손의 선생은 정욕이요 우리 선생은 성신님이시니 모든 일에 통달하시는 자입니다. 가령 내가 대한大韓의 말을 잘 알면 옥편이 무슨 소용이 있습니까? 그러니까 우리가 통달하시는 선생님께 무슨 일을 의논하면 곧 인도하십니다.

그것뿐 아니라 가르치실 때 일상 성경으로 가르치고 그리스도를 따라가라고 가르칩니다. 그러면 아담 자손과 그리스도인과 섞을 수 있습니까? 결코 안 될 것입니다. 천하 인간에 이 율법과 은혜를 섞는 일보다 더 불쌍한 것은 없습니다. 바울 선생께서 한 번은 갈라디아교회에 말씀하기를, "너희가 이와 같이 어리석으냐 은혜로 시작하고 율법으로 마치겠느냐"갈 3:3 하였습니다. 지금 믿는다는 사람 중에서 얼마나 갈라디아인보다 더 어리석은 소리를 하는지는 갈라디아인이 하는 일로 넉넉히 증거할 수 있습니다. 그것은 나름이 아니라 그리스도인이 새 피조물로 시작하다가 아담 자손, 곧 정욕으로 마치겠느냐 하는 말씀입니다. 또한 바울 선생께서는 율법을 행함으로 의를 얻겠다고 하는 자는 그리스도로부터 떨어져 은혜에서 떨어진 자라고 말합니다갈 5:4. 그러면 은혜는 무엇입니까? 곧 그리스도께서 우리를 대신하여 십자가에 못 박혀서 그 보혈로 우리를 속하신 것이 아닙니까?

신명균 목사께서 한 번 묘하신 말씀을 하였습니다. 즉 충남 부여군 칠산에 가서 금식하는 일을 그치고 "다만 예수씨 피만 공로가 있다"고 한 말씀은 합당합니다. 바울 선생께서 로마교회에 편지하실 때 이르되, "그리스도는 율법의 마침이니 모든 신자에게 의가 되셨는니라"롬 10:4고 하였습니다. 그러면 이 세상에서 예수씨 보혈밖에 상제 앞에 더 큰 공로가 어디 있습니까? 스스로 율법을 지킴으로 구원을 얻겠다고 하는 자보다 더 미련하고 둔하고 악한 자가 어디 또 있습니까? 그러므로 이 모든 율법은 그리스도께서 이루셨습니다.롬 2:27

또한 생각할 것은 이 주일이 마땅히 안식할 날과 같으면 왜 성신님께서 성경에 기록하지 아니하셨습니까? 대개 성신님께서 하시는 일은 뜻이 깊습니다. 또한 거룩하지 아니한 이치도 뜻이 한 가지로 깊습니다. 만일 명하셨다면 이는 율법을 다시 세우는 일로 명하지 않습니다. 이는 숨기신 이치입니다. 새 피조물이 된 자는 누가 한 사람이라도 주일을 기쁜 마음으로 지킬 마음이 없겠습니까? 그러므로 명하지 아니하고 은혜로 하신 것뿐입니다.

펜윅과 신명균

*대화회 설교

대화회 설교는 1928년부터 1930년까지 펜윅이 설교한 내용의 필사본이다. 분량은 102쪽으로 띄어쓰기가 없는 세로쓰기 형태로 되어 있으며, 원산에서 행한 설교뿐 아니라 교리 해설도 포함되어 있다.
이 책에는 대화회 설교 중 일부를 선별해 수록하였으며, 김용복 교수의 《복음과 은혜》(침례신학대학교출판부, 2011)를 인용하였다.

대화회 설교

복음의 이치(원문 21-31)

고할 말씀이 있습니다. 성경말씀을 설명할 때 숨님성령께서 깨닫게 하는 대로 설명하면 죄가 없습니다. 정욕으로, 곧 자기의 정신을 의지함으로 공부하여 깨닫는 일은 마귀와 합한 일이요 숨님성령께 합당한 일이 아니옵니다. 예수씨께서 그 이치를 한 번 밝히 가르쳐주셨습니다. 한 때 마태복음 16장 23절에서 "사탄아 너는 나를 넘어지게 하는 자로다. 너는 하나님의 이치와 합당하지 아니하므로 사람의 이치와 합당하다"고 하심은 특별히 베드로의 입으로 마귀가 하던 일을 하도록 자기를 좀 생각하라고 하셨습니다. 베드로의 입, 곧 그 전에 숨님성령께서 쓰시는 입으로 "주님께서는 지극히 높으신 하나님께로부터 오신 분이십니다"라고 고백을 하도록 베드로의 입을 통하였습니다.

비로소 이때부터 예수씨께서 어떻게 사람에게 죽으심을 받을지 밝히 가르쳤습니다. 뜻밖에 같은 입과 혀를 마귀는 사용하였습니다. 그것을 먼저 멀리하면 예수씨께서 임하십니다 마 16:23. 사람의 이치에 합당하고 사람의 형편대로 합당한 일에서 멀리 있어야 합니다.

본 말씀을 바로 번역하면 "주님이시여, 자기를 생각하시오" 입니다. 자기는 무엇입니까? 정욕입니다. 첫째 피조물 어르신은 누구입니까? 아담입니다. 또 둘째 피조물 어르신은 누구십니까? 예수씨입니다.

첫째 피조물이 어그러진 길로 갈 때 우리까지 어그러진 길을 갔습니다. 둘째 피조물 되신 예수씨를 생각하라고 베드로는 언급하였습니다. 아담처럼 그리스도인도 그와 같이 되어갈 수밖에 없습니다. 그러면 수용합시다. 전에 증참한 말씀을 뇌의 정신에 의지할 때 마귀는 대단히 기쁘고 평안할 것입니다. 그래서 지금 살아오는 이치를 정신으로 공부하면 마귀는 좋아합니다. 또 어떨 때는 일을 할 것입니다. 나도 역시 합당한 이치를 모릅니다. 그래서 이 성경말씀을 많이 보는 데도 모르는 것이 많습니다. 또 이 제사의 이치 가운데도 새 피조물 안에 한 이치라도 깨달음이 없습니다. 그리고 제일 귀한 선배의 번역도 있지만 아주 둔합니다.

영국에 있는 어느 박사의 책에는 둔한 것이 많습니다. 다른 선배의 책도 하나 있는데, 그는 33년 동안 희랍어 글을 공부하였습니다. 그 책을 백번 본 다음에 고마운 성도가 고마운 증참을 하였습니다. 나는 7백 번을 보아도 하나도 어그러진 길로 가는 일이 없었습니다. 그 가운데 33년 동안 대학교 교수를 한 사람이 있습니다. 이 두 사람과 같은 선배들은 그 교수와 같이 하기 어렵습니다.

영국 선생은 희랍어를 모르는 사람을 위하여 그 책을 번역하였습니다. 그것도 본시 둔한 것이지만 밝은 것도 많습니다. 다만 숨님[성령]께서 열어 보이신 것 같지는 않습니다. 마귀는 그 선배 입에서 항상 정욕소리가 나게 하였습니다. 멸망하는 아담이 더러운 냄새나는 시체가 된 다음에 하나님께서는 그를 동산 밖에 두었습니다. 돌아오지 못하게 하였습니다.

그러므로 한 시체를 칭찬하는 것은 복음이 아닙니다. 나는 따라 가기 싫습니다. 나는 고마우니 그렇습니다. 결단코 아닙니다. 소용있는 구주님이 계시오니 그렇습니다. 나는 구주님이 합당하실 때 허락하신 대로, 특별히 데살로니가전서 5장 23-24절처럼, 내가 진실하니 그런 것 아니요 진실하신 구주님께서 계시니 이 인생이라도 진실하게 되는 것입니다. 각 사람에게 있지 않고 저희는 그 안에 있습니다.

이상스러운 질문이 하나 있습니다. 당신들도 칭찬 듣기를 좋아합니까? 첫째 사람이 냄새나는 시체인 것처럼 둘째 사람은 생명이십니다. 당신을 온전히 하실 줄 압니다. 기쁩니다. 복음과 복음을 좋아하는 사람을 좋아하는데, 이 선생들은 그렇게 하지 아니합니다. 이 냄새나는 시체를 칭찬합니다. 데살로니가전서 5장 말씀대로 우리 생명을 우리 주님께서는 나중에 온전하게 하시겠다고 하셨습니다. 왜 그럴까요? 진실하시니 그렇습니다. 저희는 진실하지 못하여도 구주님께서 진실하십니다. 또 바울께서 말씀하시기를 이 성전 터를 세우셨다 하셨는데, 그 이름이 무엇입니까? 그리스도입니다. 그래서 항상 무슨 일이든지 처음부터 나중까지 공로는 우리 구주이십니다.

나는 오늘 아침에 하나도 소용이 없습니다. 구주님께서 계시고 숨님성령께서 계십니다. 그 밖에는 나도 원하지 아니합니다. 이 세상에서 살아있을 때 죽은 시체를 볼 수 있습니다. 자기를 보는 것입니다. 이 몸을 상하게 한 첫째 피조물의 몸, 그것을 잊지 말기를 바랍니다. 둘째 피조물의 몸은 주님께서 신부를 위하여 두 번 오실 때 주님처럼 묘하게 되겠습니다. 이 몸 있을 동안 정욕이 없다는 사람은 불쌍합니다. 나는 그와 같이 온전한 사람을 예수씨 밖에 한 사람도 보지 못하였습니다. 구십구에 하나도 온전하지 못합니다.

이 선배들은 다른 이치를 많이 기록하였지만 이 이치는 기록하지 않았습니다. 또 항상 제사할 때 그 기름은 먹지 못합니다. 항상 하나님 단 위의 기름은 숨님성령의 표이며 누구든지 기름을 먹으면 죽습니다. 또 피를 먹지 못합니다. 피는 주님의 흘리시는 표입니다. 1은 주님의 표이고, 2는 숨님성령의 표입니다.

나는 잊지 못합니다. 숨님성령께서 지금 열어 보이시지 아니하였습니다. 선배가 두 책과 사전에도 기록한 것이 없습니다. 성경사전에 이상스러운 것이 있는데, 그것은 없습니다. 그 선배들은 아는 것이 많지만 소용이 없습니다. 그것은 성도와 같은 행실입니다. 시체와 같은 행실입니다. 그 사람이 알지 못한다고 고하면 부끄러운 일입니다.

나는 예수씨께서 돌아가시기 전에 알지 못하는 것이 많이 있었습니다. 또 여기는 모든 것을 기록하지 아니합니다. 나는 믿기를 저의 거룩거룩하시는 하나님의 숨님성령께서 열어 보일 사람 같으면 천년이나 만년이 지낸 후에도 알 듯 합니다. 왜 가지 않습니까? 이 모든 선배들이 덮었습니다. 나는 알지 못한다고 기록하지 않고 안다고 합니다. 이후 그 사람들에게 공팔과 간이 무슨 뜻인지 물어보십시오. 지금 우리 공부할 때 진실로 보물 모양과 같으면 숨님성령께서 기왕 성도에게나 저희에게나

열어 보이시지 아니하는데, 왜 밝게 고하지 않습니까? 하나님께서 임의대로 하시지 아니하십니까? 천당에나 세상에나 그것을 설명할 마음이 있으면 모세의 입을 이용하시고 모세가 기록하실 수 있습니다. 하나님께서 마음이 있으시면 밝히 기록하시겠습니다.

그것은 내게 공로 있습니까, 없습니까? 공로로 말한다면 그 물건의 주인에게 있습니다. 우리는 하나님께 드린 것 없고 받은 것뿐입니다. 공로는 하나님 편에 있습니다. 바울은 받은 것 밖에 없는데, 이 콩팥 이치를 바울에게 주시지 아니하였습니다. 또 하나님께서 주시면 합니다. 바울은 삼층천 올라가서 귀한 설명을 듣고 땅에 내려와서 말씀하면 율법과 다릅니다. 그러므로 말하지 아니하였습니다. 오늘 아침에 설교를 많이 아니하되 부끄럽지 않습니다. 숨님[성령]께서 밝히 보이신 것 밖에 알지 못합니다.

성경을 기록하실 때 사람들은 하나도 알지 못하였습니다. 여기 어찌 성별된 제사하는데, 불을 붙입니까? 다른 데는 기름과 같지 않습니다. 그때 특별히 나누었습니다. 나는 알지 못합니다. 왜 그렇습니까? 나는 알지 못합니다. 그것은 걱정하지 마십시오. 하나님께서 항상 열어 보이십니다.

특별히 제사의 대지는 무엇입니까? 오직 대지는 그리스도이시며 우리는 쓸데없는 냄새 많은 놈입니다. 하나님께서 하시는 일은 되는데, 그렇지 않으면 죽습니다. 하나님과 장난 못합니다. 하나님 앞에서 조심하십시오. 여호와께서 불붙이신 불, 그 단에 제사함으로 불붙이신 불은 여호와의 표요 특별히 숨님[성

[령]의 표는 성별의 표입니다. 죄악한 것이 없게 할 표는 누구든지 거룩 거룩한 불을 스스로 보면 죽습니다. 어떤 사람이 스스로 시험하였을 때 땅이 입을 벌리고 삼키었습니다.

그래서 하나님과 장난 못합니다. 이제부터 하나님 앞에서 조심하십시오. 그래서 이 동아기독교, 적은 교회는 무서워 맙시다. 하나님께 장난하지 맙시다. 기왕이면 복음대로 할 것입니다. 아니하겠습니까? 이제부터 조심합시다. 또 사람을 칭찬하는 일은 금합시다. 그것은 시체인데, 그 무엇으로 가르쳤습니까? 동산 안에서 나올 때 죽은 자가 되었습니다. 그 죽은 자와 합당하는 것은 상관없습니다. 생명되신 하나님과 합당하게 합시다.

여러 가지 귀한 은혜로 영접하겠나이다. 첫째는 부족함이 없는 사랑의 숨님[성령]을 주셨습니다. 숨님[성령]을 주셨으니 겁신과 마귀는 빠졌습니다. 그 겁신과 마귀는 대단히 분하게 생각합니다. 우리는 겁신이 없습니다. 사랑하시는 숨님[성령]께서 함께 계시는데 죽은 시체를 겁낼 것 없습니다. 생명이신 숨님을 두려워합시다. 주님께서 말씀하신 것처럼 몸을 상하게 한자를 두려워 말고 몸과 혼까지 지옥에 보내실 하나님을 두려워합시다. 또 앞에 죽을 일이 많습니다. 염려 마십시오. 하나님께서 겁신을 주시지 않고 사랑하시는 숨님[성령]을 주셨습니다. 또 완전하신 사랑은 겁을 쫓아낸다 하셨습니다.

담력은 숨님의 열매입니다. 나도 옻칠 나무로 죽이든지 목베이든지 바울처럼 지금 담대하다고 볼 수 없습니다. 다만 하나님께서 아십니다. 그것이 우리 주님 앞으로 나갈 길이라면 겁과 고통도 알지 못합니다. 이 대화회 때 다른 것은 알지 못해도 이것은 압니다. 사람을 좋게 할까? 하나님을 좋게 할까?

하나님의 법은 처음부터 끝까지 여러 가지 표가 있습니다. 가령 요단강을 건널 때 요단강 앞으로 갔습니다. 제사장의 발이 닿을 때 그것은 사람의 입장이 아닙니다. 하나님의 입장입니다. 나는 하나님 앞에 장난할 것 같으면 발이 닿을 때 있겠습니다. 그것은 내가 할 일입니다. 정욕을 정성스럽게 나무아미타불처럼 할 것 없습니다.

내 발이 닿음으로 넉넉합니다. 겁 없은 은혜가 나옵니다. 그래서 예수씨께서 그 이치를 날마다 말씀하시기를 끝날 때 악한 일이 많이 일어난다고 하셨습니다. 다만 사람 뜻대로 말하면 이 앞서 악한 일이 없으면 좋겠습니다. 천당에 갈 사람은 예수씨가 가신 길 밖에 없습니다. 같은 길을 행할 때는 고난이 있습니다. 마귀가 없으면 같은 길이 될 수 있을까요? 그 후에 마귀를 결박하여 불구덩이에 던지겠습니다.

지금 각 나라가 불란서에 모여서 무전無戰약조를 체결하는데, 죽은 시체 냄새가 많이 납니다. 지금 무전약조를 한다고 마귀가 없겠습니까? 아닙니다. 평안하다 할 때 뜻밖에 멸망하겠습니다. 1913년에 무전조약을 했는데, 1년이 못 지나서 또 전쟁이 시작되었습니다. 전국이 비난하였습니다. 백의의 약속이 드러나는 것은 비난한 이 적국에서 그 약속을 쓸데없이 종이처럼 버린 것입니다.

기왕에 미국과 한국은 조약하였습니다. 상관없이 찢어 버렸습니다. 또한 한 마디 하겠습니다. 이상스러운 향기로운 기름, 곧 건향접[남우즙으로 만든 것]이 처음 나온 것은 흰 빛이 있는데, 곧고 튼튼합니다. 둘째 나온 것은 황색입니다. 이 여러 제사 가운데 특별히 그것을 조심합시다. 그 음식을 제사할 때 향기로운 기름과 황색 기름을 혼합하지 마십시오. 다른 것은 무엇으로 하는지 법이 있습니다. 단 위에 불붙이실 것인데, 제사장이 조각조각 갈라놓은 후 1년에 한 번씩 백성을 위하여 지성소에 들어가 법궤 앞에서 쓰는 것입니다.

그것을 만드는 법을 똑똑히 다 알게 하였습니다. 그래도 이것은 다릅니다. 건향접을 바른 후에 흰 빛이 있습니다. 또 음식 제사를 할 때 항상 가루 위에 기름을 넣습니다. 그것은 숨님성령 표 제사할 때 특별히 향기로운 적을 먼저 가지고 제사장이 제사하였습니다. 또한 가루는 아무도 먹지 못합니다. 다른 일에도 못씁니다. 그것이 무슨 뜻입니까? 세상에 우리 주님처럼 특별한 향 기름이 어디 있나요? 없습니다. 우리 주님이 향 기름입니다. 기쁩니다. 우리 대제사장님 그리스도께서 하나님 앞에 저희의 중보가 되십니다. 그게 이 특별한 향 기름입니다.

미리 대제사장 1년에 한 번씩 들어갈 때 향기로운 피로 들어갑니다. 또 기록하시기를 우리 대제사장님은 거룩 거룩하신 곳에 들어가서 저희를 위하여 밤낮으로 중보하십니다. 우리를 위하여 들어가신 주님께서 발과 손에 못 자국을 대시었습니다. 그 향기로운 예수씨께서 들어가셨습니다. 은혜가 퍽 많습니다. 처음부터 마지막까지 은혜 위에 은혜가 많습니다.

1928년 9월 17일, 원산

오직 성령께서(원문 78-85)

내 양은 내 목소리를 듣고 날 따라 옵니다. 모르는 사람을 따라가지 못하는 것은 소리를 알지 못하는 연고입니다요 10:5. 이 말씀은 예수씨께서 하신 말씀입니다. 나는 너에게 할 말이 많이 있으되 너희는 지금 견디지 못하고 숨님성령께서 오시면 너희를 참 이치로 인도하시겠다고 하셨습니다. 그는 스스로 말씀하지 아니하시고 다만 무엇이든지 들으신 대로 말씀하십니다. 마지막 것을 너희에게 열어 보이게 하십니다. 이 복음, 참 이치를 다 가르칠 분은 숨님성령뿐입니다. 숨님성령께서 상관 많으신 말씀은 그리스도를 증참하고 마귀와 등지는 것입니다.

마귀는 사람과 합당합니다. 숨님성령은 하나님과 합하시는 것입니다. 그러하신즉 아들은 아버지와 식구들과 중보하십니다. 스스로 아무 말도 아니하고 다만 들으신 대로 말씀하겠습니다. 예수씨께서 멀리 몇째 천당을 가셨는지 알 수 없습니다만, 바울 선생은 말씀하시기를 셋째 천당 위에 계신 말씀을 다 들었다고 합니다.

이 불쌍한 인생은 작은 인생이라 귀가 너무 멀어서 모자랍니다. 그래서 영원하신 숨님성령께서 오실 적에 영원히 계시도록 하면 숨님성령께서는 하나님의 식구들을 자기 대신으로 하나님의 귀한 음성을 멀리 계시되 넉넉히 들으시게 하십니다. 예수씨께서 천당에 올라가사 아버지 보좌 우편에 앉아서 그분께 저희를 말씀하시면 저희는 넉넉하고 저희 인생들은 그 음성을 듣습니다.

숨님[성령]의 첫째 직분은 하나님 말씀을 듣고 전하는 것입니다. 하나님께서는 저희와 일을 같이 하십니다. 아마 숨님[성령]께서 스스로 그 셋째 크신 은혜를 주시지 않으면 저희는 요한복음 15장대로 음성을 못 들을 것입니다. 숨님[성령]께서 듣게 하십니다. 스스로 말씀 못하시고 들으신 대로 하십니다. 지금은 그 이치로 신랑님이 강림하실 때까지 그 한량없을 복을 주십니다. 그렇지 아니하면 예수씨께서 그 오백 사람이 보는 중에 감람산에서 천당에 올라가셔서 보이지 않을 때, 하나님의 음성을 사람이 아직까지 듣지 못하였지만, 주님께서 7일 후에 숨님[성령]을 보내심으로 식구가 다 들었습니다. 무슨 명으로 들었습니까? 명하신 대로 행함으로 들었습니다.

전도하는 사람 수 백 명, 수 천 명, 수 만 명을 보내고 여비를 다 보내도 다 각각 주님을 알지 못하면 소용이 없습니다. 다만 명하심을 따라 갈 것입니다. 예수씨께서 아름다운 음성으로 증참할 때 많은 물소리처럼 들렸습니다. 그 소리는 자비가 많습니다. 세상 중에 제일입니다. 예수씨 음성, 그 귀하신 소리는 여러 목소리만큼 한량없이 귀하신 음성이 아니옵니까? 숨님[성령]을 제게 주지 아니하시면 여기 있는 식구들은 지금까지 듣지 못하였을 것입니다. 숨님[성령]을 주신 연고입니다. 언제 주십니까? 예수교 가운데 지금까지 듣지 못하였습니다.

위에서 나온 사람은 먼저 무슨 일을 합니까? 요한복음 1장 12절처럼 영접하면 아들이 될 허락을 받습니다. 사람의 허락만 있으면 좀 심심합니다. 그러나 하나님께서 허락하시니 넉넉합니다. 하나님께서는 한 번 말씀하시면 그만입니다. 그러나 사람이 허락하면 의심이 있습니다. 그러면 그때 하나님 아들을 누구든지 영접하면 하나님 아들이 되도록 허락하십니다.

예수씨께서 떠나시기 전에 제자들에게 말씀하시기를 "내가 떠나는 일은 너희에게 유익하고 내가 가지 아니하면 숨님성령께서 오시지 아니하신다"고 하셨습니다. 내가 가면 보내겠다고 하였습니다. 며칠 만에? 7일 만에. 어디에 모였습니까? 윗방에 모였습니다. 몇 사람입니까? 120인 입니다. 무엇하였습니까? 기도하였습니다. 무슨 일을 하면 잘하겠습니까? 기다리면 고맙겠습니다. 명하신 대로. 그때 내가 알기로 사람은 나무아비타불 잘합니다. 중은 하루 3,000번 넉넉히 견딥니다. 예수교에도 냄새 많은 이 나무아비타불을 하면 중이 많이 되겠습니다. 그런즉 우리 식구들은 아는 바 마귀 열매를 등지고 주님께서 명하심에 따라 무어라고 하시든지 그대로 합시다. 생각에 무슨 일이 있을 것 같으면 명하신 대로 할 것입니다. 예수씨께서 말씀하시기를, "내가 가면 너희에게 보내겠다"고 하셨습니다. 이 말씀 밖에 다른 말씀은 안하셨습니다.계 22:19

하나님의 말씀에 붙인 것이 있으면 죄입니다. 제가 하지 않으면 붙이는 것입니다. 또한 하나님 말씀을 조심하여 들으면 어떻습니까? 이는 길路입니다. 좌편으로나 우편이나 행하지 말고 바로 행한 사람, 즉 명하신 대로 똑똑히 길을 다니는 사람은 복을 받습니다. 하나님과 다닐 때 나무아비타불 하면 복 받겠습니까? 못 받습니다. 그것을 끝내지 아니하면 우리 동아기독대 가운데에서 어떤 이는 중으로 다니게 되겠습니다.

그러면 첫째, 예수씨를 영접한 사람은 하나님께 아들이 될 허락을 받습니다. 둘째, 주님께서 허락하신 대로 아버지 앞에서 숨님성령을 주셨습니다. 120인이 기도를 많이 하는 고로 그날에 숨님성령을 받았습니까? 아니요. 저희가 잘 하기 전에 예수씨께서 허락하신 대로 주셨습니다. 무슨 일을 할 때 주셨습니까? 노름할 때 주셨습니까? 하나님께서 명하신 대로 하지 아니하면 넉넉히 어리석고 둔한데, 누가 능히 할 수 있습니까? 예수씨께서 떠나실 때 말씀하시기를 "여기서 떠나지 말고 기다리라" 하셨는데, 기다리지 않고 기도하였습니까? 같이 말한 사람은 어찌 7일 동안 기다릴 수 있습니까? "어서 좀 주십시오." 그 후 그는 곤하게 되자 앉아서 노름을 하였습니다. 숨님성령을 받을 자는 사도만이 아닙니다. 또 숨님성령께서 강림하실 때 어떻게 했나요? 첫째, 큰 바람처럼 방안에 가득하였습니다. 둘째, 불의 혀로 제자들 위에 덮으셨습니다. 셋째, 입으로 다 방언하였습니다.

숨님성령을 받은 자들은 그리스도의 증거자들이 되겠습니다. 첫째, 숨님성령께서 예수씨를 영접하는 사람으로 예수씨를 증거할 자들로 삼으셨습니다. 둘째, 그리스도의 지체인 120인은 창세 전에 생명책에 각각 기록되었습니다. 나는 사람보다 좀 고마운 연고로 그러합니까? 아닙니다. 믿었기 때문입니다. 그러한즉 사람 편에서 하나님의 아들을 영접한 고로 믿습니다.

하나님 편에서 미리 아신 자입니다. 사람 편에서는 엎드려 절하고 항복합니다.

이 마음이 그리스도 안에 있는 것처럼 너희 마음에도 계시게 합시다. 죽든지 살든지 조금도 피하지 말고 항복하십시오. 항복한 사람은 아들이 될 허락을 받고 항복하지 아니한 사람은 허락을 받지 못합니다. 나는 항복합니다. 그때 하나님 숨님성령 마음대로 할 사람은 주님 명하신 대로 할 종입니다. 제 마음대로 교만하여 높아지는 사람이 아닙니다. 좋은 복음을 전할 때 조금도 덮지 않고 바로 전합니다. 하나님께서 당신을 한량없이 사랑하사 독생자를 주셨으니요 3:16 행복합니다. 그렇지 아니하면 지옥 갑니다. 그러한즉 첫째, 예수씨께 항복합시다. 영접할 때는 행복합니다요 1:12; 3:16. 둘째, 하나님께서 숨님성령을 주십니다. 셋째, 나는 숨님성령을 영접하오니 소원하신 대로 하옵소서. 넷째, 예수씨를 구주님으로 고백합니다.

이는 숨님성령께서 하십니다. 곧 고백할 사람 입에 들어가서 예수씨를 주님으로 고백하게 하십니다. 여기 숨님성령께 소용 많으신 말씀이 있습니다. 베드로전서 1장 23-25절은 숨님성령께서 식구들을 한량없이 사랑하는 사람 위에서 나온 사람은 썩을 씨로 하지 않고 썩지 아니할 씨로 위에서 나게 하십니다.

계시啓示는 숨님성령께서 그 사람 입에 넣으신 대로 하십니다고전 12:3; 벧후 1:19, 21. 그 계시 소리는 다윗을 찾아갈 때 뜻밖에 숨님성령께서 입을 잡으시고 말하게 하십니다. 이 계시는 예수교에서 사람을 통해 나옵니다. 마음처럼 입은 뇌와 다릅니다. 조심하여 들어옵니다. 뇌는 입이나 혀가 아닙니다. 다윗왕은 말을 많이 합니다. 마지막 18년 후 보좌에 앉아 마지막 말을 하기를, "숨님성령께서 저희로 말씀하게 하시니 그 말씀이 이제 혀에 있다"고 하였습니다삼하 23:3. 여호와께서 숨님성령으로 저에게 말씀하게 하십니다. 사람의 두뇌에 의한 것도 도무지 아니요 다윗의 두뇌로도 아닙니다. 다만 혀에 있습니다. 숨님성령께서 그리스도를 증참하시고요 15:26, 마귀는 사람을 증참합니다. 숨님성령은 목자님의 음성을 들으신 대로 그의 음성을 듣게 하십니다. 이 은혜는 천당에 올라가서 새 몸을 입은 후에 몇 억 년 후라고 갚지 못합니다. 주님께서 저희에게 "빚지지 말라. 누구든지 식구는 사람에게 빚지지 말라" 하셨습니다. 만일 주님께 빚지었다면 저희는 참 불쌍합니다. 하나님께서 높으신 데 계시되 너무 멀리 계셔서 드릴 수 없으니 숨님성령께서 같이 하십니다.

1930년 9월 8일, 원산

*복음문답

세 장의 낱장문서로 되어 있는 복음문답은 띄어쓰기가 없는 세로쓰기 형태이며, 모두 15문항의 질문과 답변 형식으로 되어있다.
본문 내용은 김용복 교수의 《복음과 은혜》(침례신학대학교출판부, 2011)를 인용하였다.

복음문답

숨님[성령]께서는 성경을 아무 때나 가르치지 아니하십니다. 숨님[성령]께서는 그리스도께 증참을 하시며, 그 다음 성경을 미리 기록하신 대로 생각하게 하심으로 두 번째 증참하시며, 세 번째는 보배 피를 증참하십니다. 숨님[성령]을 모르는 사람은 자기 정신으로 성경을 공부합니다. 그것은 정성스러운 법입니다. 정성스러운 법은 마귀의 법입니다.

문1 왜 사람의 정신으로 하나님 말씀을 공부하면 깨달을 수 없습니까?

답1 하나님 말씀은 신[神] 편에 계시고 아담 편에 계시지 않습니다. 그 때문에 숨님 밖에 아무도 모릅니다. 숨님 홀로 가르치실 수 있습니다. 그 까닭에 요한복음 14장 26과 요한일서 2장 27절을 참고하십시오.

문2 하나님께서 아담을 동산에서 쫓으신 것은 그가 마귀가 명하는 대로 아는 바 열매[선악과]로 하나님처럼 스스로 될 수 있다는 거짓말을 믿고 따라갔기 때문입니다. 그 후에 기록하기를 "나는 생각을 미워한다" 하시고, 온통 마음으로 여호와을 믿으며 자기의 정신을 의지하지 말지어다

하였습니다. 또 말씀하시기를 사람의 지혜는 하나님의 어리석은 것이라고 하셨습니다. 이런 말씀이 넉넉하시니 정신을 차리고 부지런히 성경을 공부하면 도를 알 수 있습니다. 말씀 보았습니까? 순하신 목자님 음성을 듣고 예수 어떠하신 구주님이 되시는지 숨님[성령]께서 알게 하시는 증참을 들었으면 공부하시고, 아니 들었으면 훼방을 하지 맙시다.

답2 도무지 아니하셨습니다.

문3 그런즉 숨님[성령]께서 옛적에 갈라놓으신 사람의 입에 말씀을 놓지 않으시고 지금은 아는 바대로 정신 차려 성경을 공부함으로써 알 수 있다는 이치는 어디서 납니까? 어떻게 납니까?

답3 아는 바 열매[선악과]로 마귀는 첫 여자로 첫 사람 아담을 좇게 하여 꾀여서 하나님께서 명하신 것을 따르지 않고 마귀의 말을 믿으니 그 때부터 마귀는 아담의 자손들을 그 같은 좋아하는 정욕으로 거꾸러지게 합니다. 마귀의 형편 말고 사람이 원한 바를 행하도록 한 가지로 꾀었을 뿐입니다.

문4 그런즉 흔히 하는 말대로 도적, 음란, 살인과 같은 악을 마귀는 꾀지 아니합니까?

답4 요한복음 15장 10절에 그 답이 있습니다. 그리스도께서 명하신 대로 행하십시오. 그리스도의 사랑하심 안에 거하면 틀린 생각을 아무 때나 하지 않습니다. 마귀가 할 일은 그리스도 안에 거하는 데서 나오게 하는 것입니다. 마귀는 그리스도의 명하심을 어기게만 할 수 있으면 맘대로 꾀일 수 있습니다. 그리스도의 사랑하심은 모든 일을 하십니다.

문5 그런즉 그리스도의 식구는 제 상전님의 명하심만 하면 다른 것은 할 일이 없습니까?

답5 그리스도 식구는 상전님이 명하신 대로 행하십시오. 고은 음식, 곧 하나님 말씀을 매일 보고 숨님[성령]께 드리면 힘을 받습니다. 요한계시록 12장 11절 말씀대로 어리신 양의 보배피가 넉넉하게 증참합니다. 야고보서 4장 7절 말씀처럼 마귀를 대적하기 쉽습니다.

문6 그렇게 하되 숨님[성령]의 열매가 소용 있든지 도[道]를 아는 것이 소용 있든지, 어떻게 바쳐야 합니까? 특별한 일이 있으면 어떻게 합니까?

답6 특별한 도든지 특별한 은혜든지 소용 있으니 순복함으로 숨님[성령]께서 하시도록 기다릴 일입니다.

문7 숨님[성령]께서 어떻게 도를 깨닫게 하시며 은혜를 베푸십니까? 무슨 일 때문이 아니고 무슨 모양으로 합니까?

답7 식구의 선생님은 카리스마님 되시니 아무 식구나 그리스도의 법대로 행한 후에 항상 계시는 선생님이 임의대로 깨닫게 하심을 기다리는 것입니다.

문8 가령 뜻밖에 할 일이 있으면 어떻게 합니까?

답8 대개 믿을 씨가 들어옵니다. 숨님[성령]께서 항상 확실하게 믿을 수 있게 하시니 감사드립니다. 숨님[성령]뿐만 아닙니다. 은혜의 숨님[성령]이십니다. 그것뿐 아니라 도를 깨닫게 하시며 은혜를 베푸십니다. 구주님께서 주시니 저희보다 상관이 많으신 줄 믿습니다. 어렵지 않습니다.

문9 숨님[성령]의 직분은 무엇입니까?

답9 숨님[성령]의 직분은 그리스도께 증참하시는 일입니다. 그 밖에는 아니합니다. 사람에게 증참하는 것이 아닙니다. 그리스도의 표를 세우시는 일입니다. 가령 아브라함이 이삭으로 제사하는 것은 하나님께서 어린양으로 제사하는 표입니다. 천부님의 아들을 주셨습니다. 아브라함에게 양을 예비하신 것처럼 멜기세덱 족속으로 나신 대제사장보다 더 크신 자가 없으니 스스로 자기를 제사하셨습니다. 천부님이 하시지 않았습니다. 복음은 이처럼 똑똑합니다.

문10 특별한 소용은 숨님[성령]께서 하시는데 어떻게 하십니까? 구주님께서 허락하시되 말씀하시기를 숨님[성령]께서 오시면 너희를 모든 말씀으로 인도하시겠다고 하셨는데, 무슨 모양으로 하십니까?

답10 그리스도께 증참함으로 하십니다.

문11 그리스도께 증참하실 때 특별히 무슨 증참을 하십니까? 어떻게 무슨 모양, 특별히 그리스도로 무슨 대지를 항상 증참하십니까?
답11 구주님이 어떠하시는지 또한 묘하심을 깊이 칭찬하십니다.

문12 어떻게 숨님과 상관한 것을 깰 수 있습니까?
답12 식구는 주님을 칭찬하지만, 넉넉하게 뜻밖에 깰 수 있습니다.

문13 첫째, 세상에 무슨 일을 하십니까? 둘째, 그리스도 안에 무슨 일을 식구와 하십니까?
답13 첫째는 죄 때문에 예수씨를 믿지 아니한 연고요, 둘째는 옳음으로 나는 아버지께 가며 세상 나라를 다시 못 볼 연고요, 셋째는 심판으로 이 세상 다스리는 자가 재판을 받은 연고입니다. 그리스도께서 명하시는 대로 행하는 식구에게 은혜 열매가 맺힙니다요 15:10. 도를 깨닫게 하십니다.요 7:17

문14 무슨 두 가지 형편으로 숨님성령께서 항상 하십니까?
답14 바울을 인도하시는 대로 항상 예수 그리스도와 그 피가 십자가에 스스로 죽으심으로 증참하십니다.

문15 하나님 나라는 어디에 있습니까? 하나님 나라는 무엇입니까?

답15 하나님 나라는 나라님이 계시는 데 있습니다. 세상에 계셨을 때, 하나님 나라는 유대인들 가운데 계십니다.

*요한복음

펜윅의 세 번에 걸친 요한복음 번역의 특징을 비교하기 위해 요한복음 21장 중 1장과 14장을 《요한복음젼》(1891), 《약한(요한)의 기록한대로 복음》(1983), 《신약전서》(1919 원산번역본)의 순으로 수록하였다. 원본이 세로 쓰기로 작성되어 독자가 읽기 쉽도록 오른쪽에서 왼쪽으로 읽도록 원본을 배치하였다.

요한복음

約翰 七其至爲光作證
하ᄂᆞ님이보낸바일홈은요안니라 와셔간증이됨은빗출위
使衆以之而信 八約翰非光
ᄒᆞ여간증ᄒᆞ여뭇사ᄅᆞᆷ이뎌로말ᄆᆡ암아밋게ᄒᆞ니 뎌가빗치
特爲光證耳 九眞光者 臨
아니요오직빗출위ᄒᆞ여간증ᄒᆞ엿ᄂᆞ니라 그ᄂᆞᆫ진광이니셰
世照萬人者也 十其在世 世以之而創
샹에온쟈ᄅᆞᆯ빗치우ᄂᆞ니라 그셰샹에잇서셰샹이말ᄆᆡ암아
世不識之 十一其至巳地 人
지은거ᄉᆞᆫ뎌셰샹이아지못ᄒᆞ고 ᄌᆞ긔게니ᄅᆞ러ᄉᆞ되ᄌᆞ긔사
不受之 十二受卽信其名者 賜之
ᄅᆞᆷ이밧지아니ᄒᆞ니 므ᄅᆞᆺ밧ᄂᆞᆫ쟈ᄂᆞᆫ곳일홈을밋음이라권셰

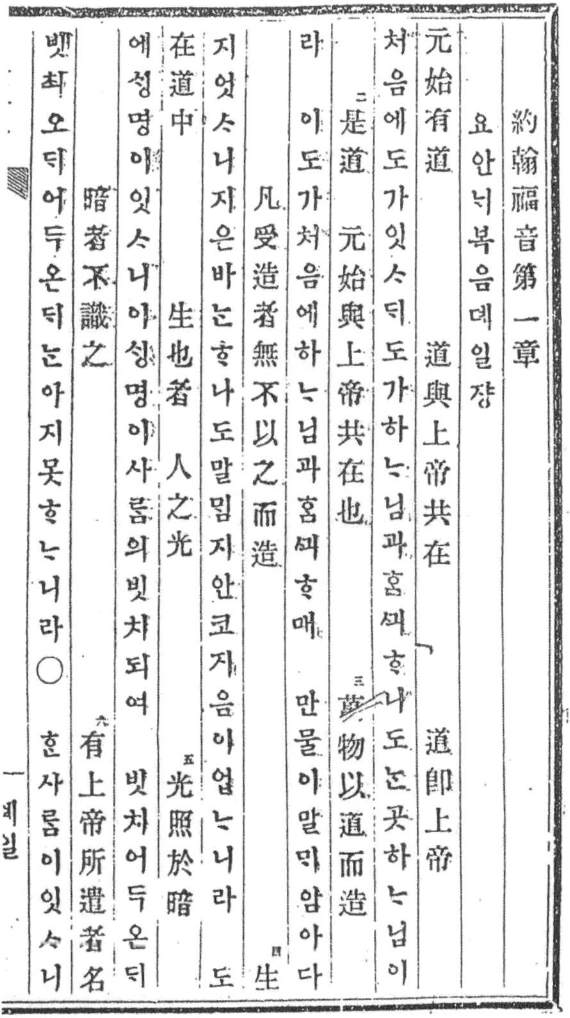
約翰福音第一章
요안니복음뎨일장
元始有道 道與上帝共在 道卽上帝
처음에도가잇ᄉᆞ되도가하ᄂᆞ님과ᄒᆞᆷᄭᅴᄒᆞ니도ᄂᆞᆫ곳하ᄂᆞ님이
二 是道 元始與上帝共在也 三 萬物以道而造
라 이도가처음에하ᄂᆞ님과ᄒᆞᆷᄭᅴᄒᆞ매 만물이말ᄆᆡ암아다
凡受造者無不以之而造 四 生
지엇ᄉᆞ니지은바ᄂᆞᆫᄒᆞ나도말ᄆᆡ지안코지음이업ᄂᆞ니라 도
在道中 生也者 人之光 五 光照於暗
에ᄉᆡᆼ명이잇ᄉᆞ니이ᄉᆡᆼ명이사ᄅᆞᆷ의빗치되여 빗치어두온ᄃᆡ
暗者不識之 六 有上帝所遣者名
빗ᄎᆡ오ᄃᆡ어두온ᄃᆡᄂᆞᆫ아지못ᄒᆞᄂᆞ니라 ○ ᄒᆞᆫ사ᄅᆞᆷ이잇ᄉᆞ니
一 뎨일

1891년 판 (요한복음 1장)

本先我者卽斯人也　十六由其盛而我衆受恩寵
회잇슴은나보다몬져홈이니　그넉넉홈으로우리다밧아곳
恩寵益增　十七例授自摩西　恩寵
은춍에은춍을더홈이니　률법은모쇼로말미암아주고은춍
眞理則由耶穌基督　十八未有人見上帝
과진리는예수키리쓰도로말미얌ᄂᆞ니라　ᄌᆞ고로하ᄂᆞ님을
惟獨生子在父懷者　彰明之
본바사ᄅᆞᆷ이업ᄉᆞ되오직아밤의품에잇ᄂᆞᆫ외아ᄃᆞᆯ이표명ᄒᆞᄂᆞ
十九約翰之證如左　猶太人自耶路
니라ᄒᆞ더라○　요안늬간증이이ᄀᆞᆺ흔거시라유ᄃᆡ인이예루
撒冷　遣祭司及利未人　問約翰曰爾爲誰
살입에셔졔ᄉᆞ와리미의사ᄅᆞᆷ을보내여무르ᄃᆡ너ᄂᆞᆫ뉘라ᄒᆞᄂᆞ

權 爲上帝子 十三 是非由血氣
를주어하ᄂᆞ님의아ᄃᆞᆯ을삼앗ᄉᆞ니 이ᄂᆞᆫ혈ᄆᆡᆨ으로말ᄆᆡᆷ도아
非由情慾 非由人意而生 乃
니요육신으로말ᄆᆡᆷ도아니요사ᄅᆞᆷ의ᄯᅳᆺ으로말ᄆᆡᆷ도아니요오
由上帝也 十四 夫道成人身
직하ᄂᆞ님으로말ᄆᆡ암아난쟈ㅣ라 대개도가육신을일위여
居於我儕之間 我儕見其榮
넉넉히은춍과진리로우리ᄉᆞ이에거ᄒᆞ야우리가그영화를본
誠天父獨生子之榮以恩寵眞理而滿也 十五 約翰爲
거시아밤이나은외아ᄃᆞᆯ의영화ᄀᆞᆺᄒᆞ니라ᄒᆞ더라○ 요안네
之證 呼曰 我言後我來而先我在 以其
간증ᄒᆞ여불너ᄀᆞᆯᄋᆞᄃᆡ이곳내말ᄒᆞᆫ바쟈ㅣ니내뒤에와셔내압

1891년 판 (요한복음 1장)

曰 爾非基督 非以利亞 非先知
러ᄀᆞᆯᄋᆞ되 네가 키리쓰토도 아니요 이리아도 아니요 그션지도
何爲施洗耶 二六 約翰曰
아니라ᄒᆞ면 엇지 밥데례를 베프ᄂᆞ냐 요안닉 ᄃᆡ답ᄒᆞ여 ᄀᆞᆯᄋᆞ
我以水施洗 有立爾中者 爾不識之
되 나ᄂᆞᆫ 물노 밥데례를 베프되 오직 너희 가온ᄃᆡ 아지못ᄒᆞᄂᆞᆫ쟈
二七 此人後我來而先我在 卽其履帶我不堪解
ㅣ 내뒤에 와셔도 더의 신들메를 내 감히 푸지 못ᄒᆞᆯ쟈 가 셧ᄂᆞ
二八 此事見於約但外之伯大巴喇約翰施洗處
니라 이일은 욜단밧 견비다니에셔 요안닉 밥데례 베프ᄂᆞᆫ 곳
二九 明日 約翰見耶穌就己 則曰
이라 ○ 잇튼날 요안닉 예수 ᄌᆞ긔의게 나아옴을 보고 ᄀᆞᆯᄋᆞ

二十 約翰承而不諱 其承曰我非基督 二一
뇨 요안닋알고긔이지안코ᄀᆞᄅᆞ듸나ᄂᆞᆫ키리쓰토아니라
曰爾爲誰 以利亞乎曰否 曰抑當來之先知
또무ᄅᆞ듸너ᄂᆞᆫ뉘냐이리아냐ᄀᆞᄅᆞ듸아니라그션지냐ᄀᆞᄅᆞ듸
乎曰否 二二 曰然則爾爲誰 使我復遣我者
아니라 ᄀᆞᄅᆞ듸너ᄂᆞᆫ뉘냐우리를보낸쟈의게회보ᄒᆞ게ᄒᆞ리
爾自謂何也 二三 曰我卽聲呼於野云
니네ᄉᆞᄉᆞ로무어시라닐으라ᄒᆞ니 ᄀᆞᄅᆞ듸나ᄂᆞᆫ들에셔부른
直主道者 如先知以賽亞言
쟈의소릐니쥬의길을졍직케ᄒᆞ라ᄒᆞᆫ쟈ㅣ라션지이ᄉᆡ아의말
二四 奉使乃法利賽人 二五 又問
ᄒᆞᆷᄀᆞᆺ다ᄒᆞ니 이ᄂᆞᆫ바리ᄉᆡ인으로보냄을밧음이니라 또무
뎨삼

1891년 판 (요한복음 1장)

爾觀聖神降而止其上　卽以聖神施洗
여ᄀᆞᆯᄋᆞᄃᆡ네셩령이ᄂᆞ려그우희긋침을보리니곳셩령으로밥
者　三四 故我見而證其爲上帝子也
테례ᄅᆞᆯ베프ᄂᆞᆫ자ㅣ라ᄒᆞᄂᆞᆫ　고로내보고이하ᄂᆞ님의아ᄃᆞᆯ됨
三五 明日　約翰偕二門徒立
을간증ᄒᆞ노라ᄒᆞ더라○　잇튼날요안ᄂᆡ다시두뎨ᄌᆞ와ᄒᆞᆷᄭᅴ
三六 見耶穌遊行　則曰　觀上帝之羔
서셔　예수의ᄒᆡᆼᄒᆞᆷ을보고ᄀᆞᆯᄋᆞᄃᆡ하ᄂᆞ님의양ᄉᆡᆨ기ᄅᆞᆯ보라ᄒᆞ
三七 二徒聞言　從耶穌　三八 耶穌顧之
니　두뎨ᄌᆞㅣ그말을듯고예수ᄅᆞᆯ조치니○　예수ㅣ도라그
曰　爾何求耶　三九 曰啦吡何居
조침을보시고ᄀᆞᆯᄋᆞ샤ᄃᆡ네무엇ᄉᆞᆯᄎᆞᆺᄂᆞ냐　ᄀᆞᆯᄋᆞᄃᆡ랍비라ᄒᆞ

觀上帝之羔 負世人之罪者 三十 我言後我
되하ᄂᆞ님의양식기세샹사ᄅᆞᆷ의죄지은쟈ᄅᆞᆯ보라 이ᄂᆞᆫ내말
來 先我在 以其本先我者卽斯人也 三一 我素
ᄒᆞ마내뒤에온쟈가내압회잇슴은그나ᄅᆞᆯ몬져ᄒᆞᆷ이라 내본
不識之 我至以水施洗 欲顯之於
리아지못ᄒᆞ고내옴은물노써밥테례ᄅᆞᆯ베프러뎌ᄅᆞᆯ이살일의
以色列民耳 三二 約翰又證曰 我見聖神似
게나타나게ᄒᆞᆷ이라 요안니또간증ᄒᆞ여ᄀᆞᆯᄋᆞ디내셩령이비
鴿 自天降而止其上 三三 我不識之
들기ᄀᆞᆺ치하ᄂᆞᆯ노ᄂᆞ려그우회ᄀᆞᆺ침을보고 내아지못ᄒᆞ엿ᄉᆞ
惟遣我以水施洗者 語我曰
되오직나ᄅᆞᆯ보내여물노밥테례ᄅᆞᆯ베플게ᄒᆞᄂᆞᆫ이가내게고ᄒᆞ

1891년 판 (요한복음 1장)

將稱磯法 譯卽彼得彼得磐石之謂 四四 明日卽
시몬이라키파ㅣ라닐ᄏᆞᄅᆞᆯ지니삭인즉피들이라○ 잇ᄐᆞᆫ날
穌欲往加利利 遇腓力曰從我
예수ㅣ가니닉에가고져ᄒᆞ다가비립을맛나ᄀᆞᆯᄋᆞ샤ᄃᆡ나ᄅᆞᆯ조
四五 腓力伯賽大人也 與安得烈彼得同邑
치라ᄒᆞ니 비립은비사다사ᄅᆞᆷ이니안드랴와피들과ᄒᆞᆫ고을
四六 腓力遇拿但業曰 摩西例所載 諸先知所
이라 비립이나단일을맛나ᄀᆞᆯᄋᆞᄃᆡ모쇼가법에써션지와말
記者 我已遇之 卽拿撒勒人約瑟子耶穌也 四七
ᄒᆞᆫ바사ᄅᆞᆷ을ᄋᆞ리맛나니곳나살잇요셥의아ᄃᆞᆯ예수라ᄒᆞ니
拿但業曰 拿撒勒能生善人乎 腓力曰
나단일이ᄀᆞᆯᄋᆞᄃᆡ나살잇의능히션ᄒᆞᆫ거시나ᄂᆞ냐비립이ᄀᆞᆯᄋᆞ

啦吡譯卽夫子也 四十 曰 來觀
니삭인즉스승이라어ᄃᆡ사ᄂᆞ니잇가 ᄀᆞᆯᄋᆞ샤ᄃᆡ오라보리라
遂至 觀其所居 時已申正是日同居焉
더ㅣ이에가셔그사ᄂᆞᆫ바를보고이날에ᄒᆞᆷᄭᅴ셧ᄉᆞ니ᄯᅢ가신시
四一 聽約翰而從耶穌者 其一西門彼得兄弟
라 요안늬를듯고예수를좃ᄂᆞᆫ두사ᄅᆞᆷ에ᄒᆞ나은시몬피득의
安得烈 四二 先遇兄弟西門曰 我
동싱안드랴ㅣᄅᆞ너라 더ㅣ몬져그동싱시몬을맛나ᄀᆞᆯᄋᆞᄃᆡ우
儕遇彌賽亞 譯卽基督基督沐膏之謂 四三 遂引見耶穌
리미식아를맛낫다ᄒᆞ니삭인즉키리쓰토ㅣ라 드ᄃᆡ여인도
耶穌視之曰 爾乃約拿子西門
ᄒᆞ야예수의게가니예수ㅣ보시고ᄀᆞᆯᄋᆞ샤ᄃᆡ너ᄂᆞᆫ요나의아ᄃᆞᆯ
계오

1891년 판 (요한복음 1장)

下見爾　　爾信乎　然所見將有大于

나모아래셔보왓노라홈을위ᄒᆞ여곳밋ᄂᆞ냐쟝ᄎᆞ이에셔큼을

此者　五二 又曰　我誠告爾　爾將見天

보리라ᄒᆞ고　또ᄀᆞᆯᄋᆞ샤ᄃᆡ내실노너의게고ᄒᆞ노니쟝ᄎᆞ하ᄂᆞᆯ

開　上帝使者　陟降於人子上矣

이열녀하ᄂᆞ님의ᄉᆞ쟈가인ᄌᆞ의에오르며ᄂᆞ림을보리라ᄒᆞ더

라

約翰福音第二章

요안늬복음뎨이쟝

越三日　加利利迦拿有婚筵　二 耶穌母與焉

삼일만에가니늬의가나에혼연이잇ᄉᆞ매　예수의어맘이참

來觀 [四八]耶穌見拿但業至 指之曰
ᄃᆡ와셔보라ᄒᆞ니 예수ㅣ나단일이너롬을보시고가ᄅᆞ쳐ᄀᆞᆯ
是誠以色列人 無詭譎者 [四九]拿但
ᄋᆞ샤ᄃᆡ보라진실노이살일사ᄅᆞᆷ궤휼업ᄂᆞᆫ쟈ㅣ라ᄒᆞ니 나단
業曰 何由知我 耶穌曰
일이ᄀᆞᆯᄋᆞᄃᆡ엇지나ᄅᆞᆯ아ᄂᆞ니잇가예수ㅣᄃᆡ답ᄒᆞ여ᄀᆞᆯᄋᆞ샤ᄃᆡ
腓力未呼爾 爾在無花菓樹下 我已見爾矣
비립이너ᄅᆞᆯ부ᄅᆞ기젼에무화과나무아래셔내임의너ᄅᆞᆯ보왓
[五十]拿但業曰夫子誠上帝子
노라ᄒᆞ니 나단일이ᄃᆡ답ᄒᆞᄃᆡ스승님은하ᄂᆞ님의아ᄃᆞᆯ이요
以色列王也 [五一]耶穌曰 我言無花菓樹
이살일의왕이라 예수ㅣᄃᆡ답ᄒᆞ여ᄀᆞᆯᄋᆞ샤ᄃᆡ내너ᄅᆞᆯ무화과

1891년 판 (요한복음 1장)

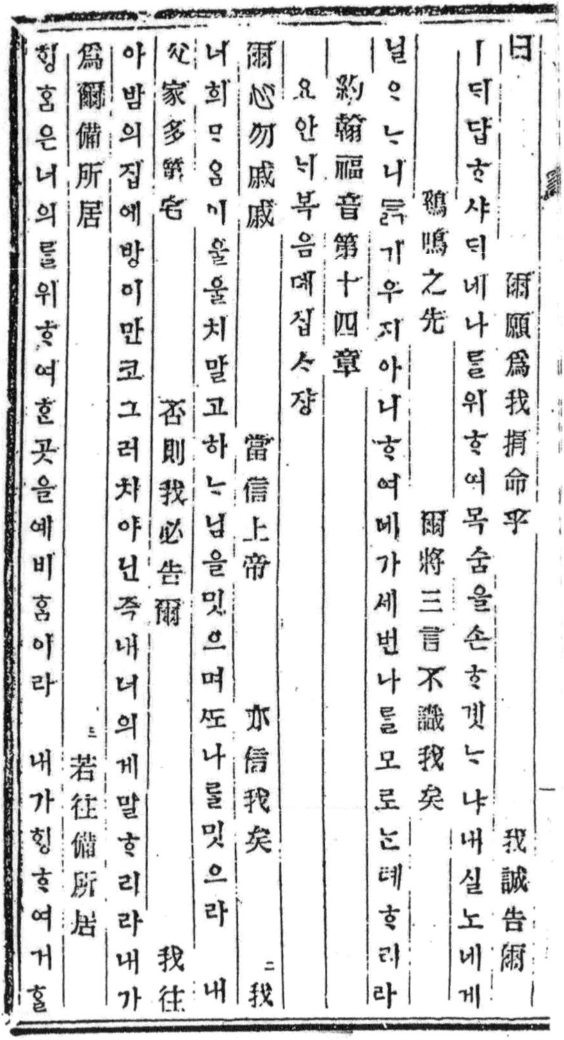
曰 爾願爲我捐命乎 我誠告爾
ㅣ대답ᄒᆞ샤대네나를위ᄒᆞ여목숨을손ᄒᆞ갯ᄂᆞ냐내실노네게
鷄鳴之先 爾將三言不識我矣
닐ᄋᆞᄂᆞ니ᄃᆞᆰ기우지아니ᄒᆞ여네가세번나를모로ᄂᆞᆫ톄ᄒᆞ리라
約翰福音第十四章
요안ᄂᆡ복음뎨십ᄉᆞ쟝
爾心勿戚戚 當信上帝 亦信我矣 二我
너희ᄆᆞᄋᆞᆷ이울울치말고하ᄂᆞ님을밋으며또나를밋으라 내
父家多第宅 否則我必告爾 我往
아밤의집에방이만코그러치아닌즉내너의게말ᄒᆞ리라내가
爲爾備所居 三若往備所居
ᄒᆡᆼᄒᆞᆷ은너의를위ᄒᆞ여ᄒᆞᆫ곳을예비ᄒᆞᆷ이라 내가ᄒᆡᆼᄒᆞ여거ᄒᆞᆯ

1891년 판 (요한복음 14장)

宜相愛猶我愛爾焉 三五 爾若相愛
너희ᄉᆞ랑ᄒᆞᆷ곳치ᄒᆞ여맛당히서로ᄉᆞ랑ᄒᆞ라 너희만약서로
衆識爾爲我徒
ᄉᆞ랑ᄒᆞᆷ이잇ᄉᆞ면일노써뭇사ᄅᆞᆷ이너희가내뎨ᄌᆞ된줄을안니
三六 西門彼得曰 主將何之 耶
라ᄒᆞ니〇 시몬피득이닐ᄋᆞ되쥬ᄂᆞᆫ어ᄃᆡ로가랴ᄒᆞᄂᆞ잇가예
穌曰 我往之所 爾今不能從 後必
수ㅣ되답ᄒᆞ샤되내의갈바를네이제ᄂᆞᆫ능히좃지못ᄒᆞ나후에
從我 三七 彼得曰 主胡爲今不能從爾乎
ᄂᆞᆫ나를좃치리라 피득이닐ᄋᆞ되쥬ㅣ엇지이제ᄂᆞᆫ능히좃지
我願爲爾捐命 三八 耶穌
못ᄒᆞ리ᄀᆞᆨᄒᆞᄂᆞ잇가내쥬를위ᄒᆞ여목숨을손ᄒᆞ겟ᄂᆞ이다예수

之 亦皆見之 八腓力曰 主以父示我足矣
뎌롤알고또ᄒᆞᆫ보리라 비립이닐ᄋᆞ되쥬ㅣ우리게아빕을보
九耶穌曰 腓力我偕爾如此
이면우리족ᄒᆞ겟ᄂᆞ이다 예수ㅣ닐ᄋᆞ샤ᄃᆡ비립아내너희로
之久 爾猶未識我乎
ᄒᆞᆫᄭᅴᄒᆞᆷ이이ᄀᆞᆺ치오래엿ᄉᆞ대네오히려나롤아지못ᄒᆞᄂᆞ냐대
見我 卽見父 何言以父示我乎
개나롤본쟈ᄂᆞᆫ곳나의아밤을봄이니너희엇지아밤으로나롤
我在父 父在我 爾
보이라닐ᄋᆞᄂᆞ냐 내가아밤의게잇고아밤이내게잇거ᄂᆞᆯ네
不信歟 我與爾言者 非自擅而言 乃在
밋지안ᄂᆞ냐내너의게닐온말이ᄌᆞ긔로말ᄆᆡᆫ말이아니오이내

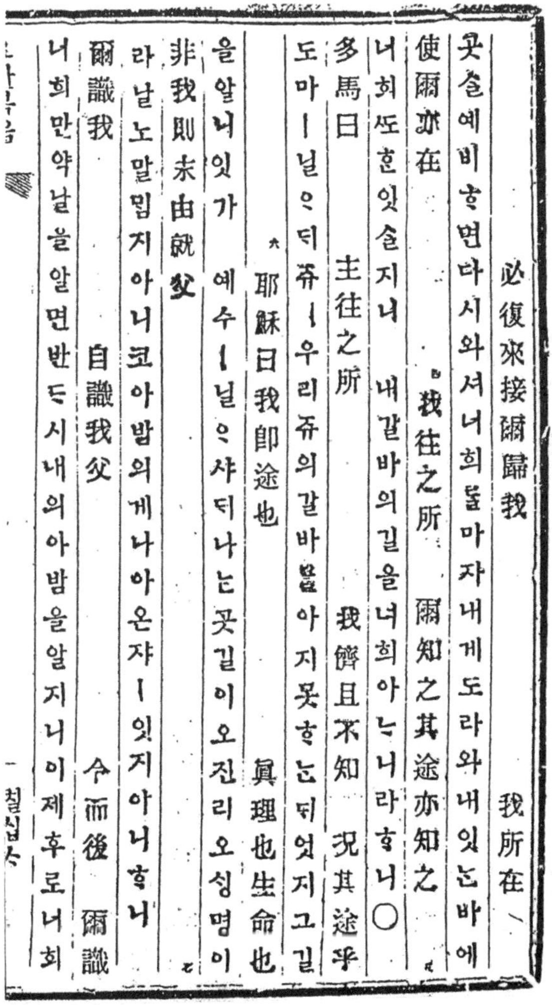

必復來接爾歸我　我所在
곳ᄉᆞᆯ예비ᄒᆞ면다시와서너희ᄃᆞᆯ마자내게도라와내잇ᄂᆞᆫ바에
使爾亦在　我往之所　爾知之其途亦知之
너희ᄯᅩᄒᆞᆫ잇ᄉᆞᆯ지니　내갈바의길을너희아ᄂᆞ니라ᄒᆞ니○
多馬曰　主往之所　我儕且不知　況其途乎
도마ㅣ닐ᄋᆞ되쥬ㅣ우리쥬의갈바ᄅᆞᆯ아지못ᄒᆞᄂᆞᆫ되엇지그길
耶穌曰我卽途也　眞理也生命也
을알니잇가　예수ㅣ닐ᄋᆞ샤되나ᄂᆞᆫ곳길이오진리오ᄉᆡᆼ명이
非我則未由就父
라날노말밈지아니코아밤의게나아온쟈ㅣ잇지아니ᄒᆞ니
爾識我　自識我父　今而後　爾識
너희만약날ᄅᆞᆯ알면반ᄃᆞ시내의아밤을알지니이제후로너희
요한복음
칠십ᄉᆞ

1891년 판 (요한복음 14장)

我必成之矣 十五 爾若愛我則守我誡

ᄒᆞᄂᆞᆫ바ㅣ면내ᄒᆡᆼᄒᆞᆯ리라○ 너희만약나ᄅᆞᆯᄉᆞ랑ᄒᆞ면곳내의

十六 我將求父 父必更以保惠師賞爾

계명을직희라 내아밤의게구ᄒᆞᆷ이더달니안위ᄒᆞᄂᆞᆫ지로써

終與爾居 十七 即眞理之神

너희ᄅᆞᆯ주워너희와ᄒᆞᆷᄭᅴ기리잇게ᄒᆞ리니 곳진리의령이라

世人不能接者 爲其不見不識之也

셰상이능히밧지아님은보지못ᄒᆞᆷ이오ᄯᅩ아지못ᄒᆞᆷ이로되오

惟爾識之 以與爾偕 將居爾心

직너희ᄂᆞᆫ알거시더너희로ᄒᆞᆷᄭᅴ류ᄒᆞ고ᄯᅩᄒᆞᆫ너희속에잇슴이

十八 我不舍爾曹若孤子 我必就爾 十九 頃之世人不

라 내너희ᄅᆞᆯᄯᅥ나외롬지안케너희게오리라 이윽고세상

我之父 行其事也 十一我在父 父
계류ᄒᆞᄂᆞᆫ아바니가그일을ᄒᆡᆼᄒᆞᆷ이라 내가아밤의게잇고아
在我 爾當信之 否則以我所行而信我
밤이내게잇슴으로너희ᄂᆞᆫ나ᄅᆞᆯ밋으되아닌즉그ᄒᆡᆼᄒᆞᆫ일노써
十二我誠告爾 凡信我 則我所行
나ᄅᆞᆯ밋ᄉᆞ라○ 내실노네게닐을지니나ᄅᆞᆯ밋ᄂᆞᆫ쟈ᄂᆞᆫ내의ᄒᆡᆼ
彼將行之 卽大於此者 亦將行之 以我歸父
ᄒᆞᄂᆞᆫ바ᄅᆞᆯᄒᆡᆼᄒᆞᆯ거시오ᄯᅩ이보담큰쟈ᄅᆞᆯᄒᆡᆼᄒᆞᆷ은내가아밤의게
也 十三爾托我名而有所求 我必成之 俾父
감이라 너희내일ᄒᆞᆷ으로써구ᄒᆞᄂᆞᆫ바ᄅᆞᆯ내가ᄒᆡᆼᄒᆞ기ᄂᆞᆫ아밤
以子榮 十四故爾托我名而有所求者
이아ᄃᆞᆯ노발미암아영화ᄒᆞᆷ이니 만약너희내일ᄒᆞᆷ으로써구

1891년 판 (요한복음 14장)

不顯示世人　何與　二三 穌耶曰
타나고셰샹에ᄂᆞᆫ나타나자아 남은무ᄉᆞᆷ일이니잇가 예수ㅣ
人愛我　必守我道
ᄃᆡ답ᄒᆞ여ᄀᆞᆯᄋᆞ샤ᄃᆡ사ᄅᆞᆷ이만약나ᄅᆞᆯᄉᆞ랑ᄒᆞ면반ᄃᆞ시내도ᄅᆞᆯ
我父必愛之　我儕至而與之居　二四 不愛
직희매내아ᄇᆞᆷ이ᄉᆞ랑ᄒᆞ고우리나아와ᄒᆞᆷᄭᅴ거ᄒᆞ리니 나ᄅᆞᆯ
我者　不守我道　然爾所聽者　非由
ᄉᆞ랑치안ᄂᆞᆫ쟈ᄂᆞᆫ내도ᄅᆞᆯ직희쟈아니리니너희듯ᄂᆞᆫ바ᄂᆞᆫ나로
我　乃由遣我之父也　二五 我與爾居
말ᄆᆡ암이아니오오직나보낸아바니의도ㅣ라○ 아제내너
而言此　二六 惟保惠師卽聖神
의와ᄒᆞᆷᄭᅴ잇서일노ᄡᅥ너의게말ᄒᆞ되 오직안위ᄒᆞᄂᆞᆫ쟈ᄂᆞᆫ셩

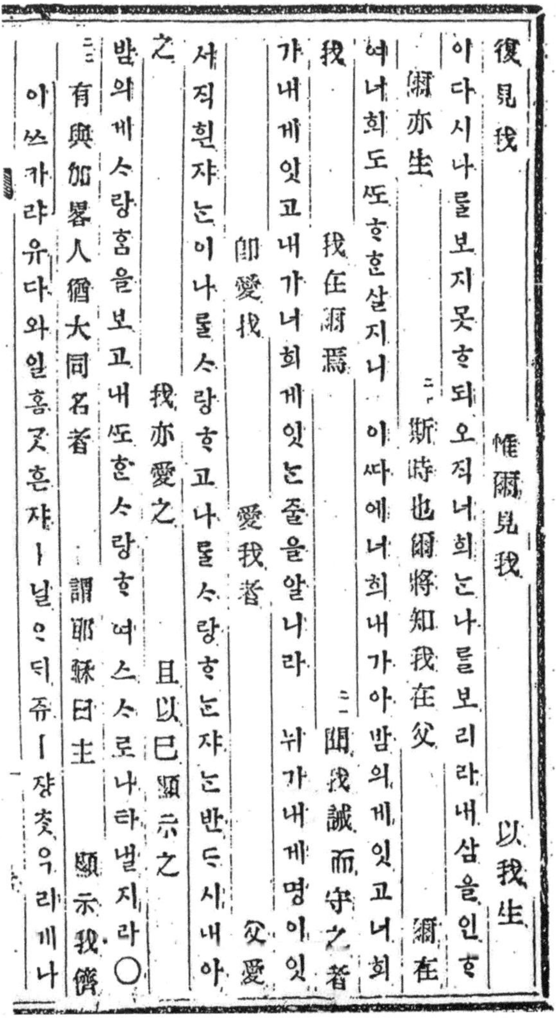
復見我 惟爾見我 以我生
이다시나를보지못ᄒᆞ되오직너희는나를보리라내삼을인ᄒᆞ
爾亦生 二斯時也爾將知我在父 爾在
여너희도또ᄒᆞᆫ살지니 이ᄯᅢ에너희내가아밤의게잇고너희
我 我在爾焉 二閒我誡而守之者
가내게잇고내가너희게잇는줄을알니라 뉘가내게명이잇
卽愛我 愛我者 父愛
셔직힌쟈는이나를ᄉᆞ랑ᄒᆞ고나를ᄉᆞ랑ᄒᆞ는쟈는반ᄃᆞ시내아
之 我亦愛之 且以已顯示之
밤의게ᄉᆞ랑홈을보고내또ᄒᆞᆫᄉᆞ랑ᄒᆞ여스ᄉᆞ로나타낼지라○
三有與加畧人猶大同名者 謂耶穌曰主 顯示我儕
이쓰가랴유다와일홈ᄀᆞᆺ흔쟈ㅣ닐ᄋᆞ되쥬ㅣ장ᄎᆞᆺ우리게나

1891년 판 (요한복음 14장)

爾必喜之 以父大於我也
二九 事未成
게로도라감을즐거워홈은아밤이나보담큼이라 이제일을
我先告爾 事成 爾可信
일우지못ᄒᆞᆫ거ᄉᆞᆯ내너희게닐너ᄉᆞ니고로일을일운즉너희밋
之
三十 從無煩言告爾 蓋此世之
으리라 이후에내너희로더브러여러말을아니홈은이셰상
君將至 於我無與也
三一 此事必有使世知我
에인군이니르니날과상관이업ᄉᆞᆷ이니 다그러나셰상에내
愛父 循父命而行
가아밤을ᄉᆞ랑ᄒᆞ며또아밤이내게명ᄒᆞᆫ바ᄀᆞᆺ치ᄒᆞᄂᆞᆫ줄을알게
起與我偕往
ᄒᆞ리라니러나라우리일노조차가쟈ᄒᆞ더라

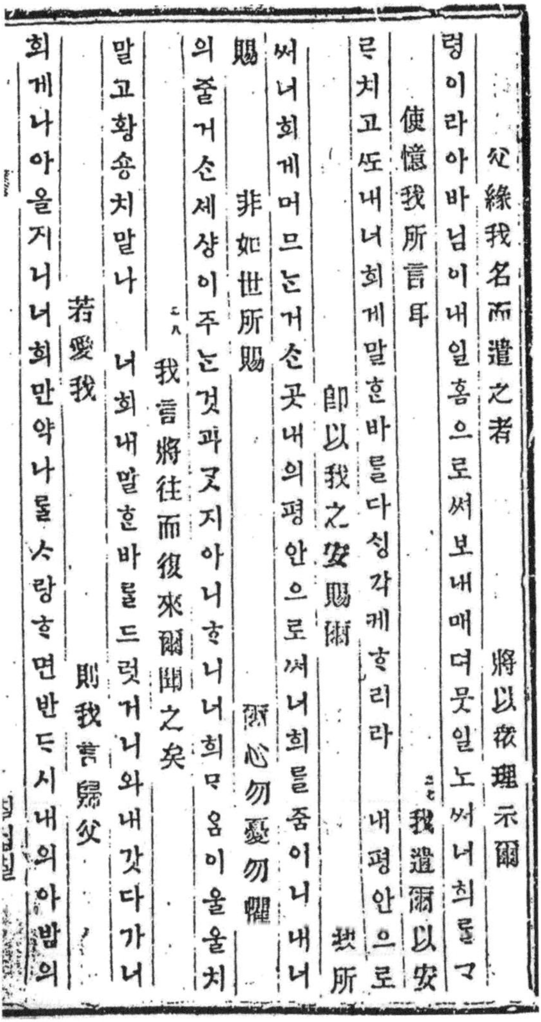
父緣我名而遣之者 將以衆理示爾
령이라아바님이내일홈으로써보내매뎌뭇일노써너희ᄅᆞᆯᄀᆞ
使憶我所言耳 二七 我遣爾以安
ᄅᆞ치고또내너희게말ᄒᆞᆫ바ᄅᆞᆯ다싱각케ᄒᆞ리라 내평안으로
卽以我之安賜爾 然所
써너희게머므ᄂᆞᆫ거ᄉᆞᆫ곳내의평안으로써너희ᄅᆞᆯ줌이니내너
賜 非如世所賜 爾心勿憂勿懼
의줄거ᄉᆞᆫ세샹이주ᄂᆞᆫ것과ᄀᆞᆺ지아니ᄒᆞ니너희ᄆᆞ옴이울울치
二八 我言將往而復來爾聞之矣
말고황송치말나 너희내말ᄒᆞᆫ바ᄅᆞᆯ드럿거니와내갓다가너
若愛我 則我言歸父
희게나아올지니너희만약나ᄅᆞᆯᄉᆞ랑ᄒᆞ면반ᄃᆞ시내의아밤의

1891년 판 (요한복음 14장)

九 이빗흔참빗치오세상에나ᄂᆞᆫ사ᄅᆞᆷ마다빗치우시ᄂᆞᆫ이라 十 세
상에계시샤세상을ᄯᅩᄒᆞᆫ지엇스되세상이아지못ᄒᆞ고 十一 자긔ᄯᅡᆼ
에와스나자긔ᄇᆡᆨ셩들이ᄃᆡ졉지아니ᄒᆞ니 十二 누구던지ᄃᆡ졉ᄒᆞ야
일홈을밋ᄂᆞᆫ사ᄅᆞᆷ의게상뎨님의아ᄃᆞᆯ들이될권세를쥬시ᄂᆞ니 十三
피와졍욕과사ᄅᆞᆷ의ᄯᅳᆺ스로ᄂᆞᆫ사ᄅᆞᆷ아니오오즉상뎨님으로ᄂᆞᆫ사
ᄅᆞᆷ이라 十四 도가사ᄅᆞᆷ의몸을이루샤우리가온ᄃᆡ계시ᄆᆡ은혜와참
이치가가득ᄒᆞ시고우리가그영화를보니아부지ᄭᅴ셔독ᄉᆡᆼ자의
영화보시ᄂᆞᆫ것ᄀᆞᆺ드라 十五 약한이도를위ᄒᆞ샤증거ᄒᆞ고크게ᄀᆞᆯᄋᆞ

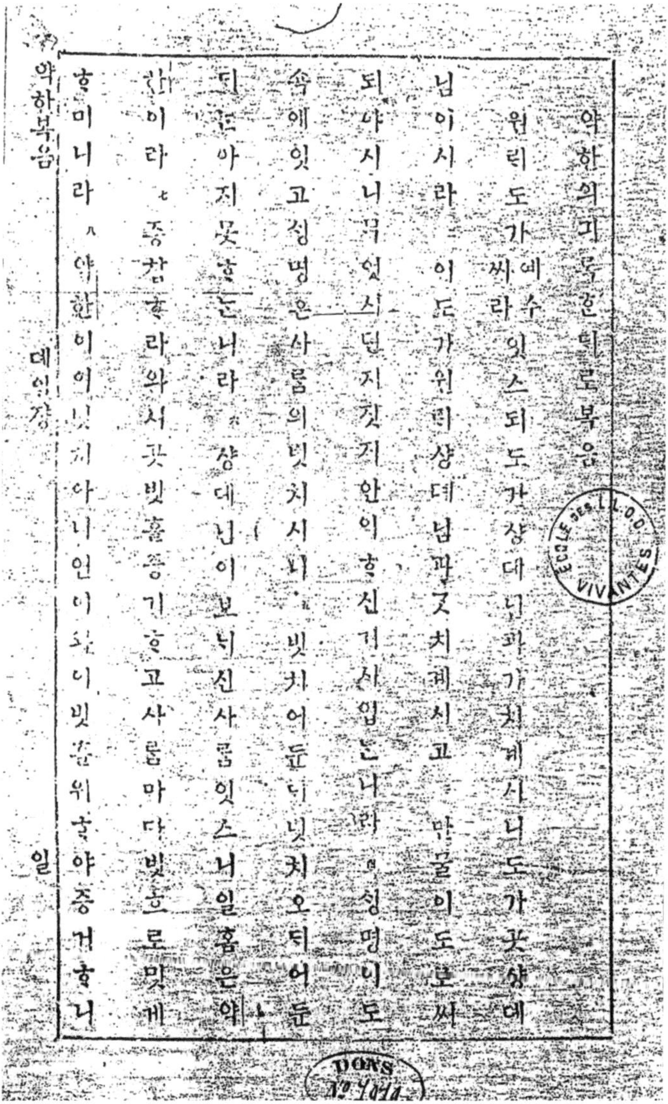

약한의긔록ᄒᆞᆫᄃᆡ로복음

一 원릐도가예수씨라잇스되도가샹대님과ᄀᆞ치계시니도가곳샹뎨

님이시라 二 이도가원릐샹뎨님과ᄀᆞᆺ치계시고 三 만물이도로써

되야시니무엇시던지짓지안이ᄒᆞ신거시업ᄂᆞ니라 四 ᄉᆡᆼ명이도

속에잇고ᄉᆡᆼ명은사ᄅᆞᆷ의빗치시니 五 빗치어두운ᄃᆡ빗치오ᄃᆡ어두운

되ᄂᆞᆫ아지못ᄒᆞᄂᆞᆫ니라 六 샹대님이보ᄂᆡ신사ᄅᆞᆷ잇스니일홈은약

ᄒᆞᆫ이라 七 증참ᄒᆞ라와서곳빗ᄎᆞᆯ증거ᄒᆞ고사ᄅᆞᆷ마다빗ᄎᆞ로ᄆᆞᆺ게

ᄒᆞ미니라 八 약한이이빗치아니언마ᄂᆞᆫ이빗ᄎᆞᆯ위ᄒᆞ야증거ᄒᆞ니

약한복음 뎨일장 일

1893년 판 (요한복음 1장)

즉알게ᄒᆞ야ᄀᆞᆯᄋᆞᄃᆡ나ᄂᆞᆫ크리쓰도씨아니라 二一 또무ᄅᆞᄃᆡ그러면
누구뇨이리아라ᄒᆞᄂᆞᆫ뇨ᄀᆞᆯᄋᆞᄃᆡ아니라무르되뎌션지라ᄒᆞᄂᆞᆫ뇨
ᄃᆡ답ᄒᆞ되아니오 二二 또무르되너누구라ᄒᆞᄂᆞᆫ요우리보ᄂᆡᆫ사ᄅᆞᆷ만
나셔고ᄒᆞᆯ터이니너쟈긔ᄅᆞᆯ무엇시라말ᄒᆞᄂᆞ뇨 二三 약한이ᄀᆞᆯᄋᆞᄃᆡ
나ᄂᆞᆫ들에크게불으던음셩이니션지니쉬아얄즉이르기를들에
음셩이이셔불으되주님의길을곳게닥ᄂᆞᆫ다ᄒᆞ야시니이말이나
ᄅᆞᆯ가ᄅᆞ친말ᄉᆞᆷ이라ᄒᆞ니 二四 뎌사ᄅᆞᆷ들은볍니쉬사ᄅᆞᆷ의보ᄂᆡᆫᄇᆡ라
二五 뎌희가또무러ᄀᆞᆯᄋᆞᄃᆡ너크리쓰도씨아니요이리아도아니요

뒤니일즉말ᄒᆞᆫ거ᄉᆞᆯᄂᆡ후에오시고ᄂᆡ먼저되시니본ᄅᆡᄂᆡ먼저계
시다ᄒᆞ미곳이사ᄅᆞᆷ이시오 十六 우리가다그셩ᄒᆞᆫᄃᆡ셔어덧시니은
혜우에은혜ᄅᆞᆯ더어덧ᄂᆞᆫ이라 十七 법은마셔로빙거ᄒᆞ여쥬시고은
혜와참이치ᄂᆞᆫ예수크리쓰도씨로빙거ᄒᆞ샤이르럿ᄉᆞ니 十八 아모
ᄯᅢ나ᄒᆞᆫ사ᄅᆞᆷ도샹뎨님을뵈옵지못ᄒᆞ고아부지품에계신독싱자
가ᄇᆞᆰ히낫타니시ᄂᆞᆫ이라 十九 약한이증거ᄒᆞᆷ이ᄇᆞᆰ으니라ᄯᅢ유ᄃᆡ사
ᄅᆞᆷ들이야로살렘에셔뎨사들과이마사ᄅᆞᆷ들을보ᄂᆡ야 二十 약한의
게무ᄅᆞ되너누구라ᄒᆞᄂᆞ뇨약한이알게ᄒᆞ야은휘치아니ᄒᆞ고오

약한복음 뎨일쟝 삼

1893년 판 (요한복음 1장)

ᄒᆞ믄그ᄅᆞᆯ니쇠녈빅셩의게나타ᄂᆡ고져ᄒᆞ미니라 三一 약한이ᄯᅩ증
거ᄒᆞ야ᄀᆞᆯᄋᆞᄃᆡᄂᆡ가셩신이비ᄃᆞᆯ기갓치하ᄂᆞᆯ에서ᄂᆞ려오시와그
예수씨라 우에계시물보왓스나 三二 그ᄅᆞᆯ아지못ᄒᆞ고나ᄅᆞᆯ물에셰례ᄒᆞ
라보ᄂᆡ신이가ᄂᆡ게고ᄒᆞ야ᄀᆞᆯᄋᆞ샤ᄃᆡ네가셩신이림ᄒᆞ샤누구우
에계시며그셩신에셰례ᄅᆞᆯ쥬신ᄌᆞ라ᄒᆞ시거ᄂᆞᆯ 三三 ᄂᆡ가보고그ㅣ
샹뎨님의ᄋᆞ달잇슨쥴증거ᄒᆞ노라 三四 잇튼날약한이두뎨자로갓
치셧셔 三五 예수씨단이시믈보고ᄀᆞᆯᄋᆞ샤ᄃᆡ샹뎨님의올으신양을
보라ᄒᆞ니 三六 두뎨자가듯고예수씨ᄅᆞᆯᄯᆞᆯ거ᄂᆞᆯ 三七 예수씨가몸흘도

더션지도아니ᄋᆞ면엇지셰례를주ᄂᆞ뇨
二十六 약한이ᄃᆡ답ᄒᆞ되나ᄂᆞᆫ믈
에셰례를주고너희즁에ᄒᆞᆫ사ᄅᆞᆷ계시니너희가아지못ᄒᆞ거니와
二十七 나후에오시고ᄂᆡ먼져되시니오그신ᄶᅴ를나ᄂᆞᆫ감히풀지못ᄒᆞ
리라ᄒᆞ니
二十八 이일은약단강밧게벳다바라에약한이셰례주ᄂᆞᆫ곳
에낫타낫ᄂᆞ니라
二十九 잇흔날에약한이예수써오시믈보고ᄀᆞᆯᄋᆞᄃᆡ
샹뎨님의올흔신양이세샹에죄를업시ᄒᆞ시ᄂᆞᆫ이를보라
三十 ᄂᆡ일
즉말ᄒᆞ기를ᄂᆡ후에오시고ᄂᆡ먼져되신니가부터ᄂᆡ민져계시다
ᄒᆞ미이사ᄅᆞᆷ이사ᄅᆞᆷ이시오
三十一 나ᄂᆞᆫ아지못ᄒᆞ야도와셔믈세셰례

1893년 판 (요한복음 1장)

문이이니후엣긔법이라닐커을이리ᄒᆞ시니긔법은번역ᄒᆞ면긔
듁이오피듁은반셕이란ᄯᅳᆺ시라 잇튼날예수씨가가리리에가
시고져ᄒᆞ다가비력을만나골ᄋᆞ샤ᄃᆡ나를ᄯᅩ차오시오ᄒᆞ시니
비력은빅셕ᄃᆡ사ᄅᆞᆷ이니안듁열과피듁에사ᄂᆞᆫ골이라 비력이
나단업을만나골ᄋᆞᄃᆡ마셔법에쓴바와모든션지의긔록ᄒᆞᆫ이를
우리가만낫시니곳약슐의아ᄃᆞᆯ나살늑의예수씨라ᄒᆞ거ᄂᆞᆯ 나
단업이골ᄋᆞᄃᆡ나살늑에셔엇지착한사ᄅᆞᆷ이나술리오ᄒᆞᆫᄃᆡ비력
이골ᄋᆞᄃᆡ와셔보라ᄒᆞ니 예수씨가나단업의오시물보시고골

리혀ᄯᅡ롤르보시고무러ᄀᆞᆯᄋᆞ샤ᄃᆡ므엇슬구ᄒᆞᄂᆞ뇨ᄃᆡ답ᄒᆞ되랍
비어ᄃᆡᄭᅨ시ᄂᆞ니가ᄒᆞ나랍비ᄂᆞᆫ번역ᄒᆞ면부자라ᄒᆞᄂᆞᆫ뜻시라 三九
예수씨ᄀᆞᆯᄋᆞ샤ᄃᆡ와셔보시오ᄒᆞ시거ᄂᆞᆯ계신곳테와셔뵈옵고이
ᄂᆞᆯ에갓치계시니ᄯᆡ가거위신시즁이라 四十 약한의말ᄋᆞᆯ듯고예수
씨ᄶᅩᆺᄂᆞᆫ두사ᄅᆞᆷ즁에ᄒᆞᆫ나흔셔문피득의아우안득열이라 四一 안득
열이먼져그형셔문을만나일너ᄀᆞᆯᄋᆞᄃᆡ우리가미시아를만나ᄯᅡ
ᄒᆞ미니시아ᄂᆞᆫ번역ᄒᆞ면크리쓰도씨란기름바른뜻시라 四二 예수
씨의ᄭᅦ다리고가니예수씨가보시고ᄀᆞᆯᄋᆞ샤ᄃᆡ네가약나아ᄃᆞᆯ셔

1893년 판 (요한복음 1장)

뎨십사쟝 약한

一 너희는ᄆᆞ음에근심치말고샹뎨님을맛드며또ᄒᆞᆫ나를밋드라 二 ᄂᆡ아복ᄐᆡᆨ에유ᄒᆞᆯ곳이만ᄒᆞ니그럿치아니면ᄂᆡ가너희게고ᄒᆞ엿스니ᄂᆡ가너희를위ᄒᆞ야ᄀᆞᆺ쵸라갈것시니 三 만일유ᄒᆞᆯ데를ᄀᆞᆺ쵸라가면ᄂᆡ가다시오고너희를쟈긔의ᄀᆞᆺ가이ᄃᆡ리고온거슨나잇슬곳ᄃᆡ너희도잇게ᄒᆞ리니 四 나갈곳을너희가알고길도아ᄂᆞ니라 五 다마ᄀᆞᆯᄋᆞᄃᆡ주님가실곳을우리가아지못ᄒᆞᄂᆞᆫᄃᆡ엇지길을아ᄂᆞᆫ잇가 六 예수씨ᄀᆞᆯᄋᆞ샤ᄃᆡ나ᄂᆞᆫ끗길이오참이치오ᄉᆡᆼ명이

약한복음 뎨십사쟝 ᄇᆡᆨ이십엽

1893년 판 (요한복음 14장)

ᄋᆞ샤ᄃᆡ진실노이ᄉᆡᆨ열사ᄅᆞᆷ이오속이미업다ᄒᆞ시니 四八 나단업이
ᄀᆞᆯᄋᆞᄃᆡ엇지ᄒᆞᆫ。야나ᄅᆞᆯ아시ᄂᆞᆫ잇가예수ᄶᅵᄀᆞᆯᄋᆞ샤ᄃᆡ비력이오라
ᄒᆞ기젼에무화과나무아리잇슬ᄯᅴ에ᄂᆡ가보왓노라ᄒᆞ시니 四九 나
단업이ᄀᆞᆯᄋᆞᄃᆡ부자가샹뎨님의아ᄃᆞᆯ이시오이ᄉᆡᆨ열의왕이시라
ᄒᆞ니 五十 예수ᄶᅵᄀᆞᆯᄋᆞ샤ᄃᆡᄂᆡ가너ᄅᆞᆯ무화과나무아리잇ᄉᆞᆷ을보왓
노라ᄒᆞᄂᆞᆫ고로네가밋ᄂᆞ뇨이에셔더큰일을보리라 五一 예수ᄶᅵᄯᅩ
ᄀᆞᆯᄋᆞ샤ᄃᆡ진실노진실노ᄂᆡ가네게고ᄒᆞᄂᆞ니네가하ᄂᆞᆯ이열녀샹
뎨님사ᄌᆞ가이인자(예수씨라)우에오루고ᄂᆡ리물보리라ᄒᆞ시더라

약한복음 뎨일장

1893년 판 (요한복음 1장)

계신아부지가스ᄉᆞ로그일을힝ᄒᆞ시니 十一 ᄂᆡ가아부지속에잇고
아부지가ᄂᆡ속에계시믈밋드라그러치아니ᄒᆞ면힝ᄒᆞᄂᆞᆫ일을위
ᄒᆞ야나를밋으라 十二 진실노진실노ᄂᆡ가네게고ᄒᆞᄂᆞ니나를밋ᄂᆞᆫ
사ᄅᆞᆷ은나의힝ᄒᆞᄂᆞᆫ일을뎌가또ᄒᆞᆫ힝ᄒᆞ고또이에서큰일을뎌가
힝ᄒᆞᆯ것슨ᄂᆡ가ᄂᆡ아부씌도라감이오 十三 무엇시던지ᄂᆡ얼홈으로
구ᄒᆞ면ᄂᆡ가힝ᄒᆞᆯ것시니아부지가아ᄃᆞᆯ노영화를엇게ᄒᆞ리라 十四
만일아모거시던지ᄂᆡ일홈으로구ᄒᆞ면ᄂᆡ가힝ᄒᆞ리니 十五 네가만
인나를사랑ᄒᆞ거던ᄂᆡ명을직힐거시니 十六 ᄂᆡ가아부지씌구ᄒᆞ여

약한복음 뎨십삼장 뵈이십이

니아부지ᄭᅴ갈사ᄅᆞᆷ은날노가지아니ᄒᆞ면아부지ᄭᅴᄒᆞᆫ나도못가
ᄂᆞ니라 七 너희가나를아라ᄡᅳ면나의아부지도아라ᄡᅳ리니이제
부터아부지를알고ᄯᅩᄒᆞᆫ보왓ᄂᆞ니라 八 비려이ᄀᆞᆯᄋᆞᄃᆡ주님아부
지를우리게뵈오기만ᄒᆞ시면넉넉ᄒᆞ겟ᄉᆞᆸᄂᆞ이다 九 예수ᄭᅴᄀᆞᆯᄋᆞ
샤ᄃᆡ이ᄯᅢ가지나와네가ᄀᆞᆺ치잇서도비려이나를아지못ᄒᆞᄂᆞ뇨
나를보ᄂᆞᆫ사ᄅᆞᆷ은ᄂᆡ아부지도아ᄂᆞᆫᄃᆡ네가엇지뵈옵고쟈ᄒᆞᄂᆞ뇨
十 ᄂᆡ가아부지쇽에잇고아부지가ᄂᆡ쇽에계시믈밋지아니ᄒᆞᄂᆞ
뇨ᄂᆡ가너희게고ᄒᆞᄂᆞᆫ말은ᄂᆡ가쟈긔로말ᄒᆞᄂᆞᆫ것아니오ᄂᆡ쇽에

1893년 판 (요한복음 14장)

사랑ᄒᆞᄂᆞᆫ자니나를사랑ᄒᆞᄂᆞᆫ사ᄅᆞᆷ은ᄂᆡ아부지도사랑ᄒᆞ시고ᄂᆡ가또ᄒᆞᆫ사랑ᄒᆞ여쟈긔로그의게나타ᄂᆡ리리ᄒᆞ시니 가략사ᄅᆞᆷ아니오다른유ᄃᆡ가골ᄋᆞᄃᆡ주님쟈긔로우리게나타ᄂᆡ시며셰샹사ᄅᆞᆷ의게나타ᄂᆡ시지아니ᄒᆞ심은엇지심인잇가 예수씨ᄃᆡ답ᄒᆞ샤ᄃᆡ사ᄅᆞᆷ이만일나를사랑ᄒᆞ면ᄂᆡ도를직희리니ᄂᆡ아부지가또ᄒᆞᆫ사랑ᄒᆞ시고또우리가그사ᄅᆞᆷ과ᄀᆞᆺ치잇스며 나를사랑ᄒᆞ지아니ᄒᆞᄂᆞᆫ사ᄅᆞᆷ은ᄂᆡ도를직희지아니ᄒᆞᄂᆞ니너희드른도ᄂᆞᆫᄂᆡ도가아니오나보ᄂᆡ신아부지도시니라 ᄂᆡ가너희와ᄀᆞᆺ치잇스

아부지가다른구원ᄒᆞ실이를네게쥬샤길게너와ᄀᆞᆺ치유ᄒᆞ게ᄒᆞ
실이오
十七 곳참이치의셩신이오셰샹이ᄃᆡ졉지못ᄒᆞᄂᆞᆫ거슨보지
도못ᄒᆞ고또ᄒᆞᆫ아지도못ᄒᆞᆷ이나너ᄂᆞᆫ아ᄂᆞ니그가널노ᄒᆞᆫᄭᅴ계시
고또ᄒᆞᆷ네ᄆᆞ옴안에계심이니라
十八 ᄂᆡ가너희외로온아ᄃᆞᆯ들ᄀᆞᆺᄃᆞ
거슬바라지아니ᄒᆞ고ᄂᆡ가너희게오리라
十九 잠간셰샹이나를보
지못ᄒᆞ나너희가나를보ᄂᆞᆫ거슨ᄂᆡ가살고너희도또ᄒᆞᆫ살미니
二十 그날에너희가ᄂᆡ가아부지안에잇고너희가ᄂᆡ안에잇고ᄂᆡ가
너희안에잇스믈알이니
二十一 ᄂᆡ의명이잇고직희ᄂᆞᆫ사ᄅᆞᆷ은곳나를

1893년 판 (요한복음 14장)

너희가밋게ᄒᆞ리라 三十 이후에ᄂᆡ가너희와ᄀᆞᆺ치말만히못ᄒᆞᆯ거시
니셰샹에님군이얼으나날노아모것도업ᄂᆞ니 三十一 셰샹이ᄂᆡ가아
부지를사랑ᄒᆞᆫ줄알게홈은아부지의명쥬신ᄃᆡ로ᄂᆡ가힝ᄒᆞᄂᆞ니
라이러나여긔셔ᄯᅥ나쟈ᄒᆞ시더라

요한복음 뎨십사쟝 ᄇᆡᆨ이십륙

ᄆᆡ일노써너희게고ᄒᆞ엿스나 廿六 위로ᄒᆞ시ᄂᆞᆫ이가곳셩신이시오
아부지가ᄂᆡ일홈으로보ᄂᆡ시ᄆᆡ너희게만물을ᄀᆞᆯᄋᆞ치시고또ᄒᆞᆫ
ᄂᆡ가너희게ᄒᆞ던말을ᄉᆡᆼ각게ᄒᆞ시리라 廿七 ᄂᆡ가평안ᄒᆞᆷ을너희와
ᄀᆞᆺ치두고곳자긔의평안ᄒᆞᆷ을너희게쥴거슨셰샹에쥬ᄂᆞᆫ거ᄀᆞᆺ지
아니ᄒᆞ니너희ᄆᆞᄋᆞᆷ에근심치말고두려워말나 廿八 ᄂᆡ가ᄯᅥ나고너
희게도로오겟다말ᄒᆞᆷ을너희드럿스니나를사랑ᄒᆞ면ᄂᆡ가아부
지ᄭᅴ로가겟다말ᄒᆞᆷ으로질거워ᄒᆞᆫ것슨아부지가나보다크심
이니라 廿九 이일의일으기젼에ᄂᆡ가너희게고ᄒᆞ든거ᄉᆞᆯ일은후에

1893년 판 (요한복음 14장)

十四 라 十四도셔셔육신으로되셔니은혜와참리치가가득ᄒᆞ샤우리가온ᄃᆡ쟝막세우
시고계시ᄆᆡ우리ᄂᆞᆫ 그ㅣ영화ᄅᆞᆯ뵈오니 아바지의외아ᄃᆞᆯ영화와ᄀᆞᆺᄒᆞ서ᄃᆡ
十五 라 十五요한께셔 도ᄅᆞᆯ위ᄒᆞ샤증거ᄒᆞ시고크게밝ᄉᆞᆷᄒᆞ샤ᄃᆡ내이쥬이 도ᄅᆞᆯ위
ᄒᆞ야말ᄒᆞ기ᄅᆞᆯ내후에오시ᄂᆞᆫ 이ㅣᄂᆞᆫ나압셔계시다ᄒᆞᆷ은 쥬님되신연고라
十六 ᄒᆞ시더라 十六우리ᄂᆞᆫ다 그ㅣ강셩ᄒᆞᆫᄃᆡ서밧고은혜우에은혜ᄅᆞᆯ더엇엇ᄂᆞᆫ지라
十七 十七율법은마셰로주셧거니와은혜와참리치ᄂᆞᆫ 예수긔독셰로셔나셧시니라
十八 十八아모때나한사ᄅᆞᆷ도 하ᄂᆞ님을뵈옵지못ᄒᆞ되 아바지품에계신 외아ᄃᆞᆯ
十九 셰서 하ᄂᆞ님을나타내셧ᄂᆞ니라 十九유대사ᄅᆞᆷ들이졔ᄉᆞ들과리미사ᄅᆞᆷ들을예ㅣ
二十 로살렘에서 二十요한께누구뇨무르랴보낼때요한의증거ᄂᆞᆫ평게치안이ᄒᆞ시고
二一 오직고ᄒᆞ시ᄃᆡ나ᄂᆞᆫ 긔독께서안이라ᄒᆞ시니 二一그러면누구시뇨이리야라ᄒᆞ
시ᄂᆞᆫ뇨ᄃᆡ답ᄒᆞ시ᄃᆡ안이라ᄒᆞ시니 二二또ᄀᆞᆺ기ᄅᆞᆯ그션지라ᄒᆞ시ᄂᆞᆫ뇨안이라ᄒᆞ신
ᄃᆡ또ᄀᆞᆺ기ᄅᆞᆯ누구시뇨저희보낸사ᄅᆞᆷ을맛나셔고ᄒᆞᆯ터이니그ᄃᆡ가스ᄉᆞ로무어
二三 시라ᄒᆞ시ᄂᆞᆫ뇨ᄒᆞ니 二三요한께서골ᄋᆞ시ᄃᆡ나ᄂᆞᆫ크게들에부른사ᄅᆞᆷ의목소리라
여호와님의길을곳게다그라ᄒᆞᆷ은이셔아션지입쥬님ᄋᆞ던만ᄉᆞᆷ과ᄀᆞᆺᄒᆞ니라

요한 일쟝　　이ᄇᆡᆨ쥬신언

요한

데일쟝 一 원릭 도셔서계시며 하ᄂᆞ님과ᄀᆞᆺ치계시고 도ᄂᆞᆫ곳 하ᄂᆞ님이
시라 二 이 도셔서ᄂᆞᆫ원릭 하ᄂᆞ님과ᄀᆞᆺ치계시니라 三 만물이 도로셔되엿
고무어서던지안이지으신거시한아도업ᄂᆞ니라 四 도에싱명이잇고싱명은사
ᄅᆞᆷ의 빗치시니 五 빗치어두온ᄃᆡ빗최오되어두온ᄃᆡ가아지못ᄒᆞᄂᆞ니라 六 하
ᄂᆞ님ᄭᅴ셔보ᄂᆡ신사ᄅᆞᆷ한아잇스니일홈은요한이라 七 증참ᄒᆞ랴ᄒᆞ신사ᄅᆞᆷ되ᄂᆞᆫ
ᄃᆡ 빗츨위ᄒᆞ야증거홈은사ᄅᆞᆷ마다 빗츠로밋게홈거시라 八 요한은 그ㅣ
빗치안이려니와 그ㅣ 빗츨위ᄒᆞ야증거ᄒᆞ시니라 九 이 빗ᄎᆞᆫ모든세샹
에나ᄂᆞᆫ사ᄅᆞᆷ의게빗최우신춤 빗치시라 十 셰샹에계시고세샹ᄋᆞᆫ지셧시되세
샹이아지못ᄒᆞᄂᆞ니라 十一 ᄌᆞ긔ᄯᅡ에오셧시나 ᄌᆞ긔ᄇᆡᆨ셩들이ᄃᆡ졉지안이ᄒᆞ거
니와 十二 몃치던지ᄃᆡ졉ᄒᆞᄂᆞᆫ사ᄅᆞᆷ의게ᄂᆞᆫ 하ᄂᆞ님의아ᄃᆞᆯ될권능을주셧십은곳
그ㅣ일홈을밋ᄂᆞᆫ사ᄅᆞᆷ의게주셧ᄂᆞᆫ지라 十三 이러ᄒᆞᆫ사ᄅᆞᆷ은피로나지도안코졍
욕으로나지도안코사ᄅᆞᆷ의ᄯᅳᆺ으로난사ᄅᆞᆷ안이라오직 하ᄂᆞ님ᄭᅴ로서나신쟈

十六二

1919년 판 (요한복음 1장)

님 그러ᄒᆞ시오니내가뵈오니 이ㅣ셔셔ᄂᆞᆫ 하ᄂᆞ님의 아ᄃᆞᆯ셔셔뵈신줄
증거ᄒᆞ노라ᄒᆞ시더라 이튼날요한셔셔두데ᄌᆞ로ᄀᆞᆺ치셔셔 예수씨ᄃᆞᆫ이실
ᄋᆞᆯ뵈유고말ᄉᆞᆷᄒᆞ시ᄃᆡ 하ᄂᆞ님의어리신양을뵈오라ᄒᆞ시니 두데ᄌᆞ가듯고
예수씨를좃거ᄂᆞᆯ 예수씨셔셔몸을도리켜셔ᄯᆞ롬을보시고무러ᄀᆞᆯᄋᆞ샤ᄃᆡ
무어ᄉᆞᆯ찻ᄂᆞ냐ᄒᆞ시거ᄂᆞᆯ되답ᄒᆞᄃᆡ 랍비셔셔어ᄃᆡ게시오닛가ᄒᆞ니랍비ᄂᆞᆫ번
역ᄒᆞ면부ᄌᆞ라ᄒᆞᄂᆞᆫᄯᅳᆺ이라 예수씨셔셔ᄀᆞᆯᄋᆞ샤ᄃᆡ와셔보아라ᄒᆞ신ᄃᆡ게신곳
에와셔뵈옵고ᄯᅢ가거의신시즘에되엿스니그날ᄀᆞᆺ치류ᄒᆞ엿ᄂᆞ니라 요한의
말ᄉᆞᆷ을듯고좃ᄂᆞᆫ두사ᄅᆞᆷ즁에ᄒᆞᆫ아흔셔ᄆᆞᆫ피득의아오안드렌이니 안드렌이
몬저그형셔ᄆᆞᆫ을맛나닐ᄋᆞᄃᆡ우리가 미셔아ᄅᆞᆯ맛낫소이다ᄒᆞ거ᄂᆞᆯ 미셔아
ᄂᆞᆫ번역ᄒᆞᆫ번 긔독이란ᄯᅳᆺ이라 예수씨셔다리고가셔뵈인ᄃᆡ 예수씨셔셔
보시고말ᄉᆞᆷᄒᆞ샤ᄃᆡ네가요나의아ᄃᆞᆯ셔ᄆᆞᆫ이니후에긔법이라닐ᄏᆞ르리라ᄒᆞ신
ᄃᆡ긔법은번역ᄒᆞ면피득이란ᄯᅳᆺ이라 이튼날 예수씨셔셔가리리에가시려
ᄒᆞ시다가비립을맛나ᄀᆞᆯᄋᆞ샤ᄃᆡ나를ᄯᅡ러라ᄒᆞ시니 비립은벡서대사ᄅᆞᆷ이니
안드렌과피득의사ᄂᆞᆫ고을이라 비립이나한엘을차자닐ᄋᆞᄃᆡ마셔셔셔법에

요한 일장 이백륙십삼

ᄒᆞ시거ᄂᆞᆯ [24] 뎌희보낸바는법리새사ᄅᆞᆷ으로셔왓는지라 [25] 또무러ᄀᆞᆯᄋᆞ되그
듸가 긔독도안이시오미리아도안이오그션지도안이면웨침례ᄅᆞᆯ주시ᄂᆞ뇨
ᄒᆞ니 [26] 요한셔셔듸답ᄒᆞ시되나는물에침례ᄅᆞᆯ주거니와너희가아지못ᄒᆞᆫ쟈ㅣ
너희가온듸계신지라 [27] 그ㅣ셔셔는내후에오실 쟈시니며 쥬님되시는인
고로 그ㅣ신씌도나는감히ᄭᅳᆯ지못ᄒᆞ리라ᄒᆞ시더라 [28] 이일은약단강밧베비
다파랍으로요한셔셔침례주시는곳에나타나시니라 [29] 이튼날에요한은 예
수ᄶᅦ셔셔압흐로오심을보시며ᄀᆞᆯᄋᆞ시되세샹에죄ᄅᆞᆯ업시ᄒᆞ시는 하ᄂᆞ님의
어린션양을뵈오라 [30] 내일즉말ᄒᆞ기ᄅᆞᆯ내후에오시는 이ᄭᅴ셔셔는내압셔계
시다홈은내 쥬님되심이니 이ㅣ셔셔는 그ㅣ사ᄅᆞᆷ이시라 [31] 나는아지못
ᄒᆞ야도 그ㅣ이셕렐ᄇᆡᆨ셩의게나타내게ᄒᆞᆯ도록내가와셔물에침례ᄅᆞᆯᄒᆞᆫ터이
라ᄒᆞ시고 [32] 요한셔셔또증거ᄒᆞ시되내가 셩신님셔셔비ᄃᆞᆯ기모양으로하ᄂᆞᆯ
에셔강림ᄒᆞ샤 그ㅣ우에계심을보니 [33] 나는 그ㅣᄅᆞᆯ아지못ᄒᆞ엿시나물
로써침례ᄅᆞᆯ주라보내신 이ㅣ뎌ᄭᅴ셔내ᄭᅴ닐ᄋᆞ샤ᄃᆡ네가 셩신님ᄭᅴ셔강림ᄒᆞ
샤누구우에계시던지 그ㅣ는 셩신님의침례ᄅᆞᆯ주시는사ᄅᆞᆷ이라ᄒᆞ시거

1919년 판 (요한복음 1장)

四예수ᄭᅴ셔셔골ᄋᆞ샤ᄃᆡ내가녀인과무ᄉᆞᆷ샹관잇ᄂᆞ뇨내ᄯᅢ가니르지못ᄒᆞ엿ᄂᆞ
니다ᄒᆞ시니 五그ㅣ어머니ᄭᅴ셔여러하인ᄃᆞ려골ᄋᆞ샤ᄃᆡ너희게말ᄉᆞᆷᄒᆞ시ᄂᆞᆫᄃᆡ
로ᄒᆡᆼᄒᆞ라ᄒᆞ시더라 六유대사ᄅᆞᆷ의졍긋ᄒᆞ게ᄒᆞᄂᆞᆫ례ᄃᆡ로뎌긔돌노만ᄃᆞᆫ물항아
리여ᄉᆞᆺ노핫스니ᄆᆡ항아리두세통식담ᄂᆞᆫ그릇인ᄃᆡ 七예수ᄭᅴ셔여러하인ᄃᆞ
려말ᄉᆞᆷᄒᆞ샤ᄃᆡ항아리에물을ᄎᆡ우라ᄒᆞ시니항아리에물을넘게ᄎᆡ지ᄎᆡ웟ᄂᆞᆫ지
라 八ᄯᅩ말ᄉᆞᆷᄒᆞ샤ᄃᆡ부어잔ᄎᆡ일보ᄂᆞᆫ사ᄅᆞᆷ의게맛기라ᄒᆞ시거ᄂᆞᆯ갓다가맛기니
九잔ᄎᆡ일보ᄂᆞᆫ사ᄅᆞᆷ은물노된포도술을맛보고어ᄃᆡ셔온줄아지못ᄒᆞ되물붓던
하인들은아ᄂᆞᆫ지라잔ᄎᆡ일보ᄂᆞᆫ사ᄅᆞᆷ이신랑을오라고 十말ᄒᆞ되사ᄅᆞᆷ마다몬져
조흔술을내여손님들잘마신후에나즌술을내되그ᄃᆡᄂᆞᆫ조흔술을지금ᄭᆞ지두
엇섯ᄂᆞ이다ᄒᆞ더라 十一이ᄂᆞᆫ 예수ᄭᅴ셔가리리가나에표를처음ᄒᆞ시고영광
을나타내신ᄃᆡ뎨ᄌᆞ들이 예수ᄭᅴᄅᆞᆯ밋ᄂᆞ니라 十二이후에 예수ᄭᅴ셔어머니와동
ᄉᆡᆼ들과ᄀᆞᆺ치가ᄇᆡᆨ능가셔여러날계시지안이ᄒᆞ시더라 十三유대사ᄅᆞᆷ의유월졀이
갓가온지라 예수ᄭᅴ셔야루살렘으로올나가시고 十四셩뎐에소와양과비둘
기와돈사ᄂᆞᆫ사ᄅᆞᆷ을맛나시고돈밧고ᄂᆞᆫ사ᄅᆞᆷ이ᄯᅩ안졋슴을보시니 十五노ᄭᅳᆫ으로ᄎᆡ쳑

긔록ᄒᆞ신바와모든션지의긔록ᄒᆞ신사ᄅᆞᆷ을우리가맛낫스니곳요셉의아ᄃᆞᆯ나사
렛예수씨라ᄒᆞ거ᄂᆞᆯ 46 나단엘이닐ᄋᆞᄃᆡ나사렛에셔엇지착ᄒᆞᆫ사ᄅᆞᆷ이낫스
리오ᄒᆞᆫᄃᆡ비립이ᄀᆞᆯᄋᆞᄃᆡ와셔보라ᄒᆞ니 47 예수씨께셔나단엘이옴을보시고
ᄀᆞᄅᆞ쳐말ᄉᆞᆷᄒᆞ샤ᄃᆡᄆᆞᄋᆞᆷ에ᄉᆞᆨ임이업ᄂᆞᆫ참이ᄉᆡᆨ렬사ᄅᆞᆷ을보아라ᄒᆞ시니 48 나단
엘이ᄀᆞᆯᄋᆞᄃᆡ엇지나ᄅᆞᆯ아시ᄂᆞ잇가ᄒᆞ거ᄂᆞᆯ 예수씨께셔ᄃᆡ답ᄒᆞ야말ᄉᆞᆷᄒᆞ샤ᄃᆡ
비립이오라ᄒᆞ기젼에무화과나무아ᄅᆡ잇슬때에내가보앗노라ᄒᆞ시니 49 나단
엘이닐ᄋᆞᄃᆡ 랍비께셔 하ᄂᆞ님의아ᄃᆞᆯ이시오이ᄉᆡᆨ렬의왕이시로소이다ᄒᆞ
니 50 예수씨께셔ᄃᆡ답ᄒᆞ야말ᄉᆞᆷᄒᆞ샤ᄃᆡ내가너ᄅᆞᆯ무화과나무아ᄅᆡ잇슴을보앗
노라ᄒᆞ엿ᄂᆞᆫ고로네가밋ᄂᆞ냐이보다더큰일보리라ᄒᆞ시고 51 또말ᄉᆞᆷᄒᆞ샤ᄃᆡ진
실노진실노내가네게닐ᄋᆞᄂᆞ니네가하ᄂᆞᆯ이열니고 하ᄂᆞ님의ᄉᆞ쟈들이인ᄌᆞ
우에나렷다가올나감을보리라ᄒᆞ시더라

뎨이쟝

1 뎨삼일에가리리가나에혼인ᄒᆞᄂᆞᆫᄃᆡ잇서셔 예수씨의어머니ᄭᅴ셔
계신지라 2 예수씨와 그 뎨ᄌᆞ들도쳥ᄒᆞᆷ을밧으셧ᄂᆞᆫᄃᆡ 3 포도술이
업스니 예수씨어머니께셔 예수씨셰ᄀᆞᆯᄋᆞ샤ᄃᆡ포도술이업다고ᄒᆞ시거ᄂᆞᆯ

1919년 판 (요한복음 1장)

를ᄌᆞ긔게다리고ᄒᆞᆫ거손나잇논곳에너희도잇게ᄒᆞ리니 四나갈곳을너희가알
고길도아ᄂᆞ니라ᄒᆞ신ᄃᆡ 五도마가말ᄒᆞᄃᆡ 쥬님가실곳을저희가아지못ᄒᆞ옵
논ᄃᆡ엇지길을아오릿가 六예수ᄭᅴ셔말ᄉᆞᆷᄒᆞ샤ᄃᆡ나논곳길과춤리치와싱명
이니 아바지ᄭᅴ아모나올사ᄅᆞᆷ은날노오지안이ᄒᆞ면 아바지ᄭᅴ한아도못오
리라 七너희가나ᄅᆞᆯ알앗스면나의 아바지도알앗스리니이제브터너희가
아바지ᄅᆞᆯ알고ᄯᅩ뵈앗ᄂᆞ니라 八빌립이말ᄒᆞᄃᆡ 쥬님ᄭᅴ셔 아바지ᄅᆞᆯ저희ᄭᅦ
뵈옵게만ᄒᆞ시면넉넉ᄒᆞ겟ᄉᆞᆸᄂᆞ이다 九예수ᄭᅴ셔말ᄉᆞᆷᄒᆞ샤ᄃᆡ이ᄯᅢᄭᆞ지내가
너희와ᄀᆞᆺ치잇셔도빌립이나ᄅᆞᆯ아지못ᄒᆞᄂᆞ냐나ᄅᆞᆯ보논사ᄅᆞᆷ은내 아바지도
뵈논ᄃᆡ네가엇지뵈옵고져ᄒᆞᄂᆞ냐 十내가 아바지안에잇고 아바지ᄭᅴ셔내
안에계심을밋지안이ᄒᆞᄂᆞ냐내가네게말ᄒᆞ논거손ᄌᆞ긔로말ᄒᆞ논것안이라내
안에계시논 아바지ᄭᅴ셔ᄉᆞᄉᆞ로 그ㅣ일을힝ᄒᆞ시논지라 十一내가 아바지
안에잇고 아바지ᄭᅴ셔내안에계신줄밋어라그럿치안이ᄒᆞ면힝ᄒᆞ신일노나
ᄅᆞᆯ밋어라 十二진실노진실노내가네게닐ᄋᆞᄂᆞ니나ᄅᆞᆯ밋논사ᄅᆞᆷ은나의힝ᄒᆞ논일
을제가ᄯᅩ힝ᄒᆞ고ᄯᅩ이에셔큰일을제가힝ᄒᆞᆯ거손내가내 아바지ᄭᅴ도라가고

요한 십ᄉᆞ쟝　　　　　　　　쟝뎨십륙

三二 ᄒᆞ시고또ᄒᆞᆫ즉시아ᄃᆞᆯ을영화롭게ᄒᆞ시리라 三三 귀ᄒᆞᆫᄌᆞ식들아내가잠시너희와
ᄀᆞᆺ치잇ᄂᆞ니또압서유대사ᄅᆞᆷᄃᆞ려말ᄒᆞ던ᄃᆡ로지금또너희게닐ᄋᆞᄂᆞ니너희ᄂᆞᆫ
三四 나를차자도나의갈곳에너희가니르지못ᄒᆞ리라 三四 내가새로너희게명을주ᄂᆞ
니너희가서로와ᄉᆞ랑ᄒᆞᆯ지어다곳내가너희를ᄉᆞ랑ᄒᆞ던ᄃᆡ로너희도서로와ᄉᆞ
三五 랑ᄒᆞ여라 三五 너희가서로와ᄉᆞ랑ᄒᆞ면이로써모든사ᄅᆞᆷ이내뎨ᄌᆞ들노알니라ᄒᆞ
三六 시니 三六 셔문피득이말ᄒᆞᄃᆡ 쥬님셰서어ᄃᆡ로가시겟ᄉᆞᆸᄂᆞ잇가 예수ᄭᅴ셔
三七 ᄃᆡ답ᄒᆞ샤ᄃᆡ내갈곳에네가이졔좃지못ᄒᆞ되후에나를좃ᄎᆞ리라ᄒᆞ시니 三七 피득
이말ᄒᆞᄃᆡ 쥬님셰옵셔웨지금이라도제가좃지못ᄒᆞ오릿가저ᄂᆞᆫ 쥬님을위
三八 ᄒᆞ야명을ᄇᆞ리겟ᄉᆞᆸᄂᆞ이다 三八 예수ᄭᅴ셔말ᄉᆞᆷᄒᆞ샤ᄃᆡ네가나를위ᄒᆞ야명을ᄇᆞ
리겟ᄂᆞ냐진실노진실노내가네게닐ᄋᆞᄂᆞ니네가나를세번아지못ᄒᆞᆫ다말ᄒᆞ기
젼에ᄃᆞᆰ이도모지울지안이ᄒᆞ리라
(第十四章) 뎨십ᄉᆞ쟝 一 너희ᄂᆞᆫᄆᆞᄋᆞᆷ에근심치말고 하ᄂᆞ님을밋ᄂᆞᆫᄃᆡ나를또밋으라 二 내
아바지ᄃᆡᆨ에류ᄒᆞᆯ곳이만코그럿치안이ᄒᆞ면내가너희게닐넛스리니내가너
三 희를위ᄒᆞ야곳을예비ᄒᆞ라가ᄂᆞᆫᄃᆡ 三 류ᄒᆞᆯᄃᆡ를가초라가면내가다시오고너희

1919년 판 (요한복음 14장)

서고우리도그사ᄅᆞᆷ과ᄀᆞᆺ치ᄯᅩ계신지라 二四나ᄅᆞᆯᄉᆞ랑ᄒᆞ지안이ᄒᆞᄂᆞᆫ사ᄅᆞᆷ은내도
ᄅᆞᆯ직히지안이ᄒᆞᄂᆞ니너희가드른도ᄂᆞᆫ내도가안이라나ᄅᆞᆯ보내신 아바지의
도시니라 二五내가너희와ᄀᆞᆺ치잇스며이로써네게닐넛스나 二六위로ᄒᆞ신 이ㅣ
셔서곳 아바지께서내일홈으로보내실 셩신님께셔네게모든것슬ᄀᆞᄅᆞ치
시겟고ᄯᅩ내가네게ᄒᆞ던말을무어시던지다ᄉᆡᆼ각ᄒᆞ게ᄒᆞ시리라 二七내가평안홈
을너와ᄀᆞᆺ치두고곳ᄌᆞ긔의평안홈을네게줄거슨세상이주ᄂᆞᆫᄃᆡ로안이라너희
ᄆᆞᄋᆞᆷ에근심치말고두려워마라 二八내가ᄯᅥ나고너희게도로오겟다ᄂᆞᆫ말홈을네
가드럿스니나ᄅᆞᆯᄉᆞ랑ᄒᆞ엿더면즐거워홀거슨내가 아바지께로가ᄂᆞᆫ연고로
아바지께셔나보다크심이니라 二九이일이일우기젼에내가네게닐으던거슨
일울젹에밋게ᄒᆞ리라 三十이후에내가니와ᄀᆞᆺ치말만히못홀거슨세상의다ᄉᆞ리
ᄂᆞᆫ쟈가니ᄅᆞᆯ지라날노아모것도업스려니와 三一내가 아바지ᄅᆞᆯᄉᆞ랑ᄒᆞᆫ줄세상
이알게홈으로 아바지의명을주신ᄃᆡ로내가ᄒᆡᆼᄒᆞ노라니러나여긔셔ᄯᅥ나자
ᄒᆞ시더라

뎨십오쟝

一나ᄂᆞᆫ참포도나무라내 아바지ᄂᆞᆫ농부시니 二내안으로실과열지

九一三

十三 十三 또ᄒᆞᆫ무어시던지내일홈으로구ᄒᆞ면내가힝ᄒᆞᆯ거슨 아바지ᄭᅴ셔아ᄃᆞᆯ노영
十四 광을엇게ᄒᆞ실도록홈이러라 十四 아모거시던지내일홈으로구ᄒᆞ면내가힝ᄒᆞ리
十五十六 라 十五 네가나ᄅᆞᆯᄉᆞ랑ᄒᆞ면내명을직힐터이니 十六 내가또ᄒᆞᆫ 아바지ᄭᅴ구ᄒᆞ여
(十七) 아바지ᄭᅴ셔길게ᄀᆞᆺ치계실도록다ᄅᆞᆫ위로ᄒᆞ실 이ㅣᄅᆞᆯ네게주시리니 十七 곳
참리치의셩신님이시오니세샹이영졉지못ᄒᆞᄂᆞᆫ거슨뵈옵지못ᄒᆞ고알지도못
ᄒᆞᆷ이려니와너알거슨 그ㅣ께셔너와ᄀᆞᆺ치계시고또네안에계시겟심일너라
十八十九 十八 네가너ᄅᆞᆯ위로홈이업시ᄇᆞ리지안이ᄒᆞ고내가네게올지라 十九 잠간세샹이나
二十 ᄅᆞᆯ보지못ᄒᆞ나네가나ᄅᆞᆯ볼거슨내가사ᄂᆞᆫ연고로네가또살니라 二十 네가그날에
二一 내가내 아바지안에잇고또네가내안에잇고또내가네안에잇슴을알니디 二一
니의명이잇셔직히ᄂᆞᆫ사ᄅᆞᆷ은나ᄅᆞᆯᄉᆞ랑ᄒᆞᄂᆞᆫ사ᄅᆞᆷ되ᄂᆞ니내ᄉᆞ랑ᄒᆞᄂᆞᆫ사ᄅᆞᆷ은
二二 아바지도ᄉᆞ랑ᄒᆞ시겟고내가또ᄉᆞ랑ᄒᆞ여ᄌᆞ긔ᄅᆞᆯ졔게나타내리라ᄒᆞ시더 二二 가
룟ㅣ사ᄅᆞᆷ안이라다ᄅᆞᆫ유대가달ᄒᆞ다 쥬님 ᄌᆞ긔ᄅᆞᆯ저희게나타내시고세샹의
二三 게나타내시지안이ᄒᆞ시겟심은엇지심이오닛가 二三 예수ᄭᅴ셔ᄃᆡ답ᄒᆞ샤ᄃᆡ아
모사ᄅᆞᆷ이던지나ᄅᆞᆯᄉᆞ랑ᄒᆞ면내도ᄅᆞᆯ직히리니또내 아바지ᄭᅴ셔뎌ᄅᆞᆯᄉᆞ랑ᄒᆞ

1919년 판 (요한복음 14장)

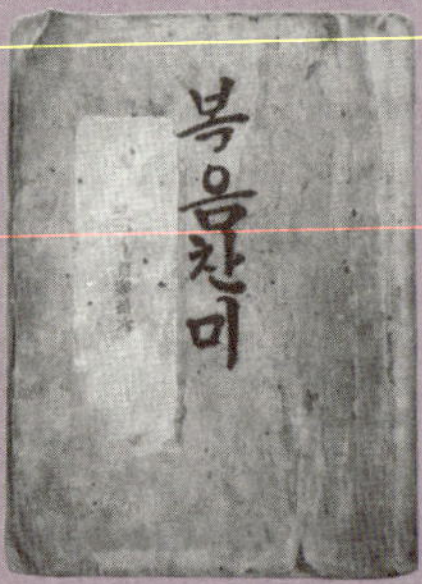

*복음찬미

펜윅은 효과적인 복음전도를 위해 성경책, 찬송가, 전도용 소책자를 발간하였다. 《복음찬미》는 펜윅이 발간한 찬송가책이며, 여러 판 중 이 책에는 1926년 제6판의 이미지를 수록하였다. 또한 총 252곡 중 펜윅이 작사한 곡 중 일부를 주제별로 분류하여 수록하였다. 원문 이미지를 같이 삽입하여 독자가 원문과 현대어를 비교할 수 있도록 하였고, 성경 인물의 고어 표기와 펜윅의 독특한 표현은 설명을 추가했다. 원본의 곡명은 영어로 기록되어 있으며, 곡명 아래 좌측에는 작곡자 이름을, 우측에는 작곡자를 표기하였다.

복음찬미

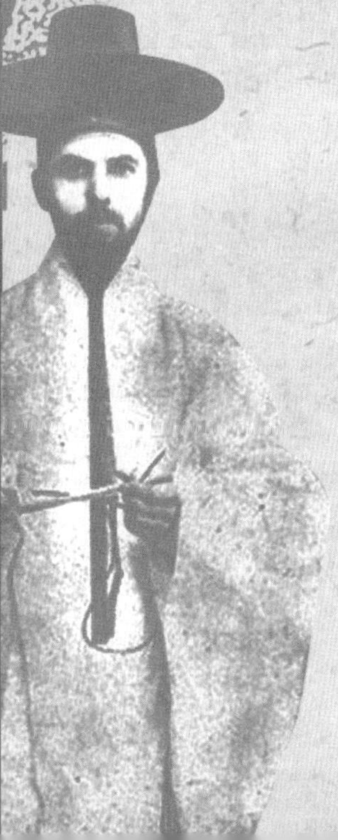

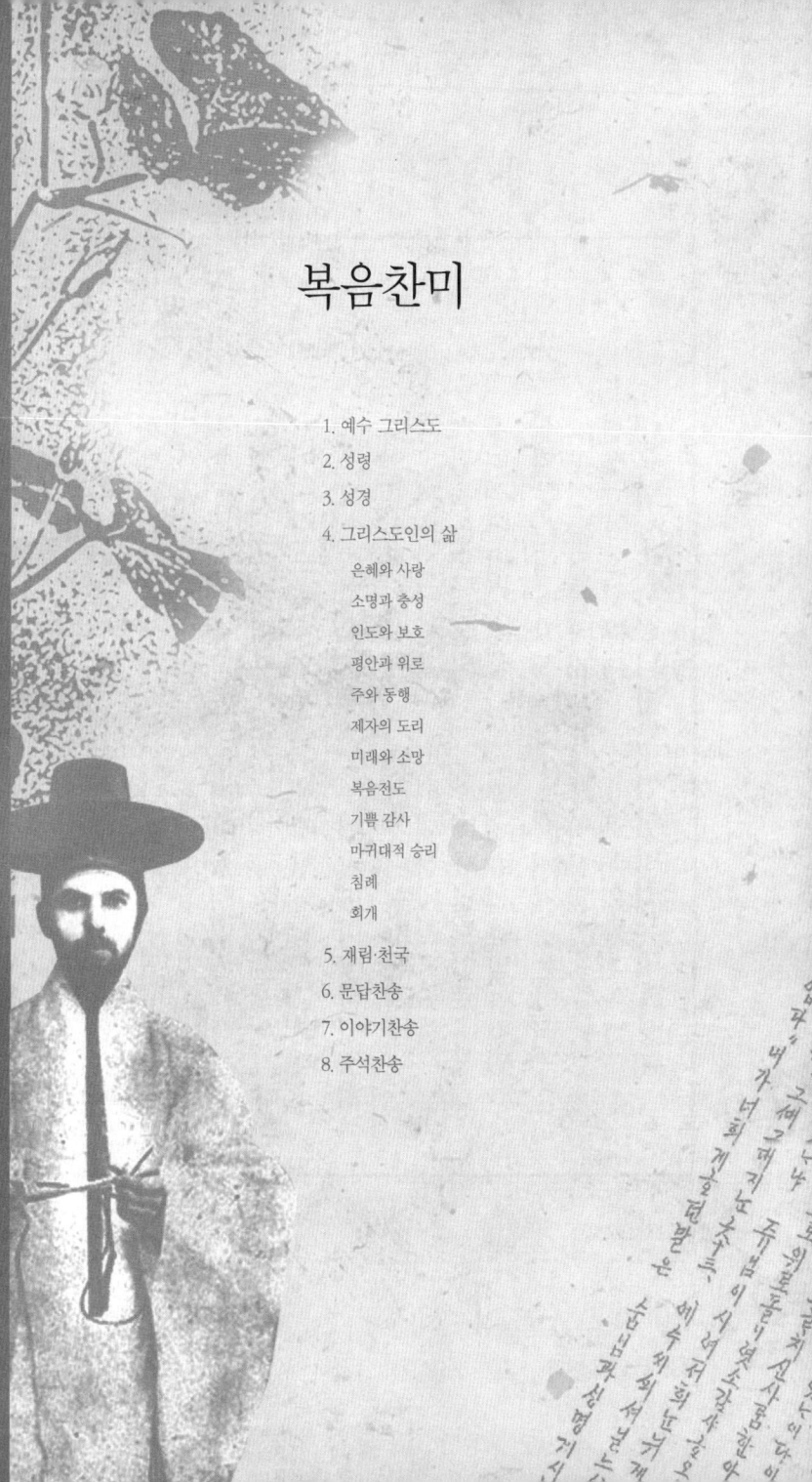

뎨二

No. 2. I'LL GO WITH HIM ALL THE WAY.

M. C. F. — P. P. BLISS.

一

하ᄂᆞ님의셩ᄌᆞ께셔
이셰샹에탄강ᄒᆞ샤
사ᄅᆞᆷ구속ᄒᆞ시랴고
고ᄉᆡᆼ만히만히밧셧네
어ᄃᆡ인도ᄒᆞ실넌지
어ᄃᆡ인도ᄒᆞ실넌지

악ᄒᆞᆫᄇᆡᆨ셩무지ᄒᆞ여
죽이기를몸먹으나
이셰샹에ᄭᅳᆺ날ᄭᆞ지
나는ᄯᆞ라ᄯᆞ라가오리다
어ᄃᆡ인도ᄒᆞ실넌지
나는ᄯᆞ라ᄯᆞ라가오리다

二

병인ᄒᆞᆼ샹곳치시며
죽은자를살니시고
사귀들을ᄶᅩᆺᄎᆞ신일
우리쥬님ᄆᆡ양ᄒᆞ셧다

그보다더됴ᄒᆞᆫ친구
이셰샹에잇지못ᄒᆡ
우리쥬님ᄲᅮᆫ이로다
우리쥬님쥬님예수씨

三

삼일동안디옥가샤
그곳잇는신들의게
젼도ᄒᆞ고오셧샤니
더욱감샤감샤ᄒᆞᆸᄂᆞ니다

분을내여붓든마귀
못나가게져희ᄒᆞ나
문에오심을보오니
겁신마귀도망ᄒᆞ엿네

예수 그리스도

NO. 2. 나는 언제까지나 그분과 함께 가리라

M. C. F. / P. P. BLISS.

1. 하나님의 성자께서 이 세상에 탄강誕降(왕이나 성인이 세상에 남)하사
사람 구속하시려고 고생 많이 많이 받으셨네
악한 백성 무지하여 죽이기를 맘먹으나
이 세상에 끝날까지 나는 따라 따라 가오리다

[후렴]
어디 인도하실런지 어디 인도하실런지
어디 인도하실런지 나는 따라 따라 가오리다

2. 병인 항상 고치시며 죽은 자를 살리시고
사귀邪鬼들을 쫓으신 일 우리 주님 항상 하셨다
그보다 더 좋은 친구 이 세상에 있지 못해
우리 주님뿐이로다 우리 주님 주님 예수씨

3. 삼일 동안 지옥가사 그곳 있는 신들에게
전도하고 오셨으니 더욱 감사 감사합니다
분을 내어 붙든 마귀 못나가게 저해하나
문에 오심을 보오니 겁신 마귀 도망하였네

四

한번나서멸망ᄒᆞᆯ쟈
마귀결박ᄒᆞᄂᆞᆫ죄인
예수씨를ᄃᆡ졉ᄒᆞᆯ세
텬부아ᄃᆞᆯ허락밧으옴

그ᄯᅢ브터숨님ᄭᅴ셔
몸게샤니나게ᄒᆞ샤
쥬님도라가신ᄉᆞ랑
ᄉᆡᆼ각ᄒᆞᆯᄯᅢ깃브오리다

五

마귀권능이긔실ᄯᅢ
두려옵게ᄒᆞ셧슨즉
ᄒᆞᆺ번아조업겟샤니
깃버감샤감샤ᄒᆞ외다

우리구쥬보ᄇᆡ피로
죽거ᄒᆞ올ᄯᅢ원슈ᄂᆞᆫ
겁을내여도망ᄒᆞ니
주신권세넉넉이긔네

六

두번강림ᄒᆞ실구쥬
셰샹심판ᄒᆞ실후에
만민만물평안토록
긔독ᄭᅴ셔황뎨되실쥬

그ᄯᅢ엇지깃블ᄂᆞᆫ지
우리쥬님왕뎨될ᄯᅢ
속히셰상다시오샤
길게평안ᄒᆞ게ᄒᆞᆸ쇼셔

4. 한번 나서 멸망할 자 마귀 결박하는 죄인
예수씨를 대접할세 천부 아들 허락받으옴
그때부터 숨님(성령)께서 맘 계시니 나게 하사
주님 돌아가신 사랑 생각할 때 기쁘오리다

5. 마귀 권능 이기실 때 두려웁게 하셨은즉
훗번後番(뒤에 오는 때) 아주 없겠으니 기뻐 감사 감사 하외다
우리구주 보배 피로 증거하올 때 원수는
겁을 내어 도망하니 주신 권세 넉넉히 이기네

6. 두 번 강림 하실 구주 세상 심판 하실 후에
만민 만물 평안토록 기독께서 황제 되실 주
그때 어찌 기쁠는지 우리 주님 황제 될 때
속히 세상 다시 오사 길게 평안하게 합소서

No. 53. OVERCOMING

M. C. F. TUNE: BY AND BY

뎨五十三

마귀ᄃᆡ뎍ᄒᆞᆯ노ᄅᆡ

一
구쥬님날사셧네
새약씨인틔흠으로
나셔예수씨라흠
녀ᄌᆞ죵ᄌᆞ로낫소

二
예수씨내샹뎐님
저ᄂᆞᆫ죵되엿삽네
보비피로사셧니
귀ᄒᆞ신임ᄌᆞ긔독

三
하나님의아들노
확실되신줄아오네
죽은ᄃᆡ셔도라와
부활ᄒᆞ신내임ᄌᆞ

NO. 53. 마귀 대적할 노래

M. C. F / TUNE : BY AND BY

1. 구주님 날 사셨네 색시 잉태함으로
   나서 예수씨라 함 여자 종자로 났소

2. 예수씨 내 상전님 저는 종 되었삽네
   보배 피로 사셨으니 귀하신 임자 기독

3. 하나님의 아들로 확실 되신 줄 아오네
   죽은 데서 돌아와 부활 하신 내 임자

No. 79. THE BRIDE'S SOLILOQUY

M. C. F. M. C. F.

뎨七十九

一 샹쳐밧어샹쳐밧어 날위ᄒᆞ샤십ᄌᆞ로밧샤니 죄샤주셧샤쇽량ᄒᆞ심은 저롤위ᄒᆞ샤상쳐밧셧네

二 도라가샤도라가샤 날위ᄒᆞ샤십ᄌᆞ로가샤니 쥭음에제가홈ᄯᅢ쥭은텨 날위ᄒᆞ샤도라가신연고

三 부활ᄒᆞ샤부활ᄒᆞ샤 날위ᄒᆞ샤다시살으셧네 길께셔지쥭음씀으로셔 쇽량되옴은부활ᄒᆞ신쥬

四 사시는쥬사시는쥬 저롤위ᄒᆞ샤텬당께시네 믜일저로괴도ᄒᆞ신즁믜 사신연고로내티신즁보

NO. 79. 신부의 독백

M. C. F. / M. C. F

1. 상처 받어 상처 받어 날 위해서 십자가로 받으니
   죄 사해 주셔서 속량하심은 저를 위해서 상처 받으셨네

2. 돌아가사 돌아가사 날 위해서 십자가로 가시니
   죽음에 제가 함께 죽은데 날 위해서 돌아가신 연고

3. 부활하사 부활하사 날 위해서 다시 사셨네
   길게까지 죽음과 싸움으로서 속량됨은 부활 하신 주

4. 사시는 주 사시는 주 저를 위해서 천당 계시네
   매일 저로 기도 하신 중에 사신 연고로 내 대신 중보

五

오심니다 오심니다
엇더ᄒᆞᆯ날에 ᄯᅡ에오리다
아ᄅᆞᆷ다오신 낫뵈올깃븜
저를위ᄒᆞ샤 쉬오실신랑

六

날위ᄒᆞ샤 날위ᄒᆞ샤
귀즁ᄒᆞᆫ신랑 묘ᄒᆞ시는쥬
난뵙ᄉᆞ오되 쥬엿ᄯᅢ셔지
이샹코이샹 날고뒤ᄒᆞ심

七

통일ᄒᆞ옴 통일ᄒᆞ옴
황뎨들쥬지 와ᄒᆞᆷᄭᅴ통일
보좌에ᄒᆞᆷᄭᅴ 통일ᄒᆞ올셰
뎰깃브올것 그ㅣ낫출뵈올

八

제게영화 제게영화
신랑ᄯᅢ찬송 니니ᄒᆞ올일
그쳐럼날ᄉᆞ 랑ᄒᆞ심으로
길게ᄼᅥ지감 샤ᄒᆞ올것ᄲᅮᆫ

5. 오십니다 오십니다 어떠할 날에 때에 오리다
아름다우신 낯 뵈올 기쁨 저를 위해서 속히 오실 신랑

6. 날 위하사 날 위하사 귀중한 신랑 묘하신 주
난 밉사온데 주 여태까지 이상하고 이상 날 고대하심

7. 통일하옴 통일하옴 황제들 주재와 함께 통일
보좌에 함께 통일 하올세 제일 기뻐 올 것 그 낯을 뵈옴

8. 제게 영화 제게 영화 신랑께 찬송을 넉넉하올 일
그처럼 날 사랑하심으로 길게까지 감사할 것 뿐

뎨八十六

No. 86. THO I PRAISED HIM FOREVER 'TWOULD NOT SUFFICE

M. C. F.

一

하나님아들은예수씨
저희구쥬님되셧샤네
누구그ㅣ손에셔못쎽니
겁업시넉넉ᄒᆞ네

二

긔독도통ᄉᆞ숨님씌셔
긔독안에ᄯᅳᆺ을뵈시네
열ᄆᆡ자라게ᄒᆞ심으로
쥬님과ᄀᆞᆺ치되심

三

아바지씌셔아들숨님
아바지ᄃᆡᆨ에나게ᄒᆞ샤
아들과쟝ᄌᆞ업주신ᄃᆡ
부쟈되옵ㅣᄂᆡ다

M. C. F.

NO. 86. 비록 내가 그분을 영원토록 찬미할지라도 충분하지 않으리

M. C. F. / M. C. F.

1. 하나님 아들은 예수씨 저희 구주님 되셨네
누구도 그 손에서 못 빼니 겁없이 넉넉하네

2. 기독 도통道通(사물의 이치를 깨달아 통하다)하사 숨님께서
기독 안에 뜻을 보이시네
열매자라게 하심으로 주님과 같이되심

3. 아버지께서 아들 숨님 아버지 댁에 나게 하사
아들과 장자 업 주신대 부자 되옵니다

四 우리쥬님도라오실때
ᄒᆞᆷ씌영광을밧으올거
만민쥬지님과통일ᄒᆞᆷ
아바지은혜로다
이은혜이은혜아바지씌셔
아ᄃᆞᆯ을위ᄒᆞ샤주심이、로다
감샤만감샤ᄒᆞ오길게ᄒᆞ오되
넉넉지못ᄒᆞᆯ것못ᄒᆞ오리다

4. 우리 주님 돌아오실 때 함께 영광을 받으올거
만민 주재님과 통일하옴 아버지 은혜로다

[후렴]
이 은혜 이 은혜 아버지께서 아들을 위하사 주심이로다
감사만 감사하오 길게 하오되 넉넉지 못할 것 못하오리다

No. 89. JESUS IS ALWAYS TRUE

M. C. F. M. C. F.

뎨八十九

예수씨ᄂᆞᆫ ᄆᆡ양진실ᄒᆞ시도다

一

친구업ᄂᆞᆫ친구님
편벽지안이시고
압제못ᄒᆞᆫ실쥬님
ᄆᆡ양진실로다
이양을차즈샤
모롤때ᄀᆞᄅᆞ처며
교만칙망ᄒᆞ시고
ᄆᆡ양진실토다

二

격구러진쟈의게
말숨슌ᄒᆞ시며
어려온자이라도
ᄆᆡ양슌ᄒᆞ실쥬
이런인셩이라도
하나님의깁흐신
싱명에오라ᄒᆞ실
편벽업실구쥬

三

이와ᄀᆞᆺᄒᆞᆫ선친구
부르신ᄌᆞ긔ᄌᆞ를
영광깁흐신즁에
다리고가실쥬
은근히누구업시
묘ᄒᆞ심당신변화
거긔복욕ᄒᆞᆫ올때
진실ᄒᆞᆫ신줄아오

四

친구몸절원ᄒᆞ고
그ㅣᄭᅴ찬숑돌닐때
텬부ᄭᅴ다리실줄
진실구쥬로아오
그와ᄀᆞᆺᄒᆞ신샹오
아모때불샹흔면
ᄇᆞ리지안이ᄒᆞᆫ쟈
츰진실ᄒᆞᆫ신쥬실

NO. 89. 주는 항상 진실하시도다

M. C. F. / M. C. F.

1. 친구 없는 친구님 편벽偏僻(생각이 한쪽으로 치우침)지 않으시고
   압제 못하실 주님 항상 진실토다
   이 양을 찾으시니 모를 때 가르치며
   교만 책망 하시고 항상 진실토다

2. 거꾸러진 자에게 말씀 참 순하시며
   어려운 자라도 항상 순하실 주
   이런 인생이라도 하나님의 깊으신
   생명에 오라하실 편벽 없으실 구주

3. 이와 같으신 친구 부르신 자기 자를
   영광 깊으신 중에 데리고 가실 주
   은근히 누구 없이 묘하신 당신 변화
   거기 목욕할 때 진실하신 줄 아오

4. 친구 맘 절원切願(간절히 바람)하고 그에게 찬송 돌릴 때
   천부께 데려가실 줄 진실 구주로 아오
   그와 같으신 상전 아무 때나 불쌍한 자
   버리지 아니하실 참 진실하신 주

五

영광셔오시다가
약됴ᄒᆞ신곳에로
엿때원ᄒᆞ신신부
공즁에맛날날
셰때우셰때우에
ᄒᆞᆷᄭᅴ통일ᄒᆞ시고
복논아주실신랑
길게진실토다

5. 영광서 오시다가 약조하신 곳으로
여태 원하신 신부 공중에 만날 날
새로운 때 위 새로운 때 위에
함께 통일 하시고
복 나눠주실 신랑 길게 진실토다

No. 91. "FAIRER THAN ALL THE SONS OF MEN"

M. C. F. M. C. F.

뎨九十一

一

만민즁뎨묘ᄒᆞ신ᄌᆞㅣ게시네
그ㅣ낫쳐럼ᄉᆞ랑ᄒᆞ심또귀ᄒᆞ오
든든ᄒᆞ시며진실ᄒᆞ신신랑
그ㅣ와ᄀᆞᆺ흔귀흔쟈업네

만민묘흔쟈즁에뎨곱도다
크신텬ᄉᆞ들보다진실토다
졍욕ᄉᆞ랑냇물쳐럼흘느되다
그보다한량업신ᄉᆞ랑

텬당싸에와텬당우에셔지
뎰놉고아름다오신쥬지님
진실ᄒᆞ시며더욱ᄉᆞ랑ᄒᆞ심
제게흔량업스시는쥬

NO. 91. 모든 사람의 아들들보다 더 아름다우신 분이로다

M.C.F. / M.C.F.

1. 만민 중 제일 묘하신 자 계시네
그 낯처럼 사랑하심 또 귀하오
든든하시며 진실하신 신랑
그와 같은 귀한 자 없네

만민 묘한 자 중에 제일 곱도다
크신 천사들보다 진실토다
정욕 사랑 냇물처럼 흐르되
그보다 한량없는 사랑

천당 땅에와 천당 위에까지
제일 높고 아름다우신 주재님
진실하시며 더욱 사랑하심
제게 한량 없으신 주

No. 97. JESUS MY ONLY SOVEREIGN

M. C. F. M. C. F.

뎨九十七

내오 동쥬 가림다젼 一〇三十、一

一

예수씨는내구쥬
내의진실친구
공뢰로되셧샤니
넉넉깃브다
셩명날노내신줄
세드롤때됨은
죄업심 공뢰 죄갑
긔독내지혜요

二

내의쥬지논긔독
공뢰쏘되샤니
텬당에즁보됨심
잘되오리다
그ㅣ쐬셔로난셤겨
진실케원홈은
오실때잘훈다신
말솜듯기원ᄒᆞ오

(내 후렴)

나의온통쥬쳐
짐을다지신쥬
억에업으신데
홈넉넉가올쟈

NO. 97. 내 온통 주

M. C. F. / M. C. F

1. 예수씨는 내 구주 나의 진실 친구
공로로 되셨나니 넉넉 기쁘다

[후렴]
생명 날로 내신 줄 깨달을 때 됨은
죄 없음, 공로, 죄 값 기독 내 지혜요

2. 나의 주재는 기독 공로 또한 되시니
천당에 중보되심 잘 되오리다

[후렴]
그께 서로 난 섬겨 진실케 원함은
오실 때 잘한다는 말씀 듣기 원하오

[나중 후렴]
나의 온통 주재 짐을 다 지신 주
어깨에 업으신데 흠 넉넉 가올 자

No. 155. PRIVATE 162

OUR TRUSTWORTHY BRIDEGROOM.

M. C. F. JEAN HOWARD

第百五十五

넉넉밋으올구쥬

一

원슈ᄂᆞᆫ여러번근심케ᄒᆞ오
깃븐몸써러지게ᄒᆞ오되
놉호신구쥬님께알월일
넉넉밋으을구쥬
밋으올쥬넉넉진실쥬
믜양곳ᄒᆞ시ᄂᆞᆫ예수씨
웃헤서지ᄉᆡᆨ곳ᄒᆞ실
밋으올져회신랑

二

여러번짐은무겁ᄉᆞ오며
사롬혹독ᄒᆞ며ᄯᅩ틀니오되
짐을담당ᄒᆞ실ᄌᆞ게샤네
밋으올져회신랑

三

버러지동녹먹으올곳에
뫼오지말셰텬당뫼올것
ᄉᆞ랑한량업실직히실쥬
밋으올져회신랑

NO. 155. 넉넉히 믿을 구주

M. C. F. / JEAN HOWARD

1. 원수는 여러 번 근심케하오 기쁜 맘 떨어지게 하오되
   높으신 구주님께 아뢸 일 넉넉히 믿을 구주

   [후렴]
   믿으올 주 넉넉 진실 주 항상 같으신 예수씨
   끝에까지 꼭 같으실 믿을 저희 신랑

2. 여러 번 짐은 무겁사오며 사람 혹독하여 또 틀리오되
   짐을 담당하실 자 계시네 믿으올 저희 신랑

3. 버러지 동록銅綠(구리에 생기는 녹색의 녹) 먹을 곳에
   모이지 말세 천당에 모일 것
   사랑 한량없이 지키실 주 믿을 저희 신랑

No. 157. BRIVATE

A POOR HOMELESS STRANGER

M. C. F. M. C. F.

복음 찬미

뎨百五十七

一

이ᄎᆞᆷᄒᆞᆸᄒᆞᆫ셰샹에저희즁
친쳑업신외인오셧샤
힝ᄒᆞ신길붓그럽고
욕、업쉬녁임펵만소
슈고와근심ᄯᅩ눈물은
ᄉᆞᆫ치심도모지업시
저를보샤니길게이놈은
그ㅣ의죵그ㅣ의죵되올ᄲᅮᆫ
이런ᄃᆡ뎍괴악ᄒᆞᆫᄯᅡ에셔
눈물죄로셔ᄶᅥ나샤니
다만이놈을보아셧신ᄃᆡ
몸셔져셔기ᄃᆞ리옵네

이빅싱삼

NO. 157. 가난하고 집 없는 나그네 되셨네

M. C. F. / M. C. F

1. 이 참 슬픈 세상에 저희 중 친척 없으신 외인 오셨사
   행하신 길 부끄럽고 욕, 업신여김 퍽 많소

   수고와 근심 또 눈물은 그치심 도무지 없이
   저를 보시니 길게 이 놈은 그의 종 그의 종 되올 뿐

   이런 대적 괴악怪惡(괴이하고 흉악함)한 땅에서
   눈물 죄로서 떠나시니
   다만 이놈을 보셨는데 맘 깨져서 기다리옵네

No. 162. G.337

THE REJECTED AS SINNER
BECOMES THE ACCEPTED
AS KING OF KINGS

M. C. F. JNO. R. SWEENEY

뎨百六十二

一

긔독구쥬、님예수씨
이인셩못、담당훌죄
구쥬님을、쓰레기와
거름텸에 ᄇ리옴네
거게십ᄌ에 죄인과
제몹슬죄 담당ᄒ샤
더러온곳 되셧셔도
온셰샹즁 영광게심

二

더러온것과 셰샹은
그와곳치 ᄇ리오되
구쥬님피 먹으온ᄡᅡ
그즁셕곳 ᄒ실곳에
그ᄣᅢ피로 속ᄒ셧샤
이후다재로 지실쥬
감샤토다 저희구쥬
온통일맛 치실쥬님

三

그ᄣᅢ브터 턴하인잔
사셧신ᄲᅮᆫ 안이오라
발아리모 든들넌것
노신후쥬 지되실쥬
구쥬시여 쉬홉소샤
등국ᄒ실 납쉬뵙셰
턴하인잔 사신ᄌ들
쥬ᄣᅴ슌복 케홉소샤

복음 찬미

이빅십팔

NO. 162. 죄인으로 거부 당하신 분 왕 중의 왕 되시네

M. C. F. / JNO. R. SWEENEY

1. 기독 구주님 예수씨 이 인생 못 담당할 죄
구주님을 쓰레기와 거름통에 버리네

거기 십자가에 죄인과 제 몹쓸 죄 담당하사
더러운 곳 되셨어도 온 세상 중 영광 계심

2. 더러운 것과 세상은 그와 같이 버리오되
구주님 피 먹으온 땅 그 중 깨끗한 곳에

그때 피로 속하사 이후 다 새로 지으실 주
감사하도다 저희 구주 온통 일 마치실 주님

3. 그때부터 천하인간 사셨을 뿐 아니오라
발아래 모든 틀린 것 놓으신 후 주재되실 주

구주시여 쉬 합소서 등극하실 날 쉬 뵙세
천하인간 사신 자들 주께 순복케 합소서

No. 202. 1200-445

ONE THERE IS WHO LOVES THEE

M. C. F. W. H. DOANE
M. C. F. ARR'MT

뎨二百二

一

ᄉᆞ랑ᄒᆞ시ᄂᆞᆫᄌᆞ한아계샤네
텬하인간에셔업신ᄀᆞᆺᄒᆞᆫᄌᆞ
영졉ᄒᆞ올당신구원ᄒᆞ실쥬
슌복만ᄒᆞ올ᄯᅢ새몸주실네
그와ᄀᆞᆺᄒᆞᆫ샹뎐어ᄃᆡ잇슬가
그러ᄒᆞ신ᄉᆞ랑홀노예수씨

二

죄뎡ᄒᆞᄂᆞᆫᄃᆡ에ᄃᆡ신가셧고
남의를위ᄒᆞ샤ᄉᆡᆼ명내신쥬
디옥문열어셔갈것업ᄂᆞᆫᄃᆡ
길게어리신양찬숑ᄒᆞ올네

복음찬미

NO. 202. 너를 사랑하시는 그분 계시네

M. C. F / W. H. DOANE, M. C. F. ARR ' MT

1. 사랑하시는 자 하나 계시네
   천한 인간에서 업신 같은 자
   영접하올 당신 구원하실 주
   순복만 하올 때 새 몸 주시네

   [후렴]
   그와 같은 상전 어디 있을까
   그러하신 사랑 홀로 예수씨

2. 죄 정하는데 대신 가셨고
   남을 위하사 생명내신 주
   지옥문 열어서 갈 것 없는데
   길게 어리신 양 찬송하오네

三 그먼나라리치모른쟈잇되
게실캐렸마ᄂᆞᆫ열어뵈실쥬
알게ᄒᆞ신후에열ᄆᆡ자라실
아바지ᄭᅴ영광돌니시게ᄒᆞ옴

四 ᄌᆞ미만숩ᄂᆡ다은혜그겻뿐
그우크신은혜스ᄉᆞ로오심
그델깃브실복신랑보올날
다시안가실쥬게실쥬길게

五 ᄇᆡᆨ셩ᄀᆞᆺᄒᆞ잔코ᄒᆞᆸᄭᅴ통일ᄒᆞ옴
대벽보좌에셔만국다ᄉᆞ림
나죵각각사름쥬ᄅᆞ셤기옴
길게길게ᄭᅥ지평안되실곳

3. 그 먼 나라 이치 모른 자 있으되
계실 카리스마(은혜)는 열어 보이실 주
알게 하신 후에 열매 자라실
아버지께 영광 돌리시게 하옴

4. 재미 많습니다 은혜 그것뿐
그 크신 은혜 스스로 오심
그 제일 기쁘실 복 신랑 볼 날
다시 안 가실 주 계실 주 길게

5. 백성 구분하지 않고 함께 통일하옴
대벽(다윗) 보좌에서 만국 다스림
나중 각각 사람 주로 섬기옴
길게 길게까지 평안 되실 곳

No. 239. PRIVATE 118

HIS FEET NEVER GROW WEARY

M. C. F. CHAS H. GABRIEL JR

뎨二百三十九

一 목ᄌᆞ제쥬님진실토다
ᄆᆡ양길든든히딍기심
길은얼마나험ᄒᆞ여도
절업어올나가신쥬
이양은뎐당니르올양
업으신목ᄌᆞ님넉넉ᄒᆞ오
뎐하인간힘다게시네
발또곤ᄒᆞ시잔네

二 제목ᄌᆞᄉᆞ랑ᄒᆞ심군청
절노싱명내신크신것
ᄭᅳᆺᄭᆞ지진실ᄒᆞ실ᄉᆞ랑
제목ᄌᆞ님그러신쥬

三 아당인쳐럼안되신쥬
온젼새동물되셧시네
하나님쳐럼한편되심
다른편죄업신인ᄌᆞ

四 뎐당문크게열엇시며
놉흐신쥬지님영접ᄒᆞ옴
그ㅣ공뢰제공뢰되샤니
저를또영졉ᄒᆞ실네

NO. 239. 그분의 발 결코 곤하시지 않네

M. C. F. / CHAS H. CABRIEL. JR

1. 목자 제 주님 진실토다 항상 길 든든히 다니심
   길은 얼마나 험하여도 절 업어 올라가신 주

   [후렴]
   이 양은 천당 이르올 양 업으신 목자님 넉넉하오
   천하 인간 힘 다 계시네 발도 곤하시지 않네

2. 제 목자 사랑하심 간청 절로 생명 내신 크신 것
   끝까지 진실하실 사랑 제 목자님 그러신 주

3. 아담인처럼 안되신 주 온전히 새 동물 되셨네
   하나님처럼 한편 되심 다른 편 죄 없으신 인자

4. 천당 문 크게 열었으며 높으신 주재님 영접하옴
   그 공로 제 공로 되시니 저를 또 영접하시네

No. 240. PRIVATE 119

ALONE

M. C. F. B H. PRICE

뎨二百四十

一 홀노구쥬님동산에
피ᄯᅡᆷ흘니샤네
거게그쓴잔잡셧샤
저로잡셧신쥬
홀노、홀노、그몸슬고난을
담당ᄒᆞ신ᄲᅮᆫ안오라
날위ᄒᆞ샤싱명내심홀노、

二 ᄌᆡ판소에저로홀노
사ᄅᆞᆷ의게ᄌᆡ판
밧으신ᄲᅮᆫ안이십ᄌᆞ
텬부ᄭᅴᄯᅩ밧심

三 홀노제ᄐᆡ신디옥에
가셧신구쥬님
나오신ᄯᅢ셩도들게
옥、문홀노여심

四 홀노뎐당올나가샤
홀노하나님압
공뢰와향긔로심은
되실즁보홀노

五 텬부쟝ᄌᆞᄭᅴ주신ᄌᆞ
다시살겟실쥬
음셩그날드르올ᄌᆞ
홀노불느실쥬

六 삼년반후감람산셔
샹쳐발셧실쥬
대벽보좌신부로와
ᄒᆞᆷᄭᅴ길게통일

NO. 240. 홀로

M. C. F. / B H. PRICE

1. 홀로 구주님 동산에 피 땀 흘리시네
거기 그 쓴 잔 잡수셨네 저로 잡수신 주

[후렴]
홀로, 홀로, 그 몹쓸 고난을 담당하신 뿐 아노라
날 위해서 생명 내심 홀로

2. 재판소에 저로 홀로 사람에게 재판
받으신 뿐 아니라 십자가 천부께 또 받으심

3. 홀로 제 대신 지옥에 가신 구주님
나 오신 때 성도들에게 옥문 홀로 여심

4. 홀로 천당을 나가서 홀로 하나님 앞
공로와 향기로우심은 되실 중보 홀로

5. 천부 장자께 주신 자 다시 살아계실 주
음성 그 날 들을 자 홀로 부르실 주

6. 삼 년 반 후 감람산에서 상처 받으신 주
대벽(다윗) 보좌 신부로 와 함께 길게 통일

No. 248. PRIVATE 120

JESUS MY WORTHY REDEEIMER

M. C, F. M. C. F.

뎨二百四十八

묵시五○三、四、五、八ㅡ十二

一
공뢰한량업시는쥬
텬당즁홀노넉넉
그ㅣ공뢰제편에게샤
저는겁업는ᄌᆞ
모든빗즁쥬빗영광
고흔ᄌᆞ즁뎰곱소
텬당이라도피공뢰
다룬것온통의심

二
마귀는이것또아오니
겁아조퍽만흔듸
신부의게신랑님은
이길권셰주심
신랑떠나신때격정
원슈와신부잇네
모든원슈권능으로
이길피권셰주심

三
그때브터쟝ᄌᆞ들은
어리신양피증참
견딜수업는겁신은
빨니도망ᄒᆞᆫ신
죽던ᄌᆞ그럿치안코
ᄉᆡᆼ명케ᄒᆞ신ᄌᆞ뿐
구쥬님ᄉᆡᆼ명게샤니
죽는마귀도망ᄒᆞ오

NO. 248. 예수 나의 귀하신 구주

M. C. F. / M. C. F.

1. 공로 한량없으신 주 천당 중 홀로 넉넉
그 공로 제 편에 계셔 저는 겁 없는 자
모든 빛 중 주 빛 영광 고운 자 중 제일 곱소
천당이라도 피 공로 다른 것 온통 익심益甚(갈수록 더하다)

2. 마귀는 이것도 아오니 겁 아주 퍽 많은데
신부에게 신랑님은 이길 권세 주심
신랑 떠나신 때 걱정 원수와 신부 있네
모든 원수 권능으로 이길 피 권세주심

3. 그때부터 장자들은 어리신 양 피 증참
견딜 수 없는 겁신은 빨리 도망한 신
죽던 자 그렇지 않고 생명케 하신 자뿐
구주님 생명계시니 죽는 마귀 도망하오

No. 251. PRIVATE 127

THE NAME OF JESUS

M. C. F. E. S. LORENZ

뎨二百五十一

一

예수씨일홈참곱소
그음악듯기원ᄒᆞ오네
제깃븜가득케ᄒᆞ심
그ㅣ아름답신일홈
긔독아름답신쥬
긔독미일ᄀᆞᆺ도다
긔독넓히젼ᄒᆞᆸ세

二

공뢰돌니올새동물
제몸의근심아시는
구쥬일홈ᄉᆞ랑ᄒᆞ옴
명ᄒᆞ신ᄃᆡ로힝ᄒᆞ오ᄆᆡ

三

일홈더아름답소
그ㅣ아름답신일홈을
드르올ᄯᅢ눈물ᄀᆞᆺ쳐
몸깃브게ᄒᆞ실음악
그즁귀ᄒᆞ신음악

四

한번만나는사ᄅᆞᆷ게
드르오되ᄌᆞ미몰나
다만새동물지혜들
의게그즁참곱소

五

제대제ᄉᆞ장님공뢰
의지ᄒᆞ오며휘장안에
피공뢰향긔로심즁에
그ㅣ일홈권능넉넉

六

무한공뢰텬부보좌
압혜그ㅣ일홈ᄲᅮᆫ공뢰
즁보제긔도돌니ᄆᆡ
곳즉시ᄒᆞ실텬부

NO. 251. 예수의 아름다우신 이름

M. C. F. / E. S. LORENZ

1. 예수씨 이름 참 곱소 그 음악 듣기 원하오네
제 기쁨 가득케 하심 그 아름다우신 이름

[후렴] 기독 아름다우신 주 기독 매일 같도다
기독 널리 전하세 공로 돌리올 새동물(중생자)

2. 제 맘의 근심 아시는 구주 이름 사랑하옴
명하신 대로 행하오매 이름 더 아름답소

3. 그 아름다우신 이름을 들을 때 눈물 그쳐
맘 기쁘게 하실 음악 그 중 귀하신 음악

4. 한 번 만나는 사람에게 들으오되 재미 몰라
다만 새동물(중생자) 지체들에게 그 중 참 곱소

5. 제 대제사장님 공로 의지하오며 휘장 안에
피 공로 향기로우심 중 그 이름 권능 넉넉

6. 무한 공로 천부 보좌 앞에 그 이름뿐 공로
중보 제 기도 돌리매 곧 즉시 하실 천부

No. 173. PRIVATE 164

MY BRIDEGROOM'S THOUGHT FOR ME

M. C. F. M. LINDSAY

뎨百七十三

저를싱각ᄒᆞ신신랑

一

그먼나라저희신랑
게셧샤니심심ᄒᆞ오
다만떠나시기젼에
제게허락게심은
나ᄂᆞᆫ너를위ᄒᆞ야셔
곳을예비ᄒᆞ랴가오
다만다예비ᄒᆞᆫ후에
널위ᄒᆞ야도라와
나의잇ᄂᆞᆫ곳에너도
잇게ᄒᆞ라원ᄒᆞᆫ네

二

가ᄂᆞᆫ것슨당신소용
가지안을거시면
참숨님오시지안코
보닐ᄌᆞᄂᆞᆫ이신랑
오시미당신파홈ᄭᅴ
게실거륵ᄒᆞ실숨
도를다열으실숨님
열미자라게실쥬
지혜들다뫼오신후
내게다려오실숨

NO. 173. 저를 생각하신 신랑

M. C. F. / M. LINDSAY

1. 그 먼 나라 저희 신랑 계셨으니 심심하오
다만 떠나시기 전에 제게 허락계심은
나는 너를 위해서 머물곳을 예비하러 가오
다만 다 예비한 후에 널 위하여 돌아와
나의 있는 곳에 너도 있게 하랴 원하네

2. 가는 것은 당신 소용 가지 않을 것이면
참 숨님(성령) 오시지 않고 보낼 자는 이 신랑
오시매 당신과 함께 계실 거룩 하실 숨(성령)
도를 다 열으실 숨님(성령) 열매 자라게 하실 주
지체들 다 모이게 하신 후 내게 데려 오실 숨(성령)

三 이런복음리치ᄐᆡ로
셩도안에게실숨
모든것셜명ᄒᆞ신때
ᄉᆞ람것소용업네
긔독안에류ᄒᆞ옴을
ᄀᆞᄅᆞ치실터인ᄐᆡ
이러ᄒᆞᆷ으로서저는
긔독ᄉᆞ랑ᄒᆞ실즁
류ᄒᆞ옴넉넉ᄒᆞ올때
신랑님ᄭᅴ찬송ᄒᆞ오

四 아바지를밋으온즉
나를또밋으올ᄌᆞ
아바지와나와한아
너또한아되올ᄌᆞ
숨님쉬강림ᄒᆞ실ᄐᆡ
취례로한아됩실
이얼다널노ᄒᆞ겟네
ᄉᆡᆼ각ᄒᆞᆯ줄밋어라
아모때난닛지안코
ᄆᆡ양ᄒᆞᆷᄭᅴ류ᄒᆞᆯ네

3. 이런 복음 이치대로 성도 안에 계실 숨(성령)
모든 것 설명 하신 때 사람 것 소용 없네
기독 안에 유하옴을 가르치실 터인데
이러함으로서 저는 기독 사랑하실 중
유하옴 넉넉 하올 때 신랑님께 찬송하오

4. 아버지를 믿으온 즉 나를 또 믿으올 자
아버지와 나와 하나 너도 하나 되올 자
숨님(성령) 쉬 강림 하시되 침례로 하나 되실
이 일 다 너로 하겠네 생각할 줄 믿어라
아무때든 잊지 않고 항상 함께 유하네

No. 223.

THE SPIRIT OF LOVE

1200-1129

M. C. F.

E. O. EXCELL

뎨二百二十三

ᄉᆞ랑ᄒᆞ시ᄂᆞᆫ 숨님

一
보라써、뎨마대쳐럼
겁신안주신디
ᄉᆞ랑ᄒᆞ시ᄂᆞᆫ숨님을
주샤니감샤ᄒᆞ오
숨님을주샤니
그ㅣᄉᆞ랑ᄒᆞ시ᄂᆞᆫ열미
겁신을쏫겟샤
ᄉᆞ랑자라실숨님

二
아바지ᄯᅢ가신후에
긔독보닉셧네
그리ᄒᆞ신즉이인싱
인ᄌᆞ님아옵네

뎨마대후 一〇七、
〃 〃
〃 〃
〃 〃
〃 〃
가랍대 五〇二十二、
요한一셔 四〇十八、
요한 十五〇五、十、
요한 十五〇七、
ᄉᆞ도 一〇八、二〇一ㅣ四、
가립다젼 二〇九ㅣ十二、
〃 〃

NO. 223. 사랑하시는 숨님(성령)

M. C. F. / E. O. EXCELL

1. 보라(바울)씨, 뎨마태(디모데)처럼 겁신 안 주신데
   사랑하시는 숨님(성령)을 주시니 감사하오

   [후렴]
   숨님(성령)을 주시니 그 사랑하시는 열매
   겁신을 쫓겠네 사랑 자라실 숨님(성령)

2. 아버지께 가신 후에 기독 보내셨네
   그리하신 즉 이 인생 인자님 아옵네

복음 찬미

三 열민로자라실것뿐
안이올삽니다
춤리치또자라실숨
곳하나님지혜

四 저는약히도권능숨
계샤니넉넉ᄒᆞ오
긔독온전케ᄒᆞ실힘
약ᄒᆞᆫ즁나시네

五 싱싱ᄒᆞ시는숨님은
계샤니요망홈지혜는
훌것업시제지혜는
긔독올삽니다

六 신랑기드리실동안
신부직히실숨
신랑띠다리실도록
미리예비실숨

피득후 三〇十八、
가림다전 二〇三ㅣ七、
〃 〃 〃
〃 〃 三、四、
데마태후 一〇七、
가림다후 十二〇七ㅣ十、
〃 〃 〃
데마태후 一〇七、
〃 전 四〇七、
비립비 四〇十九、
요한一서 二〇二十七、
가림다전 一〇三十、
마태 [illegible]
에소드 [illegible]
〃 〃 〃
창세지 [illegible]

3. 열매로 자라실 것 뿐 아니옵니다
참 이치 또 자라실 숨(성령) 곧 하나님 지혜

4. 저는 약해도 권능 숨 계시니 넉넉하오
기독 온전케 하실 힘 약한 중 나시네

5. 생생하신 숨님(성령)은 계시니 요망함
할 것 없이 제 지혜는 기독 올시옵니다

6. 신랑 기다리실 동안 신부 지키실 숨(성령)
신랑께 데려가시도록 미리 예비하실 숨(성령)

복음 찬미

No. 40. THREE THINGS FOR US TO DO

M. C. F. OLD SONG

뎨四十

一
세가지볼일잇습네
두번난ᄌᆞ의게
셩경보고숨ᄭᅴ슌복
마귀를ᄃᆡ뎍홈

二
사시는셩경을보면
혼넉넉사올일
우에셔오신만나를
몸ᄃᆡ로거두옴

三
아참일즉이니러나
거두고거두고
거둔ᄃᆡ로그날쓰면
잘닉이실숨님

四
셩글볼ᄯᅢ숨님ᄭᅴ셔
은혜를지샤네
도ㅣ셔ᄃᆞᆺ게깃브시며
신복만밧올일

五
숨님ᄭᅴᄒᆞ올슌복은
셩명케ᄒᆞ실일
셩셩과ᄉᆞ랑,권능을
자라게ᄒᆞ실숨

六
이와갓치권능으로
마귀를이긘ᄃᆡ
십ᄌᆞ로사신피으로
즁참홀ᄯᅢ도망

七
그리ᄒᆞ신즉ᄆᆡ일보며
셩경을ᄆᆡ일보오)
셩경만보오셩경만보오)
ᄆᆡ일밧으올복

오섭수

성경

NO. 40. 우리가 할 일 세 가지 있네

M. C. F. / OLD SONG

1. 세 가지 볼일 있네 두 번 난 자에게
   성경 보고 숨께(성령) 순복 마귀를 대적함

2. 사시는 성경을 보면 혼 넉넉 사올 일
   위에서 오신 만나를 맘대로 거둠

3. 아침 일찍 일어나 거두고 거두고
   거둔대로 그날 쓰면 잘 이기실 숨님(성령)

4. 성글 볼 때 숨님(성령)께서 은혜를 주시네
   도 깨닫게 기쁘시며 신복만 받을 일

5. 숨님(성령)께 하올 순복은 생명에게 하실 일
   생생과 사랑, 권능을 자라게 하실 숨(성령)

6. 이와 같이 권능으로 마귀를 이긴데
   십자가로 사신 피로 증참 할 때 도망

7. 그리하신즉 매일 부며 성경을 매일 보오
   성경만 보오 성경만 보오 매일 받으올 복

No. 123. JUST READ THE GOOD OLD BOOK

M. C. F. ARR. FROM OLD SONG

뎨百二十三

셩경넉넉보면
쥬량반되올ᄌᆞ
복작고밧으고
쥬쎄중참ᄒᆞ오
ᄆᆡ일혼량식을
일죽거두오면
숨님닉이시며
혼식되게ᄒᆞᆯ셰
ᄆᆡ일셩경을보오
ᄆᆡ일셩경을보오
ᄆᆡ일셩경을보오
그ㅣᄉᆞ랑안에류ᄒᆞᆯᄌᆞ

셩명셩경을보오
셩명셩경을보오
셩명셩경을보오
그ㅣᄉᆞ랑안에류ᄒᆞᆯᄌᆞ
귀ᄒᆞᆫ신셩경보오
귀ᄒᆞᆫ신셩경보오
귀ᄒᆞᆫ신셩경보오
그ㅣᄉᆞ랑안에류ᄒᆞᆯᄌᆞ
ᄉᆡ벽마나거두
ᄉᆡ벽마나거두
ᄉᆡ벽마나거두
그ㅣᄉᆞ랑안에류ᄒᆞᆯᄌᆞ

NO. 123. 귀하신 성경을 보오

M. C. F. / ARR. FROM OLD SONG

성경 넉넉 보면 주 양반 되올 자
복 자꾸 받고 주께 증참하오
매일 혼 양식을 일찍 거두면
숨님(성령) 이기시며 혼식魂食(혼이 양식먹음) 되게 할세

매일 성경을 보오 매일 성경을 보오
매일 성경을 보오 그 사랑 안에 유할 자
생명 성경을 보오 생명 성경을 보오
생명 성경을 보오 그 사랑 안에 유할 자
귀하신 성경 보오 귀하신 성경 보오
귀하신 성경 보오 그 사랑 안에 유할 자

새벽 만나 거둬 새벽 만나 거둬
새벽 만나 거둬 그 사랑 안에 유할 자

복음 찬미

No. 140. MY FATHER'S BIBLE

M. C. F. M. C. F.

뎨百四十

一

이칙내부친글은
숨으로ᄒᆞ셧네
각말솜과뜻은
인으로ᄒᆞ셧되
더희몸되로잔코
더희뜻안오라
숨님더혀에노샤
억지로ᄒᆞ삽네

二

셩경은이와ᄀᆞᆺ치
지으신되글은
사롬은누구던지
좋ᄉᆞ못ᄒᆞ올쟈
거괴덥ᄒᆞ신리치
깁히뫼신숨님
스ᄉᆞ로열어뵈샤
뵈게ᄒᆞ실숨님

三

이러케어인치신
거륵ᄒᆞ신셩경
임ᄌᆞ와밧게누구
열어뵈지못ᄒᆞ오
졍신으로미련,쟈
알아뵐때숨님
검에환ᄒᆞ신불글
곳죽이셧신글

五.四.

이상스롭신셩경
뎐부님지신칙
죄인게열게ᄒᆞ실
뜻다괴록ᄒᆞ심
둔ᄒᆞ고힘실업고
거륵곳쥬지ᄯᅢ
허락밧으올것뿐
바로심ᄌᆞ에셔

원빈구셤상

NO. 140. 천부께서 지으신 성경

M. C. F / M. C. F

1. 이 책 내 부친 글은 숨(성령)으로 하셨네
각 말씀과 뜻은 인仁으로 하셨되
저희 맘대로 하지않고 저희 뜻 아노라
숨님(성령) 저 혀에 노사 억지로 하셨네

2. 성경은 이와 같이 지으신데 글은
사람은 누구던지 통사通史(전시대의 역사) 못할 자
거기 덮으신 이치 깊이 뫼신 숨님(성령)
스스로 열어 보아 뵈게 하실 숨님(성령)

3. 이렇게 맞추신 거룩하신 성경
임자와 밖에 누구 열어 뵈지 못하오
정신으로 미련 자 알아뵐 때 숨님(성령)
검에 환하신 불 글 곧 죽이셨던 글

4. 5. 이상스러운 성경 천부님 지으신 책
죄인에게 열게 하실 뜻 다 기록 하심
둔하고 행실 없고 거룩 곧 주재께
허락 받으올 것뿐 바로 십자가에서

대제ᄉᆞ쟝님홀노
일년동안한번
거룩거룩곳에
피업시못가오되
도젹놈겁또업시
띄신쟝드러가옴
압셔피、향긔로오심
드러가신양님
六 그와ᄀᆺᄒᆞᆫ신ᄃᆡ로
사ᄅᆞᆷ졍신으로
거룩ᄒᆞᆫ신셩경
셜명못ᄒᆞ오리다
그거룩ᄒᆞᆫ신션물
숨님ᄭᅴ주샤니
쥬ᄭᅴ독법ᄃᆡ로
열어뵈신숨님

七 아는바열믜막샤
먹지못ᄒᆞ온일
자라게ᄒᆞᆫ신혼졋
졍신못먹올것
긔독법ᄃᆡ로저ᄂᆞᆫ
뎐부ᄯᅳᆺᄒᆞ올후
숨님열어뵈신ᄃᆡ
복히뵈오리다
八 그리ᄒᆞᆫ신쥭복음
쳠브터므ᄌᆞ막
우리구쥬님ᄭᅴ셔
모든일ᄒᆞᆫ실쥬
조심ᄒᆞ옵게ᄒᆞᆸ셰
훼방멸니ᄒᆞᆸ셰
그ㅣ공뢰만의지코
법ᄯᅡ라가옵시다

대제사장님 홀로 일년 동안 한번
거룩 거룩 곳에 피 없이 못 가오되
도적 놈 겁도 없이 눈에 띄인 장소로 들어감
앞서 피, 향기로우심 들어가신 양님

6. 그와 같으신 대로 사람 정신으로
거룩하신 성경 설명 못하오리다
그 거룩하신 선물 숨님(성령)께 주시니
주 기독 법대로 열어뵈신 숨님(성령)

7. 아는 바 열매(선악과) 먹으사 먹지 못하온 일
자라게 하신 혼 젖 정신 못 먹을 것
기독 법대로 저는 천부 뜻 하올 후
숨님(성령) 열어 뵈오신대 밝히 뵈오리다

8. 그리하신즉 복음 처음부터 마지막
우리 구주님께서 모든 일하실 주
조심 하옵게 합세 훼방 멀리 합세
그 공로만 의지하고 법 따라 가옵시다

복음 찬미

No. 217. PRIVATE 166

OUR ABIDING KARISMA

M. C. F. G. F. R.

뎨二百十七

요한일셔二장二十七졀 너희밧으오고게시는 카乙마님 씌셔로 모든것슬ᄀᆞᄅᆞ치시며사ᄅᆞᆷᄀᆞᄅᆞ칠바소용업ᄂᆞᆫ지라

一
저희긔독지뎨들텬당길노가오ᄆᆡ
머리씌셔를깃브오게ᄒᆞᆸ셰
명ᄒᆞ심으로ᄒᆞ오ᄆᆡᄉᆞ랑ᄒᆞ신가온ᄃᆡ
평안ᄒᆞᆫᄌᆞ머리님깃브실쥬
텬당길노ᄃᆡᆼ기옵셰
ᄃᆡ뎍만히잇ᄉᆞ되일업네
권셰넉넉주샤니보혈중참ᄒᆞ옵셰
원슈ᄲᆞᆯ니도망ᄒᆞᆯ겁신인ᄃᆡ

二
다만몸을먹어도부족ᄒᆞ올일잇네
ᄆᆡ일맛당셩경보올일잇네
다ᄉᆞᆺ열쟝보오나숨님ᄒᆞᆫᄆᆡᆨ이실네
신복넉넉밧으올ᄌᆞ되리다

이범구신구

NO. 217. 우리 가운데 깃드는 은혜 있네

M. C. F. / G. F. R

너희 받으오고 계시는 카리스마님(은혜) 세세로 모든 것을
가르치시며 사람 가르칠 바 소용 없는지라요일 2:27

1. 저희 기독 지체들 천당길로 가오매
머리(주님)를 기쁘게 합세
명하심으로 하오매 사랑하신 가운데
평안한 자 머리님(주님) 기쁘실 주

[후렴]
천당 길로 다니옵세
대적 많이 있으되 일 없네
권세 넉넉 주시니 보혈 증참 하옵세
원수 빨리 도망 할 겁신인데

2. 다만 맘을 먹어도 부족한 일 있네
매일 마땅히 성경 볼 일있네
다 섯 열 장 보오나 숨님(성령) 혼 먹이시네
신복 넉넉 받으올 자 되리라

三 구원ᄒᆞ신구쥬님몸을주심뿐안이
고ᄒᆞ신몸내신후복더주심
길게ᄒᆞᆷ띄게시랴숨과졍심주시며
마귀권능이길권셰또주심

四 셩경부즈런히보오보혈중참ᄒᆞ올때
겁ᄒᆞᆫ마귀쌀니도망ᄒᆞ올터
이와ᄀᆞᆺ치샹면님명ᄒᆞ심으로ᄒᆞ오미
한량업시복밧으올ᄌᆞ저희

3. 구원하신 구주님 몸을 주심뿐 아니라
고우신 몸 내신 후 복 더 주심
길게 함께 계시랴 숨(성령)과 정심正心 주시며
마귀 권능 이길 권세도 주심

4. 성경 부지런이 보오 보혈 증참하올 때
겁난 마귀 빨리 도망하올 터
이와 같이 상전님(주님) 명하심으로 하오매
한량 없이 복 받으올 자 저희

No. 80. THE BRUISED REED

M. C. F. OLD SONG

뎨八十

샹ᄒᆞᆫ동소

一

부러지지안이ᄒᆞ시고
샹ᄒᆞ던동소로비샤
사롬은ᄊᆡ진것브려도
쥬님곳치시고불셰
은혜로곳치샤
귀ᄒᆞ신노릐를불셰
상ᄒᆞ던동소로던부ᄭᅴ
귀ᄒᆞ신찬숑읇겟네

二

불은얼마나연긔나도
ᄉᆞ시지안이신쥬님
숨으로한번만부실ᄯᅢ
환훈불부시고환ᄒᆞ오
권능ᄒᆞ시는숨ㅣ
죽을홰를부시겟네
촘되신쥬님ᄭᅴ밧치면
환ᄒᆞ게붓치실쥬님

◆ 은혜와 사랑 ◆

NO. 80. 상한 통소

M. C. F. / OLD SONG

1. 부러지지 아니하시고 상한 통소(갈대)로 비사
   사람은 깨진 것 버려도 주님 고치시고 불세
   은혜로 고치사 귀하신 노래를 불세
   상한 통소(갈대)로 천부께 귀하신 찬송 읊겠네

2. 불은 얼마나 연기나도 끄시지 않으신 주님
   숨(성령)으로 한 번만 부실 때 환한 불 부시고 환하오
   권능하신 숨(성령) 죽을 홰를 부시겠네
   참되신 주님께 바치면 환하게 비치실 주님

No. 102. WONDER OF WONDERS

M. C. F. M. C. F.

뎨百二

一
하나님놉흐신아들압헤
서오고놀나고두롬
이샹코이샹ᄒᆞᆫ옴남은
이놈엇지ᄉᆞ랑ᄒᆞᆫ신가
ᄉᆡᆼ각못ᄒᆞ올쟈
알수업도다
다ᄅᆞᆫ쟈와ᄀᆞᆺᄒᆞ잔아시ᄂᆞᆫ
쥬님ᄒᆞᆯ노ᄒᆞ시ᄂᆞᆫ구쥬

二
저를위ᄒᆞ셧샤동산안에
피ᄯᆞᆷᄒᆞᆯ니셧샤비심
이샹코이샹ᄒᆞᆯ수밧게
웨날그와ᄉᆞ랑ᄒᆞ신가

三
불샹녁이신뎐ᄉᆞ왓심은
위로ᄒᆞ올도록오심
제혼을위ᄒᆞ샤그밤에
죄로바로되셧신구쥬

四
그쓴잔날위ᄒᆞ샤잡셧샤
제ᄃᆡ신죄뎡ᄒᆞᆯ곳에
가샤붓그롬밧으샴은
제붓그롬ᄲᅮᆫ올소이다
누구그와ᄀᆞᆺᄒᆞ시ᄂᆞᆫ샹뎐
섬김슬ᄒᆞ올수릿가

五
신、혼、몸、지물밧치오되
붓그롬일ᄲᅮᆫ올소이다
예수씨ᄂᆞᆫ춤ᄒᆞᆯ노그릐오
그쳐럼진실ᄒᆞᆯ노ᄒᆞ심
아참저녁ᄭᅥ지ᄒᆞ신ᄃᆡ
ᄭᅳᆺ헤ᄭᅥ지그와되실쥬

NO. 102. 놀랍고도 놀라운

M. C. F. / M. C. F.

1. 하나님 높으신 아들 앞에 서고 놀랍고 두려움
이상하고 이상함 남은 이놈 어찌 사랑하신가

[후렴]
생각 못하올 자 알 수 없도다
다른 자와 같지 않으시는 주님 홀로 하시는 구주

2. 저를 위해서 동산 안에 피 땀 흘리셔서 비심
이상하고 이상할 수 밖에 왜 날 그와같이 사랑하신가

3. 불쌍히 여기신 천사왔음은 위로 하도록 오심
제 혼을 위하사 그 밤에 죄로 바로 되신 구주

4. 그 쓴 잔 날 위해서 잡수사 제 대신 죄 정할 곳에
가사 부끄러움 받으심은 제 부끄러움 뿐이라

5. 누구 그와 같으신 상전(주님)의 섬김이 싫을 수 있으리까
신, 혼, 몸, 재물 바치오되 부끄러울 뿐이올소이다

[후렴]
예수씨는 참 홀로 그래요 그처럼 진실 홀로하심
아침 저녁까지 하신데 끝에까지 그와 되실 주

No. 124. O,YOU MUST BE A LOVER OF THE LORD

M. C. F. M. C. F.

구쥬를맛당ᄉᆞ랑ᄒᆞ올일

뎨百二十四

一

구쥬를맛당ᄉᆞ랑ᄒᆞ올일이라
뎐당못가올사ᄅᆞᆷ올시다
구쥬를맛당ᄉᆞ랑ᄒᆞ올일이라
뎐당못가올사ᄅᆞᆷ올시다

우리쥬 | | | 우리쥬
당신을 | | | ᄉᆞ랑ᄒᆞ오
죄형벌 | | | 주실몸
업실쥬 | | | 올시다
영접ᄒᆞ올일인ᄃᆡ그만ᄒᆞ면
깃브샤ᄉᆞ랑ᄒᆞ게ᄒᆞ실쥬

NO. 124. 구주를 마땅 사랑하올 일

M. C. F. / M. C. F.

1. 구주를 마땅 사랑하올 일이라
천당 못 가올 사람올시다
구주를 마땅 사랑하올 일이라
천당 못 가올 사람 올시다

[후렴]
우리 주 우리 주 당신을 사랑하오
죄형 벌 주실 맘 없앨 주 올시다
영접하올 일인데 그만하면
기쁘사 사랑하게 하실 주

二 구쥬님모든일미리ᄒᆞ셧ᄂᆞᆫᄃᆡ
당신에비ᄒᆞ올것업실일
모든공뢰우리ᄃᆡ신으로서
십ᄌᆞ로모히샤니깃브다

三 우리형벌온통담당ᄒᆞ셧니
업ᄃᆡ여깃비찬숑돌니셰
ᄃᆡ뎍ᄒᆞ기어려온일되오니
어셔영접ᄒᆞ고슌복ᄒᆞ오)

2. 구주님 모든 일 미리 하셨는데
당신 예비하올 것 없을 일
모든 공로 우리 대신으로서
십자가로 모이시니 기쁘다

3. 우리 형벌 온통 담당 하셨으니
엎드려 기뻐 찬송 돌리세
대적하기 어려운 일 되오니
어서 영접하고 순복하오

No. 144. **EVEN ME**

M. C. F. W. B. BRADBURY

뎨百四十四

一
구쥬예수써씌옵셔
이죄인을이라도
계신다ᄂᆞᆫ넓으신몸
저를싱각ᄒᆞᆸ소셔
제게ᄯᅩ、제게ᄯᅩ
이놈ᄭᆞ지복줍셔

二
저ᄂᆞᆫ아모것도업시
구쥬님펵만토다
가득ᄒᆞ시ᄂᆞᆫ즁에셔
저를싱각ᄒᆞᆸ소셔

三
이왕티뎍만히ᄒᆞ되
죄를용샤줍시오
뎐부아ᄃᆞᆯ되올허락
제게라도줍소셔

四
거룩ᄒᆞ신숨님씌셔
다시나시게ᄒᆞ샤
길게ᄭᆞ지게시옵고
아ᄃᆞᆯ쳐럼셤깁셔

五
나죵긔독몸의지톄
뫼실후머리씌셔
오실터인티이인싱
청ᄒᆞ올복줍소셔

NO. 144. 이 죄인이라도

M. C. F. / W. B. BRADBURY

1. 구주 예수씨께옵서 이 죄인이라도
계신다는 넓으신 맘 저를 생각하옵소서

[후렴]
제게도, 제게도 이놈까지 복 주옵소서

2. 저는 아무것도 없이 구주님 퍽 많도다
가득하시는 중에서 저를 생각하옵소서

3. 이왕 대적 많이 하되 죄를 용서해 주옵시오
천부 아들 되올 허락 제게라도 주옵소서

4. 거룩하신 숨님(성령)께서 다시 나시게 하사
길게까지 계시옵고 아들처럼 섬기셔

5. 나중 기독 몸의 지체 뫼실 후 머리께서
오실터인데 이 인생 청하올 복 주옵소서

No. 228. 1200-537

THOU WILT CARRY ME ALL THE WAY

M. C. F. F. M. DAVIS ARR

第二百二十八

一

슌ᄒᆞ시ᄂᆞᆫ목ᄌᆞ님
저를웨업샵닛가
불것업ᄂᆞᆫ양인ᄃᆡ
미안ᄒᆞ온ᄌᆞ저ᄂᆞᆫ
목ᄌᆞᄭᅴ셔절업으신줄아오네
힘은부족업신ᄃᆡ
턴당ᄭᆞ지가올줄아오

二

싱명양으로내샤
크신ᄉᆞ랑ᄒᆞ신표
업지안이ᄒᆞ시되
퍽ᄉᆞ랑ᄒᆞ실줄아오

NO. 228. 당신은 늘 저를 업으십니다

M. C. F. / F. M. DAVIS ARR.

1. 순하신 목자님 저를 왜 업습니까
볼 것 없는 양인데 미안한 자 저는

[후렴]
목자께서 절 업으신 줄 아오네 힘은 부족 없는데
천당까지 가올 줄 아오

2. 생명 양으로 내사 크신 사랑 하신 표
없지 않으시되 퍽 사랑 하실 줄 아오

三 무셩ᄒᆞᆫ쓸젼ᄒᆞᆫ물
가에늘인도ᄒᆞ샤
작고ᄉᆡᆼ각ᄒᆞ신ᄃᆡ
한량업신은혜쥬

四 이쳐럼ᄉᆞ랑ᄒᆞ샤
밋음든든ᄒᆞ오이다
저를업샤가신ᄃᆡ
텬당넉넉가올ᄌᆞ

五 감샤, 감샤, ᄒᆞ옴을
깃비돌니옵니다
텬당ᄭ지업으실
목ᄌᆞ님께돌니옴
목ᄌᆞ끠서ᄯᅡ름ᄃᆡ신업으심
ᄉᆡᆼ명내신목ᄌᆞ님
근청ᄒᆞ옵신ᄉᆞ랑

3. 무성한 꼴 시원한 물가에 늘 인도 하사
자꾸 생각 하신데 한량 없으신 은혜 주

4. 이처럼 사랑하사 믿음 든든하오이다
저를 업으사 가신데 천당 넉넉히 가올 자

5. 감사, 감사 하옴은 기쁘게 돌리옵니다
천당까지 업으실 목자님께 돌리옴

[후렴]
목자께서 따름 대신 업으심
생명 내신 목자님 간청 하옵신 사랑

No. 206. 1200-643

HE HOLDETH ME

M. C. F. VICTOR H. BENKS

뎨二百六

一

저를구쇽ᄒᆞ신구쥬
닛지못ᄒᆞ올은혜
깁흔ᄃᆡ셔제령혼을
건져주셧신쥬님
절붓드샤절붓드샤
힘만흐신그ㅣ억에
힘ᄲᅡ지심곤ᄒᆞ신발
도모지업신쥬님

二

슌ᄒᆞ신은혜얼마나
누구셜명ᄒᆞ올가

三

이제찬송부족ᄒᆞ오되
이후풍셩ᄒᆞ올네
저는리만흔말ᄉᆞᆷ은
미일넉넉보옵은은
샹뎐님명ᄒᆞ신ᄃᆡ로
ᄒᆞ올이불샹흔죵

四

저를위ᄒᆞ샤크신갑
앗기시잔으신ᄃᆡ
남는고난얼마이나
웨담당못ᄒᆞ올가
고난업실평안ᄒᆞᆯ곳
길게그ㅣ은혜로셔
제신랑홈ᄯᅢ류ᄒᆞ올
영광에류ᄒᆞ올ᄌᆞ

五

감샤ᄒᆞ옴감샤돌님
그ㅣ긋ᄒᆞ신구쥬ᄯᅢ
한량업시ᄉᆞ랑ᄒᆞ신
제귀ᄒᆞ신구쥬님

NO. 206. 저를 붙드사

M. C. F. / VICTOR H. BENKS

1. 저를 구속하신 구주 잊지 못할 은혜
깊은 데서 제 영혼을 건져 주신 주님

[후렴]
절 붙드사 절 붙드사 힘 많으신 그 어깨에
힘 빠지심 곤困하신 발 도무지 없는 주님

2. 순하신 은혜 얼마나 누구 설명 하올가
이제 찬송 부족하오되 이후 풍성하오네

3. 저는 이 많은 말씀은 매일 넉넉히 보옴은
상전님(주님) 명하신대로 할 이 불쌍한 종

4. 저를 위해서 크신 값 아끼시지 않으신데
남는 고난 얼마인가 왜 담당 못하올까

5. 고난 없이 평안할 곳 길게 그 은혜로서
제 신랑 함께 유하올 영광에 유하올 자

[후렴]
감사 하옴 감사 돌림 그 같으신 구주께
한량 없이 사랑하신 제 귀하신 구주님

No· 227. 1200-306

NOT JUST SUMMER SHOWERS
O, FLOW BOTH RIVERS

M. C. F.

뎨二百二十七

一
확실히복주실쥬님
숨님으로주실터
단비와ᄀᆞᆺᄒᆞᆫ신셴홈
신랑님주옵실복

　마른싸쳐럼단비
　빗으올몸잇ᄉᆞᆸ네
　은혜와춤가득ᄒᆞᆫ신
　쥬두강흘닙소셔

二
은혜뎰소용ᄒᆞᆫ즁에
긔독법첫재되심
쥬님ᄉᆞ랑ᄒᆞᆫ심업시
남ᄂᆞᆫ열ᄆᆡ무소용

三
쥬ᄉᆞ랑ᄒᆞᆫ심셰우되
아ᄂᆞᆫ바교만케ᄒᆞᆫ옴
들넌신열미약ᄒᆞᆫ되
춤숨님열ᄆᆡ귀ᄒᆞᆫ옴

四
긔독ᄉᆞ랑ᄒᆞᆫ심즁에
맛당류ᄒᆞ올지뎨
다만도티로업스면
들넌티로ᄒᆞ올ᄌᆞ

五
은혜강춤강파ᄀᆞᆺ치
흘니신법ᄉᆡᆨᄀᆞᆺᄒᆞ오
명ᄒᆞᆫ실티로ᄒᆞ올ᄌᆞ
긔독안에류ᄒᆞ올법

NO. 227. 오, 두 강 넉넉히 흐르게 하소서

M. C. F

1. 확실히 복 주실 주님 숨님으로 주실터
   단비와 같으신 시원함 신랑님 주옵실 복

   [후렴]
   마른 땅처럼 단비 받을 맘 있네
   은혜와 참 가득하신 주 두 강(진리와 은혜) 흘리소서

2. 은혜 제일 소중한 중에 기독 법 첫째되심
   주님 사랑 하심 없이 남는 열매 소용없네

3. 주 사랑하심 세우되 아는바 교만케하옴
   틀린 신 열매 악하되 참 숨님(성령) 열매 귀하옴

4. 기독 사랑하심 중에 마땅 유하올 지체
   다만 도대로 없으면 틀린 대로 하올 자

5. 은혜강 참강과 같이 흘리신 법 꼭 같으오
   명하신대로 하올 자 기독 안에 유하올 법

六 혼량식넉넉거둘때
숨님넉넉쓰실일
두강넉넉ᄒᆞᆯ니시게
(숨님은그러신숨

七 그러시되마귀듸뎌
저희ᄒᆞᆯ일되온듸
쥬님권세주셧샤니
(ᄉᆞᄉᆞ로쓰옵시다

八 원슈를이긔는셩도
재일ᄒᆞᆷ밧올듸졉
미양어리신양피ᄯᅢ
바로죵참ᄒᆞᆸ시다

九 ᄒᆞ신즉세가지볼일
닛지말게ᄒᆞᆸ시다
ᄉᆞ십쟝긔록ᄒᆞᆫ듸로
ᄉᆡᆨᄯᅡ라가옵시다)

둘재 그리ᄒᆞ옴으로지뎨
후렴 누군지열미만소
온혜강츰강가득케
둘다ᄒᆞᆯ니실숨님

6. 혼 양식 넉넉히 거둘 때 숨님(성령) 넉넉히 쓰실 일
두 강 넉넉히 흘리시게 숨님(성령)은 그러하신 숨(성령)

7. 그러시되 마귀 대적 저희 할 일 되온대
주님 권세 주셨으니 스스로 씁시다

8. 원수를 이기는 성도 새 일함 받으올 대접
항상 어리신 양 피께 바로 증참 합시다

9. 하신 즉 세가지 볼 일 잊지 말게 합시다
사십장 기록 한 대로 꼭 따라 가옵시다

[둘째 후렴]
그리 하옴으로 지체 누군지 열매 많소
은혜 강 참 강 가득케 둘 다 흘리실 숨님(성령)

No. 35. LEAN ON HIS ARMS.

M. C. F. L. E. JONES.

뎨三十五

一

구쥬팔의지ᄒᆞ올ᄲᅮᆫ이오
힘만ᄒᆞ신ᄃᆡ몸게시네
불샹ᄒᆞᆫ빌어먹ᄂᆞᆫ쟈넉넉
건너게ᄒᆞ실팔

우리구쥬의심ᄒᆞ지마오)
몸은넓고힘만ᄒᆞ신팔
은혜부족업실쥬신ᄃᆡ
의지ᄒᆞ올것ᄲᅮᆫ

NO. 35. 구주 팔 의지 할 뿐이오

M. C. F. / L. E. JONES.

1. 구주 팔 의지 할 뿐이오 힘 많으신데 맘 계시네
   불쌍한 빌어먹는 자 넉넉히 건너게 하실 팔

[후렴]
우리 구주 의심하지 마오 맘은 넓고 힘 많으신 팔
은혜 부족 없을 주신데 의지할 것 뿐

二 구쥬팔 의지ᄒᆞᆯ ᄲᅮᆫ이오
ᄌᆞ미잇겟네 깃부리다
길어ᄃᆡ 인도ᄒᆞ실 것인지
명ᄒᆞ신ᄃᆡ로 가오

三 구쥬팔 의지ᄒᆞᆯ ᄲᅮᆫ이오
무ᄉᆞᆷ일이나 일업시나
슌ᄒᆞ신 가뱌오신 명에를
흠씌와 메올것

四 구쥬팔 의지ᄒᆞᆯ ᄲᅮᆫ이오
념려업신ᄃᆡ 귀ᄒᆞ신쥬
몸넓고 은혜한량 업신ᄃᆡ
의지ᄒᆞ올 구쥬

2. 구주 팔 의지할 뿐이오 재미있겠네 기쁘리다
길 어디로 인도 하실 것인지 명 하신대로 가오

3. 구주 팔 의지 할 뿐이오 무슨 일이나 일 없으나
순하신 가벼운 멍에를 함께 와 멜 것

4. 구주 팔 의지할 뿐이오 염려 없으신 귀하신 주
맘 넓고 은혜 한량 없는데 의지할 구주

No. 58. MORNING HYMN
R. V. M. C. F. TUNE: SHALL WE GATHER AT THE RIVER?

뎨五十八

一 지나간밤보호ᄒᆞ샤 감샤ᄒᆞ신텬부은춍
잠잘자게ᄒᆞ셧샤니 일심감샤ᄒᆞᆸ시다
우리구쥬긔독ᄭᅴ셔 걱졍업시슌복ᄒᆞ올ᄲᅮᆫ
ᄆᆡ일밤낫ᄯᅩᆺ헤직히실쥬님 ᄉᆞᆨ슌복ᄒᆞᆸ시다

二 이신、혼、몸평안ᄒᆞ게 ᄒᆡᆨᄉᆡᆼ명케ᄒᆞ신쥬ᄭᅴ
ᄆᆡ양직혀주시며 무한감샤ᄒᆞ옵ᄂᆡ다

三 구쥬님의ᄇᆞᆰ으신빗 교ᄒᆞ신낫뵈입소셔
셩경숨님으로셔 저희귀ᄒᆞ신쥬낫

四 셩부님ᄭᅴ졔ᄉᆞᄒᆞ심 휘장안에대죵보님
향긔로오신고양 압셔피로가셧네

五 닉닉그러신대광되 크게여샤그ㅣ의일홈
셩부압헤가올ᄲᅮᆫ 복밧으올ᄌᆞ우리

NO. 58. 아침 찬미가

M. C. F. / TUNE: SHALL WE GATHER AT THE RIVER?

1. 지나간 밤 보호하사 잠 잘자게 했으니
감사하신 천부 은총 일심 감사합시다.

[후렴]
우리 구주 기독께서 매일 밤낮 끝에 지키실 주님
걱정 없이 순복할 뿐 꼭 순복합시다

2. 이 신(영), 혼, 몸 평안하게 항상 지켜주시며
힘 생명케 하신 주께 무한 감사합니다

3. 구주님의 밝으신 빛 성경 숨님(성령)으로서
고우신 낯 뵈옵소서 저희 귀하신 주 낯

4. 성부님께 제사 하심 향기로우신 고양羔羊(어린양)
휘장 안에 대중보님(예수) 앞서 피로 가셨네

5. 넉넉히 그러신대 공로 성부 앞에 갈 문
크게 어사 그의 이름 복 빋을 자 우리

No. 94. TEEL IT TO JESUS

M. C. F. ARR. FROM OLD SONG

뎨九十四

一
예수씨ᄭᅴ만
알게ᄒᆞ올진ᄃᆡ
맛기오면
짐답당ᄒᆞ실쥬
ᄉᆞ랑ᄒᆞ심에
밋으올수잇니
근심알게ᄒᆞ온후
잘되게ᄒᆞ시리다
도아주시지안일때업스니
친구로되며
위로ᄒᆞ실쥬
권능、은혜부족히업샤논ᄃᆡ
넉넉되시게ᄒᆞ실쥬

二
그리ᄒᆞ신즉
온통근심、격졍
맛기올것
담당ᄒᆞ시리다
ᄉᆞ랑ᄒᆞ심을
의심업시밋소
업으실쥬되샤니
텬당ᄭ지넉넉가오

복음 찬미

일빅삼십오

NO. 94. 예수만 알게 하오

M. C. F. / ARR. FROM OLD SONG

1. 예수씨께만 알게 하올진데
   맡기오면 짐 담당하실 주
   사랑하심에 믿을 수 있으니
   근심 알게 하온 후 잘 되게 하시리라

   [후렴]
   도와 주시지 않을 때 없으니
   친구 되며 위로 하실 주
   권능, 은혜 부족이 없는데 넉넉히 되시게 하실 주

2. 그리하신즉 온통 근심, 걱정
   맡기올 것 담당하시리라
   사랑하심을 의심 없이 믿소
   업으실 주 되시니 천당까지 넉넉히 가오

No. 231,

GOD'S PEACE

M. C. F　　　　P. BILHORN

1200-357

뎨二百三十一

一 제몸에깃브심나고
깃브시게즐거온뜻
몃번찬숑ᄒᆞ올지라도
또한번ᄒᆞ올수밧게
안녕ᄒᆞ심
우에셔주신안녕
이샹코이샹평안ᄒᆞ옴
구쥬절ᄉᆞ랑ᄒᆞ심

二 긔독십ᄌᆞ로죽으심
내죄갑온룽갑ᄒᆞ심
한평안의예비ᄒᆞ신ᄃᆡ
곳하나님아ᄃᆞᆯ긔독

三 긔독제쥬ᄌᆡ로영접
곳몸펵평안ᄒᆞ옵네
그ㅣ안에큰복밧으오옴
그ㅣ군청ᄒᆞ신ᄉᆞ랑

四 그ㅣ명ᄒᆞ신ᄃᆡ로제가
ᄒᆞ올때미양평안ᄒᆞ옴
셩경을넉넉보올때에
몸깃브고평안ᄒᆞ옴

NO. 231. 하나님께서 주시는 평강

M. C. F. / P. BILHORN

1. 제 맘에 기쁘심 나고 기쁘시게 즐거운 뜻
몇 번 찬송 하올 지라도 또 한번 할 수밖에

[후렴]
안녕하심 위에서 주신 안녕
이상코 이상하게 평한하옴 구주 절 사랑하심

2. 기독 십자가로 죽으심 내 죄 값 온통 갚으심
한 평안의 예비 하신터 곧 하나님 아들 기독

3. 기독 제 주재로 영접 곧 맘 퍽 평안 하옵네
그 안에 큰 복 받으옴 그 간청 하신 사랑

4. 그 명하신 대로 제가 하올 때 항상 평안하옴
성경을 넉넉히 볼 때 맘 기쁘고 평안하옴

No. 69. I NEED THEE EVERY HOUR.

M. C. F. ROBT. LOWRY.

뎨六十九

一 무한ᄒᆞ시는쥬 더귀ᄒᆞ신음셩
소용잇심 업삽ᄂᆡ다

초마다소용잇심 업데온데복줄샤
ᄆᆡ양소용잇심 복줍소셔

二 귀ᄒᆞ신음셩을 복ᄌᆞ님음셩을
듯깁소서 아온양됩

三 귀ᄒᆞ신낫뵙샤 온던당즁영광
복퍽되심 더업삽네

四 명ᄒᆞ신데로날 ᄒᆞ실때열뎡도
힝ᄒᆞ옵게 맛치올네

NO. 69. 예수 항상 소용 있으심

M. C. F. / ROBT. LOWRY.

1. 무한 하신 주 소용 있으심
   더 귀하신 음성 없습니다

   [후렴]
   초마다 소용 있으심 항상 소용 있으심
   엎드린데 복 주사 복 주옵소서

2. 귀하신 음성을 뜻 깊소서
   목자님 음성을 아는 양 됨

3. 귀하신 낯 뵈사 복 퍽 되심
   온 천당 중 영광 더 없네

4. 명하신 대로 날 행하옵게
   하실 때 열매도 마치오네

No. 153.

HE STANDS BY MY SIDE

M. C. F. M. C. F.

뎨百五十三

ᄉᆡ벽에제엽헤게시는구쥬
제근심과다아시는쥬님
법ᄃᆡ로명ᄒᆞ심을힘ᄒᆞ오ᄆᆡ
제몸은깃버셔찬숑ᄒᆞ옵네
ᄉᆡ벽저와ᄒᆞᆷᄭᅴ게실구쥬님
그ᄯᅢ브터신랑되실황뎨님
영광게실셩도ᄒᆞᆷᄭᅴ류ᄒᆞ올
공뢰업는저는신부로되옴

NO. 153. 제 옆에 계시는 구주

M. C. F. / M. C. F

새벽에 제 옆에 계시는 구주
제 근심과 다 아시는 주님
법 대로 명하심을 행하오매
제 맘은 기뻐서 찬송하옵네

새벽 저와 함께 계실 구주님
그 때부터 신랑 되실 황제님
영광 계실 성도 함께 유하올
공로 없는 저는 신부로 되옴

No. 219. HE WALKS WITH ME PRIVATE

M. C. F. ARR FROM OLD SONG

뎨二百十九

그ㅣㅣㅣ독내쥬ㅣㅣㅣ님
ᄎᆞᆷ귀ㅣㅣㅣᄒᆞᆫ신쥬ㅣㅣㅣ
ᄆᆡㅣㅣㅣ양진실ㅣㅣㅣ쥬와
귀ㅣㅣᄒᆞᆫ신쥬ㅣㅣ
ᄆᆡㅣㅣ일저와ㅣㅣㅣ
ᄒᆞᆷᄭᅦ힝ㅣㅣㅣᄒᆞᆫ신쥬ㅣㅣㅣ
황ㅣㅣㅣ뎨님일ㅣㅣ노
ᄒᆞᆷㅣᄭᅦㅣㅣ류ᄒᆞᆫ오ᄆᆡ

NO. 219. 저와 함께 행하신 주

M. C. F. / ARR FROM OLD SONG

기독 내 주님 참 귀하신 주
항상 진실 주와 귀하신 주

매일 저와 함께 행하신 주
황제님 일로 함께 유하오매

뎨八十二

No. 82. THO BUT THE SHEPHERD'S DOG MAKE ME FAITHFUL

M. C. F. M. C. F.

一

쥬님영광을보오니
은혜진리가득ᄒᆞ오
귀ᄒᆞ신낫보올적에
ᄉᆞ랑ᄒᆞ옴남ᄂᆡ다
누구낫출뵈오던지
영접ᄒᆞ올수밧게
불샹ᄒᆞᆫ무리게뵈샤
살게ᄒᆞ시옵소셔

二

쥬님씌누구가던지
뵘으로보냄닛가
용셔ᄒᆞ심을비올때
깃비주신쥬로다
한량업신만흔은혜
쥬님씌뿐일셰ㅣ
의심업시갈수잇니
영광쥬씌잇습네

三

여러히젼제가가셔
뵌손에일지라도
ᄌᆞ긔올흠의지안코
쥬님넉넉아온때
즉시낫출뵈셧샤니
음셩듯게ᄒᆞ시네
깃비예수씨내쥬로
고ᄒᆞ옴거듭낫소

◆ 제자의 도리 ◆

NO. 82. 비록 양 지키는 개가 나를 신실하게 하지만

M. C. F. / M. C. F.

1. 주님 영광을 보오니 은혜 진리 가득하오
귀하신 낯 보올 적에 사랑하옵니다
누구 낯을 뵈오던지 영접하올 수 밖에
불쌍한 무리에게 보이사 살게 하시옵소서

2. 주님께 누구 가던지 비옴으로 보냅니까
용서하심을 비올 때 기쁘게 주신 주로다
한량없는 많은 은혜 주님께 뿐일세
의심없이 갈 수 있으니 영광 주께 있네

3. 여러 해 전 제가 가서 빈 손에 일지라도
자기 옳음 의지 않고 주님 넉넉히 아온 때
즉시 낯을 보이셨나니 음성 듣게 하시네
기뻐 예수씨 내 주로 고하옴 거듭났소

四 그후에복밧으올때 긔독법이리되샤니
미양그ㅣ낫출뵈니 감샤넉넉지못ᄒᆞ오
아바지영광그ㅣ낫헤 ᄃᆡ졉ᄒᆞᆯ것업ᄉᆞ니
세우실때깃브다 감샤만돌니옵네

五 뷘손으로오는인성 귀ᄒᆞᆫ신숨님으로셔
샹면님ᄃᆡ졉ᄒᆞᆯ가 소용죵되게히주ㅣ
명ᄒᆞᆫ실ᄃᆡ로신、혼、몸 목ᄌᆞ님긔、만、이라도
셤기올죵원토다 진실긔로ᄒᆞᆸ소셔

4. 그 후에 복 받으올 때 항상 그 낯을 뵈니
아버지 영광 그 낯에 세우실 때 기쁘다
기독법 이리 되시니 감사 넉넉지 못하오
대접하올 것 없으니 감사만 돌리옵네

5. 빈 손으로 오는 인생 상전님(주님) 대접할까
명하실 대로 신, 혼, 몸 섬기올 종 원토다
귀하신 숨님(성령)으로서 소용 종 되게 해주
목자님께만이라도 진실께로 합소서

No. 100. WHEN I WAS UNDONE AND ALL HELPLESS

M. C. F. M. C. F.

뎨百

一
나는아모것업시되올때
복、힘、공뢰아모런이
업시ᄎᆞᆷ불샹ᄒᆞᆫ인셩되올젹에
그때구쥬왓ᄉᆞᆸᄂᆡ다
저를위ᄒᆞ시샤
싱명내셧신ᄃᆡ
하나님제ᄉᆞ
내이긔심

二
이제그때와ᄀᆞᆺᄒᆞᆫ잔심네
훌노아모것업ᄉᆞ되
이제긔독내신에게시는고로
넉넉부ᄌᆞ로되도다
셩부씌가신후
제게보ᄂᆡ심은
ᄌᆞ긔숨님을
보ᄂᆡ셧네

三
강림ᄒᆞ샤홈씌게셧샤니
밤낫으로류ᄒᆞ신ᄃᆡ
긔독도를통샤ᄒᆞ신지도되시며
열ᄆᆡ또자라게ᄒᆞ오
그ㅣ와ᄀᆞᆺᄒᆞᆫ신복
어ᄃᆡ잇ᄉᆞᆸᄂᆡᆺ가
내션싱님은
그ㅣ로이다

NO. 100. 아무것 없이 되올 때

M. C. F. / M. C. F

1. 나는 아무것 없이 되올 때 복, 힘, 공로 아무런 이
   없이 참 불쌍한 인생 되올 적에 그 때 구주 왔습니다
   저를 위해서 생명 내셨는데 하나님 제사 내 이기심

2. 이제 그 때와 같아 졌네 홀로 아무것 없으되
   이제 기독 내 신에 계시는 고로 넉넉히 부자로 되도다
   성부께 가신 후 제게 보내심은 자기 숨님(성령)을 보내셨네

3. 강림하사 함께 계셨나니 밤 낮으로 유하신데
   기독 도를 통사通事(뜻이 통하게 말을 옮겨주다)하신 지도 되시며
   열매도 자라게 하오
   그와 같으신 복 어디 있습니까 내 선생님은 그로다

四 그ㅣ귀ᄒᆞᆫ신손님오신때에
셩도입에셔쥬말솜
가지샤제가원ᄒᆞ올때제몸에
너흐시며두번나심
그ㅣ셩명씨으로
잉틱ᄒᆞ셧신후
나시게ᄒᆞ심
셔부텩에

五 거둡나온후브터이라도
아모것못ᄒᆞᆯ지라도
긔독숨님씌셔몸게샤니은혜와
도를미양넉넉ᄒᆞ오
깃비감샤ᄒᆞ옴
그크신은혜로
길게ᄒᆞᆯ진ᄃᆡ
구쥬님씌

六 엿때긔독쳐럼되지안코
부족한량업시돼도
허락ᄒᆞ신ᄃᆡ로쥬쳐럼ᄒᆞ실줄노
확실맛치실줄아오
이러ᄒᆞ심으로
긔독강림ᄒᆞ샤
맛치신후에
ᄯᅩ오리다

감샤ᄒᆞ오
다시오리다

4. 그 귀하신 손님 오신 때에 성도 입에서 주 말씀
가지사 제가 원하올 때 제 맘에 넣으시며 두 번 나심
그 생명씨로 잉태하신 후 나시게 하심 성부댁(천국)에

5. 거듭난 후부터라도 아무것 못할지라도
기독 숨님(성령)께서 맘 계시니 은혜와 도를 항상 넉넉하오
기쁘게 감사하옴 그 크신 은혜로 길게 할진데 구주님께

6. 여태까지 기독처럼 되지 않고 부족 한량 없이 되도
허락하신 대로 주처럼 하실 줄로 확실히 마치실 줄 아오
이러하심으로 기독 강림하사 마치신 후에 또 오리다

[후렴]
감사하오 다시 오리라

No. 210. 1200-395

UNDERTAKE FOR ME

M. C. F. GEO. E. STEBBINS

뎨二百十

一
쥬님놉흐신ᄯᅳᆺᄯᅡᆯ키원ᄒᆞ옴
그리ᄒᆞ옴으로즐거올ᄌᆞ
고흐신쥬님ᄭᅴ슌복ᄒᆞ옴으로
숨님쓰실ᄌᆞ로셰우실쥬

二
저는아모볼것업는줄아오
골에셔발ᄭᆞ지잇는졍욕
숨님을등지올악ᄒᆞᆫ것뿐인ᄃᆡ
게시는카랎마ᄃᆡ신ᄒᆞ옵샤

三
자라실은혜와뵈이실도
게시는카랎마홀노ᄒᆞ심
셩경보옴으로숨님쓸싱명씨
마귀넉넉ᄃᆡ뎍괴독슌복

四
맛나올ᄯᅢᄭᆞ지ᄒᆞ옵소샤
그즁크신날에신랑압헤
복、쏠、갈대우실불노업시홀것
못되게ᄒᆞ실쥬담당ᄒᆞᆸ샤

NO. 210. 저를 떠 맡으시옵소서

M. C. F. /GEO, E. STEBBINS

1. 주님 높으신 뜻 따르기 원하옴
   그리하옴으로 즐거울 자
   고우신 주님께 순복함으로
   숨님(성령) 쓰실 자로 세우실 주

2. 저는 아무 볼 것 없는 줄 아오
   머리에서 발까지 있는 정욕
   숨님(성령)을 등지올 악한 것 뿐인대
   계시는 카리쓰마(은혜) 대신 하옵사

3. 자라실 은혜와 보이실 도
   계시는 카리쓰마(은혜) 홀로 하심
   성경 보옴으로 숨님(성령) 쓸 생명씨
   마귀 넉넉히 대적 기독 순복

4. 만나올 때까지 하옵소서
   그 중 크신 날에 신랑 앞에
   녹, 쓸, 갈 태우실 불로 없이 할 것
   못되게 하실 주 담당하사

No. 252. 1200-869

DWELLING IN HIS LOVE

M. C. F. GEO. C. STEBBINS

뎨二百五十二

내ᄉᆞ랑홈에류홈

一 내명을직힌ᄌᆞ는
내ᄉᆞ랑안류ᄒᆞ오
그빗게법업ᄉᆞ니
명ᄒᆞ는ᄃᆡ로ᄲᅮᆫ
복스럽다귀ᄒᆞᆸ신법
긔독샹뎐님지으신법
숨님ᄯᅢ로음셩드롬
명ᄒᆞᆸ신후넉넉ᄒᆞ옴

二 내명ᄒᆞᆫ안에류홈
모든일ᄒᆞ올법
아바지법이던지
내법ᄯᅩ슌복ᄒᆞ오

三 내재로주는명은
서로와ᄉᆞ랑ᄒᆞ오
이로써모든쟈는
내뎨ᄌᆞ들노아오

四 내ᄉᆞ랑홈그럿서
오리견ᄃᆡ는것
슌ᄒᆞ며싀긔찬코
교만케안일것

五 ᄉᆞ랑ᄒᆞ옴모양잇고
쉬분ᄒᆞ지안네
악싱각안이ᄒᆞ며
악일노안깃브오

NO. 252. 내 사랑함에 유함

M. C. F. / CEO. C. STEBBINS

1. 내 명을 지킨 자는 사랑 안에 유하오
   그 밖에 법 없으니 명하는 대로 뿐

   [후렴]
   복스럽다 귀하신 법 기독 상전님(주님) 지으신 법
   숨님(성령)께로 음성 들음 명하신 후 넉넉하옴

2. 내 명하신 것 안에 유함 모든 일 하올 법
   아버지 법이든지 내 법도 순복하오

3. 내 새로 주는 명은 서로와 사랑하오
   이로써 모든 자는 내 제자들로 아오

4. 내 사랑함 그로써 오래 견디는 것
   순하며 시기치 않고 교만케 않을 것

5. 사랑하옴 모양 있고 쉬 분하지 않네
   악 생각 아니하며 악 일로 안 기쁘오

六 오히려츰으로셔
깃븜깃브외다
모든것견딜은혜
확실히밋으옴

七 ᄉᆞ랑ᄒᆞ옴미양이검
다른못ᄒᆞ올네
예언아온바긋쳐
ᄉᆞ랑ᄒᆞ옴길게사오

八 이제한마듸아오되
쉬온전케아올네
연긔안뭇친류리
낫낫으로보올복

九 눈으로못보아도
밋기는밋으옴
이제좀ᄉᆞ랑ᄒᆞ오니
낫뵐때 곤절ᄒᆞ옴

6. 오히려 참으로서 기쁨 기쁘외다
모든 것 견딜 은혜 확실히 믿음

7. 사랑하옴 항상 이김 다른 것 못하오네
예언 아는 바 그쳐 사랑하옴 길게 사오

8. 이제 한 마디 아오되 쉬 온전케 아네
연기 안 묻힌 유리 낯으로 보올 복

9. 눈으로 못 보아도 믿기는 믿으옴
이제 좀 사랑하오니 낯 뵐 때 간절함

No. 17. LET ME LEAN HARD.

M. C. F. M. C. F.

뎨十七

一
예수씨셔셔붓듭소셔
ᄆᆡ일더갓가히
목ᄌᆞ셰셔붓듭소셔
어린양쳐럼업으시고
련부셰갑소셔
졈졈더의지케ᄒᆞ시고
련부셰곱소셔

二
예수씨아람다온빗치
날노빗춥소셔
쥬님의아름다온맘을
날노나옵소셔

三
시암과ᄀᆞᆺ치싱명물을
날노흘닙소셔
ᄌᆞ긔를위ᄒᆞ샤이인싱
쓰면참감ᄉᆞᄒᆞ오

四
셰금과ᄯᅳᆺ의황뎨으로
되게ᄒᆞ옵소셔
예수씨셰츰의국인이
되기원ᄒᆞ도다

五
예수씨강림ᄒᆞ실날을
이제ᄆᆡ우고ᄃᆡᄒᆞ되
쥬님대궐가올때브터
넉넉되오리다

◆ 미래와 소망 ◆

NO. 17. 점점 더 의지케 합소서

M. C. F. / M. C. F.

1. 예수씨께서 붙드소서 매일 더 가까이
   점점 더 의지케 하시고 천부께 갑소서

   [후렴]
   목자께서 붙드소서 어린양처럼 업으시고
   천부께 갑소서

2. 예수씨 아름다운 빛이 날로 비추소서
   주님의 아름다운 맘을 날로 나옵소서

3. 샘과 같이 생명물을 날로 흘리소서
   자기를 위해서 이 인생 쓰면 참 감사하오

4. 제 맘과 뜻의 황제로 되게 하옵소서
   예수씨게 참 애국인이 되기 원하도다

5. 예수씨 강림하실 날을 이제 매우 고대하되
   주님 대궐 가올 때부터 넉넉 되오리다

뎨九十二

No. 92. MY STRENGTH

M. C. F.

ARR. FROM FOSTER MELODY
SWONEL

一
제귀ᄒᆞ시ᄂᆞᆫ복ᄌᆞ님은
제온통힘
그ㅣ권능만흔억에업샤
우랑에감ᄂᆡ다
목ᄌᆞ씌셔업으샤니
제쓸힘업시
쉬오며ᄀᆞ만ᄲᅮᆫ잇슴은
제듸신힘쓸쥬

二
한번에사ᄅᆞᆷ쳐럼ᄒᆞᆷ씌
형상닙샤
영광을벗고품ᄒᆞ샤니
마리빗게모름
셩부씌셔셔ᄉᆞ으실쟈
다올더인듸
그쳐럼주신ᄌᆞ들모도
슌복ᄒᆞ올더요

三
쉬우리귀ᄒᆞ신샹뎐님
오실터요
만깃븜즁에뎨일깃븜
그날죵들뵐복
셰듸우에셰듸ᄭᆞ지
홈씌동일ᄒᆞ오
영광한업시되ᄌᆞ긔를
주심만못ᄒᆞ심

四
이찬미ᄂᆞᆫ졍욕합잔소
층도잇되
샹뎐그즁뎰ᄉᆞ랑ᄒᆞ오면
그ㅣ론깃브올쟈
온셰샹그ᄯᅢ졀홀셰
말숨듸로ᄒᆞ오
오리듸뎍빗으신샹뎐
듸졉밧으실쥬

일빅삼십일

NO. 92. 나의 힘이신 분

M. C. F. / ARR. FROM FOSTER MELODY SWONEL

1. 제 귀하신 목자님은 제 온통 힘
그 권능 많은 어깨에 업으사 우랑에 갑니다
목자께서 업으시니 제 쓸 힘 없이
쉬 오며 가만뿐 있음은 제 대신 힘쓸 주

2. 한번에 사람처럼 함께 형상 입으사
영광을 벗고 품하시니 마리아 밖에 모름
성부께서 끄실 자 다 올 터인데
그처럼 주신 자들 모두 순복할터요

3. 쉬 우리 귀하신 상전님(주님) 오실터요
만 기쁨 중에 제일 기쁨 그날 종들 뵐 복
세대 위에 세대까지 함께 통일하오
영광 한 없으되 자기를 주심만 못하심

4. 이 찬미는 정욕 하지않소 참 도 있되
상전(주님) 그 중 덜 사랑하면 그로 기쁠 자
온 세상 그 때 절하세 말씀내도하오
오래 대적 받으신 상전(주님) 대접 받으실 주

뎨九十五

긔독인으로되시게원ᄒᆞ오

No. 95. WOULD YOU LIKE TO BECOME A CHRISTIAN?

M. C. F. M. C. F.

一

긔독인으로되게시며
구원ᄒᆞ신줄알거슬
확실알기원ᄒᆞ오시며
의심업시원ᄒᆞᆷ닛가
뎐부덕에나오기원ᄒᆞ오
뎐당호젹원ᄒᆞᆷ닛가
한량업시평안ᄒᆞ심을
숨님ᄭᅴ로원ᄒᆞᆷ닛가

二

이셰계셔ᄯᅥ나기원ᄒᆞ오
뎐당가기원ᄒᆞᆷ닛가
십ᄌᆞ에찔닌그ㅣ손으로
지신대렬보고자ᄒᆞ오
오날날ᄃᆞᆼ신을위ᄒᆞ샤
다시오실모양되면
몸은깃버셔ᄯᅱ여실가
깃비영졉ᄒᆞ오릿가

三

신랑ᄭᅴ셔신부엇으라
홀노ᄌᆞ긔로오실줄
아온ᄯᅢ브터등을닥고
기름가득ᄒᆞ옵닛가
맛ᄒᆞ신일다맛치오며
ᄯᅡ흣헤젼도ᄒᆞᆷ닛가
숨님을거긔셩면으로
드오고가엿습닛가

四

샹뎐님의신부님ᄭᅴ셔
ᄌᆞ긔거슬다밧쳣되
명ᄒᆞ신ᄃᆡ로ᄒᆞ올힝실
졔ᄉᆞ보다귀ᄒᆞᆷ니다
나라들심판ᄒᆞ랴오샤
지판소에서올ᄯᅢ에
신랑을위ᄒᆞ샤중거인
으로되겟습ᄂᆞ닛가

NO. 95. 기독인 되기 원하오?

M. C. F. / M. C. F.

1. 기독인으로 되게하시며 구원하신 줄 알 것을
확실히 알기 원하시며 의심 없이 원합니까
천부댁(천국)에 나오기 원하오 천당 호적 원합니까
한량없이 평안하심을 숨님(성령)께로 원합니까

2. 이 세계서 떠나기 원하오 천당 가기 원합니까
십자가에 찔린 그 손으로 지신 대궐(천국) 보고자 하오
오늘날 당신을 위하사 다시 오실 모양되면
맘은 기뻐서 뛰어질까 기뻐 영접하오리까

3. 신랑께서 신부 얻으려 홀로 자기로 오실 줄
아신 때부터 등을 닦고 기름 가득 하옵니까
맡으신 일 다 마치오며 다 끝에 전도합니까
숨님을 거기 성전으로 들(어)오고 가셨습니까

4. 상전님(주님)의 신부님께서 자기 것을 다 받쳤으되
명하신 대로 하올 행실 제사보다 귀합니다
나라늘 심판하러 오사 재판소에서 올 때에
신랑을 위하사 증거인으로 되겠사옵나니까

뎨百十

No. 110. JESUS, SAVIOUR!
M. C. F. GOTTSCHOLK
(TO MUSIC OF HOLY GHOST WITH LOVE DIVINE)

一 예수씨여 구쥬씌 제가 항복ᄒᆞ옵네 구쥬님과 쥬으로 되실도록 영졉ᄒᆞ옴

二 그리ᄒᆞ온즉 쥬님 셩부텩 나실 허락 맛치실 숨님씌셔 아돌노 삼읍소셔

三 긔독법ᄃᆡ로 숨님 그때브터 겝시고 복음 셜명 열ᄆᆡ를 자라시게 흡소셔

四 이러맛치실도록 ᄆᆡ일 셩경을 뵙고 보혈노 마귀ᄃᆡ뎌 숨님씌 슌복ᄒᆞ옴

NO. 110. 예수, 구주!

M. C. F. / GOTTSCHOLK

1. 예수씨여 구주께 제가 항복하옵네
   구주님과 주로 되시도록 영접하옴

2. 그리한 즉 주님 성부댁(천국) 나실 허락
   마치실 숨님(성령)께서 아들로 삼으소서

3. 기독법대로 숨님(성령) 그때부터 계시고
   복음설명 열매를 자라시게 하옵소서

4. 이런 것 마치시도록 매일 성경을 뵙고
   보혈로 마귀 대적 숨님(성령)께 순복하옴

No. 218. 1200-1057

WHAT SHALL THE HARVEST BE?

M. C. F. P. P. BLISS

복음 찬미

뎨二百十八

一 명ᄒᆞ신ᄃᆡ로세샹ᄉᆞᆺ헤
쥬님싱명씨를ᄲᅮ리올ᄣᅢ
한아ᄒᆞᆫ씨를ᄲᅮ리올ᄣᅢ
다라ᄂᆞᆫ물을ᄲᅮ리시되
츔숨님곡식ᄯᅩ열겟심
ᄯᅩᄂᆡ이실쥬숨님
명ᄒᆞ신ᄃᆡ로그씨부올ᄣᅢ
ᄯᅥ러질ᄯᅡᄂᆞᆫ다를지라도
열믹얼마나되올지나죵
홀노그것담당ᄒᆞ실임ᄌᆞ님

二 씨ᄂᆞᆫ퍽만코귀ᄒᆞ시되
ᄲᅮ리온일큰부족히되네
뷘들이넓고츰만ᄒᆞᆫᄃᆡ
갈것ᄯᅩ예비업시엿ᄣᅢ
저희살곳너머만ᄒᆞᆫᄃᆡ
엇지문답ᄒᆞ올가

三 문답ᄒᆞ올ᄣᅢ쉬옴ᄂᆡ다
명ᄒᆞ신곡식쥬인님압헤
안이ᄒᆞ올큰뭬라고ᄒᆞ오)
ᄯᅩᆨᄯᅩᆨ히명ᄒᆞ신구쥬님ᄭᅦ
올흐신심판쟝님은
슌ᄒᆞ시되ᄒᆞ실쥬

四 그크신날에샹관만코
잘ᄒᆞᆫ다신말숨드르오나
웨이내양ᄆᆡᆨ이잔느냐
깃븜섭섭이나맛칠가
쥬공뢰외지코명ᄒᆞ심
미리ᄒᆞ올쥴저희

삼백일

NO. 218. 열매 얼마나 되올지

M. C. F. / P. P. BLISS

1. 명하신 대로 세상 끝에 주님 생명씨를 뿌릴 때
한 아흔 씨를 뿌릴 때 자라는 물을 뿌리시되
참 숨님(성령) 곡식 또 열겠음 또 이기실 주 숨님(성령)

[후렴]
명하신 대로 그 씨 부을 때 떨어질 때는 다를 지라도
열매 얼마나 되올지 나중 홀로 그것 담당하실 임자님(주님)

2. 씨는 퍽 많고 귀하시되 뿌리는 일 큰 부족히 되네
빈들이 넓고 참 많은데 갈 것도 예비 없이 여태
저희 살 곳 너머 많은데 어찌 문답 하올까

3. 문답하올 때 쉬 옵니다 명하신 곡식 주인님 앞에
아니할 큰 무엇이라고 하오 똑똑히 명하신 구주님께
옳으신 심판장님은 순하시되 하실 주

4. 그 크신 날에 상관 많고 잘한다 하신 말씀에 들으오나
애 이 내 양 먹이지 않느냐 기쁨 섭섭이나 마칠까
주 공로 의지코 명하심 미리 하올 종 저희

No. 55. I HAVE A GOOD SHEPHERD.

M. C. F. SOUTHERN SONG.

뎨五十五

一

슌ᄒᆞᆫ신목ᄌᆞ게시고
텬당에가샤계샤니
깃부ㅣ깃부ㅣ깃붐ᄂᆡ다
나도텬당에갑ᄂᆡ다
깃부ㅣ깃부ㅣ
이셰샹댕길때동안
그ᄉᆡᆼ각ᄒᆞ여견ᄃᆡ오
깃부ㅣ깃부ㅣ즐거워깃버ᄒᆞ네

二

이가온일쥬공릐요
십ᄌᆞ로죽으신공릐
깃부ㅣ깃부ㅣ깃붐ᄂᆡ다
이졔ᄒᆞ올일이것ᄲᅮᆫ
깃부ㅣ깃부ㅣ
슌복ᄒᆞ며십ᄌᆞ지고
긔독ᄉᆡ의지ᄒᆞ올일
깃부ㅣ깃부ㅣ즐거워깃버ᄒᆞ네

NO. 55. 순하신 목자 계시네

M. C. F. / SOUTHERN SONG.

1. 순하신 목자 계시고 천당에 가서 계시니
기쁘 기쁘 기쁩니다 나도 천당에 갑니다
기쁘 기쁘 이 세상 다닐 때 동안
그 생각하여 견디오 기쁘 기쁘 즐거워 기뻐하네

2. 이 가온(숭고하고 위대하다) 일 주 공뢰요 십자가로 죽으신 공뢰
기쁘 기쁘 기쁩니다 이제 하올 일 이것뿐
기쁘 기쁘 순복하며 십자가지고
기독께 의지하올 일 기쁘 기쁘 즐거워 기뻐하네

三

이러케ᄒᆞ온거스로
나슌복ᄲᅮᆫ쥬힘일셰
깃부ㅣ깃부ㅣ깃붑ᄂᆡ다
이양을목ᄌᆞ차ᄌᆞ샤
깃부ㅣ깃부ㅣ
깃분몸으로차ᄌᆞ샤
그억게업어가샤네
깃부ㅣ깃부ㅣ즐거워깃버ᄒᆞ네

四

ᄃᆡ속ᄒᆞ신쥬님ᄭᅴ셔
날업으샤가샤는ᄃᆡ
깃부ㅣ깃부ㅣ깃붑ᄂᆡ다
가올일제힘안이라
깃부ㅣ깃부ㅣ
목ᄌᆞ일ᄲᅮᆫ되시는ᄃᆡ
녁녁홈셔지가올일
깃부ㅣ깃부ㅣ즐거워깃버ᄒᆞ네

3. 이렇게 하온 것으로 나 순복뿐 주 힘일세
기쁘 기쁘 기쁩니다 이 양을 목자 찾으사
기쁘 기쁘 기쁜 맘으로 찾으사
그 어깨 업어 가시네 기쁘 기쁘 즐거워 기뻐하네

4. 대속하신 주님께서 날 업으사 가시는데
기쁘 기쁘 기쁩니다 가올 일 이제 힘 아니라
기쁘 기쁘 목자일 뿐 되시는데
넉넉함까지 가올 일 기쁘 기쁘 즐거워 기뻐하네

뎨百四十二

No. 142. PRAISE AND BLESS OUR MASTER

M. C. F. ARR. FROM AM. AIR M. C. F.

一

사름되올몸잇거던
맛치올법게신디
쥬씌항복숩씌슌복
셩경ᄆᆡ일보올것
이러홈으로빗져
힘을만히밧올거
몸은더욱깃브니
쥬씌찬숑ᄒᆞ올ᄌᆞ

二

복만히밧으올때에
원슈ᄂᆞᆫ분ᄒᆞᆯ진디
샹뎐피갑즁거을때
겁나셔도망ᄒᆞᆯ신
감샤ᄒᆞ고감샤ᄒᆞ오
우리샹뎐님찬숑
평안ᄒᆞ고깃브니
참감샤돌니옵네

三

셩경긔록나좋쥬님
웅뎡에뎐지실때
우셥고욕을ᄒᆞ여도
아모것못ᄒᆞᆯ마귀
감샤ᄒᆞ고감샤ᄒᆞ오
셩도고되업실일
보혈죵참ᄒᆞ올때
빨니도망ᄒᆞᆯ원슈

NO. 142. 주님께 감사하고 찬송하네

M. C. F. / ARR. FROM AM. AIR M. C. F.

1. 사람 될 맘 있거든 마칠 법 계신데
주께 항복 숨(성령)께 순복 성경 매일 볼 것
이러함으로 빚져 힘을 많이 받을 거
맘은 더욱 기쁘니 주께 찬송할 자

2. 복 많이 받을 때에 원수는 분할진데
상전(주님) 피 값 증거 때 겁나서 도망할 신
감사하고 감사하오 우리 상전님(주님) 찬송
평안하고 기쁘니 참 감사 돌리옵네

3. 성경 기록 나중 주님 웅덩이에 던지실 때
우습다고 욕을 하여도 아무것도 못할 마귀
감사하고 감사하오 성도 고대함을 없앨 일
보혈 증참할 때 빨리 도망할 원수

No. 195. 1200-650

A HAPPY HAPPY WORK IS DONE

M. C. F. GEO F. ROOT

뎨百九十五

깃블일잇스니
감샤ᄒᆞ오이다
예수씨제쥬로되샤니
슌복만ᄒᆞ오면
밧으올것둘
도를아오고열ᄆᆡ만ᄉᆞᆸ네
깃브깃브올일잇ᄉᆞᆸ네
저에새몸지신큰일셰
ᄀᆞᆫ절ᄒᆞ신ᄉᆞ랑베프심으로
죄형벌담당ᄒᆞ셧신쥬

NO. 195. 기쁘고 기쁜 일이 있삽네

M. C. F. / GEO F. ROOT

기쁠 일 있으니
감사하오이다
예수씨 제 주로 되시니
순복만 하오면
받을 것들
도를 알고 열매만 있습니다

[후렴]
기쁘 기쁘 올 일 있삽네
저에게 새 맘 지으신 큰일이세
간절하신 사랑 베푸심으로
죄 형벌 담당하셨던 주

No. 75. VICTORY.

M. C. F. 1905. NORTHERN SONG.

뎨七十五

一

찬숑한아저희가
예수씨씌ᄒᆞ옴
긔독우리대장님
우리는병뎡들
대장씌셔마귀와
란리작뎡ᄒᆞ심
셰샹붓잡으실란리

二

대장씌셔마귀를
나면셔이겻심
마귀는무셔ᄒᆞ나
우리는즐겁소
대쟝업는병뎡들
이긔지못ᄒᆞ되
저희대쟝넉넉ᄒᆞ심

만셰만셰대쟝씌찬숑ᄒᆞ오
만셰만셰마귀를이겻네
악ᄒᆞᆫ마귀붓든령혼피증참으로
도망ᄒᆞ게ᄒᆞ실권셰

◆ 마귀대적 승리 ◆

NO. 75. 마귀를 이겼네

M. C. F. / NORTHERNS SONG

1. 찬송 하나 저희가 예수씨께 하옵
기독 우리 대장님 우리는 병정들
대장께서 마귀와 난리 작정하심
세상 붙잡으실 난리

[후렴]
만세 만세 대장께 찬송하오 만세 만세 마귀를 이겼네
악한 마귀 붙든 영혼 피 증참으로 도망하게 하실 권세

2. 대장께서 마귀를 나면서 이겼음
마귀는 무서워하나 우리는 즐겁소
대장 없는 병정들 이기지 못하되
저희 대장 넉넉하심

三

주신은혜만흔즁
뎨일크신권셰을
마귀모든권능을
온통이길권셰
어리신양피으로
중참홀때마귀
겁나셔도망홀원슈

四

쥬씌슌복ᄒᆞ올일
아조쉽ᄉᆞᆸᄂᆡ다
셩경령혼량식올
ᄆᆡ일거두올때
샹뎐님명ᄒᆞ신바
ᄒᆞ옵기쉬운되
숨님열ᄆᆡ자라실네

3. 주신 은혜 많은 중 제일 크신 권세
마귀 모든 권능을 온통 이길 권세
어리신 양 피로 증참할 때 마귀
겁나서 도망할 원수

4. 주께 순복 할 일 아주 쉽습니다
성경 영혼 양식을 매일 거둘 때
상전님(주님) 명하신 바 하옵기 쉬운데
숨님(성령) 열매 자라시네

No. 66. BAPTISMAL HYMN.

M. C. F. TUNE: EVENING PRAYER. STEBBINS.

뎨六十六

一 셰계동포들어보오 쥬숨님으로주샤니
우리밧기눈이침례 물노써밧옴ᄂᆡ다

二 이와ᄀᆞᆺ치밧눈침례 명령ᄃᆡ로밧으온ᄃᆡ
쥬ᄭᅴ셔명ᄒᆞ셧네 진실복밧으올ᄌᆞ

三 셩숨님의권능으로 셰샹과분간되오니
텬부텩에나시네 침례로표ᄒᆞᆷᄂᆡ다

四 긔독안에밧온침례 ᄒᆞᆷᄭᅴ장ᄉᆞᄒᆞ와온ᄃᆡ
죽음의증거로다 ᄒᆞᆷᄭᅴ부활ᄒᆞ셧네

◆ 침례 ◆

NO. 66. 침례식 찬가

M. C. F. / TUNE. ECENING PRAYER. STEBBINS.

1. 세계 동포들이여 보오 우리 받기는 이 침례
주 숨님(성령)으로 주시니 물로써 받으옵니다

2. 이와 같이 받는 침례 주께서 명하셨네
명령대로 받으온대 진실 복 받으올 자

3. 성 숨님(성령)의 권능으로 천부댁(천국)에 나시네
세상과 분간되오니 침례로 표합니다

4. 기독 안에 받은 침례 죽음의 증거로다
함께 장사하였는데 함께 부활하셨네

복음 찬미

No. 135. THE SINNER'S PLEA.

VERSES BY M. C. F.

MUSIC AND CHOROUS BY H. H. B.

뎨百三十五

一

구쥬님예수씨여저는
놉흔신발압헤빕ᄂᆡ다
말못ᄒᆞ온큰죄즁에
한아흔그즁데일커셔
고ᄒᆞ오기어렵ᄉᆞ온ᄃᆡ
저를불느샤니ᄒᆞ옵네
오ᄅᆡᄃᆡ뎍ᄒᆞ던놈잇되
면ᄒᆞᆸ소셔

二

여러히동안헛소ᄅᆡ를
저는밋고졍욕죄만보
더욱ᄉᆞ랑ᄒᆞ신쥬님
ᄃᆡ뎍ᄒᆞ온죄뎡ᄒᆞ샤
숨님ᄯᆡ그죄셰ᄃᆞ옵고
이제와셔고ᄒᆞ오는ᄃᆡ
넓으신몸으로드릅샤
면ᄒᆞᆸ소셔

三

내죄온통갑흘은혜와
각각죄를씻치실피와
ᄆᆡ양직히실권능넉넉
날노게심

날노죄형벌담당ᄒᆞ샤
죄갑곳보혈노내셧고
ᄃᆡ신다옥가셧신즉
부활후즁보되샤니
업ᄃᆡ여담독ᄒᆞ옴으로
넓으신은혜의지ᄒᆞ옴
구쥬공뢰밧게업ᄂᆞᆫᄃᆡ
면ᄒᆞᆸ소셔

일ᄇᆡᆨ팔십오

◆ 회개 ◆

NO. 135. 죄인의 간청

VERSES BY M. C. F. / MUSIC AND CHOROUS BY H. H. B

1. 그 주님 예수씨여 저는 높으신 발 앞에 빕니다
말 못한 큰 죄 중에 한 아흔 그 중 제일 커서
고하오기 어렵사온데 저를 부르시니 하옵네
오래 대적하던 놈 있되 면하소서

[후렴]
내 죄 온통 갚을 은혜와 각각 죄를 씻기실 피와
항상 지키실 권능 넉넉히 날로 계심

2. 여러 해 동안 헛소리를 저는 믿고 정욕 죄 만보
더욱 사랑하신 주님 대적해온 죄 정하사
숨님(성령)께 그 죄 깨닫고 이제 와서 고하오는데
넓으신 맘으로 들으사 면하소서

3. 날로 죄 형벌 담당하사 죄 값 곧 보혈로 내셨고
대신 지옥 가셨은즉 부활 후 중보 되사
엎드려 담독談讀(말씀을 읽음)하옴으로 넓으신 은혜 의지하옴
구주 공로 밖에 없는데 면하소서

No. 116. OUR COUNTRY, HEAVEN.

M. C. F. TUNE: GOD SAVE THE KING

뎨百十六

一

우리텬당나라
그즁데일놉흐신
귀ᄒᆞ신곳
놉흐신하날에
텬당우우리쥬
지시ᄂᆞᆫ묘ᄒᆞᆫ셩
우리나라

二

지시ᄂᆞᆫ목슈님
텬하인간쳣재
잘ᄒᆞ신ᄌᆞ
만민만물지샤
하날과ᄯᅡ들다
지셧신우리쥬
텬부셩ᄌᆞ

三

그것분안오라
셰계게신동안
잘ᄒᆞ시다
십팔년품ᄒᆞ샤
목슈일ᄒᆞ신듸
나죵텬부ᄭᅴ셔
좃타셧다

四

그리ᄒᆞ셧신즉
잘ᄒᆞ실줄아오네
곱으리다
다만잘못봄은
손과묘ᄒᆞ실낫
보을ᄯᅢ모든ᄌᆞ
부시올눈

NO. 116. 우리 천당나라

M. C. F. / TUNE: GOD SAVE THE KING

1. 우리 천당나라 그 중 제일 높으신
귀하신 곳 높으신 하늘에
천당의 우리 주 지으시는 묘한 성
우리나라

2. 지시는 목수님 천하 인간 첫째
잘하신 자 만민만물지으사
하늘과 땅들 다 지으신 우리 주
천부 성자

3. 그것뿐만 아니라 세계 계신 동안
잘하시다 십팔년 품에서
목수 일하신대 나중 천부께서
좋다하셨다

4. 그리하셨은즉 잘 하실 줄 아오네
고우리다 다만 잘 못 봄은
손과 묘하실 낯 보올 때 모든 자
부시올 눈

五 수빅년보온후
저희수억ᄌᆞ즁
차즐친구
밤낫어리신양
찬송ᄒᆞ올우리
한량업시깃블
길게텬당

5. 수백 년 보온 후 저희 수억 자 중
찾을 친구 밤낮 어리신 양
찬송하올 우리 한량 없이 기쁠
길게 천당

No. 150.

JESUS SHALL REIGN

M. C. F. R. HARRISON

뎨百五十

一
예수씨씌셔엇던지
통일ᄒᆞ실터이신ᄃᆡ
몬져숨님그ㅣ신부들
엇으시민오시리다

二
쳣재못박힌권능손
펴서독ᄒᆞᆫ저희원슈
잡고불웅덩던지샤
온셰샹평안ᄒᆞ오리다

三
각셩도문답ᄒᆞ신후
야로살림에운원슈
뜻밧게입에나신숨
그나라들병뎡샹ᄒᆞ오

四
그후브터대벽쟝ᄌᆞ
보좌에안즈샤통일
쳔년동안ᄒᆞ실후에
재히재싸을지실쥬

五
그때올흔일뿐일셰
죄ᄂᆞᆫ마귀와업실때
텬하인간한쟈라도
피ᄒᆞ올항복못ᄒᆞ올쟈

六
그즁깃브올일되심
ᄃᆡ덕과붓그러신일
굿침업시담당ᄒᆞ신
영졉밧으실구쥬님

NO. 150. 예수께서 다스리실세

M. C. F. / R. HARRISON

1. 예수씨께서 어떤지 통일 하실 터이신데
   먼저 숨님(성령) 그 신부를 얻으시매 오시리다

2. 첫째 못 박힌 권능 손 펴셔 독한 저희 원수
   잡고 불웅덩이에 던지사 온 세상 평안하오리다

3. 각 성도 문답하신 후 야로살랭(예루살렘)에 운 원수
   뜻밖에 입에 나신 숨(성령) 그 나라들 병정 상하오

4. 그 후부터 대벽(다윗) 장자 보좌에 앉으사 통일
   천년 동안 하실 후에 새해 새 땅을 지실 주

5. 그 때 옳은 일 뿐일세 죄는 마귀와 없을 때
   천하 인간 한 자라도 피하올 항복 못 하올 자

6. 그 중 기쁘올 일 되심 대적과 부끄러우신 일
   그침 없이 담당하신 영접받으실 구주님

복음찬미

No. 154. PRIVATE

OUR WORTH IS WORTHLESS

M. C. F. OLD SONG

第百五十四

一
제힝위소용업고
제힝위소용업고
제힝위소용업고
구쥬님뿐소용

二
제공뢰소용업고
제공뢰소용업고
제공뢰소용업고
쥬공뢰뿐일세

三
제올흔것또업고
제올흔것또업고
제올흔것또업고
쥬님、의、넉넉ᄒᆞ옴)

四
이셰샹ᄌᆞ미업고
이셰샹ᄌᆞ미업고
이셰샹ᄌᆞ미업고
텬당가고자ᄒᆞ옴)

五
몸심심얼마ᄒᆞ야도
몸심심얼마ᄒᆞ야도
몸심심얼마ᄒᆞ야도
신랑님옴닉다

六
난그때심심ᄒᆞ잔코
난그때심심ᄒᆞ잔코
난그때심심ᄒᆞ잔코
신랑님게실네
텬당가고자ᄒᆞ옴)
그곳에길게평안ᄒᆞ옴)

이빈구

NO. 154. 제 공로 소용없고

M. C. F. / OLD SONG

1. 제 행위 소용없고 제 행위 소용없고
   제 행위 소용없고 구주님뿐 소용

2. 제 공로 소용없고 제 공로 소용없고
   제 공로 소용없고 주 공로 뿐일세

3. 제 옳은것 또 없고 제 옳은것 또 없고
   제 옳은것 또 없고 주님의 넉넉함

4. 이 세상 재미없고 이 세상 재미없고
   이 세상 재미없고 천당 가고자 함

5. 마음 심심 얼마하여도 마음 심심 얼마하여도
   마음 심심 얼마하여도 신랑님 옵니다

6. 난 그때 심심하지 않고 난 그때 심심하지 않고
   난 그때 심심하지 않고 신랑님 계시네

[후렴]

천당 가고자 하옴 그곳에 길게 평안하옴

No. 222. 1200-1140

LITTLE CHILDREN

M. C. F. GEO. F. ROOT

뎨二百二十二

一
강림ᄒᆞ샤、강림ᄒᆞ샤
아바지주신ᄌᆞ
다시살게、다시살게
공즁뫼실쥬
가신뒤로두번재
공즁에강림ᄒᆞ샤
ᄌᆞ긔ᄯᅢ어린ᄋᆞ희
다불느실쥬

二
뫼실쥬님、뫼실쥬님
온통어린ᄋᆞ희
말ᄉᆞᆷ듸로、말ᄉᆞᆷ듸로
확실뫼실쥬

三
어린ᄋᆞ희、어린ᄋᆞ희
불샹ᄒᆞᆯ것업시
흘니신피、흘니신피
죄다덥ᄒᆞ심

四
텬당나라、텬당나라
뫼올사름들다
어린ᄋᆞ희、어린ᄋᆞ희
쳐럼되올ᄌᆞ

五
감샤ᄒᆞ옴、감샤ᄒᆞ옴
구쥬은혜、공뢰
넉넉ᄒᆞ옴、넉넉ᄒᆞ옴
길게넉넉ᄒᆞ오)

NO. 222. 어린아이

M. C. F. / GEO. F. ROOT

1. 강림하사, 강림하사 아버지 주신 자
다시 살게, 다시 살게 공중 뫼실 주

[후렴]
가신대로 두 번째 공중에 강림하사
자기께 어린아이 다 부르실 주

2. 뫼실 주님, 뫼실 주님 온통 어린아이
말씀대로, 말씀대로 확실(히) 뫼실 주

3. 어린아이, 어린아이 불쌍할 것 없이
흘리신 피, 흘리신 피 죄 다 덮으심

4. 천당나라, 천당나라 뫼올 사람들 다
어린아이, 어린아이처럼 되올 자

5. 감사하옴, 감사하옴 구주은혜, 공로
넉넉하옴, 넉넉하옴 길게 넉넉하오

No. 224. PRIVATE 180

THAT BEAUTIFUL CITY

M. C. F. T. C. O'KANE

뎨二百二十四

一

나살륵목슈손으로
그먼나라에지으신셩
미리샹관되올사ᄅᆞᆷ들은
확실드러가올ᄌᆞ로다
고흔셩고흔셩
미리일즉ᄉᆡᆼ각ᄒᆞᆯ셩
고흔셩、고흔셩、고흔셩

二

저희쥬님지시는셩
그먼나라쥬지님을
봅거던미리영졉ᄒᆞ옴
아ᄃᆞᆯ되실허락밧어즉시
숨님주실은혜일네

NO. 224. 고운 성

M. C. F. / T. C. O' KANE

1. 나살륵(나사렛) 목수 손으로 그 먼 나라에 지으신 성
미리 상관될 사람들은 확실(히) 들어갈 자로다

[후렴]고운 성 고운 성 미리 일찍 생각할 성
고운 성, 고운 성, 고운 성 저희 주님 지시는 성

2. 그 먼 나라 주재님을 뵙거든 미리 영접하옴
아들되실 허락 받아 즉시 숨님 주실 은혜 이르네

No. 186. PRIVATE

HAVE YOU BEEN TO THE SAVIOUR AND RECEIVED HIM?

M. C. F. M. C. F.

뎨百八十六

문 구쥬님으로가셔영졉ᄒᆞ옵네
당신을ᄃᆡ답ᄒᆞ샤죄면ᄒᆞ시뇨
숨님을주셧고당신몸확실히
구쥬로되시게밋게힛소

답 네,저ᄂᆞᆫ,가옵네
그ㅣ공뢰뿐의지ᄒᆞ온ᄃᆡ
가라고안이ᄒᆞ시ᄂᆞᆫ귀ᄒᆞ신쥬
제령혼평안ᄒᆞ시ᄂᆞᆫ쥬

NO. 186. 구주님 만나 영접하셨나요?

M. C. F. / M. C. F.

[문]

구주님으로 가서 영접하옵네
당신을 대답하사 죄 면하시뇨
숨님(성령)을 주셨고 당신 맘 확실히
구주로 되시게 믿게 했소

[답]

예, 저는 가옵네
그 공로 뿐 의지 하온데
가라고 아니하시는 귀하신 주
제 영혼 평안케하시는 주

No. 187.

PRIVATE

GOSPEL DIALOGUE

M. C. F.

OLD SONG

복음찬미

第百八十七

一 문

더희사룸들은예수교ᄒᆞ네
더희사룸들은예수교ᄒᆞ네
쥬일보고회당딍기옴으로
던당가올ㅂ람

답

그런셩각ᄒᆞ지맙셰
그런셩각ᄒᆞ지맙셰
몹슬죄인들은저회
구쥬맛당소용

二 문

웨그말숨저회게ᄒᆞ심늿가
웨그말숨저회게ᄒᆞ심늿가
작고여러사룸그말ᄒᆞ는되
곳예수교말숨

답

네그즁참흔이ᄒᆞ오네
온셰샹은곳치홈은
틀닌신은밋게ᄒᆞ니
멸망홀원슈됨

어빈오셔팔

NO. 187. 복음문답

M. C. F. / OLD SONG

1.

[문]

저희 사람들은 예수교 하네 저희 사람들은 예수교 하네

주일 보고 회당 다녀옴으로 천당 갈 바람

[답]

그런 생각 하지 맙세 그런 생각 하지 맙세

몹쓸 죄인들은 저희 구주 마땅 소용

2.

[문]

왜 그 말씀 저희게 하십니까 왜 그 말씀 저희게 하십니까

자꾸 여러 사람 그 말 하는데 곧 예수교 말씀

[답]

예 그 증참 흔히 하오네 온 세상은 같이함은

틀린 신은 믿게 하니 멸망할 원수됨

三 문 엇지마귀는그러케ᄒᆞ올가
엇지마귀는그러케ᄒᆞ올가
긔독보다힘은더잇ᄉᆞ릿가
춤되지못ᄒᆞᆯ일

답 다른원슈쳐럼ᄒᆞ니
허락업시억지ᄒᆞᆫ자
구쥬님은허락업시
못구원ᄒᆞ실쥬

四 문 그런말ᄉᆞᆷ무ᄉᆞᆷ말ᄉᆞᆷ됨닛가
쥬일맛당직힐것시올시다
셩경찬미가지고회당가오
그밧게못ᄒᆞᆯ일

답 복음리치그럿찬소
복음ᄃᆡ로공뢰한아
그게시논긔독ᄯᅢ셔
류ᄒᆞ실터인ᄃᆡ

3.

[문]

어찌 마귀는 그렇게 할까 어찌 마귀는 그렇게 할까

기독 보다 힘은 더 있으리까 참 되지 못할 일

[답]

다른 원수처럼 하니 허락 없이 억지한 자

구주님은 허락 없이 못 구원하실 주

4.

[문]

그런 말씀 무슨 말씀 됩니까 주일 마땅 지킬 것이 올시다

성경 찬미 가지고 회당가오 그 밖에 못 할일

[답]

복음 이치 그렇잖소 복음대로 공로 하나

그 계시는 기독께서 유하실 터인데

五문 저희ᄂᆞᆫ 그말ᄉᆞᆷ 밋지 안인쟈
그런 말ᄉᆞᆷ을 쳠 드르옵ᄂᆡ다
듯ᄂᆞᆫ뒤로 몹슬 힝실 금ᄒᆞ며
쥬일 직힐올흠

답 예수교ᄂᆞᆫ ᄉᆡᆨ그리요
온셰샹 그뒤로 ᄒᆞ되
숨님ᄭᅴ셔 ᄎᆞᆷ도뒤로
셜명ᄒᆞ시잔소

六문 그리ᄒᆞ신즉 션싱은 셜명ᄒᆞ오
아온후에 ᄯᅡ라갈것 올시다
복음뒤신 아모ᄯᅳᆺ ᄯᅩ 못됨은
헛소리 올시다

답 네 요한일셔 오쟝에
십이졀 말ᄉᆞᆷ 잇ᄉᆞᆸ네
하나님의 아ᄃᆞᆯᄭᅴ셔
게시면 넉넉ᄒᆞ오

5.

[문]

저희는 그 말씀 믿지 않는 자 그런 말씀을 처음 들으옵니다

듣는 대로 몹쓸 행실 금하며 주일 지키는 것이 옳음

[답]

예수교는 꼭 그래요 온 세상 그대로 하되

숨님(성령)께서 참 도대로 설명하시잖소

6.

[문]

그리하신 즉 선생은 설명하오 안 후에 따라 갈 것 올시다

복음대신 아무 뜻 또 못 됨은 헛소리올시다

[답]

예, 요한일서 오장에 십이절 말씀 있는데

하나님의 아들께서 계시면 넉넉하오

七문 그리ᄒᆞ신즉ᄒᆡᆼᄒᆞ온바업시
하나님의아ᄃᆞᆯ되게ᄒᆞ시면되ᄆᆡ
엇지ᄒᆞ샤되실는지모르니
알게ᄒᆡ줍시오

답 요한일장십이절에
ᄇᆞᆰ히긔록ᄒᆞ셧심은
부쥬아ᄃᆞᆯ되실허락
영졉쟈게주심

八문 그것ᄎᆞᆷ고마온말ᄉᆞᆷ올시다
좀ᄯᅩᄇᆞᆰ히셜명ᄒᆞ야주시오
아ᄃᆞ님을영졉ᄒᆞ올것심을
알게ᄒᆡ주시오

답 라마편지ᄉᆞ장오절
올흔일을ᄒᆞ지안코
올케ᄒᆞ신구쥬님을
밋기되올것ᄲᅮᆫ

7.
[문]
그리하신 즉 행한 바 없이 하나님의 아들 계시면 되매
어찌하사 되실는지 모르니 알게 해주시오
[답]
요한 일장 십이절에 밝히 기록하셨음은
부주父主(아버님) 아들 되실 허락 영접자에게 주심

8. [문]
그것 참 고마운 말씀이올시다 좀 또 밝히 설명해주시오
아드님을 영접하올 것임을 알게 해주시오
[답]
라마(로마)편지 사장 오절 옳은 일을 하지 않고
옳게 하신 구주님을 믿게 되올 것뿐

九문 엇지ᄒᆞ야그뿐될수오릿가
의업시죄를또ᄉᆞᆫ치안일것
음힝、도적、술취ᄒᆞᄂᆞᆫ거스로
히또관계찬소

답 그것텬부크신은혜
또ᄒᆞᆫ텬부아신ᄃᆡ로
텬하인간크신죄는
그아ᄃᆞᆯᄃᆡ뎍ᄒᆞ옴

十문 델큰죄는그것ᄀᆞᆺ치되오며
델고맙고델큰일무엇시오
설명ᄒᆞ샤저희는곳ᄒᆞ리다
구쥬씌슌복ᄒᆞ오

답 아ᄃᆞᆯ잇는ᄌᆞᄂᆞᆫ싱명
그ㅣ와홈씌텬부씌셔
모든것슬주실텬부
풍셩ᄒᆞ실텬부

9.

[문]

어찌해야 그뿐 되오리까 의 없이 죄를 또 끊지 않을 것

음행, 도적, 술 취하는 것으로 해도 관계찮소

[답]

그것 천부 크신 은혜 또한 천부 아신대로

천하 인간 크신 죄는 그 아들 대적함

10.

[문]

제일 큰 죄는 그것 같이 되오며 제일 고맙고 제일 큰 일 무엇이뇨

설명하사 저희는 곧 하리다 구주께 순복하오

[답]

아들 있는 자는 생명 그와 함께 천부께서

모든 것을 주실 천부 풍성하실 천부

十一문 그리ᄒᆞ신즉 저희ᄂᆞᆫ 를니오 아ᄃᆞ님을 엇지 엇으오릿가 긔도 업고 올흔 일 ᄯᅩᄒᆞ올 것 업시면 엇지ᄒᆞ오

답 깃비 감샤ᄒᆞ올 것슨 슌복ᄒᆞ올 ᄯᅢ 되실 일 아ᄃᆞ님을 영졉ᄒᆞ오미 숨님 주실 은혜

十二문 숨님 주심은 웬쳡에 되실가 두번 나신 후 주실 줄 아온ᄃᆡ 오리 힘써 긔도 만히 ᄒᆞ온 후 주신 줄 알앗소

답 안이올시다 쥬ㅣ 법은 아ᄃᆞᆯ 영졉ᄒᆞ올 젹에 텬부ᄌᆞ로 되올 허락 줍고 숨님 주심을

11.
[문]

그리하신 즉 저희는 틀리오 아드님을 어찌 얻으오리까

기도 없고 옳은 일 또 하올 것 없으면 어찌하오

[답]

기뻐 감사 하올 것은 순복 하올 때 되실 일

아드님을 영접하오매 숨님(성령) 주실 은혜

12.
[문]

숨님(성령) 주심은 왜 처음에 되실까

두 번 나신 후 주실 줄 아는데

오래 힘써 기도 많이 하온 후 주신 줄 알았소

[답]

아니올시다 주 법은 아들 영접하올 적에

천부자로 되올 허락 주고 숨님(성령) 주심

No. 85. THE LITTLE RAGGED MAID

M. C. F. M. C. F.

뎨八十五

一
조고만계집ᄋᆞ희잇셔
산골에살던ᄃᆡ
싱긴ᄌᆞ미업고헐버셔

二
누구나원ᄒᆞ옵닛가셔
엇던날에량반지나셔
먼나라셔오샤

三
교만ᄒᆞᆷ이업시슌ᄒᆞ니
ᄋᆞ희와쉬친ᄒᆞ샤네
얼마나지나셔이량반
ᄯᅥ나갈더인ᄃᆡ

四
ᄋᆞ희ᄒᆞᆷᄭᅴ가기원ᄒᆞ되
그ᄯᅢ곳치못가오네
작별ᄒᆞ신ᄯᅢ허락ᄒᆞ샤
멀니갈더이니
걱정말고집지은후에
널위ᄒᆞ야오겟스네

五
ᄯᅢ가갓가히되올적에
놉흔등에셔셔
작고멀니쳐다보다가

六
오시기를고ᄃᆡᄒᆞ네
ᄆᆡ일셔셔고ᄃᆡᄒᆞ오니
몸심심돼가네

七
엇던아참일즉나가니
먼흰구름즁에봄은
싯벍은별곳ᄒᆞ신빗출
놀나셔보오니

八
점점더갓가히오셧니
견ᄃᆡ기어려오웟네
신랑낫출넉넉아온ᄃᆡ
깃븜여취여광
영광너머환ᄒᆞ셧샤니
ᄋᆞ희눈을부시셧네

NO. 85. 누더기를 걸친 소녀

M. C. F. / M. C. F.

1. 조그만 계집아이 있어 산골에 살던데
   생긴 재미 없고 헐벗어 누구나 원하옵니까

2. 어떤 날에 양반 지나서 먼나라에서 오사
   교만함이 없이 순하니 아이와 쉽게 친하시네

3. 얼마나 지나서 이 양반 떠나갈 터인데
   아이 함께 가기 원하되 그때 같이 못 가오네

4. 작별하신 때 허락하사 멀리 갈 터이니
   걱정 말고 집 지은 후에 널 위해 오겠네

5. 때가 가까워 올 적에 높은 언덕에 서서
   자꾸 멀리 쳐다보다가 오시기를 고대하네

6. 매일 서서 고대하오니 마음 심심해가네
   어떤 아침 일찍 나가니 먼 흰구름 중에 봄은

7. 시뻘건 별 같으신 빛을 놀라서 보오니
   점점 더 가까이 오시니 견디기 어려웠네

8. 신랑 낯을 너너 아온대 기쁨에
   여취여광如醉如狂(너무 기쁘거나 감격하여 미친 듯도 하고 취한 듯도 함)
   영광 너머 환하니 아이 눈이 부시었네

九

다만제신랑으로아니
무셥잔코깃븜
더참고더견될수업시
소릐질너깃비ᄒᆞ티

옴ᄂᆡ다옴ᄂᆡ다
아름다온신랑
나를위ᄒᆞ샤오실예수씨
옴ᄂᆡ다옴ᄂᆡ다
이신부볼것얼마나업되
신랑원ᄒᆞ심원ᄒᆞ옵ᄂᆡ다

9. 다만 제 신랑으로 아니 무섭잖고 기쁨
더 참고 더 견딜 수 없이 소리질러 기뻐하되

[후렴]
옵니다 옵니다 아름다운 신랑
나를 위하사 오실 예수씨 옵니다 옵니다
이 신부 볼 것 얼마나 없되 신랑 원하심 원하옵니다

No. 179. PRIVATE

JESUS HIMSELF

"This is Life Eternal; to know God And Jesus Christ Whom He Hath Sent".

M. C. F. M. C. F.

뎨百七十九

一

두뎨ᄌᆞ는이마오로딍기실때
담독과군절다업시
모르온량반갓가히오셧샤
의심홈으로권면ᄒᆞ오
눈들붓드러믹심되신ᄃᆡ
두사룸은모르옴네
춤귀ᄒᆞ신ᄌᆞ로녁녁아오되
셔ᄃᆞ롤눈들업신둘

二

그량반네기ᄒᆞ신때셩경을
시편모든션지셜명
긔독맛당고난다밧으신후
영광에드러가실일
그리치붉히셔ᄃᆞ르온ᄃᆡ
몸깃븜엇지ᄯᅳ거워
긔독도라가심셔ᄃᆞ르오되
살앗다신쓧모롬네

주석찬송

NO. 179. 예수님

M. C. F. / M. C. F

1. 두 제자는 이마오(엠마오)로 다니실 때 담독과 간절 다 없이
   모르온 양반 가까이 오셨다 의심함으로 권면하오
   눈들 붙들어 매심 되신데 두 사람은 모르옵네
   참 귀하신 자로 넉넉 아오되 깨달을 눈들 없는 둘

2. 그 양반 얘기 하신 때 성경을 시편 모든 선지 설명
   기독 마땅히 고난 다 받으신 후 영광에 들어가실 일
   그 이치 밝히 깨달으온데 맘 기쁨 어찌 뜨거워
   기독 돌아가심 깨달으되 살았다하신 뜻 모르네

三

그동닉압헤니르셧신세분
그량반ᄯᅩ가실모양
ᄀᆞᆫ절히청ᄒᆞ오니ᄃᆞ르셧신ᄃᆡ
다홈씌저녁잡셧소
잡수시미눈ᄯᅳ심밧오니
예수씨로확실아옴
곳피ᄒᆞ시되춤깃브옴으로
동모들알도록ᄲᅧ나오

四

오날이라도ᄀᆞᆺ흔일만습네
도ㅣ겁뎨이만아온ᄃᆡ
홈씌게시되춤쥬예수씨로
물나셔걱졍만흔쟈
온도ㅣ이라도와일수잇되
예수씨를바로모름
아모깃븜업시즐거온몸은
그ᄃᆡ로잇지못ᄒᆞ올일

3. 그 동네 앞에 이르셨던 세 분 그 양반 또 가실 모양
간절히 청하오니 들으셨는데 다 함께 저녁 잡수셨소
잡수시매 눈 뜨심 받으오니 예수씨로 확실히 아옴
곧 피하시되 참 기쁨으로 동무들 알도록 떠나오

4. 오늘이라도 같은 일 많네 도 껍데기 많으온대
함께 계시되 참 주 예수씨로 몰라서 걱정 많은 자
온전한 도이라도 외울 수 있되 예수씨를 바로 모름
아무 기쁨 없이 즐거운 맘은 그대로 있지 못하올 일

(나종후렴)

이제 항복
텬부아ᄃᆞ님ᄭᅦ영접ᄒᆞ옴)
그ᄃᆡ로만ᄒᆞ)오면누구재ᄃᆡᆨ에
나시게ᄒᆞ심밧올ᄌᆞ

요한복음一쟝十一、二、

ᄌᆞ긔ᄯᅡ에오셧시나 ᄌᆞ긔ᄇᆡᆨ셩들은ᄃᆡ접지안이ᄒᆞ
오려니와몃치던지ᄃᆡ졉ᄒᆞ오ᄂᆞᆫ사ᄅᆞᆷ의게ᄂᆞᆫ 하나
님의아ᄃᆞᆯ노되올권세를주셧심은곳 그ㅡ일홈을
밋으오ᄂᆞᆫ사ᄅᆞᆷ의게주셧신지라

[나중 후렴]

이제 항복 천부 아드님께 영접하옴

그대로만 하오면 누구 새댁에 나시게 하심 받을 자

요한복음 1장 11-12절

자기 땅에 오셨으나 자기 백성들은 대접지아니하오려니와 몇 이던지 대접하오는 사람에게는 하나님의 아들로 될 권세를 주셨음은 곧 그 이름을 믿으오는 사람에게 주셨은지라

No. 225. 1200-305

THE SPIRIT OF PRAYER

M. C. F. H. P. BANKS

뎨二百二十五

一 긔도숨님쎄옵시여
ᄉᆞ랑ᄒᆞ시눈숨
ᄌᆞ긔셩뎐긔도열미 ※
자라시겟신ᄃᆡ
갈나노흡신숨되샤
긔도ᄒᆞ옵실때
이뎐긔도ᄒᆞ실도록
갈나노흡소샤

살가리아 十二〇十、 ×
뎨마태후 一〇七、
요 한 十五〇五、八、
뎝살라니가후 二〇十三、
라 마 八〇二十六、
피 득 전 一〇二、

※살가리아十二〇九、 그날에옹홀것순나눈(여워)야로살림을 상ᄒᆞ올도독왓눈이 방나라들을상ᄒᆞ다 보며나와十대벽집차 야로살림의빅성에은혜 숨님파긔도 숨님을부울며에니며 회눈창으로찌른 조ᄅᆞᆯ뵈옵고이곡ᄒᆞ야 독ᄌᆞ로이곡ᄒᆞ눈ᄃᆡ 럽ᄒᆞ울터이니 곳독ᄌᆞᄅᆞᆯ위ᄒᆞ야쓴소ᄅᆡᄒᆞ는모양으로우울지라

NO. 225. 기도의 영

M. C. F. / H. P. BANKS

1. 기도 숨님(성령)께옵시여 스 12:10

사랑하시는 숨(성령) 딤후 1:7

자기 성전 기도 열매 스 12:9-10

스가라 12장 9-10절
그날에 응할 것은 나는(여워) 야로살랭(예루살렘)을 상하오도록 온 이방 나라들을 상하라 보려니와 대벽(다윗) 집과 야로살랭의 백성에 은혜 숨님과 기도 숨님을 부울터이니 저희는 창으로 찌르는 자를 뵈옵고 애곡하여 독자로 애곡하는 것처럼 하올터이니 곧 독자를 위하여 쓴소리하는 모양으로 울지라

자라시게 하신데 요 15:5, 8

갈라놓으신 숨(성령) 되사 살후 2:13

기도 하오실 때 롬 8:26

이전 기도 하시도록

갈라놓읍소서 벧전 1:2

二 긔도몃번자라신디	마태 六〇四ㅣ六、
스ᄉᆞ로ᄒᆞ샤니	〃 〃
깃브고감샤ᄒᆞ오되	〃 〃
흔히ᄒᆞ샤잔뇨	〃 〃
그젼셩뎐샹뎐님은	요한 二〇十四、五、六、
도적쯧쳣신디	마태 二十一〇十二、三、
이제그련자잇거던	시편 十九〇十二、
쯧츠시옵소서	〃 〃 六十四〇一、十、 九十一〇一、●

●시편九十一〇一、지극히놉흐시는곳에류ᄒᆞ올사롬은 ᄉᆡ하다이
님(온통녀녀ᄒᆞ심、가삼곳에힘케ᄒᆞ시는젓잇는디쳐음에챵세
긔十七〇一、긔록ᄒᆞ셧는이다거긔엘(쟝ᄉᆞ)파홈씌쓰심엘ᄉᆡ하다
이님씌셔곳쟝ᄉᆞ가삼님) 그림ᄌᆞ아리류ᄒᆞ올사롬이라

2. 기도 몇 번 자라신데 스스로 하시니 마 6:4-6

기쁘고 감사하오되 흔히 하시잔뇨 마 6:4-6

그 전 성전 상전님은 요 2:14-16

도적 쫓았는데 마 21:12-13

이제 그런 자 있거든 시 19:12; 24:1, 10

쫓으시옵소서 시 91:1

시편 91편 1절
지극히 높으신 곳에 유하올 사람은 하다이님 그림자 아래 유하올 사람이라

三

셩뎐으로긔록ᄒ심
텬부의긔도당
재로세우신셩뎐은
숨긔도당안뇨
숨님ᄭᅴ셔ᄌ긔당에
긔도안ᄒ시면
합당치안이ᄒ올당
갈나노흡소셔

四

이왕에샹뎐님ᄭᅴ셔
군쳥ᄒ옵신듸
채ᄶᅵᆨ으로그몹슬것
급히ᄶᅩᆺ쳣신듸
이제ᄯᅩ뎐하인간에
권능다게신듸
넉넉ᄶᅩᆺᄎᆞ실샹뎐님
갈나노흡소셔

출이굽긔三十〇十三、나는너희를갈나노흔 여워 피독전능十四、
긔독을너희ᄆᆞ음에 主지로갈나노흐라 뎨살라니가젼四〇二十八、

마가十一〇十七、
〃 〃
이불소二〇二十一、二、三、
가림다젼六〇十九
라마八〇二十六、七、
〃 〃
이불소四〇三十、
〃 〃
뎨살라니가후二〇十三、
로가十九〇四十五、六、
〃 〃
〃 〃
마태二十八〇十八、
〃 〃
〃 〃
〃 二十三〇八ㅣ十、
덕은이불소二〇十六、二十二、
이불소一〇十七ㅣ二十三、
가림다젼一〇二十、요한十五〇十六、

3. 성전으로 기록하심 천부의 기도당 막 11:17

새로 세우신 성전은 엡 2:21-23, 고전 6:19

숨(성령) 기도당 아니뇨 롬 8:26-27

숨님(성령)께서 자기 당에 롬 8:26-27

기도 안하시면 엡 4:30

합당치 아니하올 당 엡 4:30

갈라놓읍소서 후 2:13

4. 이왕에 상전님께서 간청하옵신데 눅 19:45-46

채찍으로 그 몹쓸 것 급히 쫓았는데 눅 19:45-46

이제도 천하 인간에 권능 다 계신데 마 28:18

넉넉 쫓으실 상전님 마 23:8-10, 엡 2:16, 23; 1:17-23

갈라 놓읍소서 고전 1:30, 요 15:7-8

출애굽기 31장 13절
나는 너희를 갈라놓은 여워(여호와)

베드로전서 3장 15절
기독을 너희 마음들에 주재로 갈라놓으라

데살로니가전서 4장 2-8절

五
하나님은긔독제게 　가림다젼 一〇三十、
갈나노심으로 　〃 〃
되시게ᄒᆞ옵셧신쥬 　〃 〃
당맛당셕긋ᄒᆞ옵 　뎨살라가젼四〇二一八、
이일노셔홍암소를 　민수긔 十九〇
문밧더러온곳 　〃 〃
온통불노태우심은 　〃 〃
갈나노실지됨◎ 　〃 〃

◎가림다젼一〇三十、오직너희눈 예수긔독안에 하나님의ᄒᆞ실
으로잇ᄉᆞ오니 긔독셰셔눈 하나님으로너희게ᄉᆞ독ᄉᆞ아시눈바
로되셧고곳죄업심파갈나노호심파구ᄒᆞ실갑오로되셧신지라

六
이갈나노신지으로 　민수긔十九〇
더럽게되던쟈 　〃 〃
셕긋되시게ᄒᆞ실물 　〃 〃
만드신거신티 　〃 〃
그록ᄒᆞ셧신티로도 　요한 十七〇十七、
갈느신것되심 　〃 〃
나죵지뎨씻ᄎᆞ실쥬 　뎨살라니가젼五〇二十三、
셕긋게ᄒᆞ실네 　〃 〃

5. 하나님은 기독 제게 갈라 놓으심으로 고전 1:30
되시게 하옵셨은 고전 1:30 즉 마땅히 깨끗하옴 살전 4:2-8
이 일로서 홍암소를 문 밖 더러운 곳 민 19
온통 불로 태우심은 갈라놓으실 죄 됨 민 19

고린도전서 1장 30절
오직 너희는 예수 기독 안에 하나님의 하심으로 있사오니 기독께서는 하나님으로 너희에게 똑똑 아시는 바로 되셨고 곧 죄없음과 갈라놓으심과 구하실 값으로 되셨은지라

6. 이 갈라놓으신 죄로 더럽게 되던 자 민 19장
깨끗되시게 하실 물 만드시는 것이신데 민 19장
기록하셨던대로도 가르신 것 되심 요 17:17
나중 지체 씻으실 주 깨끗게 하시네 살전 5:23

七 이제라도갈느옵신
숨님싱명도로
이약ᄒᆞᆫ자를갈늡샤
셕굿게ᄒᆞᆸ소샤
미양뎐부아ᄃᆞᆯ보혈
갈느시게ᄒᆞᆸ샤
검검ᄒᆞᆫ뒤잇슬동안
샹뎐깃브실일

〃 헙살라니가젼四〇三、四、
〃 후二〇十三、
피득젼 一〇二、
〃 二十三、
데마태젼 一〇十五、
민수긔 十九〇十九|二十二、
가림다후 三〇十八、
희빅리 九〇十三、四、
〃 요한一셔 六〇七、九、가림다후四〇一|七
六〇十四、八、가라셔一〇十三、헙살라니
가젼五〇四、五、피득젼三〇九|十二、
데마태후 二〇四

※륜법아라곳우에셔나심을밧으오기젼에메ᄌᆞ들 숨님을엇으올도록 긔도ᄒᆞᆯ수ᄒᆞ오되 (로가十一〇十三、)다만 긔독새법은다르신지라져희 영광아바지의은혜더옥크샤니져희소용을아샤니져희ᄂᆞᆫ긔도업시、 미리주샤ᄂᆞᆫ뒤 (마태六〇三十一|三十二、)이제ᄂᆞᆫ법이달슴니다 숨님ᄭᅴ주셧신션물은제희ᄂᆞᆫ긔도ᄒᆞ온연고안이오바 주님ᄭᅴ셔긔도ᄒᆞ옵신연고바 (요한十四〇十六、七、) 주시며길세세

7. 이제라도 갈르옵신살전 4:3-4, 살후 2:13, 벧전 1:2

숨님 생명 도로 벧전 1:23

이 약한 자를 가르사딤전 1:15

깨끗게 합소서 민 19:19-22, 고후 3:18

매양 천부 아들 보혈 가르시게 하사

컴컴한데 있을 동안 요일 5:7-9, 고후 4:2-7; 6:14-18, 살전 5:4-5, 벧전 2:9-12

상전 기쁘실 일 딤후 2:4

율법아래, 곧 위에서 나심을 받아 오기 전에 제자들 숨님(성령)을 얻어오도록 기도 하오되[눅 11:13] 다만 기독 새 법은 다르신지라 저희 영광 아버지의 은혜 더욱 크시오니 저희 소용을 아시니 저희는 기도 없이 미리 주시는데[마 6:31-32] 이제 법이 다릅니다. 숨님(성령)을 주신 선물은 저희 기도하온 연고가 아니라 독생자님께서 기도하셔서 오신 연고라[요 14:16-17]

No. 238. PRIVATE 117

BRING ING HOME THE ARK

M. C. F. GRANT GOLFAX TULLER

뎨二百三十八

여워님을섬기올때ᄂᆞᆫ세샹법ᄃᆡ로못ᄒᆞ올일이오민수긔四〇一ㅣ十
五중참케(법궤일홈은아조를넉ᄉᆞ소)엇더케들고ᄒᆞ오던지ᄯᅩᆨᄯᅩᆨ히명
ᄒᆞ셧신ᄃᆡ블네셋인삼우엘젼六〇七、八、곳 하나님의원슈ᄃᆡ로못
옴기오새수레잇셔도、 그리셔죄형벌밧앗소삼우엘후六〇五ㅣ七
후에기ᄃᆞ렷ᄉᆞ오니명ᄒᆞ신ᄃᆡ로ᄒᆞ온지라력ᄃᆡ샹十五〇二、하나님
을사ᄅᆞᆷ뜻ᄃᆡ로못섬기옵너다챵세긔四〇三ㅣ五、가림다젼一〇十
七ㅣ三十一、후十〇四、五

一
여워님을섬기올때
명ᄒᆞ시ᄂᆞᆫᄃᆡ로ᄒᆞ옴
복을엇으랴가올때
블네셋ᄃᆡ로못ᄒᆞ옴
명ᄒᆞ신ᄃᆡ로ᄒᆞ올때
신복확실밧으올터
도를아올고긔독ᄉᆞ랑
ᄒᆞ심안에류ᄒᆞ올네

二
신복엇고쟈ᄒᆞ올때
미리ᄀᆞᄅᆞ치신뜻
조심ᄒᆞ야ᄒᆞ올진ᄃᆡ
사ᄅᆞᆷ몸못ᄯᅡ라가오

三
사ᄅᆞᆷ지혜소용업시
미리주셧신복음
숨님뵈시겟신ᄃᆡ로
긔독새즁참ᄒᆞ옴

NO. 238. 법궤를 집으로 옮길 때

M. C. F / GRANT GOLFAZ TULLER

여워님(여호와)을 섬기올 때는 세상 법대로 못하올 일이오. 민 4: 1-15 증참케〔법궤 이름은 아주 틀렸소〕 어떻게 들고 하던지 똑똑히 명하신데 불레셋인삼상 6:7-8 곧 하나님의 원수대로 못 옮기오 새 수레 있어도, 그래서 죄 형벌 받았소. 삼하 6:5-7 후에 기다렸사오니 명하신대로 하온지대상 15:2 하나님을 사람 뜻대로 못 섬기옵니다. 창 4: 3-5, 고전 1:17-31, 고후 10:4-5

1. 여워님(여호와)을 섬기올 때 명하시는 대로 하옴
   복을 얻었으랴 가올 때 불네셧(블레셋)대로 못하옴

   [후렴]
   명하신 대로 하올 때 신복 확실히 받으올 터
   도를 알고 기독 사랑 하심 안에 유하오네

2. 신복 얻고자 하올 때 미리 가르치신 뜻
   조심하여 하올진데 사람 맘 못 따라 가오

3. 사람 지혜 소용 없이 미리 주신 복음
   숨님(성령) 뵈는 대로 기독뿐 증참하옴

四 ᄆᆡ일마나 거두오며
쥬씌쉽게 슌복ᄒᆞ옴
마귀권능 이길권세
넉넉쓰고 복풍셩

五 이러ᄒᆞ옴으로 숨님은
권능쓰실카랐마
대벽쳐럼 복을밧고
길게셔지 밧올복

4. 매일 만나 거두오며 주께 쉽게 순복하옴
마귀 권능 이길 권세 넉넉 쓰고 복 풍성

5. 이러하옴으로 숨님(성령) 은 권능 쓰실 카리스마(은혜)
대벽(다윗)처럼 복을 받고 길게까지 받을 복

*우리 대한 나라

펜윅이 작사한 곡으로 찬송가 'God Save the King'에 가사를 붙였다. 한국에 대한 펜윅의 애정을 느낄 수 있는 곡이며, 신앙으로 어려움을 극복하고 새로운 나라를 세울 것을 노래하고 있다.

우리 대한 나라

MY COUNTRY TAI HAN.

TUNE: GOD SAVE THE KING. M. C. F.

대한노ᄅᆡ

一

우리ᄃᆡ한나라
ᄃᆡ한국을위ᄒᆡ
노ᄅᆡ합세
열셩조나신데
또도라가셧네
모든산것헤셔
노ᄅᆡ합세

二

우리ᄃᆡ한일홈
엇지ᄉᆞ랑ᄒᆞᆯ가
우리ᄃᆡ한
그산과골이나
그강과슈풀다
ᄉᆞ랑ᄒᆞ는누리
노ᄅᆡ합세

三

걱정ᄒᆞ지말고
ᄒᆞᄂᆞ님만의지
셩ᄌᆞ밋세
구쥬밋는빅셩
셩경을조초면
아모나라던지
핍박업네

四

맘먹고니며나
ᄒᆞᄂᆞ님압헤셔
긔도합세
잘못된일조복
죄사ᄒᆞᆷ을밧어
긔독씨의지로
나라세오

五

긔조세운나라
엇지니즐소냐
만세만세
ᄃᆡ한의사롬다
힝실뉘처꼿처
힘써셔나라들
다시세오

우리 대한 나라

TUNE: GOD SAVE THE KING.　M. C. F

대한노래

1. 우리 대한 나라 대한국을 위해 노래합세
   열성조 나신데 또 돌아가셨네
   모든 산 곁에서 노래합세

2. 우리 대한 이름 어찌 사랑할까 우리 대한
   그 산과 골이나 그 강과 수풀 다
   사랑하는 우리 노래합세

3. 걱정하지 말고 하나님만 의지 성자믿세
   구주 믿는 백성 성경을 좇으면
   아무 나라던지 핍박 없네

4. 맘 먹고 일어나 하나님 앞에서 기도합세
   잘못된 일 자복 죄 사함을 받어
   기독께 의지로 나라세워

5. 기자 세운 나라 어찌 잊을 소냐 만세 만세
   대한의 사람 다 행실 뉘우쳐 고쳐
   힘써서 나라를 다시 세워

*한국 순회선교회의 원리와 목적 선언문

펜윅이 한국순회선교회를 조직하여 회장을 맡고 있을 초기의 선언문으로 한국순회선교회가 초교파적, 복음전도적, 진취적이지만 다른 사람의 터 위에 교회를 세우지 않고, 오지선교를 강조하며 복음이 모든 열방에 전달되는 것을 목적으로 한다는 내용 등을 담고 있다.

한국 순회선교회의 원리와 목적 선언문

한국순회선교회(CIM)는 최근에 조직이 되었고 아래의 내용은 원리 선언문이다. 이 선교회의 목적은 "내가 올 때까지 시간을 필요로 한다."

한국에서는 수백만의 영혼들이 복음을 필요로 하고 너무 많은 대다수의 사람이 십자가의 사자使者로부터 복음을 듣지 못한 실정이다. 세월이 지나가면서 금세기 내내 그리스도를 알지 못하고 죽어가는 자들이 많다.

현재의 선교전략이나 선교단체들이 사용한 전략들은 이러한 필요를 채우기에는 너무나 불충분하다. 무언가 새롭거나 다른 방법이 채택되지 않는다면 이처럼 궁상맞은 궁핍을 만회하려는 시도는 소망 없는 일이다.

선교지에서 다른 선교단체와 선교사들의 간섭을 받지 않고 한국 전 지역에 복음을 즉시 전할 수 있는 문門과 충분한 공간이 활짝 열렸으며 이것이 한국순회선교회의 일차 목적이다. 이 선교회는 성격적으로는 초교파적이며 영적으로는 복음전도적이며, 방법적으로는 진취적이지만 다른 사람의 터 위에 교회를 세우지는 않고 오지선교가 강조되며 복음이 모든 열방들에게 전달되는 것을 목적으로 한다.

하나님은 오늘날 성령의 은사와 일꾼들을 배가시키기 위해 그의 교회를 잘 인도하시는 것 같다. 주님께 추수할 수 있도록 연합하여 기도한 응답으로 일꾼으로 하여금 수확케 하시고 수백만의 남자들과 여자들이 주님의 이름이 알려지지 않은 곳에 복음을 전하려고 준비 중이다. 이들 대다수는 어떤 고정되거나 획일적인 교육기준에 따를 수 없고, 이들이 실용적인 완벽한 교육과정을 준비하도록 요청을 받는다면 선교지에서 쫓겨나게 될 것이다. 하지만 이들은 성령의 가르침으로 하나님 왕국의 씨앗을 뿌리는데 적임이었음을 입증하고 있다.

이 시대에 다른 조짐이 보이는 것은 하나님께서 복음 증거를 허락하시고 그리스도의 이름으로, 단순한 믿음인 성령께 절대적으로 의존함으로, 그리고 필요한 모든 자원은 직접 돈을 요구하거나, 빚을 지거나, 정해진 월급을 줘야 할 책임도 지지 않고, 성도들의 자발적인 헌금으로 채워질 것이라는 믿음 있는 기도의 응답을 확신하면서 일하여 받은, 눈에 드러날 정도의 축복 속에서 발견된다.

이런 순수한 사실과 원리는 한국순회선교회가 형성되고 수행한 기준을 잘 지적하고 있다. 한국순회선교회의 교리적 기준은 배타적으로 어느 한 선교단체의 것을 따르지 않고 오히려 여러 분파의 개혁교회가 채택한 위대한 기본 진리와 소위 복음주의 연맹의 기초를 따르고 있다.

본 선교회의 주된 목적은 오지에 복음을 전파하는 것으로 이곳은 그리스도께서 특별한 분으로 인식이 잘 되어있지 않은 지역을 말한다. 선교사들이 일하고 있는 선교단체에서의 갈등과 충돌은 조심스럽게 피해야 하고, 형제간의 사랑이 품어져야 하고 활발한 협력이 증진되어야 한다. 누가 하든 간에 그리스도만이 전달된다면 함께 즐거워합시다.

본 선교회는 고등교육을 받은 자들을 선교회의 일꾼으로 기꺼이 환영한다. 높은 자질을 갖지 못한 자들을 위한 공간을 마련함으로 학문과 문화를 경멸코자 하는 것은 아니다. 하지만 모든 지원자가 갖추고 있고 어느 것도 보상할 수 없는 최고의 자질로는 중생의 체험이 있어야 하고 그리스도를 증거하고 영혼을 구령하는데 성령으로 훈련받아 다듬어진 자임을 명시하고 있다. 지원자를 받아들이기 위해서는 영적으로 높은 수준의 자질을 갖고 있어야 만이 선교회를 보호할 수 있는 예방책이 될 것이다. 예전에 선교사역의 경험이 없는 자들은 2년간 선교지에서 훈련을 받고 난 이후에 선교사로 받아들이는 것이 최선책으로 여겨진다.

몇몇 선교사는 선교지에서 마치 지도자로 활동하도록 요청을 받을 것이다. 하지만 사역을 수행하는 데 있어서 중요한 단계는 사경회 이후에 이루어져야 하고 이때 선교사들 간의 연합기도회는 이들로 하여금 일치된 마음을 갖게 한다. 하나님의 마음을 알 때까지는 그분을 섬기며 기다리는 것이 하나님께서 새로운 단계에서 확신 있는 설득력으로 인도함으로 충분히 보상하실 것이다. 생각이 서로 맞지 않아 갈등이 생겨난다면 가정에서 회의 중재인은 조언을 받아야만 한다.

사람보다는 하나님을 믿는 것이 한국에서 새로운 선교회를 형성하는 길이어서 본 선교회는 영감 있는 하나님의 말씀을 지키며, 어떻게 구원을 받는지 그 이름을 믿고, 예배 시에 능력을 주시는 성령께 의지하고, 그리스도의 도래와 왕국을 기다리는 자들의 사랑과 교감과 기도를 추천하는 바이다.

회장: 말콤 펜윅, 한국 원산
명예 사무총장 및 재무: 조셉 더글라스
사서함 342번지 캐나다 토론토

*펜윅의 편지

여기에는 펜윅이 언더우드(Horace. G. Underwood)의 과장된 선교보고를 비판하는 두 편의 글을 번역해 실었다. 펜윅의 편지는 1891년 제임스 브룩스(James H. Brooks)가 편집장으로 있던 〈진리〉(*The Truth*)에 실렸고, 이후 1893년에 제임스 존스톤(James Johnston)의 《남중앙아프리카에서의 실제 및 공상소설》(*Reality Versus Romance in South Central Africa*)에 일부 내용이 게재되었다. 이 일로 펜윅과 언더우드의 관계가 악화되었고, 펜윅을 지원하던 한국연합선교회는 그를 "소환되어야 할 어리석고 화난 사람"으로 평하며 선교 지원을 중단하였다.

펜윅의 편지

남중앙아프리카에서의 실제 및 공상소설

편집국-국제선교연합회

남중앙아프리카에서의 실제 및 공상소설

이제 일반적으로 공식적인 편지에서, 그는(펜윅) 이른바 기독교 국가 안에 있는 교회에서 너무나 자주 행해지는 기만을 더욱 확실하게 폭로한다. 그런 것은 아마도 목적이 수단을 정당화한다는 예수회 원리의 실천과 통하는 것이다. 그때의 선교문서는 내가 보기에 전체적으로 가장 기만적인 글에 속한다. … 마땅한 예를 들면 아래와 같다. 한국에 있는 선교사는 한국에 복음을 전하기 위해 뭉친 사업가들로 구성된 작은 위원회를 대표하는데, 어느 한 선교사가 자기 영역에서 일어난 일들의 실제 상태를 사실대로 제시하면서 연례보고를 했다. 그런데 그 보고서는 즉각적으로 거부당했다. 위원회 측은 관심자들과 개종자들 등에 관한 현저한 경우들을 보고할 것을 요구했다. 그는 이의제기 요청을 했고, 마침내 그 보고서는 적절한 것으로 인정되었으며 널리 읽히게 되었다.

2년 전 한 남자[아마도 그의 이름은 생략하는 것이 좋을 것이다]가 자신의 선교지에서 미국으로 돌아갔다. 그 이후로 그의 과장된 이야기들은 미국 교회들 사이에서 넓게 퍼져갔다 … 한 마을에서 그가 수행했던 개종 사역에 관한 이야기 하나를 해보겠다. 나는 그 이후에 6개월 동안 그 마을에서 살기도 했다. 나는 이제 언급되는 이야기에서 그 선교사가 세례를 베풀었던 그 마을의 어떤 한 사람으로부터 직접 그 이야기를 들었다. 한 현지인은 선교회 돈을 받았고 그 선교사에 의해 적어도 40-50명의 사람을 한 곳에 모으라는 지시를 받았다. 그 시간에 그 선교사가 당도하리라는 것이었다. 요구받은 숫자에 다소 당황스러운 채 그 현지인은 그의 친구들을 모으는 일에 착수했다. 그러나 그는 9명밖에 모을 수 없었다.

그 선교사가 도착했다. 그는 상당히 긴 훈계를 한 뒤에 현지인들에게 그들이 쓴 모자를 벗으라고 말했다. 한 사람이 '왜지요?' 하고 물었다. 그러자 그 선교사는 그 현지인 친구를 살살 달래면서 답변했다. '아, 걱정하지 마시오. 아무것도 아닙니다. 그저 여러분들의 모자를 벗으십시오.' 그러자 동양인들에게 있는 정중한 태도로 그들은 모자를 벗었다. 거기서 그 선교사는 이 9명의 사람에게 세례를 베풀었다. 그들 중 한 사람은 그가 전에 보던 사람이었을 수도 있었지만 나머지 사람들은 그가 처음 보는 사람들이었다.

그 편지는 사람들을 놀라게 하면서 동시에 굴욕감을 주는 진술들을 포함한다. 그 안에서 기독교는 많은 경우, 낯선 사역지에서 그들이 접하는 모든 것을 믿는 것을 경계하는 입장이라고 보인다. 의심할 여지 없이 이와 같은 이야기의 특징은 오류로부터 비롯되지만 거의 모든 사람은 이것을 고수한다. 바로 이런 것이 세상을 개종시키려는 교회의 선교이다. 따라서 열정을 일으키고 유지하기 위해서, 또한 기금을 확보하기 위해서, 대규모로 이루어지는 개종에 관한 굵직한 이야기들을 말하고 이교도들을 복음을 받아들이기를 열망하는 사람들로 제시하는 것은 필연적인 것으로 보인다. 그러나 거짓은 진리에서 나온 것이 아니고요 12:21, 거짓은 해롭지 않은 것이 아니다. 때가 되면 거짓은 그 자신의 처벌을 가한다는 것이 자명해진다. 교회는 그것이 행하는 장사꾼들과 같은 행동이 세상을 변화시키리라는 망상 아래 행동하기를 계속할 수 없다. 그런 행동은 그것의 헛된 희망들에 대한 끔찍한 반작용을 언젠가 경험할 수밖에 없다.

Reality Versus Romance in South Central Africa,1893

편집국-국제선교연합회

이번 8월호를 시작하는 사설에서는 펜윅 씨의 편지를 인용하여 참조로 싣는다. 이 편지는 〈진리〉*The Truth*에 게재되었던 것이다. 이 편지에 관하여 펜윅 씨는 이 논평지의 주간에게 다음과 같이 쓰고 있다.

> 내가 목사인 브룩스 박사J. H. Brookes에게 쓴 편지는 출간을 의도한 것은 아닌데 〈진리〉에 게재되었다. 또한 내가 발견한 바에 의하면, 그 편지는 '실제 및 공상소설'에 관한 존스톤 박사Johnston 의 책에 부분적으로 재출간되어 있다.

한동안 "남의 하인을 비판하는 너는 누구냐?"롬 14:4라는 말이 내 마음을 몹시 차지하였습니다. 그리하여 나는 내가 위의 편지를 썼다는 것이 심히 유감스러웠습니다. 하지만 내가 그 편지를 쓴 것은 특별히 진실은 물러남을 금하기 때문입니다. 내가 그 편지를 쓴 것은 미국에 있는 그리스도의 교회The Church of Christ가 불명예스러운 방법으로 모금하는 것을 북돋워서 이런 식으로 주님의 일과는 관계가 없고 그 일에 있어 어떤 몫도 갖고 있지 않은 기부자들을 붙잡기 위해 선교사들로부터 열렬한 보고들을 받아내려는 데에 열중했다는 확신이 들어서였습니다.

나는 또한 그 교회가 콘스탄틴으로부터 이어져 내려오는 망상을 유지하기 위해 이런 종류의 어떤 것을 항상 추구하고 있다는 확신을 갖고 그 편지를 썼습니다. 즉, 그 망상은 세상이 더 좋아지고 있다는 착각입니다. 이런 것에 의해 초래된 더 큰 망상은 로마서 1장에 아주 정확하게 묘사된 육적이고 현세적인 마음들이 복음보다 앞서 복음을 향해 손을 뻗고 있다는 착각입니다. 그런 마음들은 그리스도의 피를 증오하고 인간적 마음을 갈망하면서 지쳐있고 슬퍼합니다. 오직 예수께서 그들을 쉬게 하실 수 있고 오직 성령께서 그들의 증오를 사랑으로 변화시킬 수 있습니다.

내게 어떤 한국인이 자신의 세례식 때의 태도를 들려주었는데, 당시 그는 성령을 통해 굉장히 복되게도 죄에 관해 확신하게 되었고 그리하여 영혼의 고뇌 안에서 이렇게 외쳤다고 합니다.

> 나는 하나님을 믿는다. 모든 한국인은 하나님을 믿는다. 그러나 이 예수란 누구인가? 나는 그를 믿기를 원하지 않는다. 나는 또한 내가 그런 열망을 갖게 되기를 진짜로 기도할 수도 없다.

그는 그 온유하고 겸손한 분을 증오했을 뿐만 아니라 업신여겼습니다. 그러나 성령께서 온전히 그를 만져주시자 그는 주 예수의 이름을 부르면서 매우 기뻐했고 구원을 받았습니다. 이런 확신은 그가 세례를 받고 한참 후에 그에게 들었고, 그가 주 예수를 고백하고 "보다 더 훌륭한 그 길"을 깨달은 후에 내게 자신의 세례식 때의 태도를 들려준 것입니다.

나의 좋은 친구인 브룩스 박사가 나의 편지를 참조한다면, 그는 그것이 그에게 보내는 비공식 통보로 쓰인 것임을, 그리고 만약 그가 적당하다고 생각하여 그것을 출간한다면, 모든 책임을 내가 아닌 그의 판단으로 사용할 수 있다고 허락한 것을 알게 될 것입니다.

물론 나의 편지의 진실성에 관한 모든 문제는 세례를 베풀었던 그 사람이 자신을 철저한 "시인"이면서 한편 천년왕국설의 신봉자로 고백할 때, 그리고 전체 이야기를 부정할 때 그리고 시카고에 있는 그의 부인과 장인에 의해 지지될 때, 해결됩니다. 토론토에 있는 한 위원회는 그 후 그 글과 "소환되어야 할 어리석고 화난 사람"을 완전히 포기했습니다.

빈턴 박사는 〈세계 선교 평론지〉*The Missionary Review of the World*에 쓰면서 정확한 통계를 제시하고 있습니다. 그러나 통계와 그것을 만들어내는 태도는 서로 다른 것일 수 있습니다. 위의 잡지 같은 호에서 쓰고 있는 같은 선교회의 제임스 게일James S. Gale 씨는 "의주"에 관해 말하면서 의주에서 보고된 127명의 개종자 가운데 보다 더 많은 이들은 통탄할 정도로 유감스러운 방법을 사용하는 선교사에 의해 세례를 받았다고 말했습니다.

그는 같은 선교회의 다른 한 선교사를 인용하며 약 6명의 개종자를 보고했는데, 그 선교사는 한국에 있는 모든 선교사보다 더 오래 한국에 있었고 의주에서 살아왔습니다. 나는 이 선교사가 자신이 그와 같은 보고를 했다는 게일 씨의 말을 인정하지 않는 것을 들었습니다. 그는 다음과 같이 덧붙여 말하였습니다.

> 내가 말했던 것은 5-6명의 확실한 관심자가 있었다는 것입니다. 나는 그들이 개종하리라는 커다란 희망을 가지고 있었습니다.

게일 씨의 경우와 같은 그리 대단하지 않은 예에서도 보이듯이, 통계는 항상 믿을 만한 것이 아님을 당신은 알 수 있을 겁니다.

우리의 복되신 주님의 마지막 명령이 통계학자의 눈부신 보고를 기다리지 않고, 다만 "성령의 비둘기"의 날개와 관련된다는 걸 아는 것이 얼마나 복된지! 그 성령의 비둘기를 통해 내키지 않는 마음이 변화되며, 주님의 갈망이 그들의 기쁜 선택이 됩니다!

미북장로교이사회는 한국에 참으로 훌륭한 일꾼들을 가지고 있습니다. 그들 대다수가 이제는 유감스러운 옛 동료들의 방법들을 반복할 두려움을 가질 필요가 없다고 당당히 말하기에 충분하리라는 걸 나는 알고 있습니다.

충심으로,

펜윅,

한국순회선교단

Missionary Review of the World 7, 1894. 8

한복을 입은 펜윅 선교사

*선교사들이 본 펜윅 일가

여기에는 제임스 게일James S. Gale, 리더 영Lither L. Young, 엘리자베스 매컬리 Elizabeth A. McCully 선교사가 쓴 펜윅과 펜윅 부인에 관한 글을 수록했다. 특히 게일의 소설《밴가드》(KIATS, 2012)에서 그려지는 펜윅의 모습을 통해 펜윅의 독특한 성품을 확인할 수 있다.

선교사들이 본 펜윅 일가

밴가드에 그려진 펜윅_제임스 게일

말콤 펜윅 목사의 서거_리더 영

영원한 집으로 떠난 거룩한 그녀_엘리자베스 맥컬리

밴가드에 그려진 펜윅

《밴가드》의 저자 제임스 게일은 펜윅을 화이어블로워, 사무엘 마펫을 윌리스, 그래함 리를 프럼 선교사로 그리며 이야기를 전개해 가고 있다. 아랫글은 《밴가드》 전체 본문 가운데 일부분으로 펜윅의 독특한 성격과 그 당시 선교사들이 펜윅을 어떻게 생각하고 있었는지를 잘 나타내준다.

십일조를 하지 않은 성도들에 대한 펜윅의 태도

독립 선교사인 화이어블로워는 이 마을에서 몇 년을 지냈는데, 그 시각 시장터를 지나가다가 윌리스와 프럼을 방문했다. 그들은 오랫동안 화이어블로워에 대해 알고 있었는데, 그는 친절하지만, 성미가 급한 사람으로 한 가지 일이 생기면 자기 뜻대로 하려고 하는 사람이었다. 그와 무엇이 어긋나기라도 하면 그는 당신에게 조롱과 한입 가득 욕설을 퍼부어줄 것이다. 그러면서도 기도를 하고 성경을 읽으며, 혼자 외롭게 희생적인 삶을 살고 있었다. 화이어블로워는 진정으로 기괴한 인간이었다.

"하나님께 감사하게도 저는 독립적인 선교사입니다. 그 누구도 성령의 인도를 받으면 당신과 같이 어느 선교회에 묶여 지내지는 않습니다."

그는 윌리스에게 말했다.

논쟁해 보아야 그의 비위만 건드릴 것이라는 점을 알고 윌리스는 이 점을 따지지 않았다.

"당신네 교인들은 어떻습니까?"

대신 윌리스는 이렇게 물었다.

"교인들이라고요! 나는 방금 그들을, 그것도 한 명도 남기지 않고 교회에서 쫓아내 버렸지요. 몇 명이 되돌아와서 미안하다고 하더군요. 그러나 저는 당분간 그들을 징계하려고 합니다."

"무슨 문제라도 있었습니까?"

"사실, 이런 일이 있었지요. 그들이 교회를 다니는데, 그들이 바친다고 헌금을 한 것이 겨우 수입의 이십 분의 일밖에 되지 않았어요. 그들 중 어떤 사람은 수입의 오십 분의 일밖에 하지 않는다니까요. 그리고…."

화이어블로워는 계속했다.

"최소한 십 분의 일을 헌금하지 않으면 그 누구도 기독교인이라고 할 수 없지요. 그래서 나는 그들을 모두 쫓아내 버리고 교회 문을 닫아 버렸지요."

"아예 총으로 쏴 버리지 그랬어요?"

프럼이 이렇게 말하자, 윌리스는 프럼을 책망하는 조로 날카롭게 쏘아 보았다.

"프럼씨, 당신이 그렇게 말을 해도 상관없습니다. 그러나 당신 같은 방식으로는 하나님의 일을 할 수가 없지요."

《밴가드》

말콤 펜윅 목사의 서거

-리더 영 Lither L. Young

12월 6일 금요일 밤, 원산에 계시던 펜윅 목사님께서 영원한 안식에 들어가셨다. 그때 그분은 72세이셨고, 만약 이틀만 더 사셨다면 그분의 선교생활 45년을 꽉 채우셨을 터이다. 그분은 자택 근처 언덕, 원산의 아름다운 항구와 멋진 경치가 잘 내려다보이는 곳에 묻히셨다.

그분께서 떠나심에 따라 우리는 한 위대한 인물을 잃었다. 그분은 주님께 대한 헌신, 그리고 한국인들에 대한 헌신 모두에서 진정으로 놀라우신 분이었다. 나는 그 언덕에 있는 그분의 시골 초가집에서 그분과 많은 시간을 보냈기 때문에 그분을 잘 알았다. 내게 그분은 내가 만나는 특권을 누릴 수 있었던 가장 훌륭한 그리스도인 중의 한 분으로 언제까지나 남을 것이다.

그분은 독학하신 분이셨지만, 그럼에도 그의 지식은 많은 분야에서 깊고 정확했다. 특별히 하나님 말씀에서 아주 훌륭한 학생이셨다. 내가 그분을 처음 만나던 때부터, 그분은 나 자신의 기독교적 체험과 삶에서 엉터리 같은 부분들을 드러내 보이시는 데 아주 정확하셨다. 그래서 나는 그분께 관심이 갔다.

'하나님의 말씀'을 직접적으로 적용하시던 그분은 때때로 곤란을 겪으시기도 했다. 그러나 내 경우에 그런 것은 나의 치유를 위해 필수적이었다.

영적인 방향으로 대화를 이끄는 그분의 능력은 놀라웠다. 세상적인 것들에 대해서는 거의 언급하지 않으셨다. 그분은 거의 만나자마자 바로 주님에 관한 것들을 이야기하시곤 했다. 그 어떤 암호 같은 말은 조금도 내비치지 않은 채 그분께서는 사람들이 우리의 강력한 구세주를 바라보도록 이끄시곤 하였다.

펜윅 목사님은 경건한 체하는 것으로 보여짐 없이 경건함을 행하는 아주 적절하고도 상당히 드문 기술을 지닌 분이셨다. 하나님에 관한 것들을 이야기하는 그 건장한 거인 같은 남자를 보면서 그가 경건한 체한다고 생각하는 것은 있을 수 없었다. 차라리 이러한 때에 사람들은 그를 엘리야나 세례 요한 같은 사람으로 간주할 것이다.

그는 단호하고 두려움 없이 예수 그리스도 안에 있는 진실을 있는 그대로 제시했다. 매번 그를 방문한 뒤에 언제나 나의 마음은 하나님의 말씀을 더 알고 싶은 갈급함을 가지게 되었었고, 나의 놀라운 구세주와의 유대감에서 더욱 친밀하게 나아가고자 하는 새로워진 갈망으로 차올랐다. 내가 생각할 때, 동료의 마음에 그와 같은 갈망을 불러일으키고 키울 수 있다는 것은 우리가 지닐 수 있는 성령으로 인도되는 삶에 대한 최상의 시금석이다.

그는 자신의 주변에서 그가 모아들였던 그리스도인들에게 운이 좋았다. 그분 자신과 같이 그들은 항상 군중을 따르는 그런 부류의 사람들이 아니었다. 그들 대다수가 '하나님과 진정으로 동행한다' 라고 일컬어질 수 있는 종류의 사람들이었다. 그들 가운데 적지 않은 사람들이 시베리아와 만주에서 충실하게 사역을 하다가 순교자의 면류관을 얻었다. 그분의 장례식을 준비하는 데에 그들이 보인 정성, 그리고 그분의 마지막 쉼의 장소에 그분을 안장시키던 그들의 애정 어린 태도는 그들 마음에 그분이 차지하던 커다란 자리를 증명하기에 충분하였다. 마가복음 10장 29-30절의 말씀이 그분보다 더 잘 적용될 수 있는 사람은 거의 없다고 하겠다. 한국에서 그분은 정말로 많은 영적 형제들과 자매들, 아들딸들을 얻었던 것이다.

그분은 45년 동안 최선의 삶을 그들에게 주었고, 돌아가시면서는 그가 가진 재산 모두를 그들에게 남겼다. 그분은 이제 그들 안에서 존경받고 사랑받으면서 부활의 아침을 기다리며 누워 계신다.

The Korean Mission Field, 1936. 3

영원한 집으로 떠난 거룩한 그녀

-엘리자베스 맥컬리 Elizabeth A. McCully

하나님께서 우리가 사랑했던 펜윅 부인을 영원한 안식으로 부르셨던 1월 20일에 그녀의 거룩한 삶이 마무리되었다. 그녀는 갑작스레 쓰러지면서 골절상을 당했고 이로 인해 그녀가 저항하기에 힘이 달렸던 병을 앓게 되었다. 그리고 4주라는 짧은 기간 후에 그녀의 고투는 끝났다.

그녀의 장례식을 위해 외국인 공동체가 남겨진 한국인 친구들과 함께 모였다. 그들의 집 바로 아래에 있는 아름다운 브로튼Broughton 만이 내려다보이는 언덕에서였다. 펜윅 목사는 내내 침대 신세를 져야 했기 때문에 그의 소속 선교회의 한국인 목회자들과 함흥에서 온 던킨 맥래Dunkin M. McRae 박사가 의식을 담당했다. 애정 어린 손길들이 소박하면서도 아름다운 관을 만들었고, 친구들이 휴식 가운데 있는 그 사랑스러운 얼굴을 마지막으로 바라보았다.

그녀의 한국인 아들과 딸은 그녀의 병중에 자녀로서의 보살핌을 다했다. 그 양자는 말하기를, "그가 그녀를 그토록 친밀하게 알아오던 20년 동안에 걸쳐 그는 어떤 상황에서도 흐트러진 그녀를 결코 보지 못했다"고 한다. 그녀는 주님과 매우 가깝게 살았고 그녀의 삶은 끊임없이 그분의 은혜로 밝게 빛났다.

그녀는 1898년에 미스 패니 힌즈로 한국에 왔다. 그녀는 보스톤에 있는 클라렌든 스트리트 교회Clarendon Street Church 소속 고든의 성경학교A. J. Gordon's Bible School에서 훈련을 받았고, 남감리교단 선교회의 멤버였다. 한국에 도착한 그녀는 송도에서 체류했었고, 그 도시에서 진행된 지금의 광범위한 교육사업을 시작하기 전에는 아레나 캐롤Arrena Carroll 양과 함께 복음전도 사역을 위해 일했었다.

그녀는 결혼과 함께 곧 원산으로 오게 되었다. 원산에서 그녀는 남편과 함께 헌신적이며 지칠 줄 모르는 사역을 하며 수고를 했다. 펜윅 목사가 미국에서 휴가를 보내는 동안, 그녀는 그가 돌아올 때까지 그들 선교회를 감독하기도 했다. 다른 기간에 그녀는 심각한 병을 앓았는데, 항구들을 거쳐 미국으로 가 긴 여행을 하고서는 회복되었다.

그녀는 한국어를 아주 잘했으므로 그녀의 교회 신자들과 밀접하게 친교를 나눌 수 있었고, 성경공부모임들에서 뛰어난 능력을 발휘하였다. 자애로운 말과 행동으로 그녀는 이방인 친구들로부터 사랑을 받았으며, 그들은 언제나 그녀의 깊은 영성에 감명을 받았다.

그녀의 마지막 사역 기간은 1923년에서 십 년 더 연장되었는데, 그 동안에도 그녀는 주님과 한국에 있는 그분의 백성들을 위해 능동적이고 애정 어린 수고를 담당했다. 한국 교회를 위해 주님께서는 그녀에게 소중한 목회활동을 열어 주셨다. 우리가 자신을 헌신하면서 그토록 행복해하고, 모든 지인과의 교제에서 그렇게 자애로운 것은 가정과 교회에서 너무나 필수적이다. 그녀가 사랑한 주님께 대한 증거에서 그토록 신실한 그녀와 같은 사람을 만나기란 쉽지 않을 것이다. 우리는 가슴 아픈 사별의 시간을 보내는 펜윅 목사에게도 깊은 애도를 표한다.

The Korean Mission Field, 1936. 3

에필로그

한국 침례교회와 북방 선교의 선구자가 된 '찌그러진 깡통'- 자유로운 영혼을 소유한 캐나다 선교사, 말콤 펜윅(1863-1935)

김재현 (한국고등신학연구원, 원장)

한국교회 위대한 초석이 된 '찌그러진 깡통'

'찌그러진 깡통'과 같은 하찮은 존재일지라도 그리스도에 대한 열정과 헌신으로 한국에서 복음을 전한 자유로운 영혼의 전도자. 제대로 된 정규교육을 받지 못했지만 한국 침례교회와 북방 선교의 선구자가 되었던 캐나다 출신의 독립선교사.

1863년 캐나다 온타리오 주 마컴Markham에서 태어난 말콤 펜윅은 농업과 철물도매업을 하던 중에 나이아가라 사경회를 통해 복음전도자로 부름을 받았다. 충분한 정규교육을 받지 못했지만 그는 복음을 전하는 선교사들을 위해 우산이라도 들어주어야겠다는 심정으로 선교에 나섰다. 26세가 되던 1889년 12월에 평신도선교사로 한국에 도착한 펜윅은 1893년까지 한반도의 양 허리이자 복음전파의 두 축인 소래와 원산에 토대를 두고 사역했다. 복음전도에 열정을 갖고 있던 그는 이 시기에 〈요한복음〉을 두 번에 걸쳐 번역해 출간했고, 이것이 기초가 되어 1915년에는 신약성경 전체를 번역해 내었다.

이후 미국 보스턴으로 건너가 아도니람 고든Adoniram J. Gordon에게 선교훈련을 받고, 1896년에 원산에 다시 돌아와 한국순회선교회The Korea Itinerant Mission를 조직하고 본격적인 한국선교에 힘을 쏟았다. 특히 현지인인 한국인을 통한 전도와 토착화, 농업과 원예, 성경학원을 통한 평신도지도자 양성을 강조했다. 한국에 온 대표적인 독립선교사였던 그의 위치가 기존 선교회의 틀이나 제도에 얽매이지 않는 독특한 현지인 중심의 선교방안을 만들어내게 했다.

이후 펜윅은 엘라싱기념선교회The Ella Thing Memorial Mission를 이어받으며 시작한 공주-강경선교에 기초해 1906년 오늘날 침례교회의 모태가 되는 '대한기독교회'를 시작하였다. 이와 함께 진행된 간도 선교사 파송을 계기로 간도와 연해주에 대한 독보적인 선교사역을 진행했다. 한국교회의 모태가 된 소래에서 한국인과 한국인의 심성을 이해하고, 원산에서 자립적이고 독자적인 선교의 토대를 마련한 펜윅은 이를 통해 만주와 연해주 지역의 흩어진 한인들을 대상으로 복음을 전한 것이다.

펜윅은 종종 자신의 배우지 못함을 강조했지만, 그는 한국교회 역사에 신앙적이고 학문적인 큰 발자국을 남겼다. 그는 선교초기부터 시작한 독자적인 신약성경 번역, 찬송가 편찬, 교단의 지침서와 교육 안내서의 역할을 하는 '달 편지'와 성경공부 교제, 독특한 구조를 가진 대한기독교회 조직을 형성했다. 이를 통해 오늘날 한국 침례교회의 선구자가 되었을 뿐만 아니라, 한국교회 신앙역사를 더욱 풍성하게 만들었다. 펜윅 자신의 사도행전이라 불리는 *The Church of Christ in Corea* (1911)와 자신의 삶과 신앙과 선교적 관점을 담은 *Life in the Cup* (1917) 등 수많은 작품을 남겼다. 한 편의 드라마 같은 삶을 살았던 펜윅은 한국이 일본의 억압과 지배에 깊이 빨려 들어가던 1935년에 자신이 그렇게 사랑하던 원산에서 소천했다.

자료의 선별 원칙과 이 책의 구성

한국 선교역사와 한국 침례교의 발전 과정에서 펜윅의 기여가 적지 않았음에도 불구하고 몇 가지 이유에서 그에 대한 연구는 지금까지 많이 진척되지 않았다. 첫째, 무엇보다 미국 출신 위주의 선교사 연구에 밀려 캐나다 출신 선교사들에 대한 연구가 전반적으로 경시되어 왔다. 게다가 독립선교사라는 펜윅의 위치는 교단적이거나 조직적인 연구대상에서 제외되는 경우가 많았고, 한국 침례교에서도 제대로 된 대접을 받지 못했다. 둘째, 과도한 토착화에 대한 강조와 기존 틀을 따르지 않는 선교 방식과 신학적 접근은 예나 지금이나 사람들이 편하게 접근할 수 없게 만들었다. 예를 들어, 성령을 의미하는 '숨'과 같은 단어나 '달 편지'에서 볼 수 있듯이 성경 번역을 하는 과정에서 보여준 그만의 독특한 용어와 신학적 이해는 역설적으로 사람들이 그의 가르침에 쉽게 다가서지 못하게 했다. 게다가 한국교회에서 침례교의 규모가 크지 않았던 것도 펜윅 연구 부진의 한 이유가 될 수 있다.

이런 차원에서 한국고등신학연구원은 이번에 출간한 두 권의 책을 통해 펜윅이 남긴 1차 자료들을 가능한 종합적으로 독자들에게 전달하는데 우선적인 목표를 두었다. 성경번역가, 찬송가 작사가와 작곡가, 교단의 최종 지도자, 농사를 지은 자비량 선교사, 교육가, 작가, 설교가로서의 펜윅의 다양한 모습을 원자료를 중심으로 보여주고자 하였다. 이를 통해, 펜윅을 '기괴한 성격을 가진 하나의 평신도 선교사' 혹은 '한국 침례교의 선구자'라는 차원을 넘어 한국교회 형성에 중요한 공헌을 했음을 보여주고자 했다. 더불어 우리는 펜윅이 누구인가를 편견 없이 보여주는 것이 이후 펜윅 연구의 중요한 출발점이라 믿고 있다.

펜윅은 소설 형식의 글을 두 편 남겼는데, 자신의 한국선교 이야기를 담은 *The Church of Christ in Corea* (1911)와 자신의 선교철학과 회심의 과정을 보여주는 *Life in the Cup* (1917)이다. *The Church of Christ in Corea*는 1989년 침례신학대학 출판부가 번역해 출간한 것을 이번에 새롭게 번역해 선집에 담았다. 한글로 처음 소개되는 *Life in the Cup*은 펜윅의 선교 철학을 보다 분명하게 보여주는 제18장과 19장만 이번 선집에 담고, 나머지 전체 내용은 한글번역과 영어원문을 담아 이번에 동시에 출간하였다. 소설 형식을 따른 이 두 권의 책은 선교사 펜윅의 신앙과 신학을 가장 잘, 그리고 쉽게 보여주는 자료이다.

또한, 펜윅이 여러 곳에 기고한 다양한 한글과 영어 자료들을 이 책에 담았다. 특히 전도책자로 만든 〈만민됴흔긔별〉이나 교단 지도자의 면모를 여실히 보여주는 〈달 편지〉의 경우 펜윅의 독특성과 열정과 헌신을 고스란히 보여준다. 사경공부, 총회에 해당하는 대화회에서 행한 설교, 복음문답 자료는 김용복 교수의 선 연구를 이곳에 인용해 담았다.

세 번에 걸쳐 펜윅이 직접 번역한 〈요한복음〉(1891, 1893, 1919)은 성경에 대한 그의 기본적인 태도와 시간이 지나면서 그의 성경 번역이 어떻게 변천되었는지를 잘 보여준다. 요한복음 원본과 함께 이 책에 방대하게 담은《복음찬미》는 한국 찬송가 역사에 주목할만한 펜윅의 작업이다. 우리는 주제별로 원본을 싣고 한편에는 독자들이 읽기 쉽도록 한글을 추가하였는데, 독자들이 원래 펜윅이 의도했던 찬송가의 맛과 예스러움을 느끼게 하는 데 목적이 있었다.

그 외에 우리 연구진들이 새로 발견한 몇 개의 글을 한글 번역과 영어 원본으로 담았다. 마지막에 덧붙인 몇 개의 글은 당대 선교사들이 본 펜윅의 모습을 그리고 있다. 특히 같은 캐나다 토론토 출신으로 한국선교에 한 획을 그은 제임스 게일이 쓴《밴가드》*The Vanguard*에 나오는 펜윅의 모습은 인상적이다. 사실 펜윅과 언더우드 사이의 논란은 1891년 〈진리〉*The Truth* 지에 실린 논쟁을 통해서는 말할 필요도 없고, 제임스 게일도 펜윅을 결코 편하게 대하지 못한 것 같다. 어쩌면 펜윅은 당대 동료 선교사들에게 편한 존재는 아니었을 것이다. 그러나 우리는 이러한 원 작품들을 통해 펜윅의 모습을 가능한 한 그대로 오늘날의 독자들, 특히 기독교인들과 나누고 싶다.

감사와 바람

한국고등신학연구원은 지난 130여 년에 걸쳐 한국에 왔던 3천여 명의 선교사들에 대한 연구를 오랫동안 진행해 왔지만, 이번 펜윅 연구만큼은 결코 쉽지가 않았다. 우선 원자료를 구하는 것이 어려웠고, 펜윅이 사용했던 단어들을 이해하는 것도 결코 쉽지 않았다. 펜윅에 대한 광대한 이해를 하지 못하고서는 그가 쓴 단어의 독특성을 제대로 이해할 수 없는 경우가 많았다. 이번 연구 중 가장 아쉬운 부분은 펜윅이 지도자로서 남긴 〈달 편지〉에 대한 보다 심층적인 연구를 진행하기가 어려웠다는 것이다.

펜윅에 대한 기본적인 연대기적 이야기나 일화, 그리고 신학적 분석은 이 책의 일차적 목적이 아니었기 때문에 서론이나 본문에서 심도 있게 다루지 않았다. 이를 위해서는 참고문헌에 담은 다른 전문 연구자들의 글과 책에서 적지 않을 도움을 받을 수 있을 것이다.

이번 연구에 여러분들의 도움과 지원이 있었다. 이 책이 나오기까지 재정과 기도로 함께 해주신 지구촌 미니스트리 네트워크(GMN, 이동원 목사님)와 지구촌교회(진재혁 목사님)에 깊은 감사를 드린다. 또한, 원자료를 이용할 수 있도록 여러 편의를 제공해주신 침례신학대학교와 도서관, 출판부 관계자들에게 감사를 드린다.

이 작은 두 권의 책이 자유로운 영혼을 가진 독립선교사 펜윅, 캐나다 선교사들, 더 나아가 한국에서 헌신했던 3천여 명의 외국인 선교사들에 대한 한 단계 진전된 연구에 하나의 작은 디딤돌이 되기를 희망한다.

** 이 글은 《한반도에 심겨진 복음의 씨앗: 한국에 생명을 전한 위대한 선교사 50인》에 실린 펜윅에 관한 글(pp. 216-223)을 보완해 작성한 것임을 밝힌다.

Epilogue

'The Crushed Can' Who Became the Pioneer of the Korean Baptist Church and the Northward Mission–Malcolm Fenwick (1863-1935), a Canadian Missionary with a Free Spirit

A Person of 'a Rusty and Crushed Can' Who Became the Great Foundation for the Korean Church

Although as insignificant as 'a crushed can,' Malcolm Fenwick was an evangelist with a free spirit who preached the gospel in Korea with a passion for and commitment to Christ. Even though he had not received formal education, as an independent missionary from Canada, he became a pioneer for the Korean Baptist Church and mission to northern areas of Korea.

Malcolm Fenwick was born in Markham, Ontario, Canada, in 1863. He got into agriculture and the hardware wholesale business. He was called to be an evangelist while he was attending the Niagara Bible Conferences; he engaged in missions with the intention of offering even a little help to missionaries. Fenwick arrived in Korea as a lay missionary in December 1889, when he turned twenty-six, and worked in Sorae and Wonsan, which formed the backbone of the Korean Peninsula and were the two axes upon which he preached the gospel until 1893. He had a great passion for evangelism and published his twice-translated edition of *The Gospel of John* during this period, which became the stepping stone for translating the entire New Testament in 1915.

Later Fenwick went to Boston in the United States and received mission training from Adoniram J. Gordon. Then he returned to Wonsan in 1896, organized the Korean Itinerant Mission, and devoted himself wholeheartedly to his mission to Korea. Particularly, he emphasized evangelism and contextualization through local Koreans, agriculture and gardening, and raising lay leaders through Bible schools. His status as one of the representative independent missionaries to come to Korea made it possible for him to develop unique mission policies that centered on local Koreans and were free from the frames or systems of the existing mission societies.

Afterwards, based on the Gongju-Ganggyung mission that he had launched after taking over the work of the Ella Thing Memorial Mission, Fenwick began in 1906 the Church of Christ in Korea, which became the matrix of the Baptist Church of today. Not only that, with the commissioning of missionaries to Jiandao, he executed unrivaled missionary work in Jiandao and the Maritime Province of Siberia. After having developed a good understanding of Koreans and their hearts in Sorae, which later became the matrix of the Korean Church, and establishing the foundation of the self-supporting and independent mission in Wonsan, Fenwick spread the gospel to the Koreans scattered in Manchuria, as well as some of the regions of Siberia. Although he oftentimes emphasized his lack of education, he left a huge spiritual and academic legacy in the history of the Korean church.

Fenwick compiled hymnals, and began the publication of the *Monthly Letter*, which functioned as a guide to the denomination and an educational guide, and Bible study materials. Not only did he become the forerunner of the Korean Baptist Church, but he also enriched the spiritual history of the Korean church. He left behind numerous works, including *The Church of Christ in Corea* (1911), which is called his own autobiography, and *Life in the Cup* (1917), which contains his life and faith as well as his missionary perspective. Fenwick led a very dramatic life and passed away in his dearly-loved Wonsan in 1935, as Korea was sinking deep into the pit of the oppression and rule of Imperial Japan.

The Principles in the Selection of Data and the Organization of This Book

Although Fenwick made no little contribution to the history of Korean missions and the development process of the Korean Baptist Church, research on him has not progressed much for a few reasons. First, research on missionaries from Canada has been neglected in general due to research on missionaries primarily from the United States. Furthermore, Fenwick was excluded from the list of objects of denominational or systematic studies because of his status as an independent missionary. He was also not treated properly, even by the Korean Baptist Church. Second, his emphasis on excessive indigenization, his missionary methods that didn't follow the existing frames, and his theological approach made it difficult for people to study him. For instance, words such as '*sum* (breath),' which means the Holy Spirit, and his own unique terms that he demonstrated during the Bible translation process, as shown in the *Monthly Letter*, and his theological understanding, paradoxically made it difficult for people to approach his teachings. Moreover, the small size of the Baptist denomination in the Korean church can also be one of the reasons why research on Fenwick was insufficient.

In this light, the Korea Institute for Advanced Theological Studies made it its primary goal to deliver the original material Fenwick left behind through the two books it has published. Based on the original data, the KIATS attempted to show the various aspects of Fenwick as a Bible translator, a hymn writer and composer, the highest leader in the denomination, a multi-vocational missionary who was also a farmer, an educator, an author, and a preacher. By going beyond the aspect of Fenwick as 'a lay missionary with an odd personality' or 'the forerunner of the Korean Baptist Convention,' it tried to demonstrate the fact that Fenwick made an invaluable contribution to the formation of the Korean Church. Moreover, we believe that showing Fenwick as he is without any prejudice will be the important starting point for any future research on Fenwick.

Fenwick left two writings in novel format: *The Church of Christ in Corea* (1911) which contains the story of his mission to Korea, and *Life in the Cup* (1917) which shows his philosophy of mission work and the process of his conversion. *The Church of Christ in Corea* was translated and published by the Korea Baptist Theological University Press in 1989, but the KIATS had it translated anew and included it in the collection. *Life in the Cup* is introduced in Korean for the first time, and only chapters 18 and 19, which clearly show Fenwick's philosophy of mission, are included in the Collection, and the rest of the book was published with its Korean translation. These two books, which are in novel format, best and most readily reveal Fenwick's faith and theology.

Moreover, the various Korean and English writings Fenwick contributed to numerous places are also contained in this book. Particularly, *Manmin Dyohun Gwibyul* [All People's Good News], which was made as an evangelism tract and the *Monthly Letter*, which unequivocally shows his denominational leadership, both clearly exhibit Fenwick's uniqueness, passion, and commitment. Kim Yong-bok's previous studies regarding the sermons, gospel questions, and answers that Fenwick delivered at Bible studies and discourse meetings, which are equivalent to conventions, are quoted in this collection.

The Gospel of John, which Fenwick translated three times

in 1891, 1893, and 1919, reveals his basic attitude toward the Scripture and how his Bible translation changed over the years. The extensive *Gospel Praise* contained in this book along with the original copy of *The Gospel of John* is a conspicuous work of Fenwick in the history of Korean hymnals. We included the original thematically and also added the Korean translation so that the readers would be able to read easily with a view to helping readers experience the taste and class of the hymns originally designed by Fenwick. Furthermore, several writings discovered anew by our researchers have been also included in English with Korean translations. Several pieces added at the end paint the Fenwick his contemporary missionaries experienced. Particularly, the Fenwick who appears in *The Vanguard* written by James Gale from Toronto, Canada, who heralded a new era in the history of missions to Korea, is impressive. The controversy between Fenwick and Underwood appeared not only in *The Truth* in 1891, but also in *The Vanguard* here and reveals that James Gale must have felt uneasy dealing with Fenwick, showing that Fenwick was likely not an easy person to get along with.. However, we would like to share Fenwick as he was through these original works with today's readers, especially Christians.

Thanks and Wishes

Although the Korea Institute for Advanced Theological Studies has conducted studies for a long time on approximately three thousand missionaries who came to Korea over a period of about 130 years, our research on Fenwick was never easy. In the first place, it was difficult for us to secure the original data, and the words Fenwick used were never easy to comprehend. Without having a comprehensive understanding of Fenwick, we found ourselves having a difficult time understanding the uniqueness of the words he used on numerous occasions. The most regrettable part in regard to this research was that it was difficult to conduct more in-depth studies on the Monthly Letter Fenwick penned. Since chronological stories or episodes about Fenwick and theological analysis were not the primary purpose of this book, we didn't treat them in depth either in the introduction or in the main body. The reader should be able to receive assistance from the writings and books by other professional researchers as shown in the bibliography.

Many people have helped and supported this research. We extend our deep gratitude to the Global Ministry Network, headed by Pastor Daniel Dongwon Lee, and the Global Mission Church where Pastor Peter Chin is the senior pastor. Furthermore, we thank the Korea Baptist Theological University (KBTU) and its library personnel as well as those working for the KBTU Press who ensured that we would be able to use the original materials. We hope that these two humble books would become a small stepping stone for more advanced studies on the free-spirited, independent missionary Malcolm Fenwick, Canadian missionaries, and to take a step further, the more than three thousand foreign missionaries who dedicated their lives in Korea.

Dr. Jae-hyun Kim
Director, The Korea Institute for Advanced Theological Studies

** This Epilogue used part of the section on Fenwick in *The Seeds of the Gospel Planted on the Korean Peninsula* (pp. 216-223) compiled by Jae-hyun Kim

펜윅 연보

1863년	캐나다 토론토 온타리오 주의 마컴Markham에서 출생
1889년	나이아가라 사경회에 참석해 선교사로 부름을 받음
1889년 12월	26세의 독립선교사 신분으로 홀로 한국 도착, 어학공부 시작
1891년	《요한복음전》 집필, 원산에서 선교사역 시작
1893년	《요한의 긔록한 대로 복음》 간행, 캐나다로 귀국해 고든Adoniram J. Gordon이 경영하는 보스턴 선교훈련학교 The Boston Missionary Training School에서 훈련
1896년	한국순회선교회The Korea Itinerant Mission 조직
1898/9년	《요한복음》, 《빌립보서》 번역, 전도용 소책자 《만민됴흔긔별》 발간
1903년	자택에서 성경학원 개원
1905년	공주교회 내에 성경학원 개원
1906년 10월 6일	강경에서 대회를 열고 46개조로 된 규약을 만들고 대한기독교회를 조직, 1대 감목으로 취임
1909년	성경공부 교재 《사경공부》 발간
1911년	*The Church of Christ in Corea* 집필
1917년	*Life in the Cup* 집필
1915년	《신약성경》 번역
1925년	시베리아와 중국으로 전도하러 감
1933년	펜윅 부인 소천
1935년 12월 6일	72세의 나이로 원산 자택에서 소천

Chronology of Malcolm C. Fenwick

1863	Born in Markham, Ontario, Canada
1889	Called to be a missionary in the Niagara Bible Conference
1889 (Dec.)	Arrived alone in Korea as an independent missionary at the age of twenty-six and started language studies.
1891	Wrote *Euohanbokeum-jeon* [The Gospel of John]. Began missionary work in Wonsan
1893	Published *Euohanei girokhan daero bokeum* [The Gospel According to John]. Returned to Canada and received mission training from Adoniram J. Gordon at the Boston Missionary Training School
1896	Organized the Korean Itinerant Mission
1898/9	Translated The Gospel of John, The Epistle to Philippians, and published the Gospel Tract *Manmin Dyohun Gwibyul* [All People's Good News]
1903	Opened a Bible School at his house
1905	Opened a Bible School inside the Gongju Church
1906 (Oct. 6)	Held a conference at Ganggyung, wrote bylaws with forty-six articles, formed the Church of Christ in Korea, and took office as the first bishop
1909	Published a Bible study textbook, *Sagyeong Gongbu* [Study of the Bible]
1911	Wrote *The Church of Christ in Corea*
1917	Wrote *Life in the Cup*
1915	Translated *The New Testament*
1925	Went to Siberia and China for evangelism
1933	Fenwick's wife died
1935 (Dec. 6)	Died at his home in Wonsan at the age of seventy-two

참고문헌 References

1. 일차 자료Primary Sources

《요한복음》*Yohan bokeum* [The Gospel of John]

《만민됴흔긔별》*Manmin Dyohun Gwibyul* [All People's Good News]

《신약성경》*Sinyak* Seonggyeong [The New Testament]

〈달 편지〉*Dal Peonji* [Monthly Letter]

《복음찬미》*Bokeum Chanmi* [Gospel Praise]

Korea Repository

Life in the Cup

The Church of Christ in Corea

2. 단행본Books

김갑수,《한국침례교 인물사》, 요단, 2007

Kim, Gap-soo, <Hanguk Chimraegyo Inmulsa> [History of Korean Baptists], Jordan Press, 2007

김용복,《복음과 은혜》, 침례신학대학교출판부, 2011

Kim, Yong-bok, Bokeumgwa eunhye [Gospel and Grace], Korea Baptist Theological Seminary, 2011

안희열,《시대를 앞서 간 선교사 말콤 펜윅》, 침례신학대학교출판부, 2010

An Hee-yeol, Sidaereul Apseogan Seongyosa Malcolm Fenwick [A Pionier in His Age, Malcolm Fenwick], Korea Baptist Theological Seminary, 2011

최봉기, 《한국기도교 토착화의 거보(巨步) 말콤 C. 펜윅》, 요단출판사, 1996

Choi, Bong-gi, <Hanguk Gydokgyo Tochakhwaeui Geobo, Malcolm C. Fenwick> [A Giant Step of Indigenization of Korean Christianity: Malcolm C. Fenwick], Jordan Press, 1996.

허긴, 《한국침례교회사》, 침례신학대학교출판부, 2000

Heo, Gin, <Hanguk Chimraegyohoesa> [A History of the Korean Baptist Church], Korea Baptist Theological University Press, 2000.

KIATS, 《한반도에 심겨진 복음의 씨앗》, 2015

Kim, Jae-hyun, <Hanbandoeh Simgyeojin Bokeumeui Ssiat> [The Gospel Seeds Planted on the Korean Peninsula], KIATS, 2015.

3. 논문Articles

김용복, "〈사경공부〉에 나타난 Malcolm C. Fenwick의 신앙과 신학", 〈복음과 실천〉47, 2011

Kim, Yong-bok, "<Sagyeong Gongbu>eh Natanan Malcolm C. Fenwickeui Sinanggwa sinhak," [Malcolm C. Fenwick's Faith and Theology in <Study of the Bible>], *Bokeumgwa Silcheon* [Gospel and Practice] 47, 2011.

김태식, "Malcolm C. Fenwick의 저작물에 나타난 사상분석", 침례신학대학원 석사논문, 1995

Kim, Tae-sik, "Malcolm C. Fenwickeui jeojakmuleh Natanan Sasang Bunseok> [An Analysis of Thought in the Writings of Malcolm C. Fenwick], M.A. Thesis, Korea Baptist Theological Seminary, 1995.

김효현, "우리말 성경 번역상서 펜윅 역 〈신약전서〉의 위치", 침례신학학원 석사논문, 1998

Kim, Hyo-hyeon, "Woorimal Seonggyeong Beonyeoksaehseo Fenwick Yeok <Sinyak Jeonseo>eui wichi" [The Place of Fenwick translated *The New Testament* in the History of the Korean Translation of the Bible], M.A. Thesis, Korea Baptist Theological Seminary, 1998.

안희열, "종교 신학적 관점에서 본 말콤 펜윅의 구원론과 초기 한국교회의 선교적 성과", 〈성경과 신학〉55, 2010

An, Hee-yeol, "Jonggyo Sinhakjeok Gwanjeomehsea Bon Malcolm Fenwickeui Guwonrongwa Chogi Hangukgyohoeeui Seongyojeok Seongwa" [Malcolm Fenwick's View of Salvation and Missionary Achievement of the Early Korean Church from the Perspective of Religious Theology], *Seongyeongwa Sinhak* [The Bible and Theology] 55, 2010.

오광균, "《복음찬미》에 관한 연구-Fenwick의 사상을 중심으로", 침례신학대학원 석사논문, 2000

Oh, Gwang-geun, "<Bokeum Chanmi>eh Gwanhan Eungu-Fenwickeui Sasangeul Jungsimeuro" [A Study on *Gospel Praise* with a Focus on Fenwick's ideas], M.A. Thesis, Korea Baptist Theological Seminary, 2000

이명희, "펜윅의 선교교육 정책", 〈복음과 실천〉16, 1993

Lee, Myeong-hee, "Fenwickeui Seongyo Gyoyuk Jeongchek" [Fenwick's Strategy of Mission Training], *Bokeumgwa Silcheon* [Gospel and Practice] 16, 1993

장수한, "문화로 읽는 Malcolm C. Fenwick의 선교", 〈복음과 실천〉45, 2010

Jang, Su-han, "Munhwaro Ikneun Malcolm C. Fenwickeui Seongyo" [Cultural Reading of Malcolm C. Fenwick's Mission], *Bokeumgwa Silcheon* [Gospel and Practice] 45, 2010

정성택, "바울의 선교전략의 관점에서 본 펜윅 선교사에 관한 선교평가", 침례신학대학원 석사논문, 2006

Jeong, Seong-tak, "Baeuleui Seongyo Jeolyakeui Gwanjeomehseo Bon Fenwick Seongyosaeh Gwanhan Seongyo Pyeongga" [Mission Evaluation on Missionary Fenwick in terms of Missionary Strategy of Paul], M.A. Thesis, Korea Baptist Theological Seminary, 2006

최봉기, "펜윅과 한국 침례교 관계 연구를 위한 제안", 〈복음과 실천〉17, 1994

Choi, Bong-gi, "Fenwickgwa Hanguk Chimraegyo Gwangye Euongurul Euihan Jaeahn" [A Suggestion for the Study of the Relationship between Fenwick and Korean Baptist Church], *Bokeumgwa Silcheon* [Gospel and Practice] 17, 1994

허긴, "펜윅과 대한기독교교회의 오지선교", 〈복음과 실천〉21, 1998

Heo, Gin, "Fenwickgwa Daehan Gydokgyo Gyohoeeui Oji Seongyo" [Mission to Remote Areas by Fenwick and *the Church of Christ in Corea*], *Bokeumgwa Silcheon* [Gospel and Practice] 21, 1998

[Notes]

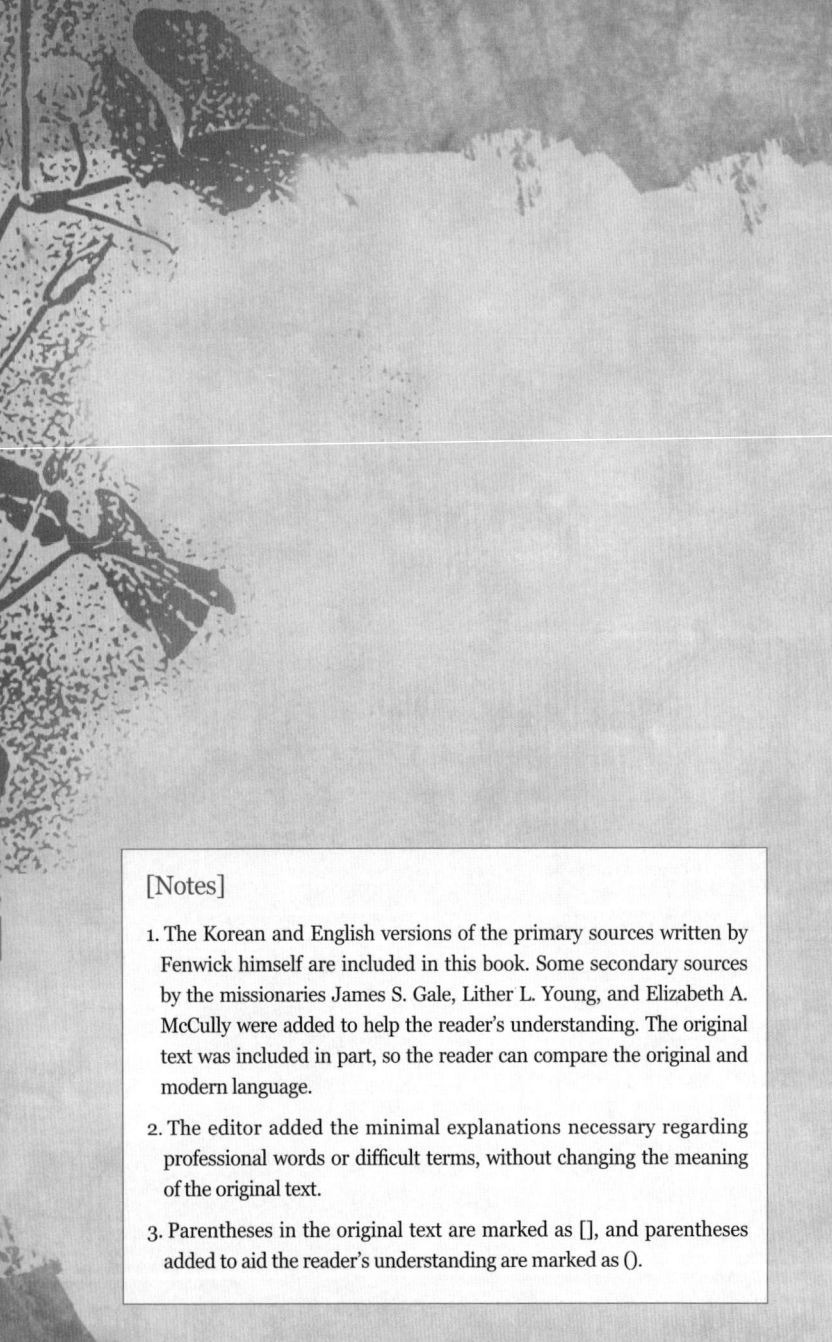

1. The Korean and English versions of the primary sources written by Fenwick himself are included in this book. Some secondary sources by the missionaries James S. Gale, Lither L. Young, and Elizabeth A. McCully were added to help the reader's understanding. The original text was included in part, so the reader can compare the original and modern language.

2. The editor added the minimal explanations necessary regarding professional words or difficult terms, without changing the meaning of the original text.

3. Parentheses in the original text are marked as [], and parentheses added to aid the reader's understanding are marked as ().

Section 2

English Version

Life in the Cup

Chapter 18

Chapter 19

* *Life in the Cup*

Life in the Cup is a novel written by Fenwick himself, and consists of a total of nineteen chapters about early missions in Korea. The two chapters introduced here, chapters 18 (the debate over the mission land division issue) and 19 (the reality and need for mission work), convey Fenwick's thoughts about his emphasis on the effect and efficiency of pure missionary work done through locals. It is possible to understand what Fenwick thought of the mission land division issue and mission administration on the ground in Joseon missions at the time, and also what he thought was an effective mission strategy. The entire text of this novel is published in Korean and English with Fenwick's anthology.

*Dramatis Personae

John Plughman: A missionary Hudson and Mike met at the mission site, and a character representing the author, Fenwick, himself.

John Harper: A pastor of St. Paul's Church; he was finding sermons tedious and tiring when he heard the sermon of an orator he met by chance at a theater, and newly received Jesus as Christ. Afterwards, like-minded people gathered and, with Pastor Harper as the central figure, pioneered the Church of Christ and dispatched Hudson and Mike as missionaries.

George Hudson: A young reporter reporting on Harper's music hall service. He voluntarily vowed to follow the path of a missionary during a lecture stressing the need for missions at the Church of Christ's opening ceremony, and was dispatched as a missionary.

Chapter 18

When John Ploughman reached America, three foreign missions were being conducted by men from the tabernacle and supported by their offerings. As one friend said to him, "It is enough to turn your head the way God has used you."

John Ploughman replied, "No, 'God's ways are not our ways.' I feel so ashamed and so utterly unworthy. But, like yourself, I would have said the same thing, doubtless, before the results were granted. We are such poor material and so sinful, that God is obliged to keep from us what He is doing with us, and then shame us before the ego has a chance to puff up. Of course, if He did not take quick action, we would puff all right."

"You are right—wholly right," added John Harper. "It is my experience, too. The more God does for us here, the more ashamed I feel in His holy presence."

The affairs of the tabernacle were so blessedly prospering. "Everybody wanted to get on the band wagon," as one put it. That was the danger threatening the tabernacle.

There came a day when even a secretary of a large board mission noticed the work being done, and made tentative efforts to annex the prosperous work.

A meeting was arranged and the secretary appeared to talk matters over with John Harper and his colleagues. John

Ploughman was an invited guest.

"Now, Mr. Secretary," questioned John Harper, "will you kindly state your proposal?"

After the usual compliments, the secretary stated: "There is so much overlapping on mission fields; we have been trying to avoid this by getting together and assigning fields to each mission, rather than, as at present, having so much competition and useless expenditure for several plants and duplicate missionaries in the same fields. We would like you to join us."

"What do you suggest as a good working basis for such an allotment of territory?" queried Peter Goodwin.

"Well, I think," replied the secretary, "we could safely leave that to the missionaries themselves."

"Have you no idea how you would proceed?" persisted Peter.

"We fancy they would appoint a representative committee," he answered, "and arrange for some to vacate certain territory in favor of another mission, and have that mission vacate other territory in favor of the former, equalizing as far as possible the transaction."

"How about the people themselves?" said Peter.

"Oh, that does not seem to make trouble," was the reply.

"Were they consulted in the specific case to which you refer?" insisted Peter, who was suspicious.

"Well, not exactly—that is, they knew, but were not asked to vote on the question," nervously answered the secretary. "You see, they do not know anything about these things and the missionaries are obliged to settle such questions for them."

"Is that the way you do it, Mr. Ploughman?" asked Peter.

"No," said Ploughman, "our people have the same voice as ourselves. But we never settle anything by majority vote. It has been our aim to let God's Executive chairman all administrative meetings, and He has always made our people of one mind and heart, without any exceptions."

The Secretary's lip curled.

"Would you mind giving us a concrete example, Mr. Ploughman?" This from the corporation lawyer, Longstreet.

"Not at all," he heartily replied. "Our church government, for instance, requires that all pastors be nominated by the pastor-general at the General Assembly which meets annually. The names are presented, and if the whole church heartily wishes them, and no one brings forth objections when the opportunity is given, the pastor-general then sets them apart by the laying on of hands. Elders are nominated by the churches at quarterly meetings, and these nominations are placed before the general assembly, and unless the whole church heartily accepts them, without one objection, they are not ordained. We have never had one rejected.

"As to the manner the Holy Spirit is the chairman of such meetings, an incident occurred in the ministry of the late A. J. Gordon, which illustrates His action clearly. There had been a difference of opinion in his board of deacons, and strong feeling existed over a practical matter requiring a decision. Dr. Gordon knew this and had been burdened about it. On the day of decision, after the opening exercises, the pastor, who, under Baptist procedure, presides, left the chair, saying, 'The Holy Spirit will chairman this meeting. You will, of course, do nothing and say nothing you believe would offend Him, or of which He does not approve.'

"The result was very blessed. The deacons materially deferred, it is true; but their difference took this shape:

"Brother A. said to Brother B. 'I think your way is best; let us do it your way.' 'No,' said Brother B., 'I have been thinking about it and I want to do it your way.' In a few moments this body of strong men were considering each other better than themselves, and the result was, in a few moments all were of one heart and one mind.

"This incident made a deep impression upon me, and when the time came to put it in practice on the mission field, the same blessed result was given us, to the praise of His grace, who first wooed these little ones to trust in Christ."

There was a profound silence for some time after this testimony. Everyone present felt a little too full to speak. It was Mr. Henderson who next spoke:

"Yes, I, too, have found that true, even in a department store. I would like to ask you, Mr. Secretary, how the missionaries of your board and others proceed in the matter of thoroughly and rapidly covering ground and reaching all the people in a given territory?"

The Secretary looked puzzled as he replied, "Well, I hardly know the exact procedure. We seek to leave some initiative to them."

"Can you not tell us what that initiative accomplishes, and what the cost is?" was Mr. Henderson's next question.

"Well, no. You see we never keep such statistics," he answered.

Turning to John Ploughman, he asked, "Can you tell us, Mr. Ploughman?"

The answer was promptly given:

"With an average of one hundred evangelists and pastors we reached ten million people, covering every highway, byway and yard ("hedges"), inside of five years. A village of fifty people cost us less than twenty-five cents to reach with the spoken and printed Gospel."

"Do you know the average cost to missions in general?" he was asked.

"Yes, it is $30.00," he replied with equal promptness.

"Is the ground thoroughly covered at that?" he was asked.

"I am sorry to say it is not," was the reply. "While I followed traditional missions, I went anywhere in a district that was promising, skipping the other places, in common with others. Latterly we covered all the ground systematically."

"What do you think of this proposal for us to join with the Boards in mapping out territory?" came from Elder Carr.

"In the early days I was one to not only be willing, but strongly advocated such a procedure. About twenty years later it was tried in our field. I was not consulted. The place, three hundred miles away where we had inherited a work, was divided between Presbyterians and Methodists. As more than $25,000.00 had been spent and we had the territory strongly manned, we felt grieved. Then the field where we live was divided between Methodists and Presbyterians. Again we were not consulted. Upon inquiry, we were told we were free to go anywhere. This was all we could do. In a few years younger missionaries arrived in these territories and accused us of overlapping. As we had been the pioneers in both places, occupying them before others had considered the fields, we naturally felt hurt."

"Apart from you, simply considering the exchanges made among the board missions, do you consider it was worthwhile?" queried Mr. Carr.

"I have been told by one of them that the lines were not well respected, but I know, not of my own knowledge," he answered.

"In your opinion, would it be worthwhile for us to consider this proposal in the light of your knowledge of missions?" asked Mr. Carr.

"It is my opinion you would be very foolish, for several reasons: 1. It is contrary to the procedure which has brought you so much blessing. 2. Their present procedure does not cover the ground thoroughly. 3. They believe in converting as they go, and have been at it about three centuries, while you believe in witnessing to all as speedily and thoroughly as possible unto hastening the Lord's return, and do not care to wait another century or two. 4. They would insist on a pro rata voice per number of missionaries, and giving territory in the same way. That means that George Hudson and Mike O'Connor would have about $1/10^{th}$ of one vote—and less territory. None of your native pastors and evangelists would be allowed to vote."

"Are you ready for the question?" asked the Chair. All but the board secretary replied in the affirmative.

The proposal was unanimously rejected.

Addressing the Secretary, Mr. Harper said, "I am sorry, Mr.

Secretary, that the conditions seem to automatically hinder our joining you in this move, which has apparently some most admirable features."

The Secretary arose and bidding them adieu, left the meeting.

John Ploughman, asking and receiving permission to speak, said: "Gentlemen. I know this secretary intimately and for years. He is a splendid fellow, of gentlemanly instincts, and a delightful friend. It grieves me to differ from him. But in a matter so momentous as the rapid, yet thorough evangelization of the world, we may not permit our personal affections to rule. I mean that unless the Lord has possession of our affections and His Spirit controls our testimony, we had better drop all pretensions of co-operating with Him."

"Mr. Ploughman." It was Ira Warren who had spoken. "I frankly confess that, looking at your testimony in your letters and George Hudson's, together with your testimony since coming amongst us, I, as an old man of the old school of training, cannot escape the conviction that the outlook for missions is most discouraging.

"Here is a world-field of vast proportion and much land to be possessed. The church has been working at missions since the days of Queen Elizabeth, and, while highly organized missions may not represent more than a century of time, one hundred years is a long time to men. Now, giving full value to what has been accomplished, and considering the men and money at work today, on the one hand, and the opposing forces on the other, we seem to be losing rather than gaining. I believe it is said two million babes are born in heathendom to one convert baptized. I should be immensely grateful to you if you would dispel for me the apparent hopelessness of the task."

John Ploughman was very serious as he replied, "That is all too true if we consider the little accomplished in view of the years, men and money spent. Your question, Mr. Warren, is a very large one and involves doctrine as well as practical business for the Lord. I will be pleased to enter into it and give a solution as seen from the firing line, if agreeable to all present."

All present bowing their assent, Pete Goodwin voiced the feeling when he said, "Go ahead, we all want to know."

Thanking them, Mr. Ploughman proceeded; "As to doctrine, the church, from the time of Constantine, has been looking for the conversion of the whole world before the Lord comes, which has regulated their practice in missions. Holding this view, the church has sought to win as they go. The practice has never yet produced the conversion of a single village, much less a town, city, province or country. Furthermore, the early Christians were disobedient in not fulfilling the Lord's injunction to preach the good tidings of what He had accomplished for a lost world, 'beginning at Jerusalem,' then covering Judaea, then Samaria, 'and unto the uttermost part of the earth.'

"But though the early Christians revealed the disposition of the best Christians to 'let George do it,' they failed to reckon with prophecy and Him who brings His will to pass. The Lord had specifically declared the destruction of Jerusalem, yet they hung around, failing to 'go' as a body, as commanded.

'Beginning at Jerusalem' was according to instructions; hanging on and evangelizing over and over again the same city, was not. He did not say convert Jerusalem, then Judaea, then Samaria, and finally the uttermost part of the earth, but, 'Ye shall be witnesses unto me' in these places and in this order.

"Then as now they realized what a fearful thing it was to fall into the hands of the living God. When the terrible persecution took place we read this result, 'The disciples being scattered abroad went everywhere preaching the Gospel.'

"God has a way of getting His will fulfilled, and, gentlemen! I do not wish to alarm you, but for some time I have not been able to escape the fear that some such awful catastrophe is hanging over the church now, and it will surely fall if this work is not taken up in the manner commanded and in the way provided by the Lord. For it cannot be gainsaid by any man who knows missions from the inside, and the practice of the home churches, that again we are hanging around Jerusalem, as it were, and failing to do the witnessing commanded. Our Lord's example in refusing an invitation to remain in one town because He was sent forth to go to 'other towns also,' is almost wholly ignored; and even those who obey and go, practice the old way of hanging around Jerusalem, to convert as they go. You would think those who had their doctrine straightened out and were taught of the Spirit of Truth that the Lord would return after the world was evangelized, and finish His work with outpoured judgment, rather than after the church had converted the world, would at least turn from the old practice of converting as they go; but they do not. On the whole they practice the same as the converters rather than as witnesses.

"Now this is the most discouraging thing of all—the failure of those at home and abroad alike, to quit the practice of the converters, after the Lord has corrected their doctrine.

"Here comes in another vital element. The great things the Lord has been able to do for and with your tabernacle, is due to the one big, vital fact, that you have given the Lord His place in your lives and practice, and come to know His Executive as a person. This is the big, positive thing of all the Lord's work. Its opposite is equally necessary. You have become also acquainted with Satan as a person, and with his devices. The great majority, indeed, almost all the churches, neither know the Paraclete or Satan as persons. Each are spoken of and treated as influences. Even the majority of those who become somewhat acquainted with the Holy Spirit, practice Galatianism in this, that they still are the workers and the work is theirs. The greatest single hindrance I know in the church is trying to be carpenters instead of tools in the Carpenter's kits. Satan appears to have persuaded every saw that it can put up the Lord's building, and every hammer and even bradawl that they can do it, too. Were it not so infinitely sad it would be a joke.

"It is true that even a bradawl in the hands of our Lord's Executive (the Paraclete) can do even 'greater things' than the Carpenter of Nazareth. He said so. But the bradawl cannot use Him, it must let Him use it.

"Now have I made myself clear?"

"You surely have." This from Goodwin.

"Pardon me, Mr. Goodwin, and permit this correction: He who dwelleth with you and is in you, has used my testimony, not my influence, to make this truth clear to you. He has interpreted or revealed it; I have only been His personal instrument to voice this great truth, as the truth is in Jesus."

Simultaneously the mind-eyes of everyone in the room had been enlightened, and their natural eyes were full of tears as they realized what their Resident Teacher was doing in them and for them. After a brief pause, Ploughman proceeded:

"As to the practical side of this commission given to the Holy Spirit as well as to the Church, failure to recognize His ability to do His own work with despised tools has been the bane of missions. 'Just as I am without one plea,' is recognized by all successful Gospel workers as the condition on which sinners can approach God for pardon. Then they forget it. The tools do not continue to say to the Carpenter, 'Just as I am, O Master Workman, deign to use me. I am not a big tool, the metal in me is not much good and is badly tempered, I am rusty and ill-shaped and in nowise worthy for the honor of being held in Thine hand, much less used upon the construction of Thy Building, but O Lamb of God, in that Thou bidst me let Thee use me, I wait, I wait, for Thee. 'Twill be sufficient glory for me throughout the ages of ages that Thou has so honored me.'

"None of us are very joyous over the heat of the fire He plunges us into, nor do we like the beating on His anvil as He shapes us into an instrument He can use, pounding out the crooks and unevenness. And we shiver when He plunges us into the cold bath to temper us, e'en though He watches with a master eye our change of color—that signifies to Him the right temper for His purpose. But though it is not pleasant but grievous, afterwards they who are 'exercised' with this 'affliction,' behold the 'peaceable fruit of righteousness,' and are glad.

"Now we come to the great encouragement. You in the tabernacle have seen the Lord the Spirit working, and are overwhelmed at His goodness and staggered by what He has accomplished with you, who, as His personal instruments, have 'let Him' do in you, for you and through you, these things. You have seen Him accomplishing wonders with the instruments the world despises, and the lack of wisdom the world thinks necessary. I have carefully computed the possibilities, and am exuberantly joyful over what may be accomplished in thus simply witnessing as bidden to every creature. A quarter of a billion dollars and five years' time is sufficient to reach the remaining five hundred million (the lay movement says one thousand million. I believe five hundred million is correct, Editor.) with such twice-born co-witnesses to Christ, as the Holy Spirit has asked you to set apart for the work whereunto He has called them. They, in turn, repeating this on the field, using the converts won, like great captains of industry use their employees, multiplying themselves, will speedily put the Spirit of God in a position to testify with their lips to every creature, making them a sweet savour unto God in every place, whether they will hear or forbear, so that God will be justified and the Servant of Genesis 24 and Luke 14 may take the servants of Matthew 22 to meet their descending Lord. God raises up many tabernacles to send out many George Hudsons, as He did at Antioch and as He has done with you, and take all fear of using native converts out of the missionaries to finish His evangelization rapidly, yet thoroughly, and spare the latter Church another such scattering abroad to go everywhere preaching the gospel as He was obliged to do in Jerusalem with the early Church."

When he had finished Harper quoted, "'Concerning the work of my hands, command Thou me.' Let us ask Him to do this work of His hands."

Some things are a little too sacred to put into words. They prayed in secret; let us await God's reward openly.

Chapter 19

On the way out Peter Goodwin said to Mr. Harper, "See here, Harper! We have not extracted a tithe of that man's first-hand information, and it would simply be criminal to not get wised-up with such a man at hand, willing to give us of his best. He knows. We don't. He has given George Hudson a start in the right direction. May we not get together again and tap his fund of mission knowledge? He is not only sane but full of the milk of human kindness, without being a milk-sop. I fancy he would be hard to get along with if crossed; but all men who arrive, are. God does not seem to cross that idea either. He uses men of independent wills and stubbornness; but He first takes captive their wills and minds and hearts, and catches their usefulness on the start and finish of their course—then He has an instrument with whom He can do something. What do you say to our getting together again?"

"By all means," said Harper. "I feel as you do, that he knows; we do not know. He unquestionably can save us many blunders, if we give him a chance to testify and let the Holy Spirit use his testimony to make us wise unto missions. There is a vast work to be done 'quickly,' and I see you, like myself, want a hand in it and wish expensive mistakes eliminated."

"I sure do," was Peter's emphatic answer.

"I will speak to the others and you do so, too. Supposing

you speak to Henderson, Longstreet and Warren; and I to Carr, Simpson and Ploughman?"

"Good!" said enthusiastic Peter.

A few days later they were all together again. Harper opened the discussion by asking Ploughman if he would not tell them the reason missions boards were getting such meager results, emphasizing the mistakes and hindrances.

"At home, the wrong training, lack of care and good judgment in selecting men for the field; on the field wrong training of native believers and a lack of a producing engineer with grace, brains, tact and authority," he replied.

"Won't you please illustrate? requested Harper.

"With pleasure. You yourself are a good example of wrong home training. You had to arrive by another route," he promptly replied.

Harper winced a little at this, but admitted it was too true, so far as he had "arrived" in any adequate sense.

"As to the field," continued Ploughman, "I will use as illustrations two men of great ability who knew the gospel, but were very largely failures when they died. I knew both men intimately. Both were my friends. The first was a harmless man of giant intellect, great scholarship, and a hard worker. He was a book worm and a very accurate linguist.

"Besides this fitting, I always thought of him as the most Christlike, gentle soul on the field. The most polished preacher, using finished English, more at home in Greek and Hebrew than many are in English, the language of his field so acquired he was thrice pronounced by men who knew him as the most faultless speaker of the native language on the field—he was fitted as men very rarely are for translating the Scriptures. But that is a coveted work, and he, being modest and retiring, besides lacking the self-seeking spirit, was never asked to do the work of translating and did not thrust himself forward. He was left in evangelism, at which he was personally successful; not only having a goodly number of churches, but one of his churches was the largest of any single worker in his field.

"Yet he was totally lacking in executive ability. He knew nothing of selecting other men and putting them to work.

"The other man was a natural born business man. He was, like the former, in a board mission, which means he had gone the rounds of the schools and theological seminary. His ability in business, however, was so exceptional he received an offer of $25,000.00 salary and stock in the concern to leave the mission field and manage a branch business for a three million dollar concern. It is to his credit he refused. He was a good man. He emphasized the blood and the integrity of the Scriptures. He knew experimentally the new birth. There was one thing he could not do well. Though he spoke the native language glibly, he could not translate. He lacked the gift. That was the task he chose and had the assertion to secure.

"Speaking recently to a staid board missionary of the faithful, plodding type, I referred to this man and his enormous capacity for work, mentioning the well-known fact that he had worked harder than any man on the field; but, I asked, What has he got to show for it? He instantly replied: 'That is what they all say; that he has practically nothing show for his hard work for thirty years.'"

"To me it has seemed infinitely sad and a colossal blunder that missions should not have a constructive engineer to correctly place such misplaced men and conserve their ability and work for the church.

"The former man would have produced a translation of the Bible equal to our 'Authorized Version.' The latter not only had the ability but the financial backing and the opportunity such as very rarely comes to any man, to handle a very great evangelistic work, and had he been placed at evangelism in the right way, with his capacity to handle men, the capital at his disposal, together with the true gospel, he would have had the largest work this world has ever seen. From two to three thousand churches would be a very reasonable number to anticipate.

"This blunder seems almost criminal.

"Then consider the waste of money:

"In that field they had a board of four translators and as many native assistants. They spent twelve years in giving to the field a poor translation. It cost in salaries alone, over $120,000.00—say £24,000 sterling; and when they finished, they set right to work to do it over again.

"The first man mentioned would have done it singly, with one or two native secretaries, and have made a first-class, conscientious, brilliant job in six years, and it would only have cost the church $10,000.00, say £2,000, and would not have required doing over again.

"The second man would have had, single handedly, using native Christians, about one- and-one-half-times the number of churches his whole mission of one hundred missionaries have got, and would have covered ten times the ground, many times over, as thoroughly, as rapidly.

"The waste is criminal."

"It surely is," said Peter, and all present assented.

"Do you know of no missionary in the board missions who have done that kind of practical evangelizing?" asked Harper.

"Yes, I have heard of a man in Southern China who has got fifty churches in the course of about thirty years, by securing all the natives he can, with the handicap of board ideas."

"Is there no outstanding man in missions, who has advocated the large use of native Christians in the past?" This from the financier, Elder Carr.

"Why, yes,—David Livingstone," replied Ploughman. "His exploration work hindered him from practicing this on a large scale. But he advocated it early on, and put it successfully in practice on a small scale."

"What men have moulded mission policy in the past?" Mr. Carr enquired.

"Carey and Duff," Ploughman replied. "They have saddled the mission with its worst bane—educationalism."

"Don't you believe in education?" asked Harper.

"God uses scholars but not scholarship," he replied. "The church has forgotten that when God needed a scholar, He chose and called Paul. The bulk of His early work in the church He did with uncultured fishermen."

"Then would you not say that scholarship is needed, and men must, therefore, be trained?" asked Harper.

"Not unless God has lost His ability to choose, call and send men of His choice. Acts 13 still works."

"Are you not a little prejudiced against scholarship, Mr. Ploughman?"

"I am," he emphatically replied. 'Eating of the tree of knowledge' is what got us all in trouble; and Satan still recommends it and gets away with his suggestion.

"But this apparent deep water we have gotten into is only imaginary," continued Ploughman. "There is not enough of it to get our feet wet. The crux of the whole trouble rests in the fact that men have usurped the Holy Spirit's job then asked Him to pull their chestnuts out of the fire and let them still hold their job—His task."

"That is most surely true," said Harper, "and the difference between His aspiration and ours spells success or failure, depending upon who is in the Executive chair—the Spirit of God or some man. Now, would not He do the productive engineering if allowed?"

"Undoubtedly," said Ploughman, "but He would not take from us the authority given to the race in the beginning, to exercise the will, nor would He give the work the Apostle Paul was fitted for to Mary of Bethany. He is now working with, not against, the divine law which men call 'natural.' Hence, we find Mary used in her place and Paul in his, each under the direction of the Paraclete; and Mary's home in Bethany and the Law School in Jerusalem paid for the training."

"Now, Mr. Ploughman, let us get down to the practical application of these truths you have been setting forth," said Peter Goodwin, who was from Missouri, and wanted to know. "What would you suggest as the proper way for the tabernacle to proceed with this task of reaching those unevangelized portions of the globe, so that we would avoid the mistakes you have mentioned?"

"Just as you have been proceeding," he replied. "George Hudson and Mike O'Connor are splendidly fitted for missions and are making good under the Holy Spirit's guidance. Your pastor and Tabernacle are also making good at this end. I have nothing to suggest except that you continue in God's goodness."

"Thank you, that is satisfying," said Henderson. "But supposing, Mr. Ploughman, a translator were needed where George and Mike are located?"

"There is no suppose, Mr. Henderson. The Bible is already translated there. Furthermore, were it not so, would the Holy Spirit not secure such a man in the same easy way He secured George and Mike and Paul and Barnabas, for the work whereunto He has called them?"

"That is so," said Henderson. "He is doing that for me in the store. I give Him credit for knowing more about men and business than I do, and I would not dare to think of usurping the gracious place He is filling—nor allowing others to do so."

Mr. Harper then said, "I am sure this same blessed mind of Christ has been making us all of one mind and heart this morning, using the testimony of our brother."

"Amen!" they all said in unison.

"Mr. Ploughman, we will let that Amen be your thanks and encouragement. God keep up your courage. Please consider us your friends and make yourself as much at home with us, as you made George and Mike in North China. We would emulate your splendid hospitality and make such reparation as within us lies."

"Amen," said they all, while Brother Ploughman sat with bowed head, with a hand shading his eyes.

It was a sad and chastened man who raised his head and again addressed them:

"Thank you. I will remember your kindness. "Gentleman, it will be a short but bitter fight, but there is a great prize ahead. The fight itself is worthy of the noblest of our race—just as a matter of honor—and the whole of our possessions. Furthermore, we can never cancel the debt of love we owe.

"Jonathan stripped himself of his princely robe and put it on the meagerly clad David. Then off came his girdle and bow, and these he put on the young shepherd from the hills, because he loved him and knew how great he was then and how wonderful his future. 'There was no smith in all the land.' The young warrior could not replace his trusted blade. But his heart is knit with David's, and off comes the sword, too, and is affectionately buckled upon the youth.

"Then they swore friendship for life. It cost Jonathan a lot to keep that oath. He had to forego all claim to the crown, deny his father and meet his friend by stealth; yet he never flinched. The finest thing about Jonathan is not his separation from his own household in loyalty to David, however, but his proud bearing as he returned to camp wearing the homely, blood-stained tunic of the shepherd. Jonathan has helped me much. He is a beautiful character. It took a manly man to stand by David in his rejection, when his only following was, 'Everyone in distress, and everyone that was in debt, and everyone that was discontented, about four hundred men,' yet so great was his soul he seems not to have been aware of his noble conduct.

"David was.

"When Jonathan had finished his course David remembers him in this tribute:

"'Thy love to me was wonderful.'

"May this great ambition be ours—to win from the Prince of the House of David the same acknowledgement, by unashamed affection and fealty to Him in these days of His rejection, tho' all in authority treats us as David was treated.

"It is so little we can do. And how splendid the reward if from His lips we can win the encomium Jonathan won:

"THY LOVE TO ME WAS WONDERFUL!'

What tho' of all I strip me,—
The girdle and the bow,
The sword so dearly trusted
And all on Thee bestow;
What are they worth, Lord Jesus,
What are they worth to Thee,
That Thou shouldst ever utter
Such wondrous words of me."

The Church of Christ in Corea

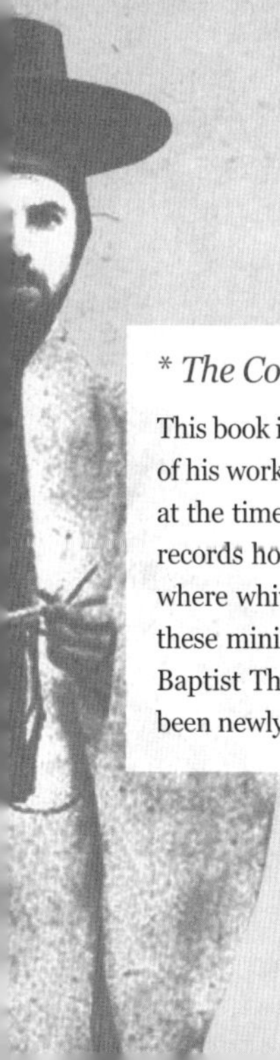

* *The Corea Church of Christ* (CCC)

This book is one of Fenwick's autobiographical mission records, a record of his work in Korea. He depicts the effects of the method he discovered at the time, of evangelization through local ministers. In particular, he records how local ministers are succeeding at evangelization in Korea, where white missionaries failed to succeed, and also the dedication of these ministers. This book was translated and published by the Korea Baptist Theological University/Seminary Press in 1989, but has now been newly translated and included in the anthology.

Dedication

To the memory of Our Great Departed Missionaries

Barnabas and Paul; Xavier and Zwinlech; Morrison and Taylor; Moffat and Livingstone; Carey, Judson and Duff; Williams and Paton; Pastors Harm and Adoniram Judson Gordon; and to all others who, abroad or at home, "first gave themselves unto the Lord," and counted not their lives, time, nor possessions, neither their sons nor their daughters too precious for Jesus, if by any means they might hasten the day that would bring back the banished King to realize the joy that was set before Him in gathering his ransomed ones unto Himself.

An Introductory Note

Mr. Fenwick has written one of those rare books—an autobiographical missionary record. Its enthusiasm for soul-saving and eagerness for sacrifice date back to the first apostolic fervor which spread the gospel through the Western world. Like John G. Paton's famous work, it is a latter-day addition to The Acts Of The Apostles, and in this case the apostles are the Koreans themselves.

For years Mr. Fenwick labored in Korea, preaching Christ both by word and example, but met with scant success. Then he made the discovery, which formed the foundation of the Pauline Church, that the gospel can be taught best to foreign peoples by chosen native converts.

While the book is primarily a history of the spread of Christianity in Korea, it is incidentally a plea for a return to the missionary methods of the early Christian church, and a convincing illustration of what may be accomplished by those methods. If Mr. Fenwick's advice were adopted in any universal manner, its effect on future missionary enterprises would be far-reaching and revolutionizing; moreover, it would multiply many times the economic possibilities for pioneering.

The apostles whose acts are here related are all Koreans; where the white men had failed, the native pastors met with unbounded success. With fine simplicity and tenderness, Mr. Fenwick sketches their characters and tells of their devotion. His record is a clarion call to Christian enthusiasm, and a challenge to the apathy of the Western world.

C.W.D.

Contents

"God hath chosen the foolish things of the world to confound the wise; and God hath chosen the weak things of the world to confound the things which are mighty; and base things of the world, and things which are despised, hath God chosen, yea, and things which are not, to bring to naught things that are; that no flesh should glory in His presence." (1 Cor. 10: 27-28)

1. How the shepherd found his lost sheep

God's need of witnesses—the awful fact that one thousand million of the inhabitants of the earth have not yet had a good opportunity to either accept or reject Christ; the fact that the children born to the heathen are more in number, by two hundred to one, than the children "born again"; and the still more awful fact that the church, after nineteen hundred years of effort, is not only failing to maintain sufficient witnesses for God, that He may be justified by every lost soul receiving the testimony of two or three witnesses for the establishment of every word of His; but is failing, even in a country so lavishly blessed as Korea, to provide one witness to each county (counties as large as the counties in America and England, and more populous)—constitutes my only excuse for writing this book.

Conscious that my work will contain many imperfections, I approach the task with diffidence. My chief concern, however, is not because of this; but that God's super abounding grace, to one so unworthy, should be known among the churches where my Lord still walks, and at every opportunity given Him, stretches out that hand bearing the scar of a great jagged hole, and points to the regions beyond.

Men say, "A bad workman quarrels with his tools." If this be true, we know, both by our own experience and by observation, that Jesus is a master Workman. He has never been known to quarrel with the instruments He was obliged to use to accomplish His work. And if this book encourages the church to believe more completely in His willingness to use such an imperfect witness as the writer, or such untutored instruments as the Korean evangelists mentioned in the story, its purpose will be accomplished.

The work to which God called me being apart from any denomination, as soon as souls were added to the Lord in different sections of the country and it became necessary to appoint overseers, we selected the simplest church name we could, which in the Korean language is "Daehan Gidok Gyohoe," and when interpreted means "The Church of Christ in Corea."

As the story is about this church, the book takes that title.

The prime requisite of any missionary of the cross being "the new birth," I will tell, just here, the story of my transfer out of death into life.

When my grandparents, from Pitcairn, Perthshire, Scotland, disembarked at the site of the city of Toronto, Canada, then called York, it consisted of a Hudson Bay store, a flour mill, a blacksmith shop and a few shanties. Blazing their way through the splendid maple and beech and white pine forests to the township of Markham in the country of York—still considered the finest in all the Dominion—they settled on a large tract of land, where my father was born, lived and died, leaving behind him a widow and eleven children amply provided for, and a fragrant memory. I little knew of a father's care, as he died when I was but five years of age; but it has been one of the joys of my life to meet old neighbors and friends of my father, who were always ready to sing his praises. The first time I spoke in the village church after becoming a missionary, a dear, old Scotch lady said to me, "Are you a son of Archie Fenwick?" When she learned I was, she said, "Well, laddie, you just be as gude a mon as he was and ye'll do." Also, a gentleman who had prospered and made a splendid name for himself said to me, "I was one of the young men in your father's time. I never knew him to meet me or any young man that he did not stop us and make kindly inquiries and give us a word of splendid advice." In public enterprises, father was ever among the foremost. His home rule was one of the strictest, old-fashioned, severe types, yet all his children rise up and call him blessed.

I was the last son to leave home, with its beautiful surroundings and helpful atmosphere. The Canadian Pacific Railway was being pushed through the rich plains of Manitoba and the Northwest, and cities were springing up along the line, making land booms frequent. I was eighteen, and having had all the experience I cared for on the Prize Model Farm of Ontario, the Manitoba fever got hold of me, and as mother was moving to Toronto I was free to go to the Plains.

The memory of my mother and sisters kept me from the grosser sins which prevailed in this new country. Another thing which helped me at this time was the teaching and example of a Scotch minister, the Rev. Donald M. McIntosh, who for years had lived in our home, and who became revered by thousands of people for miles around. The sick and distressed, the lame, the halting, and the blind, scholars and statesmen, the living and the dying, sought his help and counsel, and what, perhaps, they most needed and invariably received, his sympathy—his loving, soothing, healing, human sympathy.

Mr. McIntosh was a gold medalist of Glasgow University, and could quote the poets by the hour. He had a massive brain. His greatness, however, consisted not in these things, but in that with all his scholarship, with all his mature wisdom, with all his literary ability, he was first and always the humble, simple, childlike disciple of Jesus Christ; the man so like his Master that people of all classes would stop talking, to say, "Yonder goes the man who never put a straw in anybody's way." I consider to have been given the privilege of living under the same roof with such a man, one of the greatest "handfuls of purpose" my Goel-Redeemer dropped for my gleaning.

I shall never forget the day I left home: how he took me into his study, secured a book from his library, wrote my name in it, then knelt and prayed for me. I don't remember a word of his beautiful prayer, but I can feel the touch of his hand on my shoulder yet, as he bade me good-bye. His parting word I remember because it so influenced my life: "Remember the Sabbath Day to keep it holy, Malcolm, and you will be all right. I have watched the careers of many young men, and those who go down usually start by failing to remember the Sabbath Day." This was the word which made me a regular attendant at church; that influenced me to accept the office of librarian of the Sunday School; that put me in the choir and on committees—in short, that which kept me in the best company in the land.

After spending three years on the frontier, I went to see my mother, who had met with a severe accident. One year previous to my return, a dear friend, belonging to one of the oldest Canadian families, had got me to daily read a chapter in the Bible. But it was not until I was saying good-bye the second time to my mother that an arrow pierced my soul, never to be extracted until taken out by the Hand that was wounded for me. I could stand all her exhortations, but I could not stand her tears nor her tender pleading as she said, "O, my son, if you would only give your heart to Jesus, I would not care how far you went from home." I remember how, on the train, I resolved to seek Him until I found Him. Two years of intense conviction followed, during which time I tried all the ways I ever heard of to find Christ, such as seeking Him alone in the woods, praying all through the night, and other self-righteous efforts, until I gave up in despair, saying to God that I was not worthy to be saved. Communion service was at hand in the church which I attended, and I had been asked to join the church on that Sunday and to "shew forth the Lord's death" in company with other Christians. But I Cor. 11:27 was in my mind—"He that eateth and drinketh unworthily shall be guilty of the body and bloody of the Lord." There is a certain spot on a certain street in Toronto—I visited it the other day—where, during the struggle of those days so long ago, my Prince and Savior met me, and as I gazed into the light of His reconciled countenance I heard Him say, "You are not worthy, but I am. I died, in order that you might live." And I knew I was saved. I had seen that face, "perfect in comeliness'" I had heard that Divine Shepherd voice, and as He had predicted (Jn. 10:3) I followed, and for twenty-five years, "to the praise of the glory of His grace," I have been "faintly pursuing."

2. How God first educated, then called me to be a missionary

In July, 1889, while the call to go to Korea was urged upon me, word came from some unknown source that the wife of my beloved friend, Dr. J. W. Heron, then unknown to me, was lying in jail in Korea, and was to be hung for preaching the gospel. This made good copy, and the newspapers in the land spread the story.

An old minister of the gospel who preached not far from our old home, like other good men, was much distressed, and was moved to pray about the matter. So, on Sunday morning, before his congregation, he prayed in his usual way and told the Lord how terrible was the calamity about to come upon His handmaiden. Then he said, "You know, Lord, Korea is an island in the Pacific Ocean." I do not write this to make the reader laugh, but to point out what ludicrous ideas even intelligent men have about a small thing like the situation on the map of a little-talked-of country. In common with many others, I thought Korea was an island in the Mediterranean when I first heard of it. Procuring a map, I learned that particular island was Corsica, and that Korea was a peninsula attached to the extremity of Russia in Asia, laved by the waters of the Yellow Sea on the one side, and the Japan Sea on the other, lying between 35° and 43° north latitude.

As to missions, I was wholly ignorant. I had a dim sort of an idea that God wanted the gospel preached to the heathen, and my missionary hero was David Livingstone. Pictures, too, had impressed me. Whenever missions were mentioned, I saw in my mental gallery a dark-visaged, dreadfully solemn-looking individual, standing under a palm tree with a Bible in his hand and a native holding a peculiar-shaped umbrella over his head, while around him were gathered the crowds listening to the gospel he was preaching. Of course, I supposed that every country where a missionary went was hot. I never dreamed, therefore, of finding four feet of snow in Korea for three months of the year. I thought that all countries missionaries went to had jungles infested with tigers. Thus, for no reason, I had Africa mixed up with India. So, when I heard there were tigers in Korea, I was not surprised. I had heard, after deciding to go to this land, that it was all hills, and this proved to be correct; also the presence of tigers there was soon proven true. But apart from these interesting facts, I was woefully ignorant of the country. It is true that I corresponded with mission boards and had in my possession two books about Korea, written by men who never saw the country; but somehow I did not seem capable of forming an intelligent idea of the land. As to how to conduct missions, I was still more ignorant. Everything was hazy in my mind. When an acquaintance decided to go to Korea, and the battle described later in this chapter was over, I offered to go with him and hold the umbrella over his head while he preached, and to play the organ for him, for I thought that, of course, a missionary must have an organ—a baby organ. I don't know how I got that idea. In reply to this offer, I received the first gleam of encouragement. Answering my objection that I was not a theological student, he said, "I would rather have you than many theological students I know, because you are 'born again' and know it." To another who spoke to me about becoming a missionary I made the excuse that I had never studied a foreign language, and doubted if I could acquire one. This friend said to me, "The heathen are all afraid of death; would you be willing to go and die for Jesus, as a witness for God to the power of the gospel to make a man die without fear, in peace? When these are brought to judgment, God could then point to you as His witness, in case they rejected Christ, and could say to them, 'I sent my servant to you and you saw him die in triumph; my Spirit impressed upon you that my servant had something you needed, but you rejected the testimony, you rejected my Son, who gave my servant this victory in death; even as I now reject you.'" To this I replied, that at least I could do as much as that.

Having studied year after year with those monarchs of Bible study at old Niagara-on-the-Lake, where the people attending the conference knew not to what denomination the teachers belonged, the denominational feature of missions was not strong in my mind. The idea of being God's witness to every creature and hastening the return of our absent Lord was ever before me as the Christian's part.

At the time when God called me out of darkness into the marvelous light of His Son, I was engaged in business—

wholesale hardware business. I was then manager of a warehouse with about forty men under me. Later, I was promoted to the managership of a branch office and salesroom in a distant city on the seaboard. At the same time, I was studying the Bible at night and preaching the gospel wherever there was an opening, at so-called layman preaches.

When at the Niagara Bible Conference the call came to go far hence among the Gentiles, I began, as I have before intimated, to make excuses. "Lord, you know I am only a business man," I said.

"Go!" said He.

"But I have not a classical schooling. I'm not a minister. I have never been to a theological seminary, Lord."

"Go!" He said again.

"But I don't want to go," I replied.

"Will you let me make you willing?" said He.

"No," I replied, "I don't want to be made willing." About the third day I said, "Lord, I'm not willing, and don't want to be, but if you wish to make me willing to be made willing, why, perhaps I could stand for that."

That evening I heard Brother Wilder, of India, telling of a man dying of thirst out in the desert, crying for water. He said if I took him some water in a fine cut glass pitcher and handed it to him in a fine cut glass goblet, he would appreciate it. But if I had only an old rusty, battered can to take it in, he would gladly drink and live. It was water he needed. That simple illustration made me willing. That settled all the educational, theological excuses I had made. I could at least be a battered, rusty can and carry the life-giving water. But there was still one thing holding me back. Not a whole lot of things—just one. So Mr. Wilder was God's messenger to furnish a story for that also. He said: "A man got in a row-boat and, taking the oars, began to pull. After pulling for some time, he noticed he was not yet away from the shore. Getting up, he went to the stern and found that his boat was still tied to the shore and hence all his going was useless. Seizing a knife, he cut the painter and the first stroke of the oars started him off." That fitted my case. So the rope was cut. "The Skipper" of Luke 5 got aboard, and landed me four months later safely in Korea. Most captains would have said good-bye and perhaps wished their passenger lots of good things; but He didn't. He said, "I'm going with you, and I'm never going to leave. I'll be your Shepherd and lead you over these hills and through their beautiful dells."

So we went together, He and I, and we have had a blessed time. Of course there was little I could do, and I was all the time trying to get ahead of Him, and to do foolish things, like many another witless sheep. But He who sought me "until" He found me, and, rejoicing, put me on His mighty shoulders, never left me, and still carries me all the way. I believe He educated me. I believe it was He who kept me near the soil and taught me agriculture and horticulture and commerce; who then sent me to the Northwest where I learned frontier life, then into a law office where I learned legal procedure, and into a business house where I learned practical accounting and banking. All this before I was born into the family of God and became a disciple of the Lord Jesus —a part of the body of Christ. I was then put to managing men and systemizing my work. These last two things I consider the greatest factors taught me on practical lines—factors in producing economical results in foreign missions.

3. I start inland

"The Korean is the cleverest alphabet, the simplest in structure, the most consistent, and has the widest phonetic range. It was formed five centuries ago." (Hulbert)

The Korean hills became symbolical of the hills of missionary service which were just ahead of me. The first hill that loomed before me was the language. Fortunately for me, this hill was so big it hid from view the more formidable hills which lay beyond. During the first ten months of my life in Korea, I had conned the text-books and manuals, seeking in vain to get a grip of the language. Gifted with a fairly good memory, I would memorize two pages of the meaningless jargon until I could repeat it correctly in a variety of ways, only to find next morning that it had all departed from me.

Old-fashioned reviewing failing to lead me farther toward a practical use of the language, I broke away from all conventions, text-books, English-speaking people and advice, and, in order that I might mingle with Koreans only, started with some Korean friends for Sorai, a village about one hundred and sixty miles distant. Passing through the streets of Seoul, the capital city, on our way to Sorai, mounted on the trusty Korean ponies, we saw many strange sights. Beyond the stone tigers that guarded the palace entrance and around the watch tower built upon the outer wall, there were numbers of interesting people and things. Outside the gates of the palace, officials' donkeys in charge of the grooms stood waiting; five men on one shovel were mixing clay for the construction of a new wall, proving the strength of unity; boys dressed for the occasion were going to visit their grandfathers, and one little fellow, not so dressed, demonstrated the effect of overmuch rice.

City belles turned their backs or gathered their street veils, so their faces could not be seen, some of them riding in closed sedan chairs, while the other women carried their water buckets, all unconscious of their beauty. City dudes lounged in groves or rode their prancing chargers. Even at this early date (1890), Mr. Rockefeller had secured a market for his coal oil in the hermit nation, and the regular water-carriers, who are men, profited by the tins the oil was shipped in.

A long procession of wood-cutters were coming to the city with their bullock loads of pine branches, while some used ponies, and others, too poor to own a beast of burden, carried huge loads on their back-racks.

Passing through the gates into the open country, we found things different. The bright young country lads were dressed in country garb, while the country belles hid their beauty under hats even more ultra than the 1910 American ladies' hats. The country gentleman sat contentedly on his porch with his much-loved long pipe. The coolies in the fields, strong, splendid-looking fellows, stopped and gazed at us, while the farmer plowed his ground and did it well, too. Others reaped their rice crops in gangs who sang in unison the weird choruses of the East. Community of labor has done much for Korea. It lessens the need of cash and exalts the workman above the wage. The men, and sometimes the women too, weed in gangs, plant their rice and other crops also in gangs, and work right merrily to a tune. The Koreans are the most tireless workers. Their custom of working in gangs is similar to the exchange of labor which prevailed in American farming districts during pioneering days, as illustrated, for example, by the logging-bee.

Myriads of game flocked fearlessly to the traveler's fowling-piece. Korea, in those days, could scarcely be called a sportsman's paradise, as there was not hunting to do. I have seen the water black for three miles with five varieties of ducks, and wild geese in such flocks as darkened the air when they rose in countless numbers from the "paddie-fields," while the Mongolian pheasant, Asiatic swan, wild turkey, red deer and stag were in abundance. Larger game, such as the wild boar, black bear, leopard, and tiger could be found in abundance in the hills. No finer climate can be imagined than that which Korea affords during the autumn season; the country was particularly interesting all along the way to Sorai, and we made the one-hundred-and-sixty-odd miles very pleasantly in six days.

As the quarters available in the village were very tiny—no room larger than seven feet square to be had—we decided to build a small house, but this could not be undertaken until the following spring, so we got along as well as we could in our cramped quarters.

Our two hosts, Mr. Ann and Mr. Saw, were intimate with each other, but being gentlemen, had adhered strictly to the custom of the country, and each had never spoken to the other's wife, though the wives were also intimate friends, and for years had visited in their respective homes. The Western teacher was, as yet, very ignorant of the Korean customs, and so insisted that the gentlemen bring their wives to meet the missionary and become acquainted themselves, if they were, as they professed to be, Christians. They acquiesced without much objection, and that night the two women, each about fifty years old, not only spoke to a white man for the first time, but for the first time in their lives spoke to a Korean gentleman other than a member of their individual households.

My friends in Toronto and Detroit had sent me a box, so I was prepared to do the honors. I do not remember what these Korean ladies thought of my rather elaborate "spread," but I shall never forget how thoroughly they enjoyed the fruit-cake, which was one of the richest I had ever tasted, for I was somewhat alarmed as to the probable effect of the wholesale manner in which they partook of it. Years afterward, I learned the fact that their carrying off all that remained of the feast, that night, was, according to their custom, a compliment to me.

There was no organized work in the village; so I got a class of boys together, and, as one of my hostesses, Mrs. Ann, was the only woman in the village who could read, I was proud when she promised to teach the women and girls. I wanted to sing in Korean and get the people singing. This could not be done until the hymns were translated. I somewhat dreaded this task, as my vocabulary was so limited. But there came to my mind the thought contained in the wise saying of a friend, back in the homeland: “Is there anything you dread? Make it dread you,” and I succeeded in translating the simple hymns “Jesus Loves Me” and “I Am So Glad” with little difficulty.

But when I attempted Ogden’s “Look and Live,” my first real battle was with Korean custom as expressed by Korean language. The sentence “Life is offered unto you” caused the trouble. There was no word in the Korean language for “offer” except the one used in connection with a servant offering something to his master or a subject making an offering to his king. “That will never do,” said three or four of my Korean friends at once. “Why not?” I asked. “Why, it humbles the great and holy God to the position of a menial servant, and exalts worms of the dust like us to a high place.” “But is not that the truth of the gospel?” “No, no, that cannot be so.” “Ah, friends,” said I, “you do err, not knowing the Scriptures.” “But,” persisted these children of the East, so pitifully uninstructed in the Word of Life, “no one ‘offers’ anything to another except a servant, or a subject to his king.”

“I quite understand, now, this custom of your country,” I replied, “but God has said to us, ‘My thoughts are not your thoughts, neither are your ways my ways’; and if His own word places Him in the position of a servant bringing to us eternal life, there is nothing for us to do but to humbly and gratefully accept His wondrous grace. Shall we follow the custom of your country, or the teaching of the King of the Universe?”

Still, with immovable obstinacy, they answered me, “It will never do to say that God takes the position of a servant. Quite impossible to believe."

Opening the Chinese Bible at Philippians 2, I asked them to read verses 6-11 from the last words of verse 5: "Christ Jesus, who, being in the form of God, thought it not robbery to be equal with God: but made Himself of no reputation, and took upon Him the form of a servant, and was made in the likeness of men: and being found in fashion as a man, He humbled Himself, and became obedient unto death, even the death of the cross."

Having previously given them Romans 6:23, "The gift of God is eternal life through Jesus Christ our Lord," I hoped that they might grasp the marvelous truth of these Scriptures; but although they were professed Christians, subsequent history revealed them to be merely religious, and that Satan had blinded their minds lest the light of the gospel of the glory of Christ should shine unto them. Custom was more to them than the gospel, "the natural man" being the same the world over.

I finally said, "Gentlemen, the Scriptures declare that the Son of God took upon Him the form of a servant and stands today stretching out two hands, as your servants do to their masters, 'offering' unto you eternal life as a free gift for your acceptance. You may not comprehend His love; you may spurn the gift, but do not ask me to deny the great fact that the Lord of Glory still waits before us though we are but worms of the dust, as you have said; and once more I declare to you in His name and in the words of this hymn: "Life is 'offered' unto you! Hallelujah! God 'offers' it to you."

This occasion gave me the glad privilege of adding to the

Korean vocabulary the above joyous Hebrew exclamation, the existence for which there had never been any use until Christ was made known to them. My practice of the language, in Sorai, was to give the Koreans a copy of the Chinese Bible, while I took the English Bible myself. By noting the number of chapters, I was able to distinguish one book from another, and got my teacher to write the name of each book in my English Bible in the Korean syllabary. I next learned the words for chapter and verse. I had already learned the numerals. So, taking up an English-Chinese dictionary of the language, I found the word, for instance, for "atonement," and asked the Koreans to turn to Leviticus 17:11, that together we might study the subject of atonement. Their wonderful patience and the large dictionary, plus a little perseverance on my part, enabled me to make them comprehend that the following verse contains the great secret of atonement—"The Life of the flesh is in the blood; and I have given it to you upon the altar, to make an atonement for your souls."

They understood, I learned later, what a sacrifice meant, better than the American or Britisher, and the fact doubtless helped me. In this way we went from passage to passage searching out what God hath said about atonement. When through with this subject, we took up another.

Two months later, when I returned to Seoul, I found myself thinking in Korean. So truly was this the case that for several days, when speaking in English to a friend, I would think of the Korean word first and wonder what was its equivalent in English. Having been English-speaking people, and having lived day and night among the Koreans who spoke no language but their own, in two short months, the idiom, which is the backbone of any language, fixed in my mind, without cost or effort to myself, except a temporary lack of comfort and fellowship. The balance of my study, which still continues, is a mere adding of words to my vocabulary.

A few days after my return to the capital, I sat talking with the first and oldest Korean Christian, and was showing him my translation of the hymn "Life for a Look." I asked his opinion of it. He read it through verse by verse, saying, "Choso" (good), until, like the men of Sorai, he came to the word "offer." Then he, as they, stopped short and said that would never do—it was awful, it was putting God in the humiliating position of a servant. There followed practically the same prolonged discussion as had taken place in Sorai, when, reminding this beloved Korean brother that he had forgotten Philippians 2:6-11, I asked him to look it up and read it. He did so, and after pondering for a while the wonderful truth of this passage, he said quietly, "Thank you, shepherd." Then followed a few moments of delightful communion, as the yellow man and the white man met together in Christ and talked of the amazing grace and condescension of our God.

While conversing thus, a young man, the teacher of my host, who was a missionary, came in, and as all writings not hidden away are common property in Korea, he immediately began reading the hymn. Not a word of comment followed until he too reached the word "offer." Then, just as the others had done, he became greatly excited and indignant. I sat still and let the Korean brother answer him. The Testament still being open at Philippians 2, the older brother held it out to him and said, "Have you seen this?" In silence the young man read and as silently walked away. As he opened the door, he turned, and two big tears rolled down his cheeks as he said, "Choom poasso" ("I have seen it for the first time"). This emphasized experience with the hymn caused me to fully realize that I had already started over the hill of "custom" which was long and steep and difficult to climb.

4. The stupid westerner studies the Koreans and learns they really know something in the east

"Pungsok" (custom), "yea" (principles and practice), and "pop" (unwritten law), these three; but the greatest of these is "pop." All three are interwoven in the general and specific affairs of the people, and the terms are frequently interchangeable in their vocabulary. They are, in fact, usually grouped together by English-speaking people under the one word "custom." This, however, I am persuaded, is a careless mistake on the part of the Koreans, as these three terms are capable of being distinctly classified.

"Pungsok" means, literally, the customs of the country with regard to the ordinary doings of everyday life. It is a thing hoary with antiquity, and therefore sacred to the man of the East. For example, it is the custom in Korea to eat rice and wear yellow for mourning.

"Yea" would be placed in our Western category under the head of Constitution and By-laws—the distinctive difference being that in the East "yea" is unwritten, though it is none the less to be observed on that account. Because it is unwritten, it comes under the head of "the word of a gentleman." "Yea" is a generally acknowledged, voluntary adherence to certain fixed forms, with almost never a departure from this, on the part of man, woman or child.

"Pop" has to do with all legal procedures and transactions, great or small, from the price you pay a coolie for carrying your baggage, to the life or death of a criminal. "Pop" is the strongest word in the Korean language. To say it is the "pop" of your country, or the "pop" of your house, is to put an end to all controversy. And the exclamation "What kind of a 'pop' is that?" or "Whoever heard tell of a 'pop' like that!" is one of the most scathing things one man can say to another.

Korea is not a country of bonds and agreements. Apart from deeds of freehold property and cash notes and marriage settlements, there are few agreements in writing. It is a land where in regard to anything pertaining to "pop" the phrase "His word is as good as his bond" has a chance to prevail. This phrase refers to business, while the similar phrase used in relation to "yea" in a previous paragraph refers to etiquette. There is no word for "business," however, in the Korean language; hence, all business transactions come under this unwritten "pop" code. A deed is not to bind the man who sells, but a voucher given to the buyer that he is honest. A cash note is to enable the receiver to use it in advance of the cash to settle a claim against himself and save his "face"; while a marriage certificate is not for the wife's benefit, nor because the bride's father is to be doubted, but that the bridegroom may have something to show to the world that he is not a rascal—a "face-saver" for him. It is issued by the bride's parents and the go-between.

There has never been a written code of laws in Korea until

within the last two years.

In "pop," as in "pungsok" and "yea," "face" reigns. "Face" is the exact opposite of the Golden Rule. In the language of David Harum, it is "Do to others as they do to you and do it first." "Face" is the A to Z of the ethics of the Orient. If you add to "face" the custom of the Samurai (the Japanese nobility) of committing "harikari" (suicide) you have the philosophy of Japan. Whenever one fails to accomplish any important thing he undertakes, he has lost his "face," or so-called Japanese honor, and can only regain it by committing suicide. This is the secret of Japan's boasted bravery. It is not bravery at all as we understand bravery–it is religion with him, the brass rule of which is "face." What I have written will give the reader an idea how steep and high is this hill of custom.

Not having been described in the writings of the people, it is peculiarly illusive to the white man of the Western world. We are in the habit of meaning what we say, and of admiring the man who can express himself the most directly, yet courteously. Asiatics are in the habit of "beating around the bush"' of not meaning what they say, always fearful that they will say something which will lose their "face," and of admiring the man who will, with the greatest courtesy, steal the other fellow's "face" and save his own. The Confucianist points with great admiration and glee to his master's skill in this direction. It is stated that on one occasion it became a question of great diplomacy between Confucius and a high official as to which should give the other "face," and call first. It ended by the official paying "face" to the great sage. He was very courteously received and treated. When he left, however, ordinarily he would have been accompanied to the front gate and perhaps escorted a little distance on his way. Confucius was bent on stealing the official's "face." So he said good-bye in the audience hall, and quickly seizing a stringed instrument, began to play, thus showing in a clever way his contempt for the official, and very neatly stealing his "face." A Westerner might easily have misunderstood this act of Confucius, and might have been flattered by what seemed to be an effort on the part of the great man to entertain his departing guest.

Leaving Seoul the following spring, I returned to Sorai, carrying a hamper for the summer's supply, also some garden seeds sent me by my Detroit brother, and cuttings from the gardens of American residents in the Capital, including several varieties of fruits and flowers. We soon had a flourishing vegetable garden near the selected house site. After our little house was built, we got a dozen or more bull-carts and hauled earth from two miles out on the plain, which we piled three feet deep on the bare rock in front of the door. When this was surrounded by a stone wall we had an ideal place for a flower garden, which we quickly planted, and had the satisfaction of seeing it thrive amazingly.

Not so with the spiritual garden.

With the exception of Mrs. Ann, the place seemed devoid of all spiritual life. A number came on Sunday to church, 'tis true, but, like some we have seen in other countries, church attendance seemed to be the beginning and the end of their experience. Satan befools a great many people by making them religious, and so lures them onto destruction. "He that hath the Son hath life, and he that hath not the Son hath not life."

Christianity is not a religion. It is a Person—the Christ—who is all in all. My loneliness drove me to the solitude of a beautiful grove nearby, which was one of the regular groves attached to all villages for the sacrifice to and worship of demons. There I told my Lord all my sorrow, and pleaded that this lovely spot might be taken from Satan and given to Him.

While the vegetable garden was being made, it shocked the people a bit to see a Western teacher take off his coat and work. According to Eastern ideas, a teacher or gentleman must never on any account labor with his hands. It almost makes one wonder if the classes in the West did not borrow their exclusive notions from the heathen. Out of a crowd of fifty or more, only three of us worked—two Koreans and myself. The soil was good but freely mixed with small stones, and had never been loosened deep enough to make a mulch that would stand a drought. So we dug it fourteen inches deep and threw out all the stones. Then we gave it proper fertilization. I had my first experience of Korean conservatism later in autumn. Although my Korean acquaintances admired and praised the splendid growth of the large crop of vegetables in my garden, which contained the best Western varieties, when I asked them to let me order seed for them, I learned to my chagrin that deep down in their hearts they considered our products very inferior to their own, and when urged, they plainly told me they wouldn't give the seed garden-room though I bought it and gave it to them.

"Ungrateful, slow, stupid people!" you say. Not so. It was I, the Westerner, who was stupid. For I learned later that the beans, for instance, which they refused to replace with Western seed, were the "soy" variety, since become famous in America, then unknown in the West, and now regarded by experts the richest cereal on earth, to say nothing of the value of the plant for making hay richer than alfalfa.

The Koreans taught me in many ways that we of the West do not know everything; and the Easterner usually has a good practical reason for what he does, generally well adapted to his circumstances and always economical. This fact was well illustrated during the Russo-Japan war, when the Japanese army put up horse stables in a few moments—our Western reporters looking on in open-eyed amazement—and put up bridges almost while they walked over them. Their strong rice-straw rope, which we would scorn to use for any purpose, was the secret. I have yet to meet a Korean of any rank who could not make straw rope. For any man or boy to be unable to do so is considered one of the greatest disgraces of the country. Custom again!

In Japan it is the same. The knowledge and practices of the Japanese soldiers from their youth of tying anything and everything together with straw rope instead of using nails and bolts, as we do, simplified matters for the army. A rice-field or a farmer's stack furnished material for the rope, a grove or lumber pile produced the poles, while the reed mats, to be had everywhere in Asiatic countries, supplied the roofing for soldiers' quarters and horse stables. And the quick multiplication of these made the wonder picture, with the proverbial few strokes of the artists, for our "tender-foot" newspaper men.

After leaving Sorai the second time, it was decided to open up work on the east coast of Korea, at Wonsan, where as yet no Protestant mission was located. This undertaking and a visit to the homeland intervened, filling six years of time, before I could again see the village of my first work in Korea.

During the interim, Mr. McKenzie of Nova Scotia had gone there and occupied the house for about a year, and had, I trust, found the garden very useful and homelike. The "Donghaks" (Eastern Doctrine Society), a weird band of Koreans not unlike the Boxers of China, having taken advantage of the opportunity created by the China-Japan war, were, at this time, making themselves obnoxious to the people in the Sorai district.

This circumstance proved God's opportunity, and Mr. McKenzie was brought into such tender favor with the people that they brought their goods to him for safe-keeping, piling them around his house, over which he ran up a British flag and another of his own designing—a red cross in a white background. This has since been known throughout Korea as the flag of the Christian Church. Several times word came that the "Donghaks" were coming to kill Mr. McKenzie and massacre the village that had sheltered him. Bravely and wisely, however, he finally visited their camp, and by means of a quiet good-natured talk with these outlaws he dispelled their ill-feeling toward the white man and his mission. The property entrusted to the missionary was saved, and Mr. McKenzie could have anything he wanted in Sorai section within the ability of a grateful people. After this, Mr. McKenzie was taken ill with the deadly Korean fever, one hundred and sixty miles from the nearest white people, and triumphantly passed to his reward.

He used to say he was only doing a little weeding—that others had been there and planted the seed, and he was only cultivating the field. His herculean body never rested, the people said. He just went from village to village and was good to everybody. When he fell asleep, the people for many miles around mourned for him, and buried him with the greatest honors. Noble man! He did not live to see his prayers answered or his devotion rewarded, but we who remain have seen God's abundant response to his sacrifice.

5. Two types

"Then I will go to hell with my ancestors"
"God has had mercy on this sinner"

The spring following Mr. McKenzie's death, I returned from America to Wonsan. It was the time of the Russo-Japan war, and Japanese pickets guarded their settlement in Wonsan, which I was obliged to pass through to reach my place. The steamer I arrived on remained three miles out from the landing, being loaded with ammunition for the army.

At three o'clock in the morning, I got off with the mail boat and thanks to an acquaintance with the mail clerk, got into the city without being shot. It was more difficult to get past the sentry and go out to the settlement; but an explanation in the Japanese language that I was a resident of Wonsan caused them to lower the rifles they had so promptly cocked when they called "Halt!", and to let me pass.

It was intensely dark. After feeling my way around the orchard to see how large the trees which I had planted before leaving for home had grown, I went to a missionary friend's house, and calling to him in the Korean language was taken for a Russian. No amount of pleading in the Korean tongue would gain admittance for the tall man wearing a Tennyson overcoat, but when I said in English, "Oh, come along and open the gate," about thirty seconds sufficed to receive me into the bosom of the family, where my little friends peeped out of cradles and cribs, and one little cherub I had not hitherto seen was put into my arms by the proud mother.

Though naturally anxious to see Sorai again, it was impossible to go before winter. The snow usually comes about Christmas time in Wonsan, and it was necessary to get to the other side of the mountains before it fell, or nothing save snow-shoes would suffice to cross. The Koreans use a round snow-shoe about one foot in diameter, made of bent wood five-eighths of an inch thick and laced with deer thongs. To avoid the hardship of climbing steep mountain passes through deep snow, the lesser hardship of declining Christmas dinners in Wonsan became necessary. The twenty-fifth of December found me in the hills, greeted by the fast falling snow-flakes, with my faithful "boy," as personal attendants are called in the East. We were a bit lonely, I expect, but when we reached a village in the mountains, where hitherto the name of Jesus had not been proclaimed, and two men turned from idols to serve the living God and to wait for His Son from Heaven, we had a Christmas feast in the company of the redeemed that angels coveted.

A long detour to the northwest and down the Yellow Sea shore brought us to a standstill sixty miles from Sorai. My pony's hind legs began to "wobble," and finally he could not go another step. Too much millet straw will kill a horse, while cows thrive splendidly upon it. An appeal to the village where our horse's strength failed brought, as it always does in Korea, that ready hospitality to the stranger which reminds us of the

Arab whose blood is supposed to be in Korean veins. The best house was immediately placed at our disposal, and also, a comfortable stable for our broken-down steed, what is a rare find in that country.

Three days' delay gave us a splendid opportunity to give to this village the story of redeeming love. On the third day, our host said, "Do you mean to tell me that there is no other name given among men whereby we must be saved?"

I replied, "That is what God declares," and showed him Acts 4:12.

"Then what is to become of those who never heard of this Jesus whom you preach?"

God help me! I could only quote, "Shall not the Judge of all the earth do right?"

"But what does God say of those who never heard of Him, even?"

I quoted from Romans 2, and after his further insistence I quoted Psalm 9:17, and left him to decide whether they were wicked or not.

Then he stormed, "My ancestors died without believing in Jesus—never heard of Him. If they have gone to hell, I will go with them."

I leave the reader to imagine my feelings.

My pony could walk again, and another day's journey brought us to the divide separating us from Sorai. To cross the divide meant a journey of ten miles; to walk around by way of the seashore was thirty miles.

"No man can get through the snow," the villagers said.

"But I'm a Canadian and used to snow," I replied.

"Can't be done," was their stolid answer.

A short climb through the deep snow and we struck a woodcutter's trail, where the winter's supply of fuel is skidded down the hills on a sleigh, not unlike the Red Indian's drag. Near the top of the beautiful pass where rocks and evergreens, snow and rushing torrent combined to make a scene of rare loveliness, we met a little boy carrying a foreign hand-satchel. Wondering whose this could be, we inquired and found it belonged to the son of a magistrate of my acquaintance.

When he came up, we learned that the people of Sorai were all well and that Mr. Ann and Mr. Saw were behind him. Climbing on top of a huge boulder, I discovered my two friends just coming over the ridge. I shouted, "Who goes there?" and catching sight of me they came tumbling down pell-mell through the snow and took me in their arms. Their bright faces told their story.

Mr. Saw's first word was, "Since you were here, God has had mercy on this sinner," smiting his breast, "and pardoned my sins; and on that sinner," pointing to Mr. Ann, "and pardoned his sins, and our whole village has been brought to Christ."

Mr. Ann had to go to the magistracy and he made Mr. Saw, who returned with me, promise to take me in to see Mrs. Ann.

"Because you know," said he, "she has prayed so longingly for six years that the Father would send her teacher back."

When we reached her home Mr. Saw called to her. She came feebly into the courtyard, for she was an invalid, leaning heavily on her staff. Seeing me, she came forward, and, taking my hands, looked heavenward, saying, "Now lettest Thou

Thine handmaid depart in peace, since Thou hast heard my prayer and sent back my teacher."

I have often thought of this scene, and am always sure that it was plenty reward for any cost which the winning of such a jewel for the Master's diadem had entailed.

Passing on to the lower village, I caught sight of the grove where my prayer had been made that the worship of demons, to which it was dedicated, might be stopped and the grove be given over to the worship of Him whom demons hate. There, in front of its stately trees, I saw a beautiful tiled church erected by the redeemed village, and at the prayer-meeting that night I had the unspeakable joy of leading three hundred brothers and sisters in Christ in prayer and praise.

Two weeks of Bible study followed, consisting of morning and afternoon sessions with the men, and evening sessions with the women in Mrs. Ann's home, Mrs. Ann herself having been largely influential in winning these women to Christ.

About the twelfth day, I took one of my old friends aside and said to him, "Do you realize that God is not working in our meetings?"

There was not one particle of unction so far as I could discover. Now, there can be only one reason. No number of sinners, no matter how vile, can hinder the Holy Spirit's working, but it only takes two believers hating one another to stop Him.

"Now tell me, who among the believers here are hating one another?"

He broke down and cried, telling me a pitiful story (all such stories are pitiful) of how he and two others were hating one another. When asked if he would ask God's forgiveness and then go and ask theirs, he said he would. We knelt in prayer while he got right with God, and then he started out to make it right with his brothers. One of these was shoeing my pony. It was delightful to see my friend's efforts to help him, by handing tools, holding the horse's foot, etc. When the opportunity came, he confessed his fault of not loving these two brothers to both of them, and the next day, being Sunday, the break came, when three hundred disciples broke down and wept before the Lord as one of their restored number addressed them.

Telling a brother missionary, the Rev. A. P. Appenzeller, of this scene a few days later, he said with a great heartache, "Brother, I would walk a thousand miles to see one Korean weeping like that for sin. I have not yet seen one."

The people begged me to remain and be their pastor, offering to pay me a salary, build me a larger house, provide me with servants, and work with me for the salvation of the lost. But during my absence another mission had assumed responsibility for this work, and it has been one long regret that fear of a complication was greater in me at that time than willingness to walk into an open door with God.

Fourteen years later, as I write, I am convinced that had I obeyed God's call at that time, instead of heeding conventionalities, a mighty work of grace would have started in the land by this people prepared of the Lord. Peace may sometimes be purchased at too high a price.

When the time came to go, the people refused to let me go alone but outfitted and sent their choicest young man with me to be trained for the ministry, besides giving me a comfortable purse for publishing tracts, and accompanied me ten miles on my return journey.

The two following Sundays were spent speaking of the love that never faileth to my brother missionaries in the capital, and renewing old and delightful acquaintances.

6. The enormous task of understanding the people

Students from the West, whose lot is cast in Korea, would like to know who the Koreans are, and what is their origin. We do not know. There is some evidence to show that they are of Mongolian origin, with a sprinkling of Arab blood, but not enough to be sure. The Arabs traded in Korea between the seventh and ninth centuries, and seem to have left some of their customs behind them. Falconing, as practiced by the Arabs, even the training of birds and their selection, is exactly the same as in Korea. The wonderful hospitality of the Koreans is akin to that of the sons of Ishmael.

Their appearance differs from the Chinese, and is totally different from the Japanese, as they are much larger in stature than the Japanese, better developed physically, stronger intellectually, and without any trace of the cruel Malay blood which abounds in the latter. The Korean is shrewd, with an intellect capable of acquiring almost any lesson set him; inventive, a hard worker, able to endure an almost superhuman amount of toil and hardship, with a vigor akin to the animals of the wild, which, being the fittest, have survived.

A Korean does not count his children until they have had smallpox. Their ethics are largely based on those of Confucius, and it is a fact, which in all fairness must be stated, that apart from Christ the civilization of China and Korea has done more, very much more, for the peace and happiness of the race as a whole, than the civilization of the West. Slow hand labor has done more for mankind than get-rich-quick machinery. It is, in my opinion, very far from desirable that the East should have the civilization of the West.

A bow and arrow in the hands of a savage will do less harm than a "civilized, up-to-date," automatic, repeating rifle. The breach-loading cannons Admiral Rogers found in Korea in 1872, being made of wood, were not as effective as our muzzle-loading, metal cannons, therefore the Koreans were driven from their fort. A sleepy, slow man of the East may not be able to kill as many men made in God's image with his old jingal, as a wide-awake American with his gatling gun, or a German with his Krupp; but the advantage to the "awakened" Easterner is doubtful. So-called "progress" may make a "diamond match" in a very interesting and unique way by machinery, but it is to be questioned whether the sulphurous fumes of the modern match factory are in advance of the fire in the open, where primitive men made shavings on a stick which he dipped in a little sulphur for lighting fires. Flint-striking and stick-rubbing had their advantages too. There were, at least, no quarrels in those days between capital and labor, and work, good honest work, has always tended to happiness.

But it is not so much a study of the natural ability of the Oriental which is difficult; the difficult thing is to acquire a working knowledge of his process of thinking; to learn, unmistakably, his opinion of the barbarian from the West, who dares to presume to teach a mighty yellow man. While treating you with every mark of courtesy, and even smiling, perhaps bowing, too, his inner attitude is one of disgust, of despising, of loathing the white man.

He says to himself, "The white man is rude; he is arrogant; he does not know how to efface himself; he smells of soap." And in comparison with the Oriental, this is all true of the Occidental. The Westerner is in too great a hurry to be courteous. They of the East take time. The life-long study of the Oriental has been how he may efface himself when meeting or dealing with another. That can scarcely be said of the sons of Japheth. The Orientals say that the odor of soap which we have is very offensive to them. Their dress is sensible, picturesque, artistic, economical and comfortable. Ours is none of these. It has the one recommendation of permitting the wearer to move more quickly, and fits well on a people in an everlasting hurry.

This chapter can only point out another enormous hill for the Westerner to climb, if he would successfully make his way in the East. It does not pretend to analyze the difficulties of this hill, a hill bigger, much bigger, than the "language" hill, steeper and harder to climb than the "custom" hill. If it points to the fact that more than an alpenstock is needed to climb this mountain which lies directly across the path of the man of the West who would succeed in the East, its place in this book will not be wasted. Beyond this hill lie rivers, lakes, seas and oceans to cross, and the swimming is good.

7. The foolishness of preaching

It is, of course, taken for granted that a missionary is a new man in Christ Jesus, wise unto salvation, with a fair working knowledge of the Bible and a passion for souls. When he has crossed the three hills of Language, Custom and People, he is usually considered ready for his work. He has then arrived at the stream of preaching the gospel. It is not meant to convey the idea that no souls are won before these three hills are crossed. My first fish I was permitted to catch long before I had crossed the language hill. But when a missionary gets a working knowledge of language, custom and people, he is supposed to be qualified for preaching. Successful preachers have found it necessary to create an atmosphere in which to speak their message.

Dr. J. Wilbur Chapman claims that Mr. Alexander does this for him with the Gospel Songs. The people are sung into a willingness to hear the message. Now, what is to be done with the crowd before us? Racial antipathy, which is in us all, I think, is most deeply seated in the Easterner. In addition to the things already mentioned, but the hoary antiquity of their genealogy, their ignorance of the things beyond their shores, and the strangeness of your message combined with that natural hostility to a man of another race—all these are busy working against the white teacher.

It is true that He whom we preach unto them is able to overcome all obstacles. When Cornelius did not know what to do, our Lord sent a messenger all the way from Heaven to tell him how he could hear the "words whereby he should be saved." God's arm was not shortened then, and is not now. He would surely repeat this if necessary, but seeing as we have no record of His having done so since Cornelius was favored, it behooves us to find out His method of working now.

Paul explains God's present method by saying, "It pleased God through the foolishness of preaching to save them that believe."

So we have arrived at our first river. How are we going to get across? There is no modern ferryboat, and no steel cantilever bridge. We must get across by "the foolishness of preaching." I shall never forget how hard I tried to cross. Sunday after Sunday, month after month, I labored and pleaded and testified in tears to the love of God in Christ, and to the peace Jesus brought to my soul, when, having washed my sins in His precious blood, He came, Himself, to abide with me and take charge of all my small affairs.

The people laughed at me, and said that was all well enough for me, a Westerner, but they were Koreans. In vain I pleaded that Jesus would do as much for them. That was the very thing they did not want. They would rather be like the meanest Korean alive than be like me. And if this Jesus I talked so much about was likely to make them into such a being as this white barbarian before them, the best thing they could do was to have nothing whatever to do with Jesus.

I shall never forget, therefore, with what gladness I met a

Korean believer from the place where I had formerly lived.

"Mr. Kim," I eagerly said, "you are coming to my place tomorrow to tell the people what great things the Lord has done for you. I have told them, and told them again and again what Jesus has done for me, but they just laughed. You come and tell them what He has done for you."

Mr. Kim so promised, and appeared the next day. When called upon, he opened his Chinese New Testament and laid his hand lovingly upon it, saying:

"Elder Brothers, this is God's word. Believe it. It is not like man's words. This is written by the Holy Spirit of God. I presume you are much like I was when I first read this Holy Book. My teacher (Rev. F. Ohlinger) told me I could not understand this with my reason; that the Holy Spirit who made the Book would have to teach me, and that He would do so if I asked God for Jesus' sake. So I commenced to pray and read. Had anyone told me that I was a sinner, I would have fought him. It is true, I did not get drunk, or steal, or commit adultery. After reading this Book for a while, I began to have a strange feeling of uneasiness and unhappiness, which I could not account for. It occurred to me that perhaps I had better pray harder and read more. I did so, but the uneasiness increased. I began to believe myself a great sinner, and was very unhappy. One day while praying, the heaviness of spirit all left me, and I was made happy, with a satisfied sense that God had forgiven all my sins for His only Son's sake."

I saw how this testimony gripped the people as mine never had done; just as the testimonies of redeemed outcasts and drunkards in the rescue missions of Western lands take hold of the poor fellow who is "down and out" when the message of an up-town man fails to touch him. Even as many miserable men have believed "Teddy Mercer" because he has "played the game," so these Korean sinners listened that day to Mr. Kim, because he too was a Korean sinner like themselves, and God had saved him and comforted him and made him happy.

Strange to say, however, I did not then realize that I should have such native Christians to do the preaching, largely, for me. I was in the stream, breasting the current, frantically trying to swim across. When one stroke failed I tried another, until, like many another swimmer, I grew weary and discouraged.

That was nineteen years ago. Had I known then what I know now, I would have gone shoeless and coatless, if need be, to pay that man the paltry sum of five dollars a month, to enable him to live and to spend his whole time at "the foolishness of preaching." But so blind was I, so enamored with the white man's efficiency over the yellow man's, that even an experience like that did not humble my proud heart, and I continued trying to swim.

In 1893 I returned to my native land, where God gave me a three years' course in waiting. I then became fascinated with the popular idea of taking a lot of white missionaries out to Korea, like other missions were doing, and in our Principles and Practice I rather insisted upon inserting a clause which would debar the native believer from employment as a preacher, for fear he would preach false doctrine.

I had been greatly blessed spiritually while home, and wished to get back and try again. At length I was permitted to go. The first service, held a day or two after I arrived, seven people professed faith in Christ. I thought then they were saved. I know now that they were not. Not one of them continued in the faith, much less "made good" as soldiers of Jesus Christ. Soon I had a crowd together again, and I preached and preached, and pleaded and pleaded. Plenty of them had professions, but like the sow that was washed, they immediately went again to wallow in the mire.

After a few years of this heart-breaking work, it began to dawn upon me that something had to be done. About this time some American missionaries who came to Korea in another mission after my visit among them in America and became dissatisfied, had returned home and the director of the mission turned the property over to me. At the same time, a little man wearing an unclean suit of yellow mourning came to Christ, and witnessed a good confession. I decided to put him in charge of this work. This place was three hundred miles from where I lived, and sending a Korean that far away to take charge of a work looked like trying to swim across a good-sized lake. I had not yet learned that Jesus is truly the Good Shepherd of His own, even though they should be three hundred miles away from the under shepherd.

8. Native sons sent out to do the work

It was with many misgivings that this man was sent to a field so far from our immediate supervision. It was all the more difficult because he had not had much teaching and could not be said to be well grounded in "the faith." He had stood the test of separation from his father and older brother, who had turned him out of his old home when they learned of his allegiance to Christ. His mother and wife clave to him. I saw the letter in which they declared that his Savior should be their Savior and his God their God.

This man, Mr. Sen, came into our Sunday service dressed in the yellow mourning clothes of Korea. He had completed the prescribed three years' mourning for an ancestor, and he was on his way home after performing the last sacrificial rites at the grave. The rougher the garment and the more tattered it became, the better the mourning. Mr. Sen must have done his task well, as he was certainly a pitiful-looking object as he knelt with us in prayer and "passed out of death into life"; exchanging his yellow garments of devil worship for the spotless white linen garments of the righteousness of Christ—that spotless robe woven throughout with the threads of the perfect life He lived as a man, who, in our body of humiliation, conquered, one by one, fallen man's foes.

"The things which the Gentiles sacrifice they sacrifice unto demons and not to God."

Wonderful Savior! Marvelous grace that will take a man from sacrificing to demons—wearing the filthy garments of his unholy office—cleanse by the blood, sever by the cross, wash by the Word, and give such a vision of His glory and beauty as will charm from sin and draw out affection in adoring love and gratitude, causing the enraptured "found one" to offer his body, in gladness, without fear, a living sacrifice unto God. This, Mr. Sen did, with the simplicity of a little child. Some ten days after he found Christ he knelt down and told his Lord he could not manage his life; that he wished to give it to Him, and asked would He please manage it for him.

The reader may wonder at my timidity in sending a man with such an experience of grace even any distance from home. I would not excuse myself further than this: It was a long cry back to Antioch, where the Holy Ghost said unto the fasting and praying church, "Separate me Barnabas and Saul for the work whereunto I have called them," and I had not learned to obey.

Such a simple thing as God using a man as a master workman uses a tool, and that man the very man He had prepared for that particular work, had never grappled me. I suppose we are liable to be timid about the man we send to lay a foundation. The apostles at Jerusalem were very chary of welcoming Paul, and God had to send to them "the Son of Consolation" before they would extend to him, whom God had educated and called to be the apostle of the Gentiles, the right hand of fellowship.

Furthermore, I, as they, was still under the influence of the Levitical priesthood of Aaron, who ministered the law formally, and was vastly ignorant of the Melchizedec priesthood of the King of Peace, who ministered grace informally. Even John Wesley's practice of using the men God had called and set His seal of approval upon was too far distant to be seen by my traditionally-blinded eyes. Strange that I should not have remembered such men of our own day as the late S. H. Hadley and others.

However, it was this man or none, and God wrung from me a very unwilling and doubting consent to "separate" Mr. Sen for the work whereunto He "had called him."

9. One more hard lesson

Mr. Sen did nobly and required very little supervision. It is true, my longer experience as a Christian, my greater familiarity with the contents of the Scriptures, and my greater experience in handling men, made my advice helpful to him, and he never wearied in asking for it. If I had any difficulty with him, it was rather one of getting him to assume leadership at all than of his assuming too much.

My eyes being still beholden, that I could not see, the traditional idea of teaching and training likely young men for the ministry loomed up before me. Three of our young men, living lives of carelessness and worldliness at this time, decided Mrs. Fenwick and I to commence a Bible school, to train young men for the ministry. The fact that we were in embarrassing circumstances, and had neither building nor money with which to undertake such a work, might have providentially spoken to us had we been wise. Our zeal, however, spoke emphatically, and tradition said it was the thing to do. So we started our school with an assistant teacher and four boys. Determined not to make impractical men of them, nor to allow the traditions of Korea to find lodgment in their minds as to the indignity of a scholar working with his hands, we kept them busy half the day on our small farm, and studying the other half.

Another safeguard was to avoid giving them a "big head" over an education that would be extra in some particulars. We decided to confine their studies principally to the Bible and "The three R's," and to do this in the Eastern, rather than the Western, way. Our plan of teaching the Scriptures was to have them read a portion over as many times, at least, as was necessary to enable them, freely, to get the gist of its contents. This required reading twenty, twenty-five or thirty times, according to the ability and memory of the boys. In this way we took them through the Pentateuch. The spiritual meaning of the types of Christ was not told to them. Rather they were told to go to God in prayer for the meaning of each type, leaning on the promise that "The anointing ye have received of Him abideth in you; but as the anointing teacheth you all things, and is truth, and is no lie, and even as He hath taught you, ye shall abide in Him" (1 John 2:27).

They were told that our beloved friend, the late A. J. Gordon, had said: "The types in Scripture are as capable of demonstration as any proposition in Euclid. For this reason, the higher critics have never dared touch them."

They were told that whenever an interpretation was not as plain as twice two are four, they could rest assured the Holy Spirit had not given it. On examination days, the students varied, as all students will. I remember, particularly, one examination on "The Passover" (Ex. 18) that was interesting. The first boy gave an accurate interpretation, in a straightforward, manly fashion. He was asked to preach the gospel to his teacher, as though the teacher knew nothing of it, and was an inquirer, wishing to know if it was true that

God forgave men's sins.

The second boy did only fairly well, and the third boy was absolutely wrong, showing clearly that he did not yet know the gospel. He said: "If you want to get your sins forgiven, the thing for you to do is to quit all your wickedness and trust in Jesus, and little by little you will become a believer."

Turning to the first boy, teacher asked if this was true. "No," said he, "it's all a lie." He was asked to explain. "It is this way," said he: "In Egypt, that night, there were a lot of people, doubtless, among their oldest sons, who would be considered good men, while in Israel there were, doubtless, many bad men, among their first-born. Neither the goodness of the so-called good men nor the wickedness of the so-called bad men had anything to do with those who were saved that night. There was one thing, and one thing only, that counted—the presence or absence of the blood on the doors, as God had commanded. Without the blood, the 'good' were destroyed, while its presence made the worst man in the land secure. Some would, doubtless, rest composedly under the sheltering blood in full assurance of faith; others, doubtless, trembled. Each was equally safe."

This young man was told that he might begin preaching the gospel, and he was sent out continually during the balance of his four years' course. The others were sent, as they could be trusted, to the churches in the surrounding country, to tell out what God had taught them.

At this time, we had the great pleasure and helpfulness of a visit from an old friend, Dr. R. P. McKay, Secretary of the Canadian Presbyterian Foreign Mission Work. He was greatly pleased with the boys' progress and with the method of training adopted. Our friend, Rev. Duncan Murdock McRae of Hamheung, Korea, after several meetings with the boys, and listening to some of the lectures given them on the practical things of everyday living, was also greatly pleased with the method we pursued, and encouraged us much by his kindly words of commendation, as did others.

We believed that we were on the right road, and were taking all the precautions we could think of to safeguard the boys and give them the best possible opportunities to grow up able ministers of the New Covenant of Grace. Occasionally we heard distant rumblings of their being self-opinionated and of posing as knowing more than older Christians in the church, but this we attributed to jealousy.

The results are as follows: The brilliant assistant teacher acquired enough knowledge to easily make him a leader among his people. He went out in the world and used his knowledge to win dollars. The first and second boys, after four years' training, were persuaded by a Seventh Day Adventist missionary that they would be lost if they did not obey the command to keep the seventh day, and they were also persuaded to accept from him comfortable salaries, with a promise of more. The younger boy ran away because we wouldn't teach him English, while the fourth early grew tired and went bad.

Even unbelieving Koreans in the city unsparingly condemned the boys who had received teaching and help from us four years, gratis, and then left us when they reached the age of usefulness. Koreans do not talk much to the foreigner about a countryman while he remains with the foreigner. After these young men left us, however, it became fairly easy to learn that the close contact with the white man had unfitted these men for wielding a potent influence over their countrymen.

This was one more hard lesson. Our pillows had to be repeatedly soaked with tears, and more than one Demas had to break our hearts by "forsaking" us, e'er we could realize that, even here, the foreigner from another land was not the best instrument to do the needed work. The next chapter will show the splendid success of Pastor Sen with the task at which we, so hopelessly, failed.

10. The splendid success of the native pastor where I had so hopelessly failed

The first thing Mr. Sen did, after being placed in charge of the new district, mentioned as being three hundred miles away from our home, was to attach to himself a young man who had been possessed of demons, and freed by God, through him. This lad's parents, who were very gentle folks of comfortable means and belonging to a good family, had entered God's household by the new birth and had turned their young son, who was fourteen years old, over to Mr. Sen to be his disciple.

After a transaction of this kind in Korea, the teacher supersedes the parent in all matters pertaining to the process of "making a man," as they call it, out of the disciple.

Jesus became the divider in Mr. Sen's family, separating father and son, brother and brother, husband and wife; the wife went to her people, while Mr. Sen and his old mother, who belonged to a family of rank, went and lived in a little room six feet square. Into this he took his young disciple, Pansoonie. Later, the family moved into the center of the work, and again their house was a little hut, with mud walls and a thatched roof, six feet square, and a veranda three feet wide, with a few poles leaned up at one end and covered with straw for a kitchen. It was painful for a Westerner to see Mr. Sen's wife (now returned to him) and children and mother living in such squalor—and I have never seen greater affection between mother and son than exists between Mr. Sen and his mother—so I managed to send him fifty dollars to fix up his house a little.

The next time I went down, I found them living in the same pitiful way. Naturally, I questioned him about it, and he evaded my questions. So I asked others, and found that the devoted little man had used the money to send out preachers to the surrounding villages. When asked why he did this, inasmuch as the money was specifically given to fix up his house, he said: "Oh, I couldn't use it on myself, Pastor, when so many all around us are dying without any knowledge of Christ." I began closely questioning our assistants and Mr. Sen's students, and learned how that devoted man and family and students (for he soon had a number of pupils around him) had lived on thin soup, in order that he might send out messengers of the Cross to the perishing.

Such devotion as this could not fail to be rewarded by Him who is no respecter of persons. Mr. Sen soon had a dozen churches started, which he visited regularly, riding on his little donkey, accompanied by a number of students, who, in Eastern fashion, ran alongside.

In this way, the students got physical, spiritual, and practical instruction at the same time. Not in our Western way, it is true, but in the Eastern way, which is far better to the Easterner, as it does not rub the beautiful bloom, courtesy, off the ripening fruit. When persecuted, as he soon was, and sorely pressed,

Mr. Sen gathered his students around him and "prayed through," until his enemies were made to be at peace with him. One such incident as this would be a life lesson to the students. And the tempter could not persuade them, in such a case, that it was the fear of the white man. There was no white man around and God received the glory.

We naturally feel better since Mr. Sen and his family are now housed in a comfortable new building, put up by himself, costing one hundred and twenty dollars. How the little man managed to encompass his work has always been a mystery. Every time the students were examined, their progress seemed marvelous. It has been frequently said that Mr. Sen was doing the work of five white men, yet everything seemed to be prospering. His churches were models for reverence and propriety. They were all trained in the respectful code of the East, and could take no advantage of their dainty little countryman who trained them.

With object lessons of this kind before me every time the work was visited, little by little my proud heart began to realize that, after all, there might be some good in Eastern civilization, until the thought grew upon me that, even in method, the East was more like the Bible than the West.

Our simple method of evangelizing as thoroughly as possible the several districts which we have enabled to enter, is to open a Bible Room, stock it with Bibles and "Portions," and place in charge of it a man of some experience, who also acts as leader of that district. He is usually given from ten to twenty evangelists, according to the needs of the field and the condition of our treasury.

Thus far we have not been able to put a man in each region. Each of these evangelists receives a load of Scriptures for his pack—all he can sell in one month—and goes out to his region, where he visits every town and village, taking care not to miss a home, and, as far as possible, reaches every human being, giving a full presentation of the gospel with an earnest, often tearful plea for its acceptance. If they will not buy a half-cent or one-cent copy of the gospel, he leaves with them a leaflet of the third chapter of John, or a compilation of scriptural texts, arranged under suitable headings. This is repeated as fast as he can cover his territory. When this has been thoroughly, earnestly and repeatedly done in the spirit of Jesus, we consider that region has been evangelized. And while we do not cease to preach the gospel, nor have we any intention of giving the people up until Jesus comes again, yet they have had the opportunity our Lord commands His church to give them. We have lovingly told them of Jesus, of His blood to cleanse and of His cross to sever. We have faithfully proclaimed the consequences of neglecting so great a salvation, and we believe we are freed from the bloodguilt that hangs over the watchman who fails to do this (Ezek. 33).

When thirty-one churches were formed, we were face to face with the necessity of organizing the work into a homogeneous whole, and giving every man his work. This matter of organization had been delayed, until we could no longer forbear the apostolic injunction, "to look out men of honest report, full of the Holy Ghost and wisdom, whom we may appoint over this business" (Acts 6:3).

Looking to God in prayer and consulting Paul's pastoral

letters, we found further instructions, which he wrote to Timothy whom he had appointed bishop, saying, "These things I write unto thee, that thou mayest know how thou oughtest to behave thyself in the house of God, which is the church of the living God, the pillar and ground of the truth."

Again, in writing to Titus, another bishop whom he had appointed, the Apostle Paul said, "For this cause left I thee in Crete, that thou shouldest set in order the things that are wanting, and ordain elders in every city, as I had appointed thee."

Gathering together our assistants, we formed an organization as nearly as we could along the lines laid down in the Holy Scriptures, "given by the inspiration of God, for our instruction." The churches being assembled, every person agreeing and there being no dissenting voice, it was decided that our situation called for captains of tens, captains of fifties, and captains of hundreds, in all the churches. The work handed out was that of assistants to the deacons, who were placed over them and who were entrusted with the money of the church, as well as spiritual oversight. Pastors were in turn placed over the deacons, and given assistants, who, under them, visited the churches in their charge. Over the pastors was placed a gammock, or governing pastor, whom we call, in English, director, rather than the more pretentious name of bishop.

Every three months in their several districts the pastors hold meetings, which are Bible conferences as well as business meetings. Here, also, the churches break bread together, and report to the Annual Conclave (which is presided over by the director) the men whom they approve for captains and deacons. The appointments of pastors and assistant pastors are made by the director. In practice, the directors, pastors and people agree on appointments, believing that the Holy Spirit has lost none of his ability to administer the affairs of the church, and to the praise of His grace, be it said, the Daihan Gidock Gyowhoe (Church of Christ in Korea) has been enabled to hear His voice, saying, "Separate me A and B for the whereunto I have called them" (Acts 13:2).

At the first Annual Conclave, Mr. Sen, fulfilling the Scripture requirements, and having made full proof of his ministry, was made first pastor of this people, gathered by God, from among the Gentiles for His name (Acts 15:14).

11. Pastor Son

The difference between the men Pastor Sen has trained and those I have taught is that his students have all "done well," whereas mine have all done ill. You ask if Pastor Sen himself was not one of my students. I reply, only for a few weeks. He was, providentially, taken away from me before too close contact with the white man spoiled him for further usefulness. It is true that he was under my training and supervision from a distance; but this gave him no opportunity to become "important," and his loneliness made him more than pleased to see the director and get his advice. Furthermore considering the rule that the best way to do a thing you don't know how to do is to begin it, then keep at it until you can do it properly, if this is a good rule in the natural world, how much more is it so in the spiritual realm, where the Teacher ever abides with you to guide you into all truth! Of the men Pastor Sen has graduated, two have become pastors, and two have become secretaries. Each of these is a practical, hard-working, spiritually-minded, Bible-wise, devoted Christian with a sound mind. It is a perfect delight to direct them, to teach them and to watch the work of the Lord growing under them; but, above all else, to see them "growing in grace and in the knowledge of their Savior, Jesus Christ." For "this is life eternal, to know God and Jesus Christ, whom God hath sent."

Our editors of technical journals are ever telling us that one example of what someone has accomplished is worth more than volumes of theory. I propose to tell, in this and the next chapter, what God hath wrought through two of these men, Mr. Son and Mr. Chang. The former will show Pastor Sen's method of handling men outside of his School of the Prophets, and the latter will show how he handles them in the school.

Five years ago it was my privilege to baptize Mr. Son. He was not very prepossessing in his appearance, but his manner was very gentle and courteous, and his answers, during his examination, were so concise, accurate, and withal so spiritual that I was attracted to him and thought that I recognized possibilities of his future usefulness. One year later, while attending a Bible conference in that district, I asked Pastor Sen to get me a writer. He called Mr. Son, whose writing was beautiful. While he was writing, I picked up his New Testament, which was in Chinese—translated and printed in China, for the Chinese. It had been so "well thumbed" it was almost worn out, and the whole book showed that it had been much used. "Can you read this?" I inquired. "A little," said he. Handing it to him, I requested him to read a portion, which he did without the slightest hesitation, even as easily as I would read English. As no one is considered a scholar in Korea unless familiar with the Chinese language, I was glad to find that Mr. Son had a good education, as well as other interesting qualities. When the churches began sending out evangelists, he was one of the first chosen by them, showing that he was "well reported of the brethren." All of our evangelists carry and sell Bibles, as well as evangelize. Mr. Son did not shine as a bookseller, but he did shine in winning souls and in establishing churches. He and his colleague, in a short time, established eight churches. He next came to my notice, about two years ago, at our Annual Conclave. We usually give people a chance to testify at these meetings, so that others will get the benefit of their testimony, and in order, too, that we may learn something of how the brethren are growing in grace and in knowledge of Christ. After about twenty had testified, Mr. Son arose, and quietly said this: "I am so glad that my salvation does not depend upon me. My beloved Shepherd has me on His mighty shoulders, and is carrying me." That was the simple, brief testimony.

It has been one of the privileges of my life to listen to some of the great preachers of the church, in large and small conventions, where the unction of the Holy Spirit was overpowering. I have listened to the gospel preached, when strong and unemotional teachers of the Word, gray-haired veterans of the Cross, wept before the Lord, as the Holy Spirit lifted upon us the light of God's reconciled countenance, and showed us the scars of the five bleeding wounds of Emmanuel, and let us hear the rustle of His kingly garments, as He walked in and out among us. When Mr. Son testified, this same mighty swaying unction, which is so impossible to describe, but which every child of God knows from experience, attended his testimony. A few months later, we were again in conference, and again he testified, for the space of thirty seconds—a clear, concise, scriptural testimony, which went through the meeting like a tingle of electricity.

He was appointed an assistant pastor, which position, if the incumbent does good work, is the stepping stone to a pastorate. Being sent down the coast to a very interesting church which needed instruction, he reported in a fortnight something like this: "Through the unlimited grace of our adorable Lord, it has been the great privilege of this unspeakable to be His unworthy instrument to bring His blessed gospel to the people, and eight men have given themselves to the Lord to preach His evangel."

He was then sent one hundred miles further south, where no regular work had been done. When accepting the appointment, he asked permission to take one of these eight men with him. "He is very much in earnest, and wishes to go out preaching the gospel," he wrote. It was not possible, at the time, to comply with the request, much as we would have liked to do so. So Mr. Son took the brother with him at his own expense, sharing his poor little pittance of five dollars per month, and each carrying a load of books. Inside of six weeks another beautiful letter came, telling the glad news that each had been God's messenger to establish a church. As we were in need of a pastor to look after another group of churches, we were led to propose Mr. Son to the whole church. They greatly rejoiced at the proposition, and there being no dissenting voice, we believed that the Holy Spirit was saying to us, "Set apart Mr. Son to the work whereunto I have called him," and we did so.

While staying at our home for a few days, before taking charge of his district, Mr. Son was present one day when I was speaking to "Little Davie" about the believer's indwelling Teacher, (1 John 2:27). Mr. Son looked up and listened intently. When I had finished, he said, "I believe that. Do you remember when you baptized me, five years ago?" "Yes," I said. "One year after that," he went on, "I went to Pastor Sen and told him I wished to know the Bible, and asked him if he would not teach me. Pastor Sen replied, 'Man's teaching is a very poor thing. What you need is to have the Holy Spirit teach you. His teaching is unspeakably lovely. Furthermore, as you know, I am busy visiting churches, and could not give you much time. But He abides with you every day and night, and loves to teach God's children the Holy Scriptures. Ask your Heavenly Father, for Jesus' sake, to teach you His Book, by His Holy Spirit, and He will.' I did that, and I have found what Pastor Sen said to me was true; the teaching of the Holy Spirit is 'unspeakably lovely.'"

I had the keynote to Mr. Son's useful life, and the secret of his power. Previous to this, I had thought a great deal of Pastor Sen, but I was never so proud of him as when I learned that he had sanctified sense enough to give such a sound and beautiful answer.

12. Pastor Chang

Pansoon-ie was the first young man to be married in the Daehan Gidok Church. He was the son of a deacon engaged to the daughter of a deacon, and about to be married in their home town, and it being the first Christian wedding to take place in that village, nearly the whole population turned out. Never have I seen a more orderly crowd. As the young woman leaves her own home and parents for the home and parents of the bridegroom, she usually becomes more of a slave than a member of the family. Under those circumstances, it was thought wise to exact a promise from the groom's father and mother to treat her, not as a slave, but as a daughter. The Rev. W. B. McGill, M.D., of the M. E. Mission, who assisted at the ceremony, said afterward: "You should have seen the look of gratitude she gave you when you received that promise for her." In accordance with the Korean custom, Pansoon-ie changed his name that day to Sokchun-ie, and became a man, henceforth to be called Mr. Chang Sok-chun.

In a previous chapter it is recorded how he had studied with Mr. Sen for five years. He came periodically to our home for rest and study. Always loaded with a sheaf of Bible questions which bothered him, he was a very interesting student. As he had acquired a working knowledge of the New Testament, could give the key verse of every chapter, and recite the principal passages of the four Gospels and Acts, being able to locate any verse in the New Testament, I used him on these visits as my "walking concordance." On one of these occasions, he begged to be taken along to a revival in another city for a brother in the Canadian Presbyterian Mission. He was cordially welcomed by my friend. Some of this brother's men had been off attending a theological seminary and had come home with a lot of bloom rubbed off, and rather heady. After consultation and prayer, it was decided to do nothing but preach the Word, as the most effective way to get the people right with God and man. After about four days the break came. The people wished to make public confessions of their sins, as had become fashionable in Korea; but this was checked, and only their desire to make wrongs right was made public. They were told to confess their sins to God only, in private, and to ask forgiveness of any brother they had wronged by failing to love him as Jesus commanded.

They did so, and then came to the house and told what a hard time they had had going to their brothers, and how delightfully easy and happy a thing it was to ask forgiveness when they reached the brother. A number told how, while going to their brother's house, they had met him coming to them, and how they had vied with each other in taking all the blame upon themselves for what had come between them.

Having thus got right with God and man, we mapped off the city and sent them out two by two, to give the written and spoken invitation to every house and every man, woman and child in the city, to accept Jesus Christ as their personal Savior. So successful were they, that not only the church, but a portion of the large court, was crowded the first night with unbelievers to hear the gospel. As the people had so recently been jealous of one another, it seemed best to have a stranger preach, so Mr. Chang was asked. Always gentle in manner, with three deep dimples in his cheeks and chin, I was afraid such a smiling young man might not be strong enough for those hard folks in the North. As in the East, all things go contrary to Western ideas, and he turned out to be a regular "son of thunder," quite equal to the occasion. In about eight days the whole city was evangelized, a goodly number were added to the Lord, and we said good-bye and journeyed southward.

Here Mr. Chang started a series of meetings in six different centers. Every time, the same results followed. In each place he visited, Satan was found to have stopped the work of God by getting Christians to disobey Jesus' new command to love one another, and to obey Satan's old command to hate one another, thus grieving the Holy Spirit and effectually blocking all work for God.

It is a very interesting fact that Mr. Chang's method of simply opening the book and allowing God's word to do its work on hearts produced exactly the same results in every case—the people were led to cry out to God for forgiveness of the particular sin of not loving one another. This is all the more remarkable because of the message, which was not the same in each instance, being a compound text taken from James and Peter: "The coming of the Lord draweth nigh"; "What manner of people ought we to be in all separated living and godliness, looking for a hastening of the day of God?" In each and every place the people went away and privately confessed their sins to God; went to those whom they had wronged, asked for and obtained forgiveness, and in every case while doing so the Holy Spirit flooded their souls with light and joy, restoring them immediately to their wonted fellowship with Christ and His people. Mr. Chang then sent them out, two by two, into the town and surrounding villages, where they delivered in the jubilance of their restored love the gospel invitation to the weary and the heavy-laden, to "come." The people flocked to the meetings in scores, while hundreds occupied the churches and the church yards, crowding out the believers, who, in generous, hearty courtesy, welcomed them, remaining outside themselves.

After six such centers had been reached, Mr. Chang was resting at his father's house a couple of days previous to holding the seventh and last of the series of meetings. As he rested, two Koreans dressed in silk and calling themselves gentlemen entered his father's courtyard followed by four magistrate's policemen. Mr. Chang, who is a gentleman, began to show his dimples and went out to welcome them, all smiles. "Who is this Western nobleman?" said the gentlemen, and turning to the policemen they said, "Fall upon him! Beat him! Pull off his clothes! What nobleman is this, come here with his Western Jesus doctrine?" The police fell on him, beat him, tore his clothes, dragged him out and threw him crashing through the thin ice into the ditch and left him there, while the cold winter wind chilled him to the marrow. He has never had a well day since. He could not walk. His friends carried him, bruised and helpless, to the house, all covered with what the Apostle Paul esteemed above everything else. When defending his apostleship to the Galatians and pleading for the gospel of grace without any mixture of law in it, he wrote his final appeal: "From henceforth let not man trouble me, for I, in my body, am bearing the brand marks of Jesus."

After two days, Mr. Chang, all scarred and bruised, waved aside every protest and went to the last meeting. Satan had sent his emissaries ahead, and for four days they opposed the messenger and his message. Then the break came, and these wicked blasphemers were brought to Christ. This became the greatest meeting of the series, the church, having got right with God and man, and going out after the lost as the others had done. For miles and miles around, the people came to hear the gospel from God's messenger, and many were added to the Lord, both men and women.

Shortly after this my beloved friend Rd. J. Wilbur Chapman came to Korea. I was lonely beyond all expression–the kind of loneliness which only missionaries can understand. He cheered me and made me feel that I had one human friend in Western lands who cared intensely for the welfare of our work. The whole Chapman-Alexander party were goodness itself to me, and I am sure that all missionaries with whom they came in contact feel as I do about their visit.

When the beloved physician and surgeon of the Junkin Memorial Hospital, Dr. C. H. Irvin, heard of Mr. Chang's illness, he took him in and cared for him as a brother, until he was somewhat restored.

He was then sent into a needy field to open a new station. A room was filled with Bibles from that splendid agency, the

American Bible Society, which has made possible so much work in Korea that would otherwise have remained undone, and twelve evangelists were given him. These were sent out into the surrounding counties on November 4, 1909—one man to each county, which was, as intimated before in this book, as large as the average county in the United States or Canada, but contained more people. On February 28, 1910, the reports were all in, and it was found that so mightily had the work grown that thirty-six new churches had been added to the Lord in four short months.

13. The Simple-hearted believer in any country is God's sufficient instrument in that country

Perhaps more interesting still to the students of missions is the result of the work on the Korean frontier, at "Land's End," in the North; where, across the Duman River, the mighty land of China commences, and where the Russ, in his unquenchable thirst for a way to the Big Waters out of his land-hemmed domain, has pushed his border; this work is more interesting because of the condition of things and the instruments God used to overcome them. Personally, I know of nothing, in my own experience, which gives such a forceful drive at the great fact that the simple-hearted believer, in any country, is God's most efficient and most economical witness in that country, and that comparatively few expensive foreigners are needed.

Leaving Wonsan a year ago last April, I sailed for the northernmost port in Korea. There, the first deacon in our church, who shut up his store to accompany me, and I got our boxes of Bibles on a man-powered push-car and started for the frontier. The third day we were preaching on the streets of the largest city on the Duman River, which divides Korea from China on the northeast side of the peninsula. There

I went on the streets, and before a large, respectful, silent crowd, asked their forgiveness for having lived in Korea, only five hundred miles away, for twenty-five years, without having once come to tell them of the Son of God who came to earth and died to save them. Renting a merchant's stall for two dollars and a half per month, we opened for that splendid pioneer of the gospel—the American Bible Society—a Bible book room in this border town. It was a strange experience to awaken in the morning and look out of our quarters, across the river, upon the ancient hills of China.

If I were to go on, there were three ways open to me: ride on a small weak pony, on a large strong bullock-cart, or walk. I chose the first, which terminated in the last. The frost was coming out of the rich soil of Manchuria, which contains so large a deposit of humus it was as black as my hat. It was at that stage of moisture which bread attains when turned on the breadboard for kneading. The pony almost broke down without carrying me, so I trudged along in my rubber boots, with ten pounds of the black muck on either foot. Deep ditches, six or eight inches wide, were cut through his magnificent alluvia by the tricklets of melted snow, six feet deep. So rich is the soil that all natural fertilizers are thrown away, and become a nuisance. I carried home with me from this region a corn broom, whose fiber, grown without fertilizer, was twenty-two inches long. There I tasted potatoes, so rich and mealy, I could shut my eyes and fancy there the kind mother mashed, with cream in them. Such enormous crops of these were grown without fertilizer, that I fear to tell it.

One to two hundred thousand Koreans emigrated into this part of Manchuria, and an equal number across the Border into Russia. After penetrating to the heart of this section, straight north from Korea, we turned south again and recrossed the Duman, thirty miles north of the book room, and that much nearer the mouth of the river. A heavy snowstorm delayed us for days on the border, before we again took to the Korean hills, where the tigers have so terrified the people. With difficulty, we got our horse-grooms to cross the mountains. The sun came out strong and hot, and we crossed a branch of the Duman on our zigzag journey into the hills, twenty-two times before noon, when the melting snow made such a freshet as rendered it impossible to go forward or backward. A great, giant mountaineer, whose marauding club was highly polished with much handling, invited us to his home, with all the courtesy of these splendid border folk. I confess, however, to having eyed that club a bit cannily, as I lay down to rest. In the morning we could cross the swollen branch, but when I would settle up for our entertainment, our host, in true border style, spurned to accept remuneration. As politely as possible, I tried to get him to take something. Drawing himself up to his splendid six feet, he said, "Friend, we don't do that sort of thing in the North. We are gentlemen." Everywhere it was the same. They had never seen a white man before, but nothing could surpass their open-hearted generosity. I always liked pioneer border people, and my heart went out to these splendid Koreans, with unfeigned good-will. When, through the deep snow of the north side, we had climbed to the top of the Divide, one of those strange surprises of nature greeted us. In a little pool, in a depression of the road, singing away as merrily as in a Southern swamp, were a number of young bullfrogs. We were looking for tigers. There is a saying in Korea to this effect: "The people hunt tigers six months of the year, and the tigers hunt the people the other six months." A friend of mine, while in the forests of the North, as I then was, saw ahead of him a movement in the bushes. It proved to be a tiger's tail, twisting backward and forward as a cat's will when a bird is in range. Following the outline through the leaves, he saw the head turned away and the huge beast intensely watching something over the brow of the hill. After putting a ball from his heavy tiger gun behind the animal's ear, he went to see what had been attracting his attention. Down the hill slope, a few rods away, he saw a Korean raking up leaves for fuel. The tiger had a magnificent pelt and measured thirteen and a half feet from tip to tip. But, as Kipling says, that is another story.

From our high point of view, stretching away to the east where lies the land of the only country for me, I beheld the waters so far across which my loved ones lived, and where the fresh-made grave of my mother was. When I left alone to go to Korea, in 1889, she, though sixty-six years of age, wanted to go with me. In 1899, word came that she was failing. The next steamer saw me on my way to her dear side. She recovered, but I was called upon to say good-bye in life, as we both well knew, for the last time. I remember taking the Book and trying to pray, and then giving it up! How brave mother was! And how different was this parting from that last parting, elsewhere recorded in this book. "It's all right, my son," she now said, "Jesus will soon be back again, and then we shall see each other, to part no more, forever." Blessed hope! How it shines in my sorrow! But parting is parting, and I can feel the almost unendurable ache of it yet, as I went to the station and on, out of the city, towards Korea.

Pardon me, reader—where was I? Oh yes! I remember now; on top of the Divide. Well, we went down to the coast, then struck northwest again, and once more crossed the Duman—this time, one hundred miles nearer to the mouth. It was a broad, deep river here, and again we entered China. Hiring a Korean Jehu, with a Chinese wagon, we were soon across the border line, which separates Siberia from China. The Russians had heaped great mounds of earth to show where the boundary was. A hard day's drive brought us late that night to the beautiful Bay of Possett, where a rich Korean gentleman entertained us lavishly, until a coasting steamer took us to Vladivostok. There another Korean gentleman entertained us, until the mail boat left for Wonsan and home.

While in the mountains of Korea, we passed through one village where there was a wedding feast, and still another where an old man had seen the full Korean cycle of sixty years, and that day commenced a new cycle. As usual, a big feast was spread for him, and the neighbors for many miles around had gathered. The old man came out, took me by the hand, gracefully led me to the seat of honor at the feast, and proceeded to lavish his best upon the first white man to enter his glen. Evangelist Kim soon joined me here, and as the people had bought all the books he had with him at the wedding feast, and had held him by the coat when he would leave, begging him to tell more of that dear old story, he unpacked here his entire pony-load of books, and continued to sell at this feast as long as his books lasted. The deacon left in charge of the book room, waiting in vain for a few days for the people to come and buy his books, put up the shutters, tied some Bibles in his handkerchief and started out around town, to sell and preach. He came to a hatmaker who was a skilled workman, and had at one time made large money and was well off. But the Chinese had brought British opium (it makes me blush just to write the disgraceful word) over the border, and taught the young Koreans to use it. The hatmaker was one of these abused fellows, ignorant, at first, of the harm being done him. I wonder if my readers know what opium smoking will do for a man? Most of us know what drink will do, and a few of us know what gambling will do.

When Dr. J. Wilbur Chapman was in Australia, a young man came to his room in the hotel. He was a fine-looking young fellow. "Sir," he said, "I have a dear wife and two beautiful children, and I am a gambler." Holding up his right hand, he said, "I'd cut it off if I could stop gambling." Then he held up his left. "I'd cut that off, too, if I could quit. God knows I cannot. I've tried again and again and failed." That is what gambling will do for a man. You know the Savior Dr. Chapman had to offer him that day. Now, if you put together all that drunkenness will do, and all that gambling will do, to put a man down and hold him there, in its fatal grasp, and then multiply the downward pull by ten, by fifteen, by twenty, you will have some conception of what opium-smoking will do for a man. After it is used for a while, activity is replaced with stupidity, and stupidity with cupidity. Once addicted to it a man will lie, pawn, steal, and murder, if need be; but he will get it, if it is to be had. By and by the assimilating organs refuse to digest food, and nature's storehouse, the flesh, is drawn upon to sustain life. Soon it is all gone. The skin is dry, full of cracks and drawn tightly over the bones. The emaciated face becomes about the color of a coal-ash heap, and the end soon comes. This poor fellow, the hatmaker, was like that. When the deacon told him that great story, he listened for the first time to the Name—that peerless Name. Then he said, "There is no use talking to me. I'm a sinner. Why, man, I have not only broken God's laws, I have broken all my country's laws; I'm a disgrace to my family; I'm a disgrace to the town; I'm a disgrace to my country. My family is starving and I am dying."

"Do not talk that way," said the deacon, "I have a Savior for you. He will snap the chain that binds you and set you free. He will take away all that appetite. He will wash all your sins clean in His own precious blood, and He will make a free and happy man of you, if you will permit Him to be your Savior and Lord. See, here is God's Word." And opening the Bible, the deacon unfolded to him that wonderful story of love and grace and power. Leaving a gospel with the despairing man, he left; but daily, for five days, he returned to him.

On the fifth day, this enslaved opium-eater said "Yes, I will. I will take this Jesus to be my Savior." Then, with all the simplicity of belief of a little child, he added: "He loved me enough to die for me. He shall be my Savior; He shall restore me, and I will be His willing bond-slave." Listen! In a moment, in the twinkling of an eye, that hitherto uncontrolled appetite for opium was taken completely away, and the thing he loved so dearly before he now loathed completely.

Listen again! In ten days' time his flesh had come back on him, like an infant's. His strength returned, and he was able once more to use his skilled hands. This redeemed man went through that town as a burning torchlight, with his face all aglow with the light of Heaven, and a new ring in his voice, telling people of the mighty Savior who had set him free. As a result of his testimony, we have a splendid church there today, whose members, no matter how weary with the day's toil, gather nightly around the Book and pore over its quickening word until late into the night. "Well," you say, "did that opium man hold out, or was it just a temporary thing with him?" I will answer your question, most convincingly and satisfactorily, by relating briefly as possible another story. In Korea, if a man takes sick among strangers when traveling away from home, the people of the house are so afraid of death and so superstitious, that they put the poor fellow on the street. Then the villagers become alarmed for fear bad luck should come to them if the man dies among them. Cuts are drawn, and those on whom the lot falls carry him on to the next village and quickly slink away, for fear they will be seen and a village row started. When the sick man is discovered, the second village repeats the performance; and so on, from village to village, without food or drink being offered the sufferer, until he dies. I have seen this, as have others. I remember passing one of these victims, lying outside a village, all cold in death, one day—a sacrifice to heathen ethics—the kind of ethics that traitors to their Lord dared to place on the same platform with Jesus Christ, in that obnoxious Parliament of Religions, at the World's Fair, in 1903.

When the one-time opium-eater was adopted into the family of God through "the new birth," he was told by the villagers that the devils would get after him and kill all his household. As though to enable them to say, "I told you so," the grandmother died shortly after. Then the villagers insisted on his appeasing the demons at once by a big devil funeral. He declined. They were determined. But the great Palestine Shepherd who came to Daniel's rescue in the den of lions knew His little one was in trouble, and immediately sent along Evangelist Kim, who was established in the faith, to his rescue. How all sufficient for every emergency is our Christ, whether in Korea or America! Our poor man was comforted and encouraged by Mr. Kim, and the grandmother was given the first Christian funeral in that section. The villagers were truly alarmed and made trouble. And, as though to verify their fear of demons, two of the afflicted man's little children took a malignant fever and died. "Did we not tell you the demons would kill your whole family? Now you will have a devil funeral," they insisted.

"No I will not," said this babe in Christ. "I will have a Jesus funeral."

"But, you see, your children are dead."

"Oh," he replied, "I am so glad they heard of Jesus before they died. It would have been a fearful thing had they died not knowing of the Savior. But it's all right now. They have gone to Him."

Again at this time Mr. Kim was a comfort to him. One

Sunday, soon after this, when a service was being held, two policemen came along and wanted to know who was in charge of the meeting. "I am," said Mr. Kim.

"Well, you must leave town," they said.

"I can't do that," said Kim. "My Lord sent me here and I dare not leave. If you have authority to put me out, you must exercise it, but I cannot leave."

Then the officers fell on him, beat him, tore his clothes, smashed his hat, ripped his books to pieces, and departed. Some of the brethren wrote me about the hard time the evangelist had been having. The same mail brought a letter from Mr. Kim himself, who never mentioned the trouble. He simply said, "Having a fine time. Please send more evangelists."

The leader of the evangelists in that section, who had relieved Deacon Kim of his charge of the book room and was one of the new men who had journeyed seven hundred and fifty miles to this section, was taken ill, a sort of decline. Nothing seemed to do him any good and he gradually failed. He was a noble fellow, fifty years of age, who had sacrificed much to go. In great weakness he made an inventory of his books, fixed up all his accounts, then wrote me a beautiful letter, telling me he was dying and was such an unworthy servant of God. He said he had asked God to forgive him, and would not I forgive him, too? There was nothing to forgive. I never knew a more faithful man, and he was very competent, too. The redeemed opium-man, who, at one time had worshipped demons, put sick strangers on the street to die, had ruined his life and left his family to starve, went down to the book room and said to the dying man, "You are not comfortable here. Come home with me." Then he took him to his home, gave him the best he had, and nursed him like a mother, until the brother went to his sure reward. Then he gave him a splendid "Jesus funeral," the fourth from his house, after he had found Christ. And now, I believe I have answered the question as to the "holding out" of the rescued opium victim.

Upon arriving at Wonsan, I arranged to have a Bible conference in the South, where, after several days of blessing, fifty evangelists were set apart and sent out—nine of them for the Duman River district. They gladly left comfortable homes, loved ones, and their native villages, which means more of a hardship to a Korean than to a white missionary who leaves his native land. Unlike the latter, they had no elaborate outfit, no Pullman car to travel in, no expensive voyaging to pay for. With changes of clothing on their backs, tied up in bundles, they set out on their weary journey of seven hundred and fifty miles, and crossed swollen streams, as John Elliott did, when, sitting down on the opposite side of a stream, he wrung out his stockings, saying, "John Elliott, thou must endure hardness as a good soldier of Jesus Christ." They waited days until it was safe to launch the ferry, and when their money for expenses, by reason of delay, grew short, they went hungry, but plodded on until they reached the Duman, at a cost to their supporters of five dollars ($5) each for the long journey. George Pullman did not get much out of that. It would have cost nine white missionaries three thousand dollars ($3,000) to reach the Duman from New York or London; for years they would have been more of a hindrance than a help, and only a few of them, at best, would have made useful servants; as some would die, others break down, and still others turn out misfits.

Furthermore, those three great mountains—the language, the customs, and greatest of all, the people—had been crossed by these native missionaries, without one cent of cost to the home churches. It would have cost the latter more than forty-five thousand dollars ($45,000) to have given an equal education in these elementary missionary subjects to nine white missionaries.

Furthermore, so grand a man as Carey spent fifteen years before he was used of God to win one convert. Now note the following remarkable facts. When I passed through these inland mountains, day after day, I inquired of the men I met if they had ever heard of Jesus. The invariable answer was, "No. Who is He?"

"What," I would say, "don't you know there is a church of Jesus Christ in Korea, which numbers over one hundred and fifty thousand baptized Koreans?"

"No," they would say, "never heard of it before." It was absolutely raw heathen ground for the most part.

In ten months, these devoted evangelists were used by God to establish ten splendid churches in this district, averaging forty-five members each.

14. After God taught, we prayed, and He sent the laborers He had educated

When, after long years of infinite patience, God was able to teach us that the work is His, and that He is the Worker, too, while His children are only saws, hammers, plows, ox-goads and rams' horns, shepherd's slings and jawbones, to be used or not by Him as seemeth good unto His imperial will; after He had taught us, in infinite love, that God was the harvest Lord and that the harvest was His; that He prepared or educated the man for the spot, and appointed the place for the man, we began to obey and to pray (Matthew 9:38). We asked Him to send us one hundred laborers for the field lying white to the harvest, and, generous Master that He always is, He sent us one hundred and thirty-five. We did not dictate what nationality they should be, and it pleased Him to send all Koreans, whom the world has been educated to believe are poor, worthless, helpless beings. As though He would give a lesson and teach man how unnecessary all his boasted achievements are to Him, how indifferent it is to Him what kind of an instrument He has provided—this instrument has been adopted into the family of God and carries the open Bible, He sent the kind man despises. For the greater portion of these, God provided the five dollars a month necessary for their support; to others we gave Bibles and sent them out, selling on commission. When we commenced praying eighteen months ago, we had about forty churches established. We now have one hundred and sixty-two. It is an interesting thought to all lovers of missions that these have been established in exact proportion to the number of God-given laborers which we have been permitted to send out. These laborers cost home contributors sixteen and a half cents a day in American currency, while the white missionary costs home contributors more than five dollars per day. Since immortal souls are priceless and their value cannot be reckoned in dollars, and since it is as easy for God to supply five dollars a day as sixteen and a half cents for His labor, and since He is no respector of persons, we are wondering why, of all the one hundred and thirty-five, He did not send one white man. He does not despise the white man, even if the yellow man does. We made no stipulation when asking as to the kind or color of laborers He should send, or what should be their educational and other achievements. We simply asked Him to raise up and send us laborers for His harvest. We believe that He used Pastors Chang and Son very largely to raise up these men; and as His wonder-working has passed before our eyes, we have done little but sit and gaze, spellbound, in adoring gratitude at His marvelous grace and goodness.

Others have been led differently. This little book tells in its poor way, how God has led us, and with our poor, lisping, stammering tongues we give Him praise. Soon we hope to see our Beloved as He is in all His kingly glory and beauty. We believe we shall then be like Him, without one fault, because

He has undertaken the difficult task (1 Thess. 5:23, 24; Eph. 5:26, 27).

Mrs. Fenwick and I have at times been lonely, but we are looking forward in anticipation of the grace we are to receive at the appearance of Jesus, so that we may in some measure adequately thank Him that "Unto us, who are less than the least of all saints, is this grace given, that we should preach among the Gentiles the unsearchable riches of Christ."

Epilogue

After this book was completed some friends insisted so strongly on the inclusion of an address delivered in America, dealing with the application of the secret of the success of evangelism in Korea to the conduct of the home church, that it is appended here.

The first great secret of the splendid results of the Korean evangelists' testimony is the Spirit of sacrifice with which they are endured.

It is a great thing which comes to the student of spiritual psychology as he first learns that when a son of the first Adam is reborn into the second Adam, and the Holy Spirit hitherto working unto conviction of sin from without "the old man" takes up His abode within "the new man," he adds nothing to the faculties of "the old man,"—He only makes one hundred percent of the values of those faculties available as fast as "the new man" yields to His wooing and teaching, in pliable willingness. 'Tis good, too, to note just here in passing that, entirely outside of and apart from His man, the Holy Spirit works in wondrous ways for the encouragement and joy of his yielded subject who has only the limited facilities—who, oft-times stands still in adoring wonder, to see the salvation of God. But when He is making use of men and women in

God's service, He works through their varied personalities and characteristics and powers—in short, through the entire natural equipment, in so far as it is yielded to Him.

The great outstanding characteristics of the Korean are patience and humility. These are the splendid traits which have brought the nation all its political trouble. Generosity is another prominent quality.

Patience! Humility! Generosity! It is easy to see what the Spirit of God can do with such a natural and rich vein of precious ore to mine. As these characteristics are yielded to Him, the Holy Spirit transmits them into a spirit of sacrifice similar only to that of the great apostle to the Gentiles; the kind that esteemed everything, but dross for the excellency of the knowledge of Christ Jesus, His Lord—by whom the world was crucified unto Him and He unto the world. It is not so today, in so-called Christian lands. It is well known that the church is on very good terms indeed with the very old, malignant world that crucified the Son of God. The Apostle Paul had it under his feet, through Him for whom he counted all things but loss, for the unspeakable privilege of knowing Him.

And "This is Life Eternal, to know God and Jesus Christ whom He hath sent." That is the Life these Koreans have—an acquaintance with God and His beloved Son. They have become fairly intimate with God, through His Son, their Elder Brother. And, speaking reverently, they got on this intimate footing in the same way the Apostle Paul did, by the sacrifice of self and by the sacrifice of the world. This is the negative side—they give up the things which are their enemies and which God hates. Included in these are all things— education, position, religious fervor, power, a big name, a great income or anything which might loom up between the soul and God; all those things which Paul had in abundance, compared with being on intimate terms with Jesus, are worse than worthless. That's the value I place upon them, says the Apostle in his letter to the church down at Phillippi, where he and Silas have been put in jail, because of their intimacy with their Princely Friend.

Now that is negative. The positive side is more beautiful. The love of this Kingly Friend has so gripped Paul, that he calls himself (Rom. 1:1) His willing bond-slave. He not only gave up everything to be with Jesus, in loving companionship, but he held his best at Jesus' disposal, night or day, anywhere, anytime, under every circumstance, only the best for Jesus. That is positive sacrifice. Both the negative and positive sides of sacrifice belong to the Spirit of sacrifice. This is the motive of the God-head. It was moving the Father, from all eternity, to give His Son, a ransom for many. I fancy I catch a faint thought as to the great ache in His heart, as He contemplated with His omniscience the day of His great sorrow, when He would make His great sacrifice and pollute His spotless Son with the foul load of our sins, making Him sin, and after heaping upon His tenderly Loved One this indignity and shame, He would complete the awful necessity by spilling His blood in the most ignominious way known to man; that I, the criminal, who caused this need, might become a blood relation of Himself, through His Son. I fancy I can see Him searching with those eyes which go to and fro in the earth, for one human soul that could enter into sympathy with His great sorrow—one that would understand. In the space of four thousand years, among an estimated billion of people, He found one man whom He could trust enough for the necessary trial which would beget the necessary knowledge, and He called him His friend.

What a distinction. Then He called on Abraham to do what He Himself intended doing —offer up his only son. Abraham obeyed to the limit. But e'er the poised knife descended, God stayed it. His friend had done all he could do for Him. But when He offered up His only Son, like the Son, He stood alone. There was no voice to call—no power to stay His hand. The sacrificial knife did its work. The Father offered up His Son in the Spirit of sacrifice. Likewise the Son offered up Himself without spot unto God. His sacrifice was negative and positive. He laid aside His glory, and putting on the body of our humiliation, He became a poor, helpless Babe for us—the negative side; through the Eternal Spirit, the Spirit of Jesus, the Spirit of sacrifice.

And what shall we say of that Spirit of sacrifice, Himself? Did you ever think, reader, that from the time Jesus sent Him to live over again in us the life of Jesus, lest we be so desolate orphans—until now—humanly speaking, He has been away from Home and the Father and the Son for nineteen hundred years? I sometimes wonder if He is not lonely. I'm sure it will be a great reunion, when He, like Abraham's servant, takes a bride of the Father's own kin back to His rich Master's only Son, who comes forth to meet her and the Son is comforted (Genesis 24: 1; Thessalonians 4:13-18). Thus—the Holy Spirit denies Himself—negative sacrifice; and is good to us—positive sacrifice; because He is the Spirit of sacrifice. Being in the Korean believer, and being yielded to in a very beautiful way He brings forth that great fruit which He, Himself, creates and multiplies in them, as I wish to illustrate.

Elsewhere I have spoken of Pastor Sen's sacrifice of home, comfort and even food, that he might send out his young students to the perishing around him.

Two years ago, while at our Annual Conclave, one of the deacons, asking to be excused, came into my room and took down a little spruce box. It was about a foot long, seven or eight inches high and about six inches broad. It looked as though one of John D. Rockefeller's oil boxes which carry the oil to Korea in shiploads had been knocked to pieces to furnish the boards. It was nailed together with some of Andrew Carnegie's steel nails, which also came in large quantities, and on top of the box were placed two empty, condensed-milk tins, still bearing Gail Borden's signature. "What box is that?" I said to the deacon. "Our treasury," he proudly replied. I laughed outright, notwithstanding the fact that I felt very serious, because of the solemn communion of which we were about to partake. The box was so rough and crude —yet three of the world's richest men were represented in its makeup. The next day the reports came in, and as the treasurer's report was read, my laughter turned to tears when I learned that into those empty milk tins and transferred into that rough box, these babes in Christ, out of the abundance of their poverty, had given seven dollars per member to carry the gospel to the lost. There was not a wealthy man represented. The richest man was not worth a thousand dollars, and there were not a dozen worth two hundred dollars. Very few were worth one hundred dollars and most of them had not ten dollars worth of earthly possessions. But they were rich toward God. If you reckon the average American wage at two dollars per day, and the average Korean wage at twenty cents per day, then these splendid disciples had put into that box relatively seventy dollars per member.

I am told that in the United States the disciples of the Lord Jesus spend three dollars per capita on themselves, and a fraction of half a cent on others. These men spent, relatively, seventy dollars on others, and practically nothing on themselves, touched by the Spirit of sacrifice.

Shortly before I left Korea for America, eight men came up fifty miles from the country to study the Bible with me. Learning that I was booked for a conference three hundred miles away at that time, they were greatly disappointed. So I delayed starting a couple of days and taught them. When downtown at the Post Office, I noticed one of their number—a dear boy, twenty years of age—going from house to house, evidently trying to sell a bundle of dried mushrooms he was carrying. It was about thirty inches long and about eight inches thick in the center.

The second day I said to him, "I saw you downtown. Did you sell your mushrooms?"

"Yes," said he.

"What did you get for them?"

"Ten cents," he replied.

"Ten cents!" said I in surprise. "How long did you spend on the hills gathering those?" "About ten days," he said.

"Well, that is pretty heavy wages, is it not? A cent a day, for ten days." Turning to his companions I asked if that was all the expense money he had to come fifty miles to study the Bible.

"Yes," they replied.

Then I said to him, "The next time you have any mushrooms for sale bring them to me; I'll give you more than that for them."

"Why—does the pastor eat mushrooms?" he eagerly inquired.

"Oh, I can eat a few and the Koreans around our home can eat more—you bring them to me."

"Thank you," said he.

I baptized six of them—splendid, noble men. This young man, with his hair still down his back in a braid, showing him to be unmarried and therefore a "boy," was the first to be baptized. At the question of "My beloved brother! Do you believe in Jesus Christ, the Son of God?" he turned and looked into my eyes, while his own fairly danced in gladness, and his poor, sun-burned, pock-marked face, I think, was one of the most beautiful I have ever looked upon; and then he answered me. I can hear the ring in his voice yet as he said, "Yes, I Do." That was the happiest moment I had spent in Korea. I have baptized very few; I prefer to have our Korean pastors do that. But I look on this baptism as one of the great privileges of my life.

He had had a hard time of it when he first came to Christ. Six families of relatives persecuted him severely—and he was at that time only fourteen years of age—but Jesus never failed him, and his beautiful life, his earnest testimony, won over three families to Christ, and he thus became the father of a church.

He and five of the men who came with him to study said to me before leaving, "Pastor! You know we are very poor and can't go far from home, preaching the gospel, and there are more than one hundred villages around our town without a single believer in them. Could you not help us to reach them?"

I told them how I appreciated their wish, and how delighted I would be if I had the paltry five dollars a month, for each, to enable me to send them. "But, you know," said I, "we have already seventy-two evangelists on full pay and we have not another dollar to put out."

They looked very sad, then said, "Could you not think of some way?" I told them it was possible to give them a supply of Bibles, and a commission on them, which would amount to about seventy-five cents or a dollar per a moment.

"Hallelujah!" they enthusiastically answered. So they started off, each carrying a heavy load of Bibles on his back, and glad and proud of the privilege. Before I got away for America the first report came in. One of these men had been used by God to establish a church, and the mushroom boy had established two more, touched by the Spirit of sacrifice.

A missionary friend of mine in Korea, Doctor Underwood, was in the country visiting his flocks when he came across a godly old man tugging away at a plow. Knowing him to be fairly comfortable, he said to him, "Why Mr. Kim, what does this mean?"

"Oh, I'm just plowing my field to get in the seed."

"But where is your cow?"

"Oh, I sold her."

"Why, what's the matter?"

"Oh, nothing."

But my friend was not to be put off. So Kim said at last, "You see, Pastor, we did not have enough money to finish our church and it needed a roof, so I sold my cow, and some of the rest helped, and we got the church finished." And there was the noble, old man with perspiration running from every pore as he tugged at the plow, because he had given his cow to help finish a church building, touched by the Spirit of sacrifice.

Last April, 1910, before leaving the country, I sent Pastor Son up to the Duman country to organize the churches there into a district, and appoint overseers. At the meetings he held, seven men asked for the privilege of carrying heavy loads of Bibles over those hills, for what commission they might, with hard work, receive—seventy-five cents per month. A few days ago a letter from Mrs. Fenwick reached me, stating that a second trip had been made by Mr. Son, and that the seven men on commission had done nobly, but were having a hard time, yet did not like to give up; that often they were so hungry they ate the leaves of the trees to stay their appetites. One year ago last April they had never heard of Jesus. Now they endure hardship like that, as good soldiers of Jesus Christ touched by the Spirit of sacrifice. The time would fail me to tell a tithe of the noble sacrifices our Korean Christians make under the inspiration of the Spirit of sacrifice, Who dwelleth with them and is in them.

And not in them only. A few months ago, I heard a

missionary from South Africa tell of a little black maid who wanted to give something to Jesus. The only thing she possessed that had any value was a white enameled washbasin which she loved better than anything else she owned. Yet she sold it for thirty cents, and receiving her thirty brass rods, ran with them to her friend saying, "Take them and keep them for me. I fear I would spend the rods for other things. Give me only one every Sunday, for Jesus, when I go to church." The same Spirit of sacrifice, operating in the little black girl!

Mr. S. D. Gordon tells the story of a little white girl who was a cripple. Unable to leave her room without the aid of crutches, and being too poor to get them, some kind people had bought her a pair, on which she hobbled through the streets—the most joyous soul in all the village. Everybody loved Maggie; she was so bright and happy. The minister of the church where she attended received a touching appeal from an evangelist in the mountains for the poor people there. He spoke of it the following Sunday, passing on the appeal to his congregation. But somehow it didn't go. The banker yawned, the miller snapped his watch, and there was no response as far as the minister could see; so sitting down and covering his face with his hands, he felt he had made a miserable failure of it.

But a great battle was being fought by a little girl in the back pew. "Oh," she thought, "I wish I had something to give, but I haven't—not even a penny."

"You could give your crutches, Maggie," said a quiet voice in her heart.

"My crutches? Oh, I couldn't give my crutches. They are my

very life."

"Give your crutches, Maggie!" came the voice again.

"Oh, how can I do it?"

"Give your crutches, Maggie!" once more came the pleading words, and Maggie said, "I will." The usher, seeing only a little girl in the back pew, thought he would not bother going to her, but suddenly changed his mind and gracefully held the plate out to Maggie. She raised her crutches and tried to get them on. Quickly perceiving her wish, he reached out his hand and steadied them on the plate, as he slowly went back up the aisle. The people stared and said, "Maggie! Giving her crutches! Look!" The banker beckoned to the usher and hastily wrote fifty dollars ($50) on a piece of paper, motioned to him to take the crutches back. The old miller called him, too. And as the people beckoned, the ushers had to pass the plates a second time, until four hundred dollars ($400) had been laid thereon—called forth by the Spirit of sacrifice in Maggie.

For many years it has been my privilege to know a beautiful, bright, clever, over-flowingly happy young lady, who left her comfortable Christian home, and going to a large city, in obedience to that same quiet voice, took up work among the poor and Christless. None of the usual ways being open for her support, she decided to deal with Headquarters to supply all her needs as she worked and prayed. I have known her, brave girl that she is, to be engaged in busy service for others until ten o'clock at night, without having a place to lay her head when the evening's work was over, and telling no one her circumstances, remembering that Some One had said, "Your Heavenly Father knoweth." I have known her to cheerfully go two days and two nights without a morsel of food, with a song on her lips and a happy, contented heart, touched by the Spirit of sacrifice.

Again I am indebted to Mr. Gordon for the following story. A few months ago, there was an old Southern slave who had refused his freedom and lived with his master until the last. Through the years he had carefully saved up money enough to buy a railway ticket back to Georgia, when his master should be needing him no longer. One morning, as the Georgia train was pulling out of Washington, a big negro with a very black face and white hair came rushing down the platform, and barely caught the last car. His shoes were covered with dust, and his appearance showed signs of a long tramp. Going from one end of the car to the other, he found no empty seat, so he stood up against the door, wearily shifting from one foot to the other. A young man saw he was tired, and courteously said, "Take my seat, uncle." (If that young man should read these lines, I wish he would write to me. I should like to thank him. "The Athenians preach hospitality; the Lacedonians practice it.")

Soon the conductor came along, crying, "Tickets! Tickets!" As he reached a lady in the seat behind the ex-slave, she said, "Oh, sir! I have no ticket, but you must not put me off. Last year," she went on, "the doctors said my husband had tuberculosis, and that his only chance of recovery was to go South. So we sold a few things, and got money enough to send him to Georgia. Yesterday I got a telegram saying he was dying; and oh! I must go to him, and I have no money. You won't put me off." The kind-hearted conductor was touched, but told her, "Rules are rules. Your story touches me deeply, Madam, but if I do not put you off, I will lose my job. Tickets! Tickets!"

The old negro looked up and said, "I speck, Conductor, you all will have to put me off."

The conductor spoke gruffly, "You old nigger! What do you mean? This woman has some excuse, but you—if it were not for the time, I would stop the train and put you off on the roadside. Get off at the next stop!"

"Yes, sir!" meekly said the tired old man.

As the train slowed down, he pulled his Georgia ticket out of his pocket, bought with the savings of years that the pull of his native birthplace so strong in the negro race might be satisfied. When the train stopped, he rose up, stepped to the lady's seat, and with splendid courtesy, bowed like a courtier of the old school, and said, "Dere's your ticket to Georgia, Ma'am," and going down the steps of the car, started on his long tramp to Georgia, touched by the Spirit of sacrifice.

There is one Spirit, one Lord, one Baptism. I have told you what this Spirit of sacrifice will do for yellow people, for white people, for black people, in Korea, in Africa, in America. There is a place where we can all get Georgia shoes—a place called Calvary. They are obtainable only there. Because, a long while ago, a Young Man paid full price for the entire supply, so that all who would, might come there and get a pair, without money and without price. They enable all wearers to keep step with the Spirit of sacrifice. They are the only shoes which will enable the wearer to walk that blood-stained way, marked by the bleeding foot-prints of the Son of God, "who loved me and gave Himself for me."

Korean Farming

This text introduces and analyzes Korean farming, and explains which areas can be improved with Western methods. This is a translation of a text included in the 1898 edition of *The Korean Repository*.

There are a number of farming practices among the peaceful peasantry of Korea that presumably have been born of our common mother-necessity. Primitive their farming certainly is; but in this very primitiveness we have customs that are worthy of note, if not of adoption. Their practice of mixing manures with ashes is an admirable one except that it should be done at the time of planting instead of continuously, as mixed continuously it looses much available ammonia which evaporates. The Korean, however, not only twice removes the manure, but after this mixing has decomposed and the liquids are absorbed, be pulverizes it fine with a hard hoe and sows with the seed. It is only recently that agricultural scientists have found cut the value of applying manure with the seed in an available form for the plants to assimilate it, while Koreans have presumably practiced this method for centuries. It is to be hoped he will soon add to this practice a knowledge of what constitutes good manure, that he may avail himself of many sources for increasing the quantity of fertilizers made ready to his hand.

Sowing-Some Advantages of Their Practice

The Korean farmers' practice of ribbing rather than broadcasting has many things in its favor—especially in this country with its rainy season and primitive customs. It will answer all kinds of crops. It permits band-hoeing or house-hoeing. When only using a limited amount of manure it is more productive of grain, especially when it is apt to lodge, and in all cases it will produce as much straw. In a wet season, which is always the case here, ribbing is more favorable to harvesting, because the space between the ribs admits the air freely and the grain dries much sooner. The water also passes off the ground much more quickly than it would off large lands, thus preventing washouts. The reapers can cut more and take it up cleaner. Winter crops are better covered with snow and less apt to kill when ribbed. I have been testing large land farming in Wonsan, but have not yet had sufficient success to warrant me in advising the Korean to drop his practice of ribbing except for clover and possibly such grains as produce soft straw which will not stand when very tall. I can, however, heartily recommend to them the "Planet Jr." horse hoes and cultivators to further their planting in ribs. One of these implements will do the work of six men and do it better. They cost about twenty-three silver dollars each, laid down in any of the Korean ports. It costs about $160 silver to weed an acre. The best Korean farmers weed a millet crop, for instance, six times in one season at a cost of $9.60 if he has it done. An average farmer in Woman has annually, say, two acres of millet, one of potatoes, one of beans, one of melons and one of turnips. This will give five acres of crops that can be weeded and these implements, which in the ordinary way would cost $56.00 silver, for the wages of a cow and a man say, $16.00. I can think of nothing that will better teach this country the value of time than these effective implements.

The Korean farmer knows and practices one thing well that is by no means universally heeded by oar western farmers—he keeps down the weeds and loosens the soil. He knows that if you tickle the soil with a hoe it will "laugh with a harvest."

There is enough plant food locked up in most soils to last a millennium without exhausting the soil. Sin, however, has locked this plant food in the soil and the word of the Eternal still remains unbroken : "Cursed is the ground for thy sake. In the sweat of thy face shalt thou eat bread till then return into the ground." Science tells us all about it : how to plant, what to plant, but the thorns and thistles continue to grow and the toil to retain in a dormant state its abundance of plant food until freed by the horny hand of toil. There is a good time coming with the coming Deliverer and then shall even the desert bloom and blossom like verdant Sharon. Meanwhile the Korean farmer tickles his field with the best hand hoe in the world, and for him, crippled as he is with exorbitant rents, small farms, rundown seed, bad government, and the very limited means at his disposal, they smile with a wonderful harvest. In this land of inborn lethargy it is a real pleasure to bear testimony to this industry of the oppressed Korean farmer.

The System of Crop Rotation

I have a fair sample of several clays on my property in

Wonsan. They are not however lacking in silicate. It is available ammonia, phosphates and potash they cry for continually. Given these I get a return in good crops and without a supply of these plant foods in available form for assimilation, they are poor. I presume it is true of all countries. Scientists have amply demonstrated that the principal component parts of the soil are clay, lime, sand, water and air, and that these contain the necessary plant food. Plants however can assimilate but little food out of the soil without the "tickling" process. Varying quantities of argil, lime, and sand gives us different soils. The medium is undoubtedly best, but an excess towards adhesion is obviously the safer variety. Light soils flourish under grass husbandry, but on these wheat can seldom be cultivated. Then clays and peat earths are more friendly to the growth of oats than of other grains. Neither of these are friendly to grass. Wheat ought to be the predominant crop in a bread-eating country, upon all the rich clays and strong loams; and light soils of every kind are well adapted for turnips, barley, etc. I have watched Koreans cropping the soils they choose for different crops, the system of rotation, etc.; I have listened to their discussions on this subject and have found them wonderfully intelligent. Once in a while you will see them cultivating wheat on a sandy soil where they should grow potatoes or roots, but I presume this is due more to press of circumstances than to lack of intelligence.

Their Crops

Millet, of which they have four varieties with their variations, is the poor man's crop. While it is not as much prized for food as rice, yet it is no doubt the better food and supplies almost the entire cereal food of the bulk of Korean farmers.* The straw of the two varieties mostly cultivated furnishes the winter fodder of their beasts of burden. Analysis shows the hay of the same varieties in the west to be much richer in protein than any other hay except clover. So valuable is the straw to the farmer that it is one of the most difficult products in Korea to purchase and commands a price out of all proportion to the cost of grain. Wheat they cultivate largely because they drink largely. It always has a ready sale for the distillery. Bailey is cultivated less, being used principally for food and is not highly esteemed. It commands about two-third of the price of wheat. The cultivation of the soya bean is on the increase owing to the Japanese market. Its value is last approaching that of wheat. The bean is used in the manufacture of sauce and for feeding stock. Other beans of good flavor and very nutritious are sparingly cultivated for food. Rice, of course, is the cereal mostly prized. It rules the market and commands a price from two to three times higher than the same bulk of wheat. Cotton is little cultivated since the introduction of Manchester shirting. Buckwheat is cultivated to considerable extent, from which the unwholesome cooksoo, vermicelli– Korea's national disb. Sesame is cultivated for the manufacture of oil used by the better class as a condiment much as the Spaniard uses the oil of olives. There are other crops, principally cabbage, turnips, potatoes, cucumbers, melons, etc.

*This statement is no doubt true of the farmers in northern Korea, but will need modification to apply it to those in the southern part where rice is the staple food.-Ed.K.R

The Introduction of Their Crops

Corn is little grown in Korea. The wisdom of all attempts to introduce it increased cultivation at present appears doubtful. It invariably deteriorates in this climate and refuses to yield a large crop of grain under the highest cultivation. Large ears from western seed, yes! But the general yield is poor. Ensilage has proven its worth in the United States, but Koreans are not at present able to build silos nor are they able to understand their value. The feeding value of dry, woody cornstalks as fodder, even under the best advantages, has scarcely been proven, and for ensilage the accompanying table shows it to be the least in value. :

Corn silage - 1.7
Red clover silage - 4.2
Saya bean silage - 4.1
Cow pea silage - 2.7
Field pea silage - 5.9

For Korea I do not think anything will equal millet silage unless it be red clover. I regret I do not have its percent in protein. After faithful attempts to produce a good crop of corn under favorable circumstances without success and seeing the grains in cultivation here and the market they have, I could not conscientiously recommend its cultivation to the native farmer.

An agricultural paper recently spoke of the excellent flavor of buckwheat pork over all other feeding, adding significantly that it required, however, the old proverbial "razor backs" to get the best result. This gave me courage to feed and sample a Korean black pig. But when the pork came on the table the struggle to raise the first bit to my mouth was painful in the extreme. Not so the second. It was fit for a king. When the Korean told me the western pork was tasteless, I was filled with indignation and scorned his nasty black pig: I understand him better now. However, in his present poverty be might yield a point and introduce a strain that will give him three hundred pounds of pork in eight months.

An old and extensive poultry keeper told me "as a great secret" that there was nothing equal to buckwheat to make hens lay. I recommended this cereal to a Wonsan poultry fancier who acted on the advice and in the spring told me he never had had so many eggs before, and that the flesh of the fowls and flavor of the eggs was magnificent. This result is principally due to the large percent of nitrogen found in buckwheat bran.

There is already a market created here for buckwheat. It produces a big crop. It is the poor man's friend–growing well without extra fertilizer. It pulverizes the soil and if turned down green makes a splendid fertilizer being next to clover, one of the richest crops in nitrogen. It will also produce a bountiful supply of honey.

For roots my experience thus far favors the parsnip for easy cultivation, productiveness and easy sowing.

When their superiority over other roots in plant and animal food is considered, it would seem to be a desirable crop for this country but for one thing—it requires a full season to mature. I am of the opinion that the Swedish turnip will grow a fairly good crop sown in the rainy season after wheat, oats or barely and may suit the Koreans better for stock feed. This is principally theory, not having been sufficiently tested as a fact. It is well to remember also that it will probably be a long time before the Korean will grow roots to feed to his stock. And the farmer has this to be said in his favor that he can fatten and sell a leave for less money on his method of feeding, than he could buy the feed for on the western plan, much less the animal. The secret is in boiling the nutritious straw along with the soya bean into a kind of soup. Half boiling would be a waste of feed and fuel. No! the beet will not be nearly so fine in grain or flavor. His methods, however, will bear close scrutinizing before his western advisers attempt to teach him to fatten a beef for the Korean market with the resources at his disposal.

Some Suggestions

I had frequently said that any attempt to teach the Korean anything other than the gospel which is backed by divine power, is a very thankless task. The loss of "face" consequent upon accepting the westerner's precept will doubtless, for many years to come, prove a sufficient barrier to teaching in the abstract. Their character, however, leaves one hopeful opening to those who have a disinterested concern for the welfare of this people. I refer to the possibility of teaching them by example. Teaching by object lesson not only "saves" to which the world owes so much of its knowledge. After example has won sufficient respect for the westerner's knowledge, abstract teaching would be in order. Were I asked upon what branch of industry the Korean Government could best spend its resources for the country's advancement, I should unhesitatingly advise an Agricultural College and Experimental Farm Stations, fully equipped with western teachers, and superintended by an able foreigner of experience in Korea, who has heart sympathy for the people. Without such a superintendent any such effort would be largely fruitless, as the experiment stations would spend the bulk of their energy in demonstrating farming so "high" that it would overreach the ability of the peasantry to reach it, and in difference to the country's welfare would submit to the despoiling of every effort by useless government employees.

Malcolm C. Fenwick

Korean Bronze

This text was reported by Fenwick, requesting a revision of his contribution to the Korea Review, and provides a detailed explanation of the excellence and characteristics of Korean bronze.

To The Editor:

Permit me to make a correction in the article on so-called "Brass ware" in your September number.

All the metal table ware in Korea of a yellow cast is bronze of a very superior quality. Brass is made of an alloy of copper and zinc or copper and lead, while bronze contains a liberal percentage of tin. The U.S. government standard for statue bronze is 90% copper, 17% tin and 3% zinc.

The natural color of bronze is toward the orange, the beautiful green effect is reached chemically. The natural color of brass is toward the lemon. The most prized color in Korea is more toward the white, owing to a greater percentage of tin in the composition.

In substantiation of the statement that the Korean bronze table dishes are of superior quality, it is only necessary to cite the export of copper. The Japanese export Korean copper in considerable quantities, and take out of it a paying quantity of gold and silver.

M. C. Fenwick.

Fenwick's Letter

Here are two of Fenwick's writings, translated, criticizing Horace G. Underwood's exaggerated mission report. Fenwick's letter was published in The Truth, where James H. Brooks was editor-in-chief, in 1891, and published in part in James Johnston's *Reality Versus Romance in South Central Africa* in 1893. Fenwick and Underwood's relationship soured with this letter, and the Korean United Mission Society support Fenwick ceased to support his mission, calling him "a foolish and angry person who should be recalled."

Reality Versus Romance in South Central Africa

There are many words in this production foreign to the Korean language, and that which is Korean is by no means a translation of the Word of God—not even in the "concept." Some thought perhaps it might be used on the border between China and Korea, but it has been accorded a fair trial there, and failed to find a man who could understand its funny sounds.'

"In the letter just received he more completely exposes the deception too often practiced on the Church in so-called Christian lands, perhaps in the exercise of the Jesuitical principle that the end justifies the means.

"The missionary literature of the day, taken as a whole, is the most deceptive writing I see.... A case in point: A missionary in Korea, representing a small committee in-composed of business men united to send the gospel to Korea, made his annual report, truthfully setting forth the actual state of affairs on the field as he found them. The report was promptly rejected, and one of the striking cases of interest, conversions, etc., demanded. He complied with the request under protest, but the report was declared to be the proper thing, and given a wide circulation.

"Two years ago a man named-[perhaps it is well to omit the name] returned from this field to America, and has since been spreading his exaggerated stories throughout the churches in the United States.... Let me give you an account of his converting work in a village where I afterward lived for six months, as given me by one whom he baptized on the occasion now mentioned. A native who received mission money was directed by Mr.— to get together at least forty or fifty, and he would be along at such a time. Rather perplexed at the number demanded, the native set to work to gather his friends, but could muster only nine.

"The missionary arrived, and after exhorting at considerable length, asked the natives to remove their hats. 'What for?' said one. 'Oh, never mind,' coaxingly pleaded the native friend; ' take off your hats; ' and with the politeness so characteristic of the Easterner, they removed their hats, and then the Rev. Mr.—, D.D., administered baptism to these nine men, none of whom, with the possible exception of one, he had ever seen.

"The letter contains statements equally amazing and humiliating, but enough has been said to put Christians on their guard against believing everything that comes to them from the foreign field. No doubt this habit of story-telling arises from the error, held by nearly all, that it is the mission of the Church to convert the world. Hence it seems to be necessary, in order to arouse and sustain enthusiasm and to procure funds, to tell big tales of wholesale conversions and to represent the heathen as eager to accept the gospel. But 'no lie is of the truth ' (1 John 2. 21), and no lie is harmless. It is sure to inflict its own penalty in due time; and the Church cannot continue to act under the delusion that its business is to convert the world, without experiencing some day a dreadful reaction from its futile hopes."

Editorial Department
-The International Missionary Union

In the editorial article which begins this August issue, reference is made to a quotation from a letter of M. C. Fenwick, which was published in *The Truth*. Concerning this letter, Mr. Fenwick writes to the editor of this Review as follows:

A letter which I addressed to Rev. Dr. J. H. Brookes, and not intended for publication, appeared in The Truth, and is, I find, partially republished in Dr. Johnston's book on 'Reality vs. Romance.'

For some time the words "who art thou that judgest another man's servant?" have been so laid upon my heart that I am deeply sorry I ever penned the above letter, more especially since truth forbids its withdrawal. The letter was penned under conviction that the Church of Christ in America was given to exacting glowing reports from missionaries to bolster up their dishonoring methods of raising money, and in this way hold those contributors who have no part nor lot in the Lord's work. It was also penned under the conviction that the Church is ever seeking for something of this nature to sustain the delusion inherited from Constantine that the world is growing better, and the greater delusion begotten by this— that the carnal hearts so faithfully portrayed in the first chapter of Romans are stretching forth their hands for the Gospel in advance of the Gospel. Their hearts hate the blood, but are weary, sad, longing human hearts nevertheless; and only Jesus can rest them, and only the Holy Ghost can change their hate into love.

The Corean who related to me the manner of his baptism was brought so blessedly under conviction of sin by the Holy Spirit that he cried out in agony of soul, "I believe in God; every Corean believes in God ; but who is this Jesus ? I don't want to believe in Him, neither can I pray honestly that I may have such a desire." "He not only hated but despised the meek and lowly One; but before the Holy Spirit got through with him he was very glad to call upon the name of the Lord Jesus, and was saved. This conviction came long after he was baptized, and he relate the manner of his baptism after he confessed Jesus his Lord and realized the "more excellent way." If my good friend Dr. Brookes refers to my letter, he will find it was written for his private information, with permission to use if he saw fit, throwing the responsibility, if published, on his judgment, not mine.

Of course it settles all question as to the truthfulness of my letter when the man who did the baptizing confesses himself a pre-millenarian, though an out and out "poet," and denies the whole story, and is backed by his wife, his father-in-law in Chicago, a committee in Toronto that has since given up the work entirely, and " an angry, silly man" who " should be recalled."

Dr. Vinton, writing to the *Missionary Review of the World*, gives correct statistics ; but statistics are one thing, the manner of creating them may be quite another. Mr. Gale, of the same mission, writing to the same magazine in the same issue, speaking of "Euiju" where the greater portion of the reported 127 converts were baptized by the missionary whose methods are deplorably sad, quotes another missionary of the same mission who has lived in Euiju longer than all other missionaries in Corea combined, as reporting some half-dozen converts. I heard this missionary deny to Mr. Gale that he ever reported anything of the kind, and he added, "What I did say was that there were some five or six evidently interested, and I had great hopes that they would yet be converted." Statistics, you see, even when as modest as Mr. Gale's, are not always to be relied upon.

Oh, how blessed to know that the last commission of our blessed Lord tarries not for the statistician's glowing report, but is borne on the wings of "the Heavenly Dove," transforming unwilling hearts, making His desire their glad choice !

The American Presbyterian Board (North) has now a splendid staff in Corea, and I think I know the majority of them sufficiently well to say no one need fear a repetition of the sad methods employed by their older member.

Yours,

M. C. Fenwick,

of Corean Itinerant Mission

The Fenwick Family in the Eyes of the Missionaries

Here are writings by the missionaries James S. Gale, Lither L. Young, and Elizabeth A. McCully about Fenwick and his wife. In particular, it is possible to see Fenwick's particular character through his appearance in Gale's novel *Vanguard* (KIATS, 2012).

The Passing of Rev. Malcolm C. Fenwick

L. L. Young

On Friday evening, December 6, Rev. M. C. Fenwick of Wonsan passed to his rest. He was in his seventy-second year and had he lived two days longer would have completed forty-five years of missionary service. He was buried on the hillside near his home which commands a fine view of the city and of the beautiful harbor of Wonsan.

In his passing I feel that a great man has gone from us, for in his devotion to his Lord and to his Korean people he was truly great. I have spent many hours with him in his thatched cottage on the hillside and knew him well. To me he will ever be one of the greatest Christians I have had the privilege of meeting.

He was largely a self-educated man but none the less his knowledge along many lines was deep and accurate. He was particularly a good student of the Word of God. I was interested in him from the first time I met him because of his accuracy in revealing to me some of the sham in my own Christian experience and life. In his direct use of "the Sword of the Spirit" he sometimes hurt; but in my case that was necessary in order to heal. His skill in directing a conversation along spiritual lines was great. Few words were wasted on the things of the world. Almost from the moment of meeting he would be talking of things concerning our Lord. Without the slightest suggestion of cant one would be led to look to our mighty Redeemer. Mr. Fenwick had the happy and rather rare art of doing this without appearing pious. It was impossible to see that burly giant of a man discoursing on the things of God and think of him as pious. Rather at such times one would think of him as he would of an Elijah or a John the Baptist. He was a rugged and fearless presenter of the truth as it is in Christ Jesus. After each visit to his home I have always left with a heart hungry to know more of God's Word and with a renewed desire to walk more closely in fellowship with my wonderful Saviour. To be able to arouse and feed that longing in a fellow being's heart is, to my mind, the best test of a Holy Spirit-guided life that we can have.

He was fortunate in the kind of Christians he gathered around him. Like himself they do not always run with the crowd but many of them are the kind of whom it may truthfully be said that they walk with God. Not a few of them after faithful service in Siberia and Manchuria have won the martyr's crown. Their care in making arrangements for his funeral and the loving way they laid him away in his last resting place, gave abundant evidence of the large place he has in their hearts. There are few to whom the words of Mark

10 verses 29 and 30 could more truthfully be applied, for in Korea he had many spiritual brothers and sisters, sons and daughters.

He gave them the best of his life for forty-five years and at death he left them all his earthly possessions. He now lies among them revered and loved awaiting the resurrection morn.

A Saint's Home Going

E. A. McCully

A Saintly Life ended in Wonsan when God called Mrs. Malcolm C. Fenwick, a sister beloved, to her rest on January 20th. A sudden fall, causing fractured bones, resulted in an illness which her strength could not resist and in four short weeks the struggle was over.

The foreign community gathered with the bereft Korean friends for the interment on the hillside just below their home and overlooking beautiful Broughton Bay. Mr. Fenwick was confined to bed but Korean pastors of his Mission, with Dr. D. M. McRae of Hamheung, had the service in charge. Loving hands had made a simple casket beautiful and friends were granted one last look at the lovely face in its repose.

A Korean son and daughter gave devoted filial care throughout the illness. The testimony of the former was "in all the twenty years that I have known her so intimately I have never seen her even ruffled by any circumstances." So close did she live to her Lord and so steadily was her life irradiated by His grace.

As Miss Fanny Hinds she reached Korea in 1898. She was a member of the Methodist Episcopal Mission, South, having taken training in Dr. A. J. Gordon's Bible School, Clarendon Street Church, Boston. She was stationed at Songdo on her arrival and associated with Miss Arena Carroll in evangelistic work prior to the opening of the present extensive educational enterprises of that city.

Her marriage shortly after brought her to Wonsan where she has labored with her husband in devoted and untiring service. During one term when Mr. Fenwick was on furlough in America she superintended their mission until his return. At another period she suffered from a serious illness and was recuperated by a long voyage to America via the ports.

Her fine knowledge of Korean gave her close contact with the Christians of her church and great ability in Bible study classes. Her gracious courtesy endeared her to her foreign friends who ever were impressed by her deep spirituality.

Her last term of service has extended from 1923, a long decade spent in active, loving toil for her Master and the members of His flock in Korea to whom He had given her a precious ministry. Not often shall we know one so happy in consecration, so gracious in all associations with her fellows, so essential to home and church, so faithful in testimony to the Lord she loved. Our deepest sympathy is extended to Mr. Fenwick in this hour of sore bereavement.

The Vanguard
(Chapter 17_The Shins and Fireblower)

Fireblower, the independent missionary, who had spent some years in this neighborhood, and was now passing the market town, made a call on Willis and Plum. They knew him of old, he was kind-hearted but heady, and set on one thing, come what would, namely, his own way. Cross it and he would pour scorn on you, yea, mouthfuls of invective, but he prayed and studied his Bible, and lived a lonely, self-sacrificing kind of life. A strange creature was Fireblower!

"Thank the Lord I am independent," said he to Willis. "No man can be led of the Spirit and tied to a mission board as you are."

Willis did not argue the point, knowing that it would only rouse his anger.

"How about your flock?" he inquired instead.

"Flock! I have just turned them all out of a meeting, every one of them. Some have come back and said they were sorry, but I shall hold the law over them for a while."

"What was the trouble?"

"It was this, they had come to church, but in making their offering they had given only a twentieth, some of them a fiftieth of their income, and," added Fireblower, "no man is a Christian unless he gives a tenth at least, so I turned them all out and locked the door."

"Why didn't you shoot them?" asked Plum, to whom Willis gave a sharp look of rebuke.

"It's all very well for you, Plum, to chip in with your nonsense, but no man can do God's work in that kind of way."